JN409686

프로세스 혁신

신생산관리

이재관 저

머리말

이 책은 프로세스 혁신(Process Innovation)의 개념과 방법론을 체계적으로 정리하고 생산관리와 e-비즈니스 간의 교량적 역할을 할 수 있도록 기획되었다. 프로세스 혁신의 고전(古典)은 약 1세기 전에 개화된 생산관리와 산업공학이라고 볼 수 있는데 과거에는 제조공정의 낭비제거와 생산성에 주로 초점을 두었다. 현대의 프로세스 혁신은 모든 비즈니스 프로세스를 대상으로 하며 가치 창출과 정보기술 활용에 초점을 둔다.

온고지신(溫故知新)의 지혜가 필요하다. 1990년대 후반부터 이른바 구조조정, 신경제, 닷컴 붐, 모바일 시대로 급전하는 가운데 사람들은 당황하고 새로운 모델을 찾아 헤매었다. 많은 사람이 대박을 꿈꾸었으나 사업실패, 벤처거품, 부동산거품, 수백만 명의 신용불량자를 만들어냈다. 프로세스를 혁신하지 못하면 모든 혁신 노력이 허사가 될 것이다. 기발한 모델을 찾기보다 프로세스 혁신의 고전부터 다시 음미할 필요가 있다.

프로세스 개념이 부족하기 때문에 겪는 주변의 사례를 보자. 우리나라에서는 최근에 쓰레기 분리수거를 위해 행정관청이 나서서 음식쓰레기와 일반쓰레기의 분리기준을 벽보나 홈페이지에 게시하는 등 주민 협조를 구하였다. 그런데 분리기준이 구구각각이다. 환경부는 생선뼈와 양파껍질을 음식쓰레기에 넣으면 안된다고 한다. 서초구청은 가축이 씹을 수 없는 큰 생선뼈와 양파 겉껍질을 제외하라고 한다. 동작구청은 모든 생선뼈와 양파껍질을 음식쓰레기에 넣어도 된다고 한다. 쓰레기를 수거한 후의 처리 프로세스에 대한 설명이 없기 때문에 생기는 불필요한 혼란이다.

외국에서는 요일별로 분리수거한 다음 태울 것은 소각장으로, 재활용할 것은 종류별로 처리공장에 운반한다. 정말 못쓸 것만 골라서 매립지에 묻는다. 시내에도 재활용품 생산공장들이 여러 군데에 있다. 수거・운송회사, 처리시설, 재활용품 생산공장, 매립장, 가정, 관청, 모두가 잘 짜여진 거대한 프로세스의 일부가 되어 참여한다. 왜 우리는 그렇게 하지 못하는가? 기술이 부족해서가 아니라 프로세스 개념이 부족하기 때문이다. 쓰레기를 처리하는 프로세스에 대한 지도(map)부터 그려야 한다.

프로세스 혁신은 국가경쟁력의 필수요소이다. 경쟁력은 경제지표에 의해 결정되는 것이 아니라 프로세스에 의해 결정된다. 유능한 축구감독은 전광판의 스코어 보다 강팀을 만들 수 있는 프로세스에 열중한다. 경제도 마찬가지이다. 경쟁력이 형성되는 프로세스를 알고 관리할 수 있는 지도자가 필요하다.

돌이켜 보면 최근 4반세기에 걸쳐 온 세계는 최선의 시스템이 무엇인가에 대해 고민하고 글로벌표준을 끊임없는 탐색해왔다. 1980년대의 도요타시스템, 피터스와 워터맨의 탁월성 탐구, Lean 시스템, 맬콤 볼드리지 탁월성모델, TQM, 1990년대의 비즈니스 프로세스 리엔지니어링, 벤치마킹, 6시그마, e-비즈니스, B2B, ERP, CRM, SCM 등 숨가쁘게 달려왔다.

최근 기업들의 고객만족경영, 서비스 품질 측정, e-비즈니스 전환, 정부의 행정서비스 헌장제, 전자정부 프로젝트 등은 고무적인 현상이지만 근본적으로 프로세스를 바꾸지 못하면 실효를 거둘 수 없는 일들이다. 혁신은 과학자, 기술자, 발명가들만의 일이 아니다. 우리는 흔히 "미래 한국을 먹여 살릴 수 있는 기술"을 찾아 헤맨다. 그러나 "구슬이 서 말이라도 꿰어야 보배"라는 말이 있다. 신기술, 신지식, 인적자원은 구슬이다. 우수한 프로세스로 '꿰어야' 진정한 보배가 된다.

이 책은 제1장~제3장에서 생산관리의 전통적 주제인 공정관리와 배치를 설명한 다음 제4장부터 새로운 접근방법의 본질, 방법, 응용에 대하여 서술하고자 하였다. 제4장에서는 프로세스의 개념과 모델, 리엔지니어링과 정보기술의 결합으로 인한 새로운 전략대안에 대해 살펴본다. 과거의 생산성 모델에서는 노동, 자본, 재료, 정보를 투입요소(즉 생산요소)로 보지만 프로세스 프로우 모델에 의하면 투입, 자원, 정보의 내용과 역할이 달라진다.

프로세스 혁신을 실천하기 위해서는 품질도구, 매핑도구, 정보기술 등 다양한 도구가 필요하다. 제5장에서는 품질도구의 기초를 다룬다. 6, 7, 8장은 이 책에서 가장 분석적인 부분이다. 그러나 복잡한 수학 지식이 없이도 프로세스 프로우 모델의 요점을 이해할 수 있도록 사례, 예제 등을 다수 동원하고 요약하였다. 일정, 처리능력, 재고, 대기, 네트워크의 순서로 분석의 심도를 더하였으며, 중간에 전략적 응용, 심리적 측면, 수확관리, 오버부킹, CRM 등 실천적 주제들을 삽입하였다.

제9장에서는 정보기술의 발전이 어떻게 가치혁신으로 연결되는가를 설명한다. 가치공학부터 시작하여 e-비즈니스의 사업기회 발굴과 가치창출, 공급사슬에 의한 가치창출, 제품개발 프로세스 혁신과 가치창출 등으로 연결하여 정리할 필요

가 있다. 멀티미디어 컨버전스와 인터리빙은 가장 최근의 변화로서 미래의 가치 혁신을 좌우할 매우 중요한 현상이지만 구체적으로 어떤 결과가 나타날 것인지 아직은 알기 어려우므로 용어 정리 차원에서 요약하였다.

제10장에서는 ISO 9000, JIT, TOC, ERP 등 통합화 과제를 다룬다. 50년 전에 개발된 JIT는 거의 고전에 속하지만 재고, 품질, 일정, 설비, 풀(pull) 협력을 포괄하는 통합적인 것이고 현대에 와서도 린 공급사슬 등으로 계속 발전하고 있다. 끝으로, 개인과 조직의 혁신행동, 변화관리, 그리고 창의성 도구인 TRIZ의 원리를 정리하였다.

이와 같은 순서는 기존 교과서들과 다르기 때문에 다소 어색하게 느껴질지 모른다. 그러나 먼저 고전을 살핀 다음 현대적 혁신방법을 마스터하면서 e-비즈니스와 접목을 시도하는 것이 이 책의 목적임을 헤아려 주시기 바란다. 이와 유사한 목적으로 제작된 해외도서로서 수년간 필자가 대학 강의에서 교재로 활용하고 많이 참고한 책은 다음과 같다.

Anupindi et al., *Managing Business Process Flows* (2nd ed.), Prentice-Hall, 2006.
Finch, *OperationsNow.com*, McGraw-Hill, 2003.
Gelinas, Sutton, & Fedorowicz, *Business Processes & IT*, Thompson Learning, 2004.
Mohammed et al., *Internet Marketing* (2nd ed.), McGraw-Hill, 2004.

또한 저자가 과거에 집필한 생산관리(법문사, 1991), TQM 혁명(법영사, 1999), 품질문화와 리더십(숭실대출판부, 2003), 그리고 다수의 인터넷 자료를 인용하였다. 참고문헌 목록은 책 후미에 게재하였다. 이와 같이 여러 문헌을 인용했으나 여하튼 이 책의 구성이나 기술에서 혹시 어떤 오류가 발견된다면 그것은 전적으로 저자의 책임이다. 저자는 온라인 자료실 http://sba.ssu.ac.kr/jklee을 이용하여 독자 여러분의 의견을 듣고 보충자료를 계속 업데이트할 계획이다. 많은 지적과 편달을 기대한다.

2005년 12월 살피재 연구실에서

이재관 jklee@ssu.ac.kr

차 례

제3장 공간 및 시설 배치 ▸ 71

제4장 혁신 방법론의 발전 ▸ 95

제5장 혁신을 위한 품질 도구 ▸ 127

제6장 프로세스 프로우 – 일정, 능력, 재고 – ▸ 155

제9장 정보기술과 가치혁신 ▸ 229

제10장 통합적 과제들 ▸ 273

제11장 혁신의 관리 ▸ 303

혁신의 역사

1.1 혁신이라는 말

옛날에는 괴팍한 극소수의 천재들이 손가락질과 비웃음을 받아가며 고독하게 발명가의 길을 걸었다. 그러나 현대의 컴퓨터, 인공위성, 인터넷은 극소수의 천재들에 의해 만들어진 것이 아니다(부록: 정보기술의 역사 참조). 그러므로 오늘날 우리는 발명보다 넓은 뜻을 갖는 혁신(革新, innovation)이란 말을 더 많이 사용한다. 혁신은 발명, 디자인, 도구, 조직, 사업모델까지 폭넓게 포함한다.

이러한 모든 혁신활동들의 공통점은 창의성, 아이디어, 협력이다. 눈에 보이는 결과물이나 현상 자체보다 더 중요한 것은 속에 숨어 있는 아이디어와 협력정신이다. 예컨대, 모닥불 그 자체는 객관적 실체이지만 모닥불을 보면서 우리는 인류의 먼 조상들의 아이디어와 수고를 느낀다. 불을 만들 수 있다고 생각한 최초의 아이디어, 불의 유용성에 대한 확신, 불을 만드는 도구, 절차, 방법에 대한 끊임없는 개선 노력이 있었던 것이다.

옛날 사람들은 조직적 협력에 의한 혁신을 시도할 여건이 되지 못하였다. 남들이 무엇을 생각하고 있는지 알 수가 없었다. 정보화시대인 지금은 다르다. 혁신가들은 눈에 보이는 사물과 현상을 무심히 보아 넘기지 않는다. 모든 사물과 현상 속에는 반드시 누군가의 아이디어와 협력정신이 숨겨져 있다. 그것을 찾아내고 또 새롭게 발전시키는 일에 대해 현대인들은 능숙해야 한다.

하나의 혁신은 연쇄적으로 다른 혁신을 촉진한다. 오래 전에 있었던 그 분명한 증거를 우리는 안다. 15세기 인쇄술이 보급된 직후 불과 50년 만에 15만종 1,000

만 권의 책이 쏟아져 나왔다. 인쇄술은 제2 제3의 혁신을 불러일으켜 세계를 변화시켰다. 일부 계층이 정보와 지식을 독점하였던 암흑시대에서 벗어나 르네상스 계몽시대를 열었고 베이컨, 코페르니쿠스, 갈릴레이, 뉴턴을 탄생시켰다. 인류의 역사는 혁신의 역사였다. 혁신의 현장에는 언제나 쓸만한 아이디어와 도구를 찾아내려는 치열한 노력이 있었다. "인간은 도구를 이용하는 동물이다. 도구가 있다면 무엇이든 할 수 있다. 도구가 없다면 인간은 아무 것도 아니다."(Thomas Carlyle, 1795-1881).

지금과 같은 풍요한 시대는 결코 저절로 찾아온 것이 아니다. 우리 조상들은 얼마나 힘든 세월을 살았던가. 서기 1세기의 세계인구는 2~3억 명, 그 인구가 갑절이 되기까지 대략 1500년의 세월이 필요했다. 14세기에는 전염병으로 수천만 명이 사망했다. 1650년이 되어서야 겨우 5억 명이 되었다. 그런데 그로부터 150년 후인 1800년의 세계인구는 10억, 1927년에 20억으로 배가되는 속도가 빨라진다. 이러한 인구통계를 산업혁명과 자본주의 시장경제로 인한 축복이라고 해설하는 사람도 있다. 1957년에는 중국에서 2천만 명이 아사했다. 그러나 세계인구는 계속 급증하여 1960년에 30억, 1987년에 50억, 2000년에는 62억이 되었다. 혁신의 속도도 그러하다.

경기순환이론에 등장하는 콘드라티예프(N. Kondratiev, 1892-1938) 사이클은 그 주기가 45~60년이다. 점성술사들이 천체 궤도를 연구하여 만들었다고 하는 사로스 사이클(Saros Cycle, www.lexiline.com) 주기도 55년이어서 두 가지 사이클이 거의 일치한다. 1920년대의 대공황, 1970년대 오일 쇼크 전까지의 호황국면은 대체로 이러한 사이클과 일치한다.

그러나 드러커(P. Drucker)는 1980년대 미국의 경제가 상승국면을 유지했으며 콘드라티예프 사이클은 빗나갔다고 주장한다. 미국은 1980년대의 중소기업 창업이 60년대보다 7배나 많아졌다는 것이다. 1980~1998년 기간중 일자리 수의 순증가가 유럽은 4백만 개, 미국은 2천 9백만 개라는 다른 통계도 있다.[1] 콘드라티예프는 오늘날의 혁신의 진면목을 미처 고려하지 못했던 것이 아닌가 생각된다.

---

1) http://www.thetompeterscompany.com

참고 빗나간 예언들

"승객들이 숨 막혀 질식할 것이기 때문에 고속철도는 불가능하다."
(과학자 Dionysius Lardner, 1793-1859)

"루이 파스퇴르의 세포이론은 웃기는 소설이다."(생리학자들, 1870년대)

"라디오는 전망 없는 물건이다,
공기보다 무거운 기계는 날 수 없다,
X-ray는 속임수다."(과학자 William Thomson, Kelvin경, 1824-1907)

"도대체 누가 배우들의 목소리를 듣고자 하겠는가?"-무성영화 시대
(워너브러더스 창업자 Harry M. Warner, 1927)

"TV는 이론적 기술적으로 가능하다, 그러나 상업적 경제적으로는 불가능하다."
(진공관 발명가 Lee DeForest, 1873-1961)

"발명되어야 할 모든 것이 이미 발명되었다."(미국 특허청 담당관, 1899)

"세계시장은 컴퓨터 5대면 꽉 찰 것이다."(IBM 회장, 1943)

"미래의 컴퓨터는 아무리 가벼워져도 1.5톤을 넘을 것이다."
(포퓰러 메카닉스지, 1949)

"제록스 복사기(초기 모델 914)의 전체 수요는 5,000대일 것이다."
(아서디리틀 컨설팅회사 예측, 실제는 20만대 판매)

"개인용으로 640Kbyte 정도면 충분할 것이다."
(마이크로소프트 빌 게이츠, 1984)

1.2 산업혁명 전후의 상황

약 4백년 전 영국에서는 토지정책이 바뀌어 봉건영지와 공유지를 사유화하는 인크로저(enclosure) 운동이 일어났고, 농장의 대규모화, 윤작, 말과 쟁기 사용, 파종방법의 혁신 등 농업혁명이 본격화되었다. 이에 따라 농업의 인력소요가 크게 줄고 일자리를 잃은 많은 사람이 생활고에 허덕이게 되었다.

때마침 등장한 공장들은 이러한 유휴인력을 대량 흡수하게 된다. 18세기 영국의 인구는 6~700만 명 수준이었고 그 중 100만~200만 명이 버림받은 극빈자였

다. 그러나 산업혁명기인 1760년부터 70년간에는 유아사망율이 낮아지고 생존문제가 해결되어 인구가 2배 증가하였다.

산업혁명의 첫째 신호탄이 농업혁명이었다면 두 번째 신호탄은 철강 및 섬유산업의 기술혁신이다. 1760년, 스미톤(John Smeaton)은 용광로의 수력 풀무를 증기력 풀무로 교체하여 용광로 1대당 1일 12톤의 생산량을 40톤으로 증가시켰다. 이에 따라 선철 가격이 하락하고 공급과잉의 철은 최초의 철로가설(1763), 최초의 철교가설(1779), 최초의 철선건조(1787)를 촉진하였다.

직물시장에서도 면화수입의 증가로 기계화의 바람이 불었다. 1765년 하그리브스(J. Hargreaves)는 수평 물레바퀴에 도르레와 벨트를 부착한 다축방적기를 발명하고 부인 이름을 따서 "스피닝 제니(spinning Jenny)"라고 불렀다. 1769년 아크라이트(Richard Arkwright)는 강한 면화실을 생산할 수 있는 장치를 발명하고 5천 명의 종업원을 고용했다고 한다.

증기기관은 보다 복잡한 발명품이다. 본격적인 증기기관은 1765년, 와트(James Watt)에 의해 탄생했으며 1776년에 제철공장에 처음 설치되었다. 당시 이 증기기관을 구매한 사람은 윌킨손(J. Wilkinson)이었는데 가격을 계산하는 근거로 마력이란 단위를 사용하였다. 와트는 1781년에 상하운동, 회전운동을 하는 증기기관을 제작하여 방적, 제분, 제철소 송풍기로 사용했으며 뒤이어 자동제어의 시초인 속도조절장치(fly-ball governor)로 특허를 받았다.

경영과 조직관리 면의 혁신적 인물도 있었다. 스미드(Adam Smith)는 토지, 노동, 자본을 생산의 요소로 강조했고 분업의 효과를 체계적으로 설명했다. 프랑스 경제학자 세이(Jean B. Say, 1767-1832)는 토지, 노동, 자본, 관리를 생산의 4요소라 불렀고 모험가로서의 기업가(entrepreneur)의 존재를 부각시켰다. 이러한 기업가 개념은 후일 슘페터(Joseph A. Schumpeter)에 의해 "혁신자인 동시에 경영자, 즉 사회변혁의 주도세력"이라는 확장된 기업가 개념으로 이어진다.

오웬(Robert Owen, 1771-1858)은 청년창업가로서 기술자 존스(E. Jones)와 합작투자하여 맨체스터 지역에 공장을 설립했으며 존스의 지분을 취득하여 독자운영하다가 회사를 매각하고 1794년 불과 23세 나이에 스코트랜드에서 새 회사를 창설하였다. 그는 가난한 교구의 빈민아동 4~5백 명을 견습공으로 고용했는데 당시의 관행은 아동들도 13시간 근로를 하는 형편이었다. 그는 작업환경 개선을 위해 노력했으나 대체로 무질서했다. 그러나 체형보다는 도덕적으로 설득하는 한편 흑, 청, 황, 백색의 표시를 작업장에 부착하여 종업원의 숙련과 특성에 맞도록 원격감독하는 '사일런트 모니터(silent monitor)' 제도를 고안하였다. 이는 일본의 도요타 간판(kanban) 방식의 원조(元祖)에 해당한다고 볼 수 있다.

1.3 과학적 관리와 포드 시스템

1. 과학적 관리 운동

19세기 말 미국에서는 근로자들이 출근은 하되 의도적으로 작업속도를 낮추어 집단적으로 불만을 표시하는 조직적 태업(怠業) 때문에 진통을 겪고 있었다. 기업들은 시간당 임금을 계속 낮추어 이에 대응하였다. 이러한 악순환에 대해 당시 미국기계기사협회의 엔지니어들은 능률급 등의 방법으로 임금제도를 개선하자고 주장했으나 근본적 해결책은 되지 못하였다. 파이의 크기가 작다면 어떤 방식으로 나누어도 노사 양측 모두가 불만스러울 것이다.

테일러(Frederick W. Taylor, 1856-1915)는 전혀 다른 각도에서 이 문제를 풀어나갔다. 근본적인 해결책은 생산성 즉 파이를 키우는 데에 있었다. 테일러는 당시 산업사회의 낮은 생산성에 주목하고 "인간의 작업에도 과학을 적용할 수 있다."는 신념으로 이른바 '과업관리' 방식을 창안하게 되었다.

과학적 관리 운동의 선구자들은 매우 혁신적인 아이디어로 산업 현장을 개혁했다. 그들은 작업을 분해하여 세밀히 관찰하고, 방법표준과 시간표준을 과학적으로 계산하고 표준화를 시도했는데 이는 인간의 작업에 과학적 절차와 방법을 적용한 최초의 연구였다.

테일러는 작업을 세분하고 요소별 소요시간을 스톱워치로 측정하여 합산함으로써 단위작업량에 대한 표준시간을 구하고 그 표준시간에 의해 1일 과업량을 계산하였다. 한편 길브레드는 작업을 동작 단위로 분해하여 동작 간의 상호관계와 연결순서를 조사하고 불필요하거나 낭비적인 동작을 찾아 제거하는 등 최선의 순서와 조합으로 작업방법을 개선하였다. 테일러의 연구방법은 시간연구(time study), 길브레드의 연구방법은 동작연구(motion study)라 부른다.

예를 들어서, 고객에게 우송할 인쇄된 안내문을 봉투에 넣는 작업이 있다고 하자. 작업요소별 시간을 스톱워치로 여러 번 측정하여, 편지 접기 0.05분, 봉투에 넣기 0.07분, 봉함하기 0.05분으로 평균시간이 측정되었다면 표준시간은 다음과 같이 계산된다.

측정 대상이 된 작업자의 페이스(pace)가 사내의 다른 사람들보다 10% 정도 느린 편이고, 작업도중 전화를 받는 등 시간손실이 예상되어 15%의 여유시간을 추가하기로 한다면, 표준시간은 (0.05+0.07+0.05)×(1−0.1)×(1+0.15)=0.176분이 된다. 반대로 앞의 측정평균이 페이스가 10% 정도 빠른 작업자를 대상으로 측정된 것이었다면 (1+0.1)을 곱해야 하고 따라서 0.215분이 된다.

이러한 초기의 시간연구와 동작연구는 그 후에 공정분석, 작업분석, 미세동작연구(micromotion study), PTS(Predetermined Time Standards) 등으로 다양화되었다.

길브레드는 미세동작을 18종으로 분류하여 기호로 나타내었다. 길브레드는 미세동작 기호를 "더블릭(Therblig)"이라고 불렀는데, 더블릭은 자기 이름의 알파벳 순서를 역순으로 써서 만든 재미있는 명칭이다. 실제 연구대상이 어떤 수준인지 구분하기 어렵기 때문에 편의상, 공정(10분 단위) → 단위작업(1분 단위) → 작업요소(0.1분 단위) → 동작(0.01분 단위) → 미세동작(0.001분 단위)으로 구분하는 분류법이 흔히 쓰인다.

스톱워치는 1분을 100등분한 0.01분 단위로 되어 있으나, 미세동작연구에서는 필름분석 등의 방법으로 0.0005분까지 식별되며, PTS 방법에서는 0.0001분 단위를 사용한다.

참고 길브레드 부부[2)]

남편 프랭크(Frank B. Gilbreth, 1868-1924)는 미국 동부메인주의 철물상집 아들로 태어나 세 살때 부친을 잃고 보스톤으로 이사하여 불우한 소년시절을 보냈다. 그러나 어머니는 철저한 청교도 집안의 전통인 근검절약의 가풍 속에서 프랭크를 양육했다. 그는 MIT대학의 입학허가를 받았지만 진학을 포기하고 벽돌공으로 취직했다. 그러나 프랭크는 신세 한탄이나 하면서 살지는 않았다. 그 거친 공사현장에서 벽돌쌓기 일을 배우면서 현장을 유심히 관찰하였다.

2) 다니엘 렌(양창삼 역), 현대경영학사: 경영사상의 발전, 대영사, 1987, p.191 이하 참조

그래서 벽돌쌓기 작업의 동작 하나 하나를 세밀히 관찰하고 꼭 필요한 동작과 불필요한 동작을 구별하였다. 당시의 벽돌공들은 거의 20가지나 되는 동작을 하고 있었는데 프랭크는 단 4개의 동작만으로도 작업이 가능하다는 것을 알아냈다. 이렇게 동작을 단순화하는 동시에 흙손 사용법을 개선하고 발판을 고치고 몰탈 농도를 바꾸고 작업장 내의 배치를 개선했다. 그 결과, 힘을 적게 들이면서 작업량을 3배나 늘리는 놀라운 성과를 얻을 수 있었다.

부인 릴리안(Lillian M. Gilbreth, 1878-1972)은 독일 태생으로 설탕회사 사장집, 부유한 가정에서 태어나 어린 시절을 캘리포니아 오크랜드에서 보냈다. 캘리포니아 대학에서 영어학 전공으로 학사, 석사를 마치고 박사과정까지 들어간 학구파 처녀였다. 26세의 처녀가 미국 동부지역을 여행하다가 36세의 총각 프랭크를 만나 결혼했는데, 그 때 프랭크는 동작연구라는 새 분야를 개척하면서 연구용역 등, 자영업을 하고 있었다.

결혼 후 집안 살림, 남편 내조, 자녀 출산 양육으로 무척 바빴지만 릴리안은 집에서 심리학을 독학하기로 결심했다. 동작연구라는 묘한 연구에 골몰하는 남편을 볼 때, 어떻게든 남편이 하는 일을 돕고 싶었던 것이다. 노동자의 심리적 측면을 연구하면 큰 도움이 되리라. 그래서 계속 자녀를 낳아 키우면서도 열심히 독학하여 '노동자의 피로'에 관한 논문을 완성했고 독학 11년 만에 박사학위를 받았다.

그 후, 남편의 연구는 산업계에 널리 적용되어 점점 유명해졌고 아내의 학문적 협력도 자리 잡기 시작했는데, 갑자기 남편이 심장마비로 세상을 떠났다. 두 살부터 열아홉 살까지 12명의 자녀를 가진 46세의 미망인이, 특히 여성차별이 심했던 당시 그 사회에서 도대체 무엇을 할 수 있었겠는가?

그러나 릴리안은 최악의 조건과 좌절을 딛고 일어섰다. 유럽으로 건너가 국제경영관리학회에 출석하여 남편이 발표하기로 되어 있었던 논문을 발표했다. 경영자들을 위한 동작연구 세미나를 남편 대신 계속했다. 현장상담도 해주고 강연도 했다. 그리고 다시 11년이 지나, 57세의 할머니 릴리안은 놀랍게도 퍼듀대학교 경영학교수로 초빙되었다. 경영관리 분야의 퍼스트 레이디로 공인 받은 것이다.

후일 자녀들이 길브레드 부부의 삶을 집필하여 출판한 책, 『Cheaper by the Dozen』(다스로 사야 더 싸다)에는 재미있는 일화가 많이 소개되어 있다. 예를 들면, 프랭크는 조끼를 입을 때 단추를 아래에서 위로 채웠다고 한다. 조끼 단추를 위로부터 채우면 7초가 걸리지만 아래로부터 시작하면 3초가 걸린다는 것이 그의 이유였다. 그는 두 개의 면도솔을 동시에 양손에 들고 사용했다고 한다. 이 경우에도, 솔 하나만 이용할 때보다 면도시간이 17초나 단축되기 때문이라는 이유가 붙었다.

그러나 그는 단순한 괴짜가 아니었다. 조끼를 입을 때나, 면도할 때나, 언제나 몰두하면서 연구하는 삶을 살았던 것이다. 왜 그렇게 해야 하는가? 지독하게 몰두하지 않는다면 창의적인 발상이 얻어질 수 없고 창의적인 발상이 없이는 어떤 현장 개선도 이루어질 수 없는 일이기 때문이다. 독창력은 천재들에게만 있는 것이 아니다. 길브레드는 평범한 사람도 열심히 하면 독창력을 발휘할 수 있다는 증거를 보여주었다.

2. 포드 시스템과 대량생산체제

포드(Henry Ford, 1863-1947)는 당시 생산되고 있던 차종과는 전혀 다른 각도의 새로운 자동차에 대한 아이디어를 머리 속에 그렸다. "부유층의 노리개가 아니고 일반 대중이 싼값으로 사서 실생활에 사용할 수 있는 실용적인 차를 만들자. 기술자가 아니라도 뜯고 고치고 할 수 있는 단순한 구조로 설계하여 고장율도 작고 시골의 거친 길에서도 견딜 수 있는 차를 만들자."

이러한 포드의 생각은 1903년 6월 포드자동차회사가 설립되면서 본격적으로 실행에 옮겨져 1908년에 T형(Tin Lizzie) 제1호를 세상에 내어놓게 되었다. 그것은 저가격, 견고성, 실용성을 갖춘 최초의 대중차로서 자동차란 대중의 생활필수품이라는 인식을 심어주었다.

포드는 설계의 단순화, 부품의 표준화, 이동조립법의 도입 등 매우 파격적인 생산 시스템을 구축하였다. 그 성과는 놀랄만하다. 생산량과 판매가격의 추세를 보면, 1909년에는 12,292대, 950달러였으나 1916년에는 577,036대, 360달러, 1923년에는 연간생산량 170만대를 기록하면서 가격도 300달러 이하로 떨어졌다.

대량생산에서는 고정비가 크나 변동비는 작기 때문에 총원가를 낮출 수 있다. 이러한 비용관계 외에 3S와 학습곡선 효과를 가지고 설명할 수도 있다. 3S는 단순화(simplification), 표준화(standardization), 전문화(specialization)를 추구하는 전략이다. 3S를 실천하여 놀라운 성공을 거둔 헨리 포드의 예를 보자.

포드는 작업 내용을 단순화하여 낭비적 동작을 없애고 품종도 단순화하여 오직 한 가지 제품(T 모델)에만 집중하였다. 전문화는 분업을 통해 전문적 기능만 수행토록 하는 것이다. 철저하게 분업을 하면 각자 한 가지 기능만으로 반복작업을 하게 된다. 포드는 다목적 범용기계(汎用機械) 대신에 단일목적 전용기계(專用機械)를 택하였다.

표준화는 원재료, 부품, 제품의 치수, 중량, 외형, 색, 품질 등의 규격을 정하는 것이다. 표준화에는 물자의 표준화뿐만 아니라 작업방법, 업무절차, 활동의 표준화까지 포함되며, 사내표준, 산업표준, 국가표준, 국제표준 등 광범하게 추진된다. 포드는 부품을 규격화하여 호환적 부품(interchangeable parts)이 되게 함으로써 조립작업을 쉽게 하고 소비자들이 고장 부품을 쉽게 대체할 수 있도록 하였다. 부품의 규격화는 포드가 처음 시작한 것은 아니다. 1799년, 휘트니(Eli Whitney)라는 사람이 호환적 부품으로 소총 1만정을 제작했다고 한다.

3S는 상호연관 된 하나의 개념이다. 어느 한 가지를 실천하기 시작하면 연쇄적 상호작용에 따라 3S체제가 심화된다. 분업을 하여 1인 1과업의 전문화 체제로 바뀌게 되면 직무 내용이 단순화되며 일의 반복성이 높아져 작업방법과 처리절차가 표준화된다.

또한 호환성을 위해 부품을 규격화(표준화)하면 정밀작업 요구가 커지고 정밀작업에 알맞은 전용기계를 도입함으로써 전문화가 촉진된다. 전문화와 표준화가 진척된 후에는 융통성이 없어져 다양화로 전환하기 어렵다. 콘베어(conveyor) 등 전문설비와 각종 규격이 일단 자리를 잡으면 변경하기 어렵기 때문에 3S체제가 계속 유지되는 것이다.

포드는 이러한 3S체제를 추구하였다. 즉, 전망이 좋은 하나의 제품만을 생산함으로써 제품의 단순화를 실현했고 모든 재료, 부품, 설비, 작업방법을 표준화했으며 생산성을 높이기 위해 고도로 분업화하고 이러한 3S체제를 자동설비로 보강하였다. 그 성과는 놀랄만한 것이었다. 판매량이 급증하고 판매가격은 불과 5년 사이에 절반 이하로 낮출 수 있었다. 1914년에는 이른바 5달러 선언으로 세상을 놀라게 했는데 당시의 1일 8시간 임금은 2.4달러 수준이었다. 1921년에는 시장점유율 55.7%, 연간생산량 170만대를 기록했다고 한다.

사례 1881년 록펠러(John D. Rockefeller)는 39개 계열사를 통합하여 Standard Oil Trust를 결성했다. 그는 트러스트를 결성하기 이전에 이미 미국 시장의 90%를 사실상 장악하고 있었다. 그의 목적은 독점이 아니라 비용상의 이점을 확보하는 것이었다. 그는 즉시 세계 생산량의 4분의 1에 달하는 처리 시설을 3개 정유소(각각 1일 6천 배럴 규모)에 집중시켰다. 규모의 경제에 힘입어 갤런당 비용은 1879년의 2.5센트에서 1884년에는 0.5센트로, 1885년에는 0.4센트로 떨어졌다.

학습곡선(learning curve)은 생산에서의 학습 효과를 표현하는 곡선이다. 학습곡선 아이디어는 미국의 항공산업에서 나왔는데, 비행기를 생산할 때 생산 대수가 증가함에 따라 작업시간이 일정한 비율로 감소하는 현상을 발견하여 이를 이론적으로 발전시킨 것이다. 라이트(T. P. Wright)에 의해 발표된 학습곡선 이론은 아래와 같은 수식으로 설명된다. X번째 제품을 생산하는 데에 필요한 직접 노동시간을 Y_X라 하면,

$$Y_X = Y_1 X^{-\alpha}, \quad \alpha = -\log\beta/\log 2, \quad \beta = Y_{2X}/Y_X$$

여기서 α는 지수함수의 지수이며 $X^{-\alpha}$이므로 감소함수가 된다. β는 학습율(learning rate)이다. 학습율이란 2X번째 제품에 대한 소요시간(Y_{2X})과 X번째 제품에 대한 소요시간(Y_X)의 비율, 즉 누적생산량이 2배가 될 때마다 소요시간이 얼마나 감소되는가를 나타내주는 비율이다. 비율 β가 항상 일정하다는 것이 바로 라이트가 발표한 학습곡선 이론의 핵심이다. 라이트 모형은 단순하다는 것이 장점이지만, 실제의 학습 현상들은 다양하기 때문에 그 후 여러 가지 수정 모형들이 발표되었다.

예제 첫 번째 제품을 생산하기 위해 1,000시간이 소요되었고 학습율이 80%라고 가정하면, 누적생산량이 2배가 될 때마다 0.8을 곱한 만큼 소요시간이 감소될 것이므로, Y_2=800시간, Y_4=640시간, Y_8=512시간 등이 된다. 이러한 Y_X값들을 원활한 곡선으로 연결하여 그래프로 그리면 학습율 80%의 학습곡선이 얻어진다. 배수가 아닌 경우, 예컨대 X=7이라면, 학습율이 80%일 때, $\alpha = -\log 0.8/\log 2 = 0.322$이므로, $Y_7 = 1{,}000(7)^{-0.322} = 534.5$로 계산된다.

예제 어느 조선소에서 생산 경험이 없는 소형 잠수정 3척을 계약가격 15억원에 주문받았다. 처음 1척을 제작한 결과, 재료비 2억원, 노무비 3억원이 발생했다. 기타 경비를 무시하고 총이익을 추정해보자. 학습율 75%를 가정하면 두 번째 제품의 노무비는 3×0.75=2.25억원, 세 번째 제품의 노무비는 $X^{-\alpha} = (3)^{-0.415} = 0.634$이므로 3×0.634=1.902억원, 노무비 총계는 7.152억원이 된다. 총재료비는 2억×3=6억원이다. 따라서 추정이익액은 1.848억원이 된다.

학습곡선은 수평축이 누적생산량, 수직축이 직접노동시간(또는 직접노무비)인 곡선이다. 일반적으로, 초기에는 급격히 감소하다가 점차 완만한 기울기로 감소하는 형태가 된다. 학습효과가 클수록 학습율 β값은 작아지며 그래프의 기울기는 커진다.

학습곡선은 작업 경험이 없는 품목에 대한 일정계획, 원가 추정, 가격 결정, 그리고 대량생산의 표준시간 추정, 생산규모 결정 등에 활용할 수 있다. 후일 다른 연구자들에 의해 밝혀진 것이지만, 포드의 T형 자동차 가격은 1909~1923년의 15년간 학습율 85%의 학습곡선에 따라 인하되었다고 한다. 헨리 포드가 당시 학습곡선 원리를 의식적으로 적용한 것은 아니겠지만 결과적으로 학습효과를 극대화할 수 있는 생산시스템을 선택했다고 볼 수 있다.

학습곡선은, 기계작업이나 반복성이 적은 수작업에는 적용하기 어렵고, 자극임금제 등 동기부여체제가 적절하지 않으면 학습효과가 나타나지 않을 수도 있으며, 조직전반의 경험효과를 설명해주지 못한다는 데에 유의해야 한다. 1970년대 보스턴 컨설팅그룹(BCG, Boston Consulting Group)은 학습곡선 개념을 수정하여 경험곡선(experience curve) 논리를 제시하였다. 학습곡선에는 직접노무비만 고려되나, 경험곡선이론에서는 경험효과가 경영전반에 나타나 총비용 감소를 가져온다고 설명하며, 경험효과 요인으로 숙련, 분업, 프로세스, 시스템, 규모경제(유통·판매·연구개발·투자·전반관리) 등을 망라한다. BCG의 경험곡선 개념은 경쟁전략을 설명하기 위한 도구로 이용되었다. 시장점유율이 클수록 누적생산량(경험)이 많아져 원가가 낮아지고 따라서 가격경쟁에서 이길 수 있기 때문에 시장점유율이 더 증가되는 순환을 한다는 것이다.

포드 시스템은 1920년대 후반에 들어서서 시장수요의 급격한 변화로 몰락하게 되었다. 대량 투자한 자동화 설비도 계속되는 기술혁신과 디자인 변경에 적응하지 못해 무용지물이 되었다. 포드사는 1927년, T형 생산을 중단하고 신제품 개발, 생산설비의 대폭적 변경, 종업원 재훈련, 원자재 공급선 및 판매망 정비를 위해 막대한 출혈을 감수했고 1년 이상 걸려서 A형 모델을 시장에 내놓게 되었다.

3S, 대량생산, 규모의 경제라는 고전적 논리가 절대적인 것은 아니다. 그 후 단순화 원칙의 반대 방향인 '다양화'가 강조되고, 제품 라이프사이클 개념, 분권화 조직, 제품 포트폴리오(portfolio) 관리 등 다양한 전략이론들이 등장하였다. 현대

적 전략 개념은 미국과 유럽의 기업들이 일본 기업들에게 현저히 뒤쳐지기 시작한 1970년대 후반부터 거론되기 시작했고, 제품 라이프사이클과 기술 라이프사이클을 동시에 고려하는 포지셔닝 전략, JIT(just-in-time), 생산자동화, 품질경영, 공급사슬 등 신개념으로 이어졌다.

1.4 전통적 조직의 특징

옛날에는 장인(匠人)들이 모든 작업일정, 수량, 재고, 품질을 직접 책임지고 관리했으며 도제(徒弟)의 선발, 훈련, 기술개발도 그들의 몫이었다. 그 후 생산 규모가 커지고 일의 내용이 복잡해지면서 대부분 공장제로 전환되었다.

과학적 관리와 포드 시스템은 산업혁명 이후 약 150년간 지속되어온 공장제의 무기력한 관리체제를 새롭게 혁신한 것이었다. 원자재에서 최종제품까지의 생산과정이 세밀하게 분업화되고 과업량 할당, 감독, 보상방식이 달라져 생산성이 급격히 증대되었다. 그러나 과학적 관리와 포드 시스템은 전통적 사회의 조직관을 답습한 것이었다.

우선 구조면에서 본다면, 전통적 조직이란 계층제 및 기능별 부서편제를 골격으로 하는 조직을 말한다. 구성원들은 각 전문기능을 담당하는 부서에 소속되고 그 전문영역 내에서 다시 세밀하게 분업화된 직무를 수행한다. 따라서 각자의 직무범위는 폭이 좁고 한계가 명확하며 한 가지 숙련만 익히면 직무를 잘 수행할 수 있게 된다. 이를 다른 말로 전문화 원칙이라 한다.

또 하나의 중요한 원칙은 계층제이다. 모든 구성원은 상위계층의 지휘감독을 받는다. 상위계층은 하위계층보다 시야가 넓다. 그러나 상위계층 역시 대부분은 기능별 부서에 소속되어 조직전체를 보지 못한다. 전체를 보지 못하기 때문에 고객지향, 경쟁력, 조직의 비전 등 현대 조직의 중요한 이슈들에 익숙하지 못하다.

분업화된 직무를 담당하면서 계층적 통제를 받는 전통적 조직의 구성원들은 일반적으로 시야가 좁다. 그들은 각자의 담당업무가 어느 프로세스에 속하고 그것이 전체 프로세스에서 어떤 역할을 하는지 알지 못한다. 조직 목적, 타부서와의 관계, 고객 요구를 심각하게 고려하지 못하고 그럴 필요를 느끼지도 못한다.

상위계층은 자기보다 안목이 좁은 하위계층에 대해 우월감을 즐기면서 하위계층을 하나의 도구나 수단처럼 생각하는 경향이 있다. 전통적 조직의 구성원들은 인적자원이 아니라 일종의 도구로 취급된다. 도구에게서는 어떤 창의력도 아이디어도 도전도 기대할 수 없을 것이다. 무엇보다 심각한 문제는 중요한 정보가 사장되거나 독점, 왜곡, 중복 저장되거나 커뮤니케이션이 단절되기 쉽다는 점이다.

전통적 조직에서는 모두가 분위기나 상위 감독자와의 일대일의 관계에 예민하다. 부서간 경쟁, 계층간 경계심, 자기방어에 신경을 쓰게 되고 협력보다는 각자가 혼자 일하는 데에 익숙하다. 위원회나 팀 같은 것이 종종 이용되기도 하나 이것은 어디까지나 보조적, 임시적 기구일 뿐이다.

과거에는 이러한 전통적 조직의 존재가 세계적인 현상이었다. 환경변화가 없고, 품질을 강조하지 않아도 사업이 잘되며, 지시-복종에 익숙하고 갈등이 없는 조직이라면, 이러한 전통적 조직으로도 충분히 생존하고 번영할 수 있을 것이다. 그러나 그런 경우는 드물다. 지금은 글로벌 시대이기 때문이다.

1.5 혁신에 대한 새로운 시각

19세기 전후의 발명가들은 혼자서 모든 개발과정을 감당할 수밖에 없었다. 그러나 발명이 이루어졌다 해도 그 이후의 상품화, 시장출시, 자금조달, 양산체제 등 많은 복잡한 과정을 필요로 한다. 발명가적 자질과 사업적 재능을 겸비한 사례는 드물다. 토마스 에디슨이나 엘머 스페리 정도라고 볼 수 있다. 제임스 와트(발명가)와 매튜 보울톤(자금조달, 기업운영)의 협력은 매우 모범적인 사례에 해당한다. 이러한 분업개념은 오늘날에도 중소기업과 벤처캐피탈의 협력체제 등에서 엿볼 수 있는 하나의 혁신관리 모델이다.

그러나 오늘날의 혁신관리 모델은 보다 다양하다. 드러커(P. Drucker, 1986)는 발명가와 기업가를 구분하는 분업체제 또는 2원론을 적극 비판하였다.

첫째, 전체 혁신과정에서 보다 다양한 역할이 필요하게 되었기 때문에 2원론은 도움이 안 된다는 것이다. 예를 들면, 엔지니어, 프로젝트 팀, 프로젝트 관리자, 스폰서, 특허관리자(수문장), 제품 챔피언[3], 디자이너, 마케터 등의 역할이 동시에 필요하게 되었다. 대부분의 역할들은 팀으로 추진된다.

둘째, 시장수요와 고객요구를 파악하고 혁신적인 방법으로 새로운 사업기회를 실현해나가는 사람(즉, 기업가 또는 경영자)들이 진정한 발명가라는 것이다. 기술적 공학적 발명은 혁신의 일부분일 뿐이다. 미국의 경제발전은 하이테크(high-tech) 덕분이 아니라 평범한 로우테크(low-tech) 분야의 혁신적 관리자들 때문이었다.[4]

미국의 과학·전자장비 신제품에 대한 연구사례를 보면 68.8%가 소비자들의 아이디어 때문에 출현한 발명품이었으며, 의료장비는 33건의 조사표본 중 25건이 소비자(이용자) 아이디어로 시작된 발명이었고 그 중 2건만 실패했다고 한다. 신제품 출시 후의 수정 즉, 리이노베이션(re-innovation)의 경우는 특히 소비자들의 의견이 매우 중요한 계기가 된다. 물론 이런 이야기는 '상식'일 수도 있다. 그러나 마케팅 분야의 혁신이 없이는 불가능한 이야기가 된다.

소비자 의견을 조사할 때도 혁신적 조사방법이 요구된다. 말 잘 듣는 고객이나 시대에 뒤떨어진 소비자들에게 물어봐야 도움 될 것이 없을 것이다. 1950~60년대 영국의 섬유산업이 그 좋은 예이다. 당시 영국에서는 소비자 조사를 통해 "소비자들은 새로운 직조기로 제조한 의류를 수용하지 않는다."는 결론을 얻었고 그 때문에 섬유산업의 선두자리를 독일에게 내어주었다. 가장 터프하고 까다로운 고객들을 골라서 의견조사를 해야 한다. 이것은 하이테크 문제가 아니다.

또한 아이디어의 원천지를 다양화해야 한다. 소비자 그룹은 물론이고 대학, 연구소(과학, 기술, 디자인 전문가 등), 국제적 컨설팅회사(산업디자인, 인간공학 등), 해외 개발사례 등을 체계적으로 탐색해야 한다. 왜냐 하면 신제품 설계는 처음부터 디자인, 인간공학, 생산현장을 고려한 현장감 있는 접근으로 수행해야 하기 때문이다.

포드자동차회사의 경험적 교훈을 보면, 비용과 품질 면에서, 제품설계단계의

---

3) 제품 챔피언(champion)은 혁신의 긴 과정 중에 자신의 신제품 아이디어에 대한 열정과 발명가적 숙련을 항상 갈고 닦고 확신하면서 딴 길로 흩어지려는 사람들의 노력을 통합시키는 역할을 한다.

4) 한국에서 "국민을 먹여살릴 품목을 찾자"는 투의 기사를 가끔 볼 수 있다. 기자, 공무원, 경영자들은 드러커의 이러한 주장에 귀를 기울여야 한다.

수정은 생산계획단계의 수정보다 10배 중요하고 생산단계의 수정보다는 100배 중요하다고 한다. 나름대로 최선의 설계만 생각하다보면 정작 생산 라인에서 작업불능이 되거나 생산비가 과다하게 될 수도 있다.

앞에서 언급한 바와 같이 드러커는 기업가의 역할을 폭 넓게 정의했다. 체계적으로 혁신을 관리하는 이 기업가 역할은 사회적 경제적으로 미래사회의 가장 중요한 요소가 될 것이다.

드러커는 기업가들이 챙겨야 할 혁신기회의 종류로, 부조화, 프로세스 요구, 산업・시장구조 변화, 인구통계적 변화, 지각(perception) 변화, 무드와 의미부여(mood and meaning), 신지식, 불의의 사건, 8 가지를 들었다.

드러커는 기업가에게 큰 기대를 걸었으며 리스크가 큰 혁명적 혁신보다는 리스크를 조절하면서 조직의 힘을 참여적으로 동원할 수 있는 경영자적 혁신개념을 지지한다.

아데어, 핸디 등의 연구도 드러커의 논리와 유사하다. 아데어(T. Adair, 1990)는 “혁신이란 혁명보다 진화에 가까우며 유용한 점진적 변화를 추구하는 것”이라고 정의한다. 그는 눈덩이 굴리기와 자연의 변화에 비유하여 혁신의 본질을 설명한다. 처음에는 눈덩이가 작지만 계속 굴리면 큰 덩어리가 된다. 자연은 천천히 변하지만 어느 사이에 새싹이 돋고 무성해지고 낙엽이 된다.

이러한 낭만적 비유와 함께 아데어는 혁신적 조직의 특징을 다음과 같이 정리한다.

① 조직의 계층수는 적고 의사결정은 하부단위로 이양되며, 성과에 의한 모니터링, 변화에 대한 탄력성(유기체적 구조), 규정보다 방침과 가이드라인에 의한 업무수행 및 창의적 문제해결을 권장한다.

② 혁신은 변화를 동반하는 자연스러운 프로세스이다. 변화를 환영하고 계획하고 모니터하고 조직목표에 지향되도록 관리해야 한다. 변화가 목적이 되어서는 안 된다. 남들이 바꾼다고 덩달아 바꿔서 성공한 예는 드물다. 팀제를 도입할 때도 모든 부서에 획일적으로 적용하는 것은 바람직하지 않다. 창의성 요구가 적은 일상업무와 창의성 요구가 큰 혁신업무를 구분하고 팀 운영, 교육, 경영층의 팀 지원을 그 유형에 맞추어 실시해야 한다.

③ 기업가적 노력이란 다른 사람들의 머리와 자금을 잘 활용하고 전략적으로 일

하는 것이다. 혼자 모든 일을 다하려는 것은 기업가적 자세가 아니다. "모두가 기업가적 노력을 해야 한다."는 구호는 일리가 있으나 서로의 역할은 다를 수 있다. 발명가, 예술가, 음악가, 작가의 재능을 함께 갖춘 전문가는 드물다. 창의성, 상상력, 경험, 재능은 사람마다 다르다. 드라마의 배역처럼 각자 역할을 분담해야 한다.

찰스 핸디(C. Handy, 1989)는 샴록의 잎을 이용하여 미래 조직에서 누가 어떤 방식으로 혁신을 추진하게 될 것인지 설명한다.[5] 조직을 구성하는 3개의 잎은 전문가 코어(professional core), 외부 협력자(outsource contractors), 임시직(temps and part-timers)들이다.

외부 협력자는 협력업체, 광고대행사, 컨설턴트, 회계사 등을 말한다. 프로페셔널 코어는 조직의 고유 지식을 보유하고 조직의 미래를 책임지는 내부의 핵심이며 주로 기술자, 전문직, 지식근로자, 관리자들로 구성된다. 이들은 특전과 봉급이 많은 반면에 주당 70시간 이상을 근무할 정도로 조직에 헌신하며 일을 통해 자기 정체성을 인식하고 기업가처럼 행동한다.

요컨대, 혁신은 조직적으로 관리할 수 있을 때에만 유익한 혁신이 될 것이다. 그리고 특별한 계기가 있을 때에만 혁신을 외칠 것이 아니라, 마치 일상업무처럼 평소에도 자연스럽게 혁신을 관리할 수 있는 조직이 되어야 한다.

1.6 일, 조직, 기술의 변화

자동차의 부품은 2만 개 이상이고 우주선은 1백만 개 이상의 부품으로 만들어진다. 인터넷은 커뮤니케이션 속도, 커뮤니케이션 밀도, 그리고 변화의 가속화를 촉진하며, 시간, 공간에 대한 지각 및 주변에 대한 주의력 수준을 바꾸어 놓았다. 과거 인쇄술은 암흑시대를 자아실현시대로 바꾸었지만 인터넷은 편협한 이기주의적 세계를 글로벌 커뮤니티로 바꾸어줄 것이다. 일, 조직, 기술의 양상이 크게 달라지고 있다는 사실을 인식해야 한다.

5) shamrock은 클로버처럼 생긴 아일랜드의 상징식물. Boyett, J. & Boyett J., *The Guru Guide*, John Wiley & Sons, 1998, p.311.

MIT 경영대학의 시나리오 작업그룹이 1997년에 발표한 미래사회 시나리오는 많은 시사점을 제시한다(http://ccs.mit.edu/21c/21CWP001.html 참조). 시나리오 작업그룹에는 20여 명의 교수와 전문가들이 참가하였고 브리티시 텔레콤, 유니언 은행, 지멘스, LG 전자, 웨스트민스터은행, 키어니, 엘리릴리, 멕킨제이 등 많은 후원사 및 경영자 수백 명이 시나리오 검토과정에 참여하였다.

그들은 20년 후의 세계를 전망하되 미래의 업무, 비즈니스 형태, 조직형태, 기술, 욕구, 정치 · 경제 · 인구통계적 변화 등 광범한 요소를 고려하였다. 작업그룹은 수차의 토론에서 "미래의 조직들은 더 커질 것인가, 작아질 것인가, 오늘날과 같은 크기일까"라는 조직규모 문제가 가장 핵심이 된다는 결론을 얻고 두 가지의 시나리오를 만들었다.

시나리오 1: 소기업-대형 네트워크 (Small Companies-Large Networks)
21세기의 비즈니스는 종업원 10인 미만의 소기업/자영업자들이 거대한 네트워크에 연결되어 분업하는 체제가 될 것이다. 자율경영, 유연한 네트워크, 공동체의 3요소가 이러한 체제를 지탱해주는 기반이 된다.
시장환경이 급변하고 정보통신기술이 계속 발전하기 때문에 소기업-네트워크 체제는 불가피한 선택이 될 것이다. 네트워크에 연결된 소기업/개인들의 사회적 욕구, 신기술 습득, 평판 구축, 안정 문제는 연대적 공동체 기구에 의해 해결한다.

시나리오 2: 가상국가형 거대기업 (Virtual Countries)
국가의 기능을 대신할 만한 거대기업의 등장을 예고하는 시나리오이다. 소니와 마이크로 소프트의 제휴, GE와 도요타의 합병 등을 상상하면 이 시나리오의 특징을 짐작할 수 있다.
이러한 거대기업은 사원들에게 소득, 직업 안정, 보건, 교육, 사회적 네트워킹, 자기 정체성 등 모든 것을 제공한다. 기구가 거대화하면서 회사의 지배체제는 오히려 민주적으로 전환될 수 있다. 회사 내에 'company town'이 형성되고 사원들은 유형적 · 경제적 필요는 물론이고 사회활동, 정체성, 오락 등 무형적 필요까지 채울 수 있다.

종업원 10인 미만의 소기업을 '마이크로 비즈니스(Micro Business)'라고 부르는데 이 명칭이 쓰이기 시작한 것은 1990년대 중반 이후라고 한다.[6] 한국에서는 1990년대 중반부터 이를 소상공인이라 부르고 있다. 영국 리드메트로폴리탄대학에서 출판된 한 연구보고서(Devins et al., 2002)는 마이크로 비즈니스에 대한 학계의 연구부족을 지적하고 마이크로 비즈니스 경영자들의 취약점인 능력개발(학습) 문제의 해결을 위한 하나의 개념적 모델을 그림 1-1과 같이 제시한 바 있다.

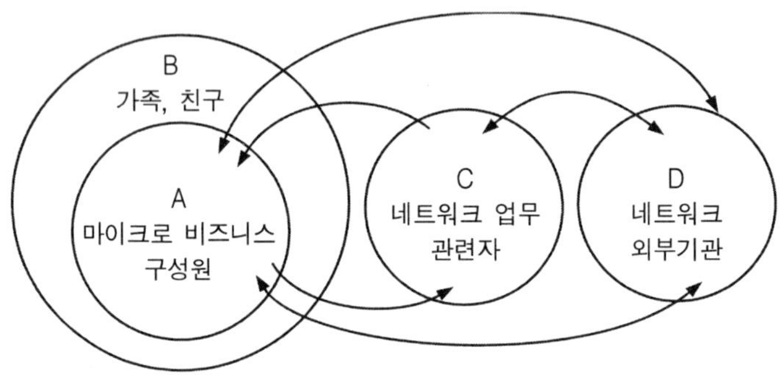

그림 1-1 마이크로 비즈니스 월드 모델

출처: Devins, Johnson, Gold, & Holden(2002), p.32

이 모델은 그림과 같이 A, B, C, D 영역으로 구성된다. A영역은 사업장에서 매일 마주치고 서로 영향을 주는 소상공인 내부 구성원을 말하며, B는 가족, 친구 등 임시 또는 파트타임으로 도움을 주고 비공식적 학습기회가 되는 영역이며, C는 일감 알선, 조정, 상담 등의 역할을 하는 네트워크 관리자, 은행, 회계사, 컨설턴트 등을 말하며, D는 정부기관, 대학, 교육기관 등 네트워크 외부기관을 말한다. A와 B, A와 C, A와 D, C와 D 등의 채널은 마이크로 비즈니스의 애로상담과 장기적 발전을 위해 매우 긴요한 커뮤니케이션 및 학습 통로가 될 것이다.

인터넷은 단순한 판매, 구매 이상의 일을 지원한다. 근무장소는 시간・공간적으로 흩어지며 협업과 참가를 촉진하는 도구가 요청된다. 한 장소에 모여 일하고 교육 받는 전통적 모델은 사라지고, 평생학습체제, 글로벌, 이동통신기술로 연결된다. 일과 학습은 직렬이 아닌 병렬적 활동이 된다. 지적자본의 창출과 활용에 관한 학습관리, 새로운 컨텍스트, 컨텐츠, 구조, 프로세스가 요구된다.

---

6) D. Devins, S. Johnson, J. Gold, & R. Holden(2002), "Management Development and Learning in Micro Businesses: a 'Missing Link' in Research and Policy", Policy Research Institute.

인터넷 시대로 들어서자 새로운 가치와 의미의 창출을 위해 네트워크에 참여하고 선도하는 전혀 다른 게임이 많이 등장하였다. 앞으로 보다 복잡하고 창의적이고 분산적인 업무들이 다수 출현하게 될 것이다. 지리적으로 멀리 떨어진 다수의 복잡한 업무들이 통합되고 전체 프로세스를 대상으로 하는 개선과 그 결과의 평가를 강조하게 된다.

한국은 각종 스포츠와 바둑에서 세계적인 스타를 배출하였다. 그러나 규칙이 일정한 게임만 있는 것은 아니다. 맥휘니(McWhinney, 1992)는 ① 일정규칙 게임, ② 규칙 정하기 게임, ③ 목적(가치) 구성 게임, ④ 의미구성 게임을 네 가지 장기판이라고 부르면서 각 장기판의 차이점을 알아야 플레이어들이 충분한 학습을 할 수 있다고 하였다. 한국인들은 협상, 국제관계 등 규칙 정하기 게임에서 다소 부족한 듯 하다. 가치구성 게임이나 의미구성(meaning-making) 게임에 대한 능력은 아직 의문이다.

미래 사회에서 사람들이 감당하게 될 과업의 종류를 창의성(혁신 요구), 복잡성(상호의존성 요구)의 두 가지 기준에 따라 분류해보면 표 1-1과 같은 4유형을 식별할 수 있다. 설명의 편의상 이 표에는 영화산업의 예를 제시하였다. 사실 영화산업은 일찍부터 이러한 4유형이 공존해온 특이한 산업이다.

표 1-1 미래 사회의 업무 유형

		복잡성	
		저	고
창의성	고	**인적작업** 개인적 활동과 공헌 (예: 영화스타 관리)	**커뮤니티** 다양한 전문가, 팀 참여 (예: 영화 전체 제작)
	저	**반복공정** 기계적 반복 업무 (예: 영화필름 공급)	**프로젝트** 활동/자원/일정 네트워크 (예: 영화세트/조명 제작)

20세기 이전의 대부분의 조직들은 창의성 및 복잡성 요구가 모두 낮은 반복공정 유형이었고 부분적으로 프로젝트형이나 인적작업형을 볼 수 있었다. 맥휘니의 비유로 말하면 반복공정 유형의 업무에 종사하는 사람들은 주로 일정규칙 게임을 하게 된다. 그러나 미래 사회에서는 프로젝트형, 인적작업형, 커뮤니티형이 급증하게 될 것이다. 특히 커뮤니티 유형의 업무에 종사하는 사람들은 고도의 목적

(가치) 구성 또는 의미구성 게임을 해야 한다.

모든 관련자 집단들이 각각 추구하는 가치지표를 정확히 파악하고, 관련자들의 협력을 도출할 수 있는 공통의 사명과 비전을 구체적으로 표시하고, 한 방향으로 이끌어갈 수 있는 리더십이 매우 중요하게 되었다. 복잡성이 커지면 조정, 협력, 협업에 대한 대책을 생각해야 한다.

협업(collaboration)은 전략적 중요도가 높고 업무의 복잡성이 심할 경우에 특히 필요하다. 경영자들은 일의 성격이 변하고 있다는 사실을 인식하고 효과적인 팀을 구축하여, ① 장소에 구애받지 않는 실시간(real time) 협업, ② 공동체적 감각과 참여, ③ 인터넷, 응용 프로그램 등 인프라의 탄력적 응용이 필요하다.

신경제는 목표 설정 및 의미 창출을 지원하는 팀워크 인프라를 요구한다. 팀 멤버들이 큰 틀 속에서 각자 역할을 이해하고 목표에 지향하며 공동작업을 하는 바로 그 곳에 공동체가 형성된다. 복잡한 창조적 업무를 수행하는 팀은 창의성, 협력, 공동체 정신을 촉진시킬 웹 장소를 필요로 한다. 미래의 교육 컨텐츠는 분석적 사고, 실험, 체계적 통합화, 공동작업에 초점을 두어 발전하게 될 것이다. 과거의 "시장점유율, 규모, 브랜드" 전쟁에서 "니즈, 시간, 이익창출" 전쟁으로 혁신의 초점이 바뀌고 있다.

일리노이 대학원생들의 노력으로 만들어진 최초의 웹브라우저가 즉시 WWW 라는 새 아이디어를 낳았듯이 혁신은 일상화되고 앞서 얻어진 지식은 다음 번 지식을 번식시킨다(Knowledge breeds more knowledge). 고객의 니즈를 정확히 파악하여 즉각 해결해줄 수 있고 이익과도 직결되는 아이디어가 요청된다. 그것은 반드시 거창한 개혁일 필요는 없다.

현대는 경쟁이 심하고, 고객들의 요구가 가변적이고, 구성원들의 욕구도 생각도 다양하고, 업무 프로세스가 복잡하고, 품질이 중요한 경쟁요소로 등장하는 글로벌 시대이다. 부서와 조직의 울타리를 넘어 팀을 만들고 협력하는 사례가 많이 발견된다. 특수과제를 위한 한시적 태스크포스, 특별사업을 전담하는 상설 팀, 지속적 품질개선을 위한 현장개선 팀, 기업간 컨소시엄, 인터넷 네트워크를 통한 공동학습 등, 종류도 다양하다.

전통적 조직 환경에서는 대면적 커뮤니케이션을 주로 하기 때문에 착오가 생겨도 적절한 수정·보완이 가능하나, 가상공간에서는 이러한 보완이 제한되며 구성원(특히 고객)들은 착오에 대해 관대하지 않으므로 커뮤니케이션의 초점과 심

볼, 그리고 시설, 프로세스, 문화, 구조에 대한 의미구성의 일관성이 필요하다. 의미구성은 인터넷 경제로의 전환에서 가장 어려운 도전이 되는데 현재로서는 커뮤니티보다 더 좋은 해결책을 찾지 못하고 있다.

최근에는 동태적·사회적·상호작용 네트워킹을 강조하는 '기업의 커뮤니티 모델'에 관한 연구도 등장하였다. 커뮤니티는 조직내 커뮤니티, 파트너 기업간 커뮤니티, 회사와 고객간 커뮤니티 등 다양한 유형으로 발전하고 있다. 따라서 경영조직의 역사를 계층경영 단계(전화, 팩스에 의존), 지식경영 단계(E-mail, 그룹웨어 활용), 커뮤니티 경영 단계(영상정보 시스템, 멀티미디어 디지털 네트워킹)의 3단계로 구분하는 학자도 있다.

여기서 커뮤니티 경영이란 커뮤니티기반 네트워크를 활용하는 경영을 말하는데, 기술적으로는 음성메일, 팩스, 전자회의, 전자우편, 그룹웨어, 비디오폰, 화상회의, 리얼타임 전송시스템을 갖춘 정보네트워크, 그리고 기능적으로는 커뮤니티 리더의 의사결정 및 상호작용 지원, 커뮤니티 능력의 공유·혁신, 고객 서비스 개선이 강화되는 신체제를 말한다. 즉, 커뮤니티의 형성, 능력개발, 교육, 회의, 상호작용, 지식공유와 혁신을 더욱 촉진하자는 것이다.

제1장 부록: 정보기술의 역사

1937 Atanasoff-Berry Computer
-디지털 컴퓨터 개발의 기초 역할
www.cs.iastate.edu/jva/jva-archive.shtml

1943 Colossus(Alan Turing)
-2차대전 중 독일군 암호 해독에 이용
www.bletchleypark.org.uk

1945 Stored Program 개념(John von Neumann)
-데이터와 프로그램을 함께 메모리에 저장하는 방법(디지털 컴퓨터의 기초)
ei.cs.vt.edu/~history/VonNeumann.html

1946 ENIAC(Electronic Numerical Integrator and Computer)
-최초의 일반목적 대형 디지털 컴퓨터
inventors.about.com/science/inventors/library/weekly/aa060298.htm

1951 UNIVAC1(Universal Automatic Computer, Remington Rand)
-최초의 상업용 컴퓨터, www.public.asu.edu/~francis/comp/univac.html

1952 프로그래밍 기호(Grace Hopper)
-기계언어를 기호언어로 대체, '재활용 가능 소프트웨어' 아이디어 제시
www.cs.yale.edu/homes/tap/Files/hopper-story.html

1952-1953 Core Memory 개발(IBM Model 650, MIT)
www.computer-museum.org/collections/ferrite_mem.html

1957 FORTRAN language(John Backus, IBM 305 RAMAC system)
www.digital.com/fortran

1958-1959 트랜지스터 장착 컴퓨터(책상 크기, IBM)
www.pbs.org/transistor/background1/events/sscomputer.html

1960 COBOL-비즈니스 컴퓨터 프로그램 언어
www.CobolReport.com

1965-1968 BASIC programming language(John Kemeny)
PDP minicomputer(Digital)
IBM 8-inch floppy(Alan Shugart of IBM)
www.vb-web-directory.com

1968 최초의 마우스(Douglas Engelbart),
www.ideafinder.com/history/inventions/story044.htm

1969-1971 ARPANET(정부, 연구소, 대학 협력사업)
-인터넷의 전신
Microprocessor=Programmable computer chip(Ted Hoff of Intel)
www.isoc.org/internet-history

1973-1974 Chat Room, Message Board for Online Community
(PLATO, Univ. of Illinois, D. Bitzer, D. Brown, D.R. Woolley)

1975-1976 Altair(최초의 Microcomputer), Ethernet(최초의 지역 네트워크)
compnetworking.about.com/compute/compnetworking/msubethernet.htm
www.asap.unimelb.edu.au/hstm/data/170.htm

1979-1983 Usenet, Spreadsheet, IBM PC,
MS-DOS, EDI(Electronic Data Interchange)
www.bricklin.com/viscalc.htm
/.zdnet.com/filters/printerfriendly/0,6061,221607784,00:html

1984-1989 ATM, IBM PC-AT, HP LaserJet printers for PCs,
Internet-based hypermedia enterprise at CERN(Tim Berners-Lee)
High-speed long-distance telecommunications network(과학재단 NSF)
MUD(Multi-User-Dungeon, Carnegie-Mellon)
public.web.cern.ch/Public/ACHIEVEMENTS/web.html
www.cisco.com

1991-1994 MOSAIC(Web browser by Marc Andreessen)
-Netscape로 발전
Windows 3.1(Microsoft)
Linux(like Unix operating system, by Linus Torvalds)
www.w3.org/History.html
www.microsoft.com
www.fsf.org

1995-1997 Windows 95, Java, Palm Pilot
www.sun.com
www.palmpilot.com

www.pencomputing.com/index.html

1995-1997 Windows NT 4.0,
Internet Explorer, Digital Video Disc
www.microsoft.com
encarta.msn.com/index/conciseindex/B5/OB532000.html

1998-1999 Windows 98,
E-commerce booms, iMac(AIRPORT, Apple Computer)
Microsoft Office 2000
Mobile eCommerce(WAP=Wireless Application Protocol)
www.netcraft.co.uk/survey
www.apple.com

2000-2001 ISP(Internet Service Provider)들의 무료공급 정책
Dot Com 실패("dot.bomb/techwreck/dot coma")
Wireless Technology, B2B, mobile e-commerce 급성장
www.mobilemcommerce.com

고전적 혁신방법: 공정관리

본 장에서 다루는 시스템 철학, 생산관리, 생산시스템 유형, 공정관리는 프로세스 혁신론의 기초에 해당한다. 프로세스에는 제조 프로세스, 서비스 프로세스, 지원 프로세스, 정보 프로세스 등 다양한 종류가 있는데, 고전이론은 제조 프로세스 중심이다. 요즘은 주로 '프로세스'라고 부르지만 과거에는 '공정'이란 용어가 많이 쓰였다. 다시 말해서 고전이론은 제조공정의 공정관리 중심이다. 공정관리는 사실상 세 갈래로 발전되어 왔다. 즉, 동작연구법을 응용한 초기의 공정분석, 품질분야에서 발전한 통계적 공정관리, 그리고 생산일정계획을 중심으로 하는 공정관리이다.

2.1 시스템 철학과 생산관리

1. 시스템 철학

1940년대에 베르타란피(Ludwig von Bertalanffy)는 "모든 과학은 시스템적 접근방법이라는 공통된 방법으로 연구가 가능하다."고 주장하면서 일반시스템이론(General Systems Theory)을 발표했다. 생물학에서 시작된 일반시스템이론은 "일반"이라는 명칭이 뜻하는 바와 같이 다른 학문 영역에 빠르게 전파되었는데, 자동제어장치의 논리를 설명한 위너(N. Wiener), 사회과학에 응용한 경제학자 보울딩(K. E. Boulding)의 연구가 대표적인 예이다. 보울딩은 시스템의 종류를 다음과 같은 9단계로 분류한 바 있다.

① 정태적 틀(지도)

② 단순 동태적 시스템(시계)

③ 사이버네틱 시스템(온도조절기 등 자동제어장치)

④ 단순한 개방 시스템(세포)

⑤ 유전사회적 시스템(식물)

⑥ 동물 수준 시스템

⑦ 인간 시스템

⑧ 사회 시스템(기업조직)

⑨ 초월적 시스템

위의 ③은 기계공학이나 전기공학, ④~⑥은 생물학, ⑦은 의학, ⑧은 사회과학, 경영학의 주된 연구대상이라고 볼 수 있다. 이와 같이 시스템 수준은 차이가 있지만 시스템 개념과 시스템적 접근방법은 어느 학문이나 마찬가지라고 주장하는 것이 일반시스템이론의 요지이다. 1960년대 초, 시스템적 접근방법은 미국 국방부에서 공식적인 분석방법으로 활용된 바 있고 조직이론, 생산관리, 마케팅 등 경영학의 각 분야에도 영향을 주었다. 시스템이론의 기본 용어와 개념을 간단히 정리해보면 아래와 같다.

- 시스템이란 하나의 전체를 구성하는 개체들의 집합이다.
  (예: 인체 시스템)
- 하위시스템(subsystem), 차하위시스템(sub-subsystem), 차차하위시스템(sub-sub subsystem) 등 계층구조가 존재한다.
  (소화기관은 인체의 하위시스템이고, 위나 간은 소화기관의 하위시스템이면서 인체에 대해서는 차하위시스템이 된다.)
- 하위시스템들의 주된 기능은 투입기능, 전환기능, 산출기능이다.
- 하위시스템들은 각자 기능을 통해 상위시스템의 목적 달성에 공헌한다.
- 하위시스템들은 인접 개체나 상위 시스템과 독립적으로 자기 기능만 수행할 수 없다. 상호의존, 상호작용의 관계 속에서 전체의 목적 달성에 기여해야 한다.
- "전체는 부분들의 합보다 크다."는 유명한 말이 있다. 전체를 놓고 보아야 비로소 의미를 찾을 수 있다는 뜻이다. 시스템은 의미를 갖는 '하나의 전체'이고, 외부와는 주로 경계선상의 접촉면을 통해 상호작용하게 된다. 피드백, 시너지(synergy) 등은 시스템 전체수준에서 고려되는 중요한 요소이다.

'경영혁신'이 어려운 이유는 혁신의 대상이 일반적으로 시스템이기 때문이다.

첫째, 시스템 전체를 생각하지 못하고 시스템의 일부분만을 개혁하면 다른 부분들과의 관계가 깨어져 오히려 더 나빠질 수가 있다.

둘째, 시스템에 대한 시각 차이로 경영혁신이 실패하기 쉽다. 데밍(W. E. Deming)은 "구성원들은 시스템 안에서 일하고 경영자는 시스템에 관한 일을 한다."(People work in the system; Managers work on the system)고 했다. 경영자의 역할을 잘 지적한 명언이다. 시스템을 혁신하기 위해서는 우선 경영계층과 구성원들이 시스템에 대한 시각차이를 줄일 수 있어야 한다.

시스템 이론가들은 "세 다리 의자(three legged stool)" 비유를 통해 시스템의 중요한 요소를 누락시키지 않고 챙기도록 경고한다. 시스템의 3요소는 ① 하드웨어, 소프트웨어, 지원(공급자, 서비스, MIS), ② 사람(전문인력, 고객), ③ 인프라(경영자, 정책, 절차)라고 한다.[7] 이 중에서 어느 것 하나도 쉬운 것은 없다. 체크리스트를 만들어 꼼꼼하게 챙겨야 한다.

"세 다리 의자" 비유는 매우 의미심장하다. 다리가 4개인 의자보다 3개인 의자가 더 균형을 잡기 좋고 안정적이라고 한다. 등반가들도 암벽을 오를 때 3점 접지를 강조한다. 두 손과 한 다리 또는 한 손과 두 다리를 암벽에 붙이고 나머지 한 손이나 한 다리는 자유롭게 움직이는 것이 균형을 잡기 좋고 동작에도 유리하다는 것이다. 긴장을 풀고 유연하게 사고할 필요가 있다.

2. 생산의 의미와 생산관리의 요소

공장에서 일하는 근로자를 흔히 생산직이라 부른다. 그러나 이러한 "생산직"만이 생산활동을 하는 것은 아니다. 사무원, 판매원, 관리자도 생산적으로 일해야 한다. 생산은 모든 사람의 과업이다. 제조업, 비제조업, 서비스업 모두가 생산적이어야 한다. 생산과업은 기업에 국한되지 않는다. 정부, 병원, 학교, 사회단체들도 생산적으로 운영되어야 한다. 생산기능이 원활하면 부가가치 증대, 소비자 만족, 시장경쟁력, 부의 증대도 잘 달성될 것이다.

청탁, 투기 등 생산 이외의 방법으로도 부의 증대가 가능하겠으나 그것은 허물어지기 쉬운 모래 위의 성과 같다. 한국은 고도성장을 이룩하여 가장 성공적인

7) http://www.riarlington.com/3lstool.html

개발도상국으로 세계의 주목을 끌어왔으나 1997년 말 외환위기 이후 전면적인 조정기에 접어들었다. 한국의 경제발전과 부의 증대가 과연 생산적 활동을 통한 것이었는지에 대해 우리는 겸허하게 반성할 필요가 있다. 시급한 것은 의식전환이다. 소위 생산직이나 제조업만의 일이라 생각하지 않고 생산을 모두의 과업으로 인식하며 누구나 생산적 활동을 해야 한다는 의식이 무엇보다 필요하다.

생산이란 무엇인가? 역사적으로 생산이란 말은 공장제 도입과 함께 널리 사용되기 시작했고 공장은 가장 전형적인 생산활동의 현장이었다. 국어대사전을 보면, "생산이란 자연물에 인력을 가하여 사람의 욕망을 충족시킬 수 있는 재화를 만들어 내거나 증가시키는 일이며, 농업, 공업, 광업 등의 물적 생산과 운수업, 창고업 등의 용역 생산으로 대별됨"이라고 풀이되어 있다.

이는 서비스까지 포함하는 확장된 생산개념이라는 점에서 진보적이라 할 수 있지만, 일부의 업종에만 적용되는 것으로 오해될 수 있으며, 생산활동의 결과를 재화 또는 용역으로 한정하고 있기 때문에 현대 사회의 다양한 수요들(예컨대, 정보, 지식, 건강, 레저, 환경보호, 국토개발, 고객가치 등)에 대한 생산과정을 설명하기 어렵다. 국어대사전식의 정의는 1960년대 이전의 개념이다.

오퍼레이션즈 리서치(Operations Research; OR로 약칭)와 시스템 개념이 도입되면서 생산 개념도 달라지게 되었다. 생산시스템은 "투입-전환과정-산출"과 관련된 각종 하위 시스템들로 구성되는 총합체이다. 오퍼레이션은 "운전, 운영, 작전, 수술" 등으로 번역되지만 이는 직역에 불과하다. OR 전문가들은 "투입을 산출로 바꾸어주는 전환과정(transformation process)"이라고 오퍼레이션을 정의한다. 제조공정은 오퍼레이션의 가장 명확한 예이다.

설비수리, 고속도로 건설 프로젝트, 항공기의 이륙준비, 은행의 고객서비스도 오퍼레이션이다. 병원, 대학, 정부기관, 정당, 사회단체들의 경우에서도 오퍼레이션이라는 것을 찾아볼 수 있다. 병원의 수술과정이나 혈액 재고관리도 오퍼레이션이다. 영화 제작, 군대의 작전, 식당의 주방작업, 가정주부의 요리과정도 오퍼레이션의 성격을 갖는다.

이들은 모두 어떤 투입을 넣어 원하는 산출을 얻기 위한 전환과정이며, 모두가 생산적으로 이루어져야 할 중요한 활동들이다. 이러한 오퍼레이션의 존재를 전제할 때 영리목적의 기업이냐 비영리조직이냐를 따질 필요가 없다. 그 투입이나 산출이 경제재이냐 아니냐를 논할 필요도 없다. 경제학에서는 경제활동을 생산, 분배, 교환, 소비 등으로 구분하여 설명한다. 그러나 생산관리에서는 이런 구분이 큰 의미를 갖지 않는다. 왜냐하면 분배, 교환, 소비 활동 내에도 생산적 요소가 있을 수 있고 생산관리적 지식이 필요한 것이기 때문이다. 오퍼레이션 개념을 적용하면 이러한 개념적 혼란을 극복할 수 있다.

시스템 이론도 큰 영향을 주었다. 시스템 개념에 의하면 부분적 비용이나 부분적 성과보다 총체적 비용과 총체적 성과가 강조된다. 앞에서도 언급한 바와 같이 과거에는 작업동작이나 공정의 능률에 초점을 두었으나 시스템 개념이 도입되면서 작업과 공정 이외의 영역까지 총체적으로 포괄하여 생산활동을 정의하고 연구하게 되었다. 이를 위해 생산시스템이란 용어가 쓰이게 된다.

최근에는 새로운 생산 개념에 따라 생산관리의 내용도, ① 제조업 위주의 생산관리에서 모든 산업, 모든 조직의 생산관리로, ② 시스템의 설계, 운영, 혁신, 경쟁력, 환경문제를 강조하는 방향으로, ③ 인터넷과 정보기술을 활용하는 통합화 방향으로 발전하고 있다. 흔히 언급되는 생산시스템의 목표는 다음과 같다.

- 원가(cost)
- 품질(quality)
- 배달(delivery) -신속 배달, 적시 배달, 제품개발 속도
- 생산성(productivity) -노동생산성, 자본생산성
- 유연성(flexibility) -수량유연성, 제품유연성, 공정유연성

원가는 투입의 능률을 나타내는 중요한 지표이다. 원가를 생산 시스템의 목표로 인식할 때는 통상적 원가 개념(재료비, 노무비, 간접비) 보다 포괄적인 원가 개념이 요구된다. 유휴시간(idle time) 손실, 불량품 발생으로 인한 손실, 생산일정 지연으로 인한 손실, 기타 기회손실까지 세심하게 고려할 필요가 있다.

품질목표의 경우, 과거에는 주로 공정통제와 품질검사법에 의존하고 생산부서 중심으로 불량률(%) 줄이기에 힘썼으나, 최근에는 품질보증(QA, quality assurance), 한 걸음 더 나아가 품질경영(QM, quality management) 체제로 발전하는 추세이다. QM 체제에서는 제품 자체의 품질은 물론 그 제품을 생산하는 생산시스템과 조직 전반의 질적 수준까지 문제가 되며 이를 ISO 9000 시리즈 등 국제규격 인증 획득으로 공인받을 수 있어야 한다. 불량률은 % 수준이 아니라 ppm(parts per million)수준으로 바뀌고 아울러 경영층의 리더십, 고객 만족, 지속적 개선, 총체적 참여, 시스템 설계 등 많은 과제들이 동시에 추진되지 않으면 안 된다. 이러한 변화는 조직 문화의 변화까지 요구되는 혁명적 변화라고 할 수 있다.

배달목표의 경우, 고객이 언제(시간), 어디에(배달 장소), 얼마나(수량) 배달해 달라고 요구할 때 이를 지키지 못하면 "믿을 수 없다."는 평을 듣게 될 것이다. 이러한 시간적, 장소적, 수량적 능력을 한 마디로 디펜더빌리티(dependibility)라 부른다. 제품 라이프사이클이 짧아지고 수요가 급격히 증감하면 이러한 목표를 달성하기가 매우 어렵게 된다. 따라서 신속 배달(fast delivery), 적시 배달(on-time delivery), 신제품 개발속도(development speed) 등 시간을 중요한 경쟁목표로 내세우는 부단한 프로세스 혁신이 필요하다.

생산성은 "산출총량을 투입총량으로 나누어준 비율"이다. 생산성은 투입과 산출을 포괄하는 가장 종합적인 목표라고 볼 수 있다. 그러나, 노동, 자본, 재료, 에너지, 기술, 지식 등 투입요소가 다양하면 모든 투입요소를 총합하기 어려우므로, 노동만을 고려하는 노동생산성, 투입자본만 고려하는 자본생산성 등 부분적인 생산성지표들이 흔히 이용된다. 생산성지표는 프로세스를 생략하고 투입과 산출만 따지는 것이므로 프로세스 혁신을 위한 구체적 정보를 제공해주지 못한다. 그렇기 때문에 우리는 별도의 접근방법을 필요로 한다.

유연성은 변화에 대한 적응력의 지표이다. 새로운 설비, 재료, 작업방법을 쉽게 신속히 도입할 수 있는 능력, 그리고 생산량의 급격한 변화, 제품설계 변경 등 변화 요구에 대해 신속히 경제적으로 적응할 수 있는 능력이 필요하다. 기술혁신의 가속화, 고객 요구의 다양화, 제품 라이프사이클의 단축으로 생산시스템의 유연성이 중요한 성공 요인으로 등장하였다.

생산량의 증감에도 불구하고 수익성 있게 생산할 수 있는 능력, 예컨대 낮은 원가로 소량생산을 할 수 있는 능력을 수량유연성(volume flexibility)이라 하고, 신제품을 경제적으로 신속히 생산하는 능력을 제품유연성(product flexibility)이라 하며, 다양한 품종을 생산할 수 있는 능력을 프로세스 유연성(process flexibility)이라 한다. 1980년대에 등장한 CAD/CAM, FMS 등 자동화 기술은 이러한 유연성 목표를 잘 달성하게 해주는 유력한 방법이다.

일반적으로 관리란 계획하고 조직화하고 지휘하고 통제하는 것이라 한다. 이러한 관리의 개념을 적용한다면 생산관리란 생산시스템을 계획(또는 설계)하고 조직화하고 지휘하고 통제하는 것이라고 볼 수 있다. 그러나 생산관리의 이론과 실제는 시대에 따라 조금씩 다른 모습으로 발전해왔다.

inventory control, quality control 등 control이란 단어가 많이 사용된 것을 보면 오래 전에는 주로 통제를 강조한 듯 하다. 통제는 주어진 시스템을 제대로 동작시키고 유지해나가는 것이다. 그러나 "주어진 시스템"이 아니라 새로운 시스템을 구상·설계하는 것도 그에 못지않게 중요하므로 점차 통제위주에서 계획과 설계가 강조되는 생산관리로 확장되었다고 볼 수 있다.

또한 전략적 통합화가 강조되고 있다. 즉, 생산시스템을 기업의 중요한 경쟁 무기로 인식하는 한편 하나의 부문관리로서의 생산관리에 머물지 않고 연구·개발, 마케팅, 재무, 회계, 인사, 정보 등 다른 부문들과의 통합적 관리가 보다 중요하다는 것을 인식하게 되었다. 이러한 통합화의 이상을 실현시키기 위해 등장한 새로운 시스템들에는 대개 "엔터프라이즈"란 단어가 붙는다. ERP(Enterprise Resources Planning)의 'E'도 "기업"이라고 번역하기보다 "엔터프라이즈"로 번역하는 것이 ERP 본래의 특징을 더 잘 나타내는 번역이 될 것이다.

2.2 생산시스템의 유형

표준산업분류법(SIC, Standard Industry Classification)은 경제정책과 산업정책을 위한 통계 목적으로 만들어진 분류법이다. SIC는 프로세스의 구체적인 차이를 구분해주지 않는다. SIC에 의하면 동일한 업종이지만 내용적으로는 전혀 다른 시스템인 경우가 많다.

자동차 조립업의 경우, 차종, 설비규모, 자사제작 비율이 다르고, 주로 취급하는 것이 고가의 특별주문품인가 저가의 대중차인가에 따라 관리면에서 많은 차이가 있을 수 있다. 고객의 주문에 따라 생산하는 경우와 시장전체의 수요를 예측하여 계획적으로 생산하는 경우는 시스템 면에서 크게 다르다. 프로세스(또는 공정)의 형태, 생산기술, 설비가 어떤 것이냐에 따라서도 시스템의 종류가 전혀 다를 수 있다. 따라서 산출, 고객, 프로세스를 분류기준으로 이용할 필요가 있다.

1. 산출에 따른 분류

최종 산출이 제품이냐 서비스냐에 따라 시스템이 달라진다. 은행, 항공사, 운수회사, 병원은 서비스를 생산하며 제조회사는 주로 제품을 생산한다. 물론 제품과 서비스 두 가지를 함께 생산하는 시스템도 생각할 수 있다. 산출의 품종수와 생산량에 따라 다품종소량생산과 소품종다량생산으로 구분하기도 한다. 이 양극단의 중간적 형태도 있을 수 있다.

2. 고객과 수요에 따른 분류

주문생산(to-order production)은 고객의 주문에 따라 생산하는 형태이다. 주문내용에는 설계사항, 주문량, 가격, 납품일자, 대금결재 방법 등이 포함된다. 주문을 받고 생산하면 틀림없이 판매된다는 장점을 갖지만 고객의 다양한 요구조건을 만족시킬 수 있는 유연성이 필요하고, 고객관계를 위해 많은 노력을 해야 한다.

고객들이 지나치게 다양한 요구를 해오면 일일이 대응하기 어려우므로, 준비된 제품목록 내에서 선택하게 하고 가격·납기만 협상하는 등 주문내용을 제한하는 경우도 있다. 이러한 방식을 폐쇄적 주문생산(closed job shop)이라 한다. 그러나 보다 융통성 있게, 설계사항, 가격, 납기 등 대부분을 고객에게 맡겨 택하도록 할 수도 있는데 이를 개방적 주문생산이라 한다.

개방적 주문생산은 규격품을 미리 대량으로 만들어 둘 수 없어 재고를 갖기 곤란하다. 그러나 여러 가지 품종에 공통적으로 들어가는 모듈(module)을 설계하여 표준화하면 재고를 활용할 수 있고 업무가 훨씬 단순화된다. 델 컴퓨터는 모듈방식을 확대하여 다양한 표준 콤포넌트(component)들을 준비해놓고 고객이 콤포넌트별로 선택하여 컴퓨터 및 주변기기를 자유롭게 설계하도록 허용하는 대량맞춤식(mass customization)으로 크게 성공한 바 있다.

예측생산은 시장의 장래 수요를 예측하여 계획적으로 생산하는 형태이다. 일반적으로 예측치와 실제수요의 격차를 조절하기 위해 재고를 이용하기 때문에 예측생산을 재고생산(to-stock production)이라고 한다. 특정 고객의 주문내용에 구애받지 않고 제품, 생산량, 생산일정, 가격들을 합리적으로 정할 수 있다는 점이 예측생산의 큰 장점이다. 그러나 예측 오차를 피할 수 없으므로 장기적으로는 설비능력계획, 단기적으로는 생산계획과 재고관리로 조절해나가게 된다.

3. 프로세스의 특성에 따른 분류

프로세스 내부에는 각종 재료, 인원, 기계설비, 장비들이 배치되어 있고 일정한 절차와 시간계획에 따라 일이 진행된다. 제조공정의 경우는 설비의 동작과 재료의 흐름이 쉽게 눈에 뜨인다. 따라서 흐름의 연속성 정도는 중요한 분류기준이 된다.

(1) 연속생산(continuous production)

정유, 화학, 시멘트, 제당, 원자력 발전소, 용광로 등이 연속생산의 대표적 예이다. 연속생산의 형태를 보면 작업 중단이 없고 재료가 연속적으로 흘러 지나가며 대량으로 처리된다. 정유, 화학과 같은 장치산업(process industry)의 경우, 공장 전체가 하나의 거대한 장치처럼 연결되어 파이프라인을 통해 재료가 연속적으로 흐른다. 대량생산하는 자동차 조립라인에서도 이를테면 1분에 1대꼴로 거의 연속적으로 흘러 지나가는 모습을 볼 수 있다.

(2) 단속생산(intermittent production)

재료의 흐름이나 작업이 계속 이어지지 않고 단절되는 형태이다. 주문생산은 대개 흐름이 단속적이다. 하나의 주문일감에서 다른 주문일감으로 작업을 전환할 때마다 불가피한 단절이 생기게 된다. 일반적으로 주문일감 수량은 일정하지 않기 때문에 작업속도를 일정하게 유지하기도 어렵다. 주문일감은 영어로 잡(job)이라 한다.

(3) 반복생산(repetitive production)

반복생산은 가전제품, 자동차 부품, 통신장비 등 개(대)수로 셀 수 있는 품목들에 널리 활용되는 방식인데 일정한 크기로 구분된 작업을 반복한다. 일정한 크기로 구분된 작업량을 로트(lot) 또는 뱃치(batch)라 하며, 반복생산은 로트생산 또는 뱃치생산이라 한다.

한 로트에 대한 작업을 끝내고 다음 로트로 들어가기 전까지의 작업중단 시간은 준비시간(setup time)으로 활용된다. 기계 조정, 공구 교환, 청소, 휴식, 근무자 교대, 재료 준비, 등 중요한 일이 준비시간 중에 이루어진다. 반복생산은 연속생산과 단속생산의 중간적 성격을 갖는다. 로트의 크기가 매우 큰 경우는 '대량생산(mass production)'이라 부른다. 대량생산의 흐름 형태는 거의 연속적이다. 그러나 로트 크기가 작으면 단속생산에 가까운 특징을 갖는다.

(4) 프로젝트(project)

반복이 없는 1회성 대규모 사업을 프로젝트라 한다. 토목, 건설, 연구개발 사업이 이에 속한다. 프로젝트는 다양한 기술과 활동들이 복잡하게 얽혀 구성되기 때문에 관리하기 어렵다. 이러한 프로젝트 관리를 위해 PERT(project evaluation and review technique)를 비롯한 많은 관리수법들이 개발된 바 있다.

시스템을 설계할 때 그 초점을 프로세스에 두는가 제품에 두는가에 따라 시스템의 형태가 크게 달라진다. 프로세스중심 시스템(process-focused system)의 경우, 각 제품이 작업순서에 따라 각 부서를 찾아다니는 형태이다. 이 경우의 배치형태를 공정별 배치 또는 기능별 배치(functional layout)라고 부른다. 반면에 제품중심 시스템(product-focused system)의 경우, 부서들이 제품별로 전속되어 있으며 흐름의 형태는 단순한 직선형이 된다. 이러한 배치를 제품별 배치(product layout) 또는 라인 배치(line layout)라 부른다.

양자는 외형적 차이뿐만 아니라 생산전략, 제품, 설비, 노동 등 여러 면에서 차이가 크다(표 2-1 참조). 프로세스중심 시스템은 제품설계와 수요가 불 안정적이고 공정기술도 정착되지 못한 상황에서 유연성(즉, 변화에 대한 적응력)에 초점을 둔다. 그리고 원가보다는 신제품 도입의 성공 여부, 제품설계 변경 능력, 수주 능력에 의한 경쟁력을 추구한다. 그러나 제품중심 시스템에서는 안정적 수요의 규격품의 대량생산을 통한 원가 최소화, 균일 품질, 빠른 생산속도에 초점을 둔다.

표 2-1 제품중심 대 프로세스중심 비교

	제품중심 시스템	프로세스중심 시스템
배 치	제품별 배치	기능별 배치
제 품	라이프사이클 후기의 제품 표준화된 규격품 라이프사이클이 긴 제품	라이프사이클 초기의 제품 비표준품, 고객의 특별주문품 라이프사이클이 짧은 제품
프로세스	연속적 흐름, 연결된 라인 특수목적 전용설비 자본집약적, 고수준의 자동화	뒤범벅 흐름 다목적 범용설비 노동집약적, 자동화 수준 낮음
강조되는 전략 목표	원가 최소화 무결점 품질 공정시간 단축	유연성 신속한 신제품 개발 제품 성능 및 지명도

4. 배치 유형과 전략의 관계

공장, 건설현장, 병원, 유통기관, 서비스 업소 등 대부분의 시스템들은 많은 재료, 시설, 인원이 동원되고 업무절차나 방법이 복잡하게 얽혀 있으며 매우 바쁘게 움직인다. 따라서 시간 절약, 착오 방지, 능률을 주로 강조하게 되지만, 시스템의 설계와 운영을 전략적으로 검토하는 일도 중요하다.

라이프사이클(life cycle, 이하에서 LC로 약칭함)은 신제품이나 신기술의 처음 출현으로부터 사용중단 또는 폐기까지의 일생을 단계별로 나누어 설명하는 하나의 설명방법이다. 제품 LC와 기술 LC로 나누어 살펴보자.

제품 LC는 대체로 도입기, 성장기, 성숙기, 쇠퇴기의 4단계로 진행된다. 신제품이 시장에서 아직 정착되지 못한 도입기에는 시장이 불확실한 만큼 제품설계도 자주 변경되며 판매량은 매우 적다. 성장기에는 생산자, 소비자가 모두 제품에 대한 경험을 축적할 수 있으며 제품의 설계내용은 일정하게 정착된다. 성장기에는 주로 제품 차별화에 의한 경쟁이 이루어지며 기업은 매출액과 시장점유율 극대화에 초점을 둔다. 비교적 장기간 지속되는 성숙기의 특징은 표준화된 제품에 대한 치열한 가격경쟁이다. 이에 대응하는 보편적인 방법은 대량투자와 규모의 경제를 통한 원가 절감이다.

기술 LC(또는 공정 LC)란 어떤 것인가? 신제품이 출현하면 이어서 신제품 생산에 필요한 새로운 생산기술이 등장하게 된다. 초기에는 신제품의 설계내용이 자주 바뀌기 때문에 생산기술도 자주 변경되고 불안정하여 능률이나 원가보다는 변화에 대한 융통성과 혁신에 초점을 두게 된다. 제품 혁신이 어느 정도 정착되면 뒤이어 보다 능률적인 생산기술을 얻기 위한 혁신이 이루어져 자동화, 전문화, 치밀한 통제에 초점을 두는 생산기술로 진화해간다. 헤이즈와 휠라이트(Hayes & Wheelwright, 1979)는 이러한 기술 LC를 아래의 4단계로 설명한 바 있다.

단계 1: 뒤범벅흐름, 잡숍(jumbled flow -job shop)

단계 2: 단절된 선형흐름, 뱃치(disconnected line flow -batch)

단계 3: 연결된 선형흐름, 조립선(connected line flow -assembly)

단계 4: 연속적 흐름(continuous flow)

뒤범벅 흐름이란 기능별 배치에서 흔히 볼 수 있는 바와 같이 재료, 부품, 작업자들의 공정 내 움직임이 일정한 이동선에 따르지 않고 뒤섞여 이동되는 형식을 말한다. 잦은 제품 변경 또는 소량생산의 상황에서는 융통성있는 뒤범벅 흐름 방식이 오히려 장점이 될 수 있으나 능률이 떨어지고 자재 운반비가 커진다.

잡숍(job shop)이란 프로세스의 흐름이 단속적이고 주문일감(job) 별로 작업이 이루어지는 단속적 주문생산을 편의상 간단히 호칭할 때 쓰는 명칭이다. 이에 대응되는 것은 프로우숍(flow shop)인데 이 역시 편의상 많이 쓰는 단어로서 반복 또는 연속생산의 원활한 흐름형식을 강조하는 표현이다.

조립선은 처음 작업부터 마지막 작업까지 연결된 라인(line)으로 구성되어 작업속도가 높아지고 자재운반비가 최소화된다. 이러한 조립선 형식과 뒤범벅 흐름형식의 중간적인 것이 반복적 뱃치(batch) 생산이다. 뱃치 생산의 경우는 라인 전체가 연결되어 있지는 못하나 프로세스의 곳곳에서 부분적으로 일정한 경로의 흐름이 형성된다.

기술 LC의 최종 단계는 라인 전체가 연결된 연속적 흐름의 시스템이다. 이 때, 가장 능률적인 프로세스 흐름과 고도의 기술 및 대량설비가 활용되나 반면에 대규모 투자가 필요하고 일단 시스템이 설치되면 좀처럼 변경하기 어렵기 때문에 융통성 상실이라는 부담을 안게 된다.

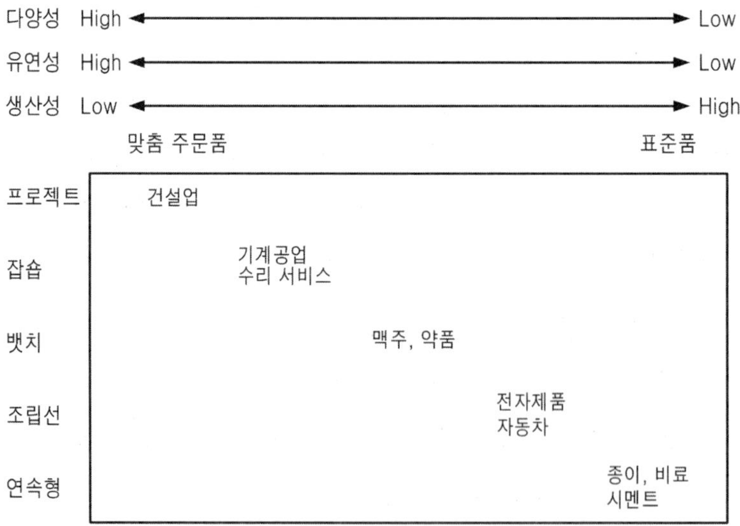

그림 2-1 제품 LC와 기술 LC의 매트릭스

제품 LC와 기술 LC를 함께 고려하는 것은 전략적으로 중요한 의미를 갖는다. 예컨대, 성숙기의 제품을 비능률적인 뒤범벅 흐름의 공정으로 생산한다면 성숙기의 가격경쟁에서 살아남기 어려울 것이며 반면에 도입기의 제품을 대규모 조립선 설비로 생산한다면 시장불확실성으로 인한 어려움을 겪게 될 것이다. 요컨대 제품과 기술이 라이프 사이클 면에서 서로 적합되도록 할 필요가 있다고 하겠다. 헤이즈와 휠라이트의 포지셔닝 전략(positioning strategy)은 이러한 문제를 체계적으로 설명해준다(그림 2-1 참조).

포지셔닝 전략은 행렬형식의 도표를 통해 설명된다. 현재 상태를 도표에 위치시켜 봄으로써 위치가 바람직한 것인가 진단할 수 있다. 주대각선 위쪽은 도입초기 제품을 다품종 소량 생산하는 뒤범벅흐름의 융통성 있는 시스템이고 아래쪽은 표준품을 대량생산하는 연속적 흐름의 시스템이다. 행렬의 주대각선에서 멀리 떨어져 있으면 대각선 위치의 경쟁자에 대해 불리한 입장에 놓일 수 있다. 위치 변경 방향은 수평, 수직, 대각선의 세 가지로 구분된다.

유휴설비를 활용할 수 있다면 다양한 제품을 추가(좌측으로 수평이동)하는 것은 바람직하다. 그러나 제품 추가로 인하여 새로운 종류의 설비와 작업을 더 추가해야 한다면 관리하기 어려울 만큼 프로세스가 복잡하게 될 수도 있다. 원가절감을 위해 대규모 설비에 대량 투자(하향 수직이동)하는 경우에는 제품 LC의 지속 기간을 예측할 필요가 있다.

수직적 통합화(vertical integration)는 LC의 단계가 서로 다른 기업들이 통합함으로써 수직이동을 하는 전략이다. 품종수의 축소, 표준화, 대규모 설비 투자를 동시에 추진하는 3S 전략은 대각선 방향의 이동(↘)에 해당한다. 이 경우, 주대각선보다 아래쪽에 치중하면 유연성이 나빠지며 위쪽에 치중하면 원가절감 효과가 적어진다.

도입기에는 프로세스중심, 잡숍, 주문생산(process-focused, job shop, to-order), 성장기 전기에는 프로세스중심, 뱃치, 주문생산, 성장기 후기에는 제품중심, 뱃치, 재고생산(product-focused, batch, to-stock), 성숙기에는 제품중심, 연속형, 재고생산이 적합하다. 프로세스중심 시스템은 기술 LC와 제품 LC의 초기 단계에 적당한 시스템이며 제품중심 시스템은 후기 단계에 적당한 시스템이다.

2.3 동작연구와 공정분석

1. 동작분석

동작분석은 작업자의 손, 다리, 손가락, 눈동자의 움직임까지 세밀히 분석하는 것이다. 육안으로 구분할 수 있는 동작은 작업자도표(operator chart)에 의해 분석하고 세밀한 미세동작은 필름분석 방법에 의해 분석한다.

왼손 동작		오른손 동작	
대기	◯ ○ ▽ ▽	▽ ▽ ○ ◯	손을 재료 쪽으로
대기	◯ ○ ▽ ▽	▽ ▽ ○ ◯	재료를 들어올린다
손을 기계 쪽으로	◯ ○ ▽ ▽	▽ ▽ ○ ◯	재료를 기계까지 옮김
재료를 기계에 정치시킴	◯ ○ ▽ ▽	▽ ▽ ○ ◯	재료를 기계에 정치시킴
재료를 붙잡음	◯ ○ ▽ ▽	▽ ▽ ○ ◯	손을 작동스위치 쪽으로
재료를 붙잡음	◯ ○ ▽ ▽	▽ ▽ ○ ◯	작동스위치를 ON으로
기계작동중 대기	◯ ○ ▽ ▽	▽ ▽ ○ ◯	기계작동중 대기

그림 2-2 작업자도표(양손도표)의 예

작업자 도표는 양손도표(left-and-right hand chart)라고도 부르는 것인데 그림 2-2와 같이 작업동작(◯), 이동(⇨ 또는 ○), 붙잡음(D 또는 이중역삼각형), 지체(▽)의 네 가지 기호를 가지고 실제 나타나는 순서에 따라 기입한다. 아무런 특수장비 없이도 육안관찰에 의해 작업자 동작을 네 가지로 나누어 파악하고 개선할 수 있다는 것이 이 도표의 중요한 장점이다.

이러한 도표를 작성해보면 불필요한 동작을 찾아 제거하거나, 양손의 동작을 종합적으로 재구성하거나, 작업자 주위의 기계, 공구, 작업대의 배치 등을 개선하는 데에 도움이 된다.

길브레드는 미세동작을 분류하고 그 각각에 기호와 색을 부여하여 "더블릭"이란 명칭으로 소개하였다. 다음의 17가지가 사용된다.

① 작업 진행에 기여하는 동작
Grasp(G, 잡는다), Position(P, 위치를 정한다), Preposition(PP, 준비한다), Use (U, 사용한다), Assemble(A, 조립), Disassemble(DA, 분해), Release load (RL, 내려놓음)의 일곱 가지이며, 이들은 적색과 청색 계통의 색으로 표시된다.

② 이동 또는 운반 동작
Transport empty(TE, 빈 손 이동), Transport loaded(TL, 옮긴다)의 두 가지이며 초록색 계통으로 표시된다.

③ 탐색, 선택 등 머뭇거리는 동작
Search(SH, 찾는다), Select(ST, 선택한다)의 두 가지이며 흑회색 계통의 색이다.

④ 지연, 정체
Hold(H, 잡고 있다), Unavoidable delay(UD, 불가피한 지연), Avoidable delay (AD, 피할 수 있는 지연), Rest(R, 휴식)의 네 가지이며 이들은 황색, 오렌지 계통의 색으로 표시된다.

⑤ 머리를 써야 하는 동작
Plan(PN, 생각하다), Inspect(I, 조사하다)의 두 가지이다. 색은 갈색계통이다.

위의 종류 중 ①과 ②는 주로 동작순서를 재구성하는 방향으로 고려하고 ④, ⑤는 가급적 생략하도록 한다.

미세동작연구에서는 필름분석에 의해 미세동작을 기록하며 그 결과를 동시동작도표(simultaneous motion chart, SIMO chart)에 정리한다. 동시동작도표는 앞에서 소개한 작업도표(양손도표)와 같은 형식인데 더블릭 기호와 시간눈금을 추가한 도표이다. 길브레드는 프레임 당 1/30초의 고속으로 촬영하여 그 1/10~1/20의 저속으로 재현하면서 미세동작을 분석하였다.

길브레드는 움직이는 신체부위에 작은 전등을 부착하여 동작 방향을 촬영하는 사이클그래프 방법도 고안한 바 있다. 메모동작연구(memo motion study)는 미세동작연구와는 반대로 저속촬영을 하고 고속으로 재현하여 분석하는 것이다. 미세동작연구는 일정한 반복적 사이클의 분석에 유효하나, 메모동작연구는 사이클이 길거나 불규칙적일 때, 장시간에 걸쳐 관찰해야 할 때 또는 여러 사람이 협동작업을 할 때 주로 사용된다. 동작경제의 원칙(principles of motion economy)은 개선안의 구상에서 많은 도움이 될 것이다.

동작경제의 원칙

① 양손과 신체의 사용에 관한 원칙

- 양손 동작을 동시에 시작하고 동시에 끝낼 것.
- 양손을 상호대칭방향으로 움직일 것.
- 단순하고 자연스러운 리듬을 이용할 것.
- 작업가능 범위 내에서 가급적 작은 동작을 할 것.
- 탄도형 동작, 회전력을 이용하고 근육 힘은 절약할 것.
- 부드러운 연속적 동작(급정지, 급회전 회피).

② 작업장 배열에 관한 원칙

- 공구와 재료는 작업자 근처 일정한 곳에 동작순서와 연관되게 위치시킬 것.
- 중력식 운반장치와 컨테이너 이용으로 운반 노력을 절약할 것.
- 운반용기는 제자리에서 낙하하여 넣을 수 있는 곳에 위치시킬 것.
- 작업대 의자 높이를 조절하여 작업 중 앉거나 설 수 있도록 할 것.
- 바른 자세를 유지할 수 있는 의자, 적절한 채광, 조명.

③ 공구와 장비의 설계에 관한 원칙

- 다목적 공구의 개발(예: 망치와 못 빼기).
- 크랭크나 드라이버의 손잡이는 손바닥 접촉면적이 크도록 설계할 것.
- 손가락 동작이 필요한 장비(타자기 등)는 손가락별 힘의 분포를 고려하여 설계.
- 치구(jig, fixture)나 발동작을 이용하여 손의 부담을 줄일 것.
- 능률적 자세로 조작할 수 있도록 레버, 핸드 휠의 위치를 조절할 것.

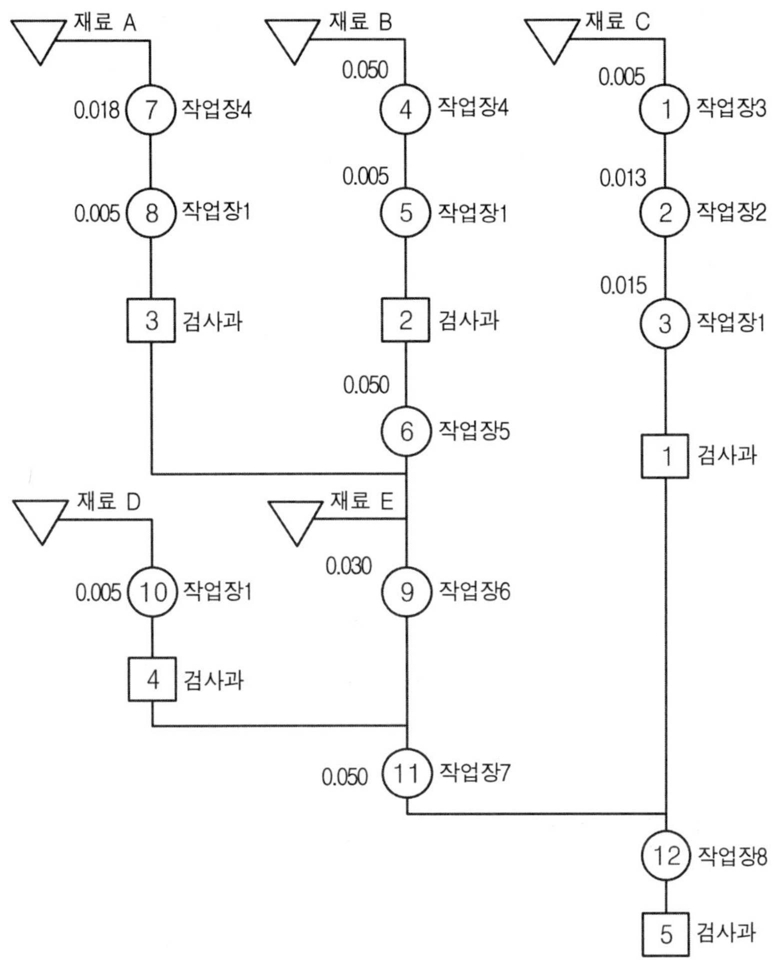

그림 2-3 공정도

2. 공정분석

공정분석의 목적은 작업자나 작업장 단위가 아니라 공정전체의 차원에서 검토하고 개선하자는 것이다. 동작분석은 주로 작업자의 신체부위나 작업대 내부의 좁은 공간에 대한 것이므로 육안관찰에 의해 작업동작, 이동, 붙잡음, 지체(대기)의 네 가지로 나누거나 필름분석에 의해 17개 미세동작으로 나누어 분석한다. 반면에 공정분석은 많은 작업장들이 길게 연결된 공정 전체를 분석하기 때문에 분석단위가 크다.

공정분석의 기본단위는 가공(○), 운반(⇨ 또는 ㅇ), 저장(▽), 검사(□), 정체(D)의 5요소이다. 이처럼 기호의 구성과 명칭이 동작분석의 경우와 약간 다르다. 공정분석에서도 조립도, 공정도 등 각종 도표가 쓰이는데, 조립도(assembly chart)는 제품을 분해하여 각 구성부분과 부품이 어떻게 연결되어 있는가를 보여주는 조직도 형식의 도표로서 공정 전체의 구성을 알아보기 위해 이용한다.

공정도(process chart)의 예를 보면 그림 2-3과 같다. 특별한 형식에 구애받지 않고 공정의 연결순서 그대로를 표현하면 된다. 재료의 투입은 수평 직선으로, 작업의 진행은 수직의 선으로 연결하는 것이 일반적인 관례이다. 작업공정도를 이용하면 다음과 같은 분석이 가능하다.

① 순서변경, 생략, 통폐합이 필요한 부분은?

② 각 작업의 소요시간이 적절히 배분되어 있는가?

③ 검사 위치, 재료투입 위치는 적절하며 양적 질적 문제는 없는가?

④ 기타, 정체구간, 설비의 공동사용이 필요한 부분 등

2.4 통계적 공정관리

슈하트(W. Shewhart)에 의해 세상에 알려진 관리도(control chart) 방법은 통계학을 산업에 도입한 최초의 역사적 공적이다. 관리도법은 본래 제조공정을 위해 만들어졌지만 제조업 이외의 분야에도 유용하게 쓰일 수 있다. 관리도법을 이해하기 위해서는 약간의 통계학 지식이 필요하나 본서는 통계학 전문서적이 아니기 때문에 관리도법의 원리와 종류별 방법을 중심으로 간략하게 소개하기로 하겠다.

1. 통계적 방법의 특징

효과적이고 좋은 공정(프로세스)이란 어떤 것일까? 여러 가지 대답이 가능하다. 고객에게 신속정확한 서비스를 해주는 프로세스라고 대답할 수도 있다. 근무자의 친절 서비스를 강조할 수도 있다. 통계학자들은 분포를 이용해서 대답한다.

공정에서 계속 나오는 산출물들의 무게, 치수, 시간, 결점수 등 품질특성을 측정하여 분포를 그릴 때, 분포의 평균이 원하는 목표치와 일치하고 분포의 분산이 작다면 우수한 공정이고, 만일 평균이 목표치와 다르거나 분산이 크면 우수하지 못한, 이상이 있는 공정이라는 것이다.

이와 같은 논리를 적용하기 위해서는 측정방법이 준비되어야 하고, 분포에 영향을 주는 원인들에 대한 지식이 필요하다. 측정방법은 주로 다음 두 가지가 이용된다.

첫째, 부적격품인가 아닌가로 품목을 분류하여 부적격품의 개수를 세거나, 결점이 몇 군데 있는가를 조사하여 결점수를 기록하는 방법이다. 이와 같이 1, 2, 3, … 등, 개수를 세어 측정하는 것을 계수형 측정이라고 한다. 계수형은 상세한 품질정보를 얻기 어려우나 많은 량을 신속히 검사할 수 있다는 장점이 있다.

둘째, 무게를 달거나 길이를 재는 등, 품목 하나 하나의 측정치를 구해서 기록하는 측정법이다. 이를 계량형 측정법이라고 한다. 계량형은 측정에 시간과 노력이 많이 들지만 정확한 데이터를 얻을 수 있다는 장점이 있다.

이러한 장단점을 고려하여 계수형 또는 계량형을 선택하는 것이 바람직하다. 그러나 관찰하는 품질특성이 어떤 것이냐에 따라 선택의 여지가 없이 정해지는 경우도 있다.

예를 들어서, 페인팅 작업의 얼룩(결점), 10페이지의 문서 중 오자의 수 등은 계수형 즉, 개수로 측정할 수밖에 없을 것이다. 음료의 맛, 음향기기의 음감, 향료 냄새, 친절성, 인테리어의 미적 수준들의 측정은 계수형도 계량형도 아니다. 이러한 감각적 특성의 경우는 견본과 전문 감식가를 이용하여 개략적으로 판단하게 된다.

그러나 애매하고 주관적인 경우라고 해도 측정을 포기하면 안 된다. 예컨대, 시장조사나 고객만족도 조사에서 5점 척도, 7점 척도 등의 측정법을 이용한다면 통계분석이 가능하고 좋은 정보를 얻을 수도 있다.

통계적 방법을 사용하기에 앞서서 분포에 영향을 주는 원인에 대한 사전 지식은 매우 중요하다. 품질분야의 전문가들은 특별한 신념을 갖는 사람들이다. 즉, 품질이라는 것은 일정하지 않고 변동하며, 그 변동은 어떤 분포로 표시되며, 분포가 달라지는 데에는 원인이 있으며, 원인을 추적하여 통제하면 품질변동을 바로 잡을 수 있다는 확신이다.

공정을 통과한 제품의 경우, 품질특성에 관한 분포는 주로 재료, 작업방법, 작업자, 기계장비의 상태, 기타 많은 원인들에 의해 달라지게 된다. 관리도법에서는 전통적으로, 이러한 원인들을 이상원인과 우연원인의 두 가지로 대별한다.

(1) 이상 원인

분포의 평균이나 분산에 큰 영향을 주는 중대한 원인이다. 이상원인이 작용하면 프로세스가 통제상태에서 이상상태로 바뀌게 된다. 제조공정에서는 재료, 작업방법, 작업자, 기계장비 등의 문제가 주된 이상원인이 된다. 이러한 이상원인들의 종류나 변동 상황은 얼마든지 미리 파악할 수 있고 대응책을 준비해둘 수 있기 때문에 바로 추적하여 시정할 수 있다.

(2) 우연 원인

분포에 영향을 주지만 영향력이 적은 원인이다. 일단 이상원인이 아닌 것은 모두 우연원인이라고 보게 된다. 어디까지를 이상원인으로 보고 어디서부터 우연원인으로 보아야 하는가에 대한 확실한 대답은 없다. 그 구분은 업종이나 프로세스의 특징에 따라 달라진다. 예컨대, 반도체 칩 생산공정에서는 공기중의 작은 먼지, 작업자 손의 염분까지 중대한 이상원인이 된다. 그러나 용광로 작업장이라면 먼지나 염분은 문제가 되지 않을 것이다. 대중식당이라면 손님들이 작은 소리로 대화해도 문제가 되지 않지만 음악 감상실이라면 속삭이는 소리도 중대한 원인이 될 것이다. 결국, 원인의 내용을 파악할 수 있는가, 추적해서 시정할 필요가 있는가, 통제비용에 비해서 품질에 주는 영향이 어느 정도인가, 등의 고려를 통해서 판단할 문제인 것이다.

2. 관리도법의 원리

이상원인은 없고 우연원인만 작용하는 공정을 "통제상태(under control)"라 하며, 이상원인이 작용하는 공정을 "이상상태(out of control)"라 한다. 공정관리자의 목표는 공정을 항상 통제상태로 유지하는 데에 있다. 이를 위해 관리자는 공정의 동작을 항상 주목하면서 그 상태를 적시에 정확히 판단해야 한다.

공정의 상태를 적시에 정확히 판단하는 일은 매우 어렵다. 공정 자신이 말을 할 줄 모르기 때문이다. 공정관리는 아기를 돌보는 일이나 투수의 상태를 보고 교체 여부를 판단하는 일과 비슷하다. 제조공정의 경우, 어떤 문제가 생겨도 공정 라인은 아무 말 없이 계속 돌아간다.

야구팀의 감독은 투수의 볼 컨트롤을 관찰하면서 투수의 상태가 언더 컨트롤(통제상태)인가 아웃오브 컨트롤(이상상태)인가를 수시로 점검한다. 무언가 낌새가 이상하면 투수에게 다가가서 물어볼 수도 있다. 그런데도 투수교체에 실패하는 야구 감독들이 많다고 한다.

제조공정은 스스로 경보를 울리지 못한다. 더구나 매우 분주하게 돌아가기 때문에 자세히 살필 겨를이 없다. 업무량이 많아 분주히 돌아가고 제품이 대량으로 쏟아져 나오면서 혼잡을 이루면 공정의 상태를 파악하기가 거의 불가능하다. 바로 이와 같은 분주한 대량생산 상황에서 관리도법이 효과를 발휘하게 된다.

관리도로 평균치를 관리하는 경우를 생각해보자. 대량으로 쏟아져 나오는 제품 모두를 측정하면 시간이 많이 걸리고 작업에도 지장이 되기 때문에 그 일부(즉, 표본 또는 시료)를 무작위로 뽑아서 측정한다. 한 번에 5개씩 표본을 뽑기로 한다면, 5개 측정치가 얻어지고 그 평균을 바로 구할 수 있을 것이다. 그 평균의 위치를 관리도상에 점으로 찍어 넣는다. 이와 같이 반복하면 여러 개의 점들이 찍힐 것이다. 이러한 평균값들의 움직임을 살펴보면 공정의 상태를 신속히 판정할 수 있다.

전수검사를 하지 않고 샘플링을 하면 불가피하게 판단착오가 생길 수 있다. 두 가지 과오가 가능하다. 1종 과오는 이상이 없는 프로세스를 이상상태라고 잘못 판정하는 과오이다. 2종 과오는 이상상태인 프로세스를 통제상태라고 잘못 판정하는 과오이다. 통계학에서는 일반적으로 1종 과오의 크기를 알파(α), 2종 과오의 크기를 베타(β)로 표시한다.

1종 과오는 이상이 없는데 공연히 놀라서 프로세스의 진행을 정지시키고 야단을 치고 원인을 규명하는 과민반응이라고 볼 수 있다. 과민반응은 시간 낭비일 뿐만 아니라 안정을 해치고 불필요한 긴장을 조성하게 된다. 반면에, 2종 과오를 범하면 계속해서 불량품이 쏟아져 나올 것이다. 따라서 일단 오판을 해도 다음번 표본조사에서는 그것이 오판이었다는 것을 즉시 알아차릴 수 있다.

이러한 이유로, 관리도법을 만든 사람들은 1종 과오를 더 중요시하고 알파값을 적게 하는 데 주력했다. 슈하트 관리도에서는 알파를 적게 하기 위해 3시그마법(3 sigma rule)을 채택하고 있다.

즉, {(평균)+3×(표준편차)}를 통제의 상한선으로 잡고, {(평균)-3×(표준편차)}를 하한선으로 잡아, 관리도에 찍히는 점이 범위를 벗어나면 이상상태라고 판정하는 것이다. 표준편차는 흔히 그리스 문자 σ(시그마)로 표시한다. 정규분포표를 보면 ±3σ 범위를 벗어나는 확률(즉, 알파)의 크기는 0.23% 정도로 작다는 것을 알 수 있다. ±2σ로 통제범위를 좁히면 알파는 4.55%가 된다.

관리도의 중심선은 평균값으로 잡는다. 이와 같이 중심선, 상한선, 하한선을 구함으로써 관리도의 골격이 완성된다. 그 다음, 정해진 시간에 정기적으로 시료를 채취하여 품질을 측정하고 그 결과를 관리도 위에 점찍어 나가면서 공정의 상태를 판단하면 된다. 공정이 통제상태에 있다고 보는 경우는 다음과 같다. 이 세 가지 조건이 모두 만족되어야 통제상태라고 판정할 수 있다.

① 모든 점들이 상한선, 하한선을 벗어나지 않아야 한다.

② 중심선 근처에 밀집되고 바깥쪽으로 갈수록 적게 찍혀야 한다.

③ 점들의 배열에 규칙적 패턴이 없으며 변동이 무작위적이어야 한다.

위와 같은 세 조건 중 한 가지라도 위반되면 일단 이상 징후로 보고 대책을 생각해야 한다. 문제가 되는 패턴(pattern)은, 계속 상승/하강하는 추세, 사이클을 그리는 형태, 중심선의 위쪽 또는 아래쪽 어느 한 쪽에만 계속 찍히는 경우 등이다. 점들이 중심선 근처에 밀집되지 않고 멀리 퍼져서 찍히는 것도 이상 징후라고 보아야 한다. 관리도의 상태별 그림과 개선 후의 모습을 요약하면 그림 2-4와 같다.

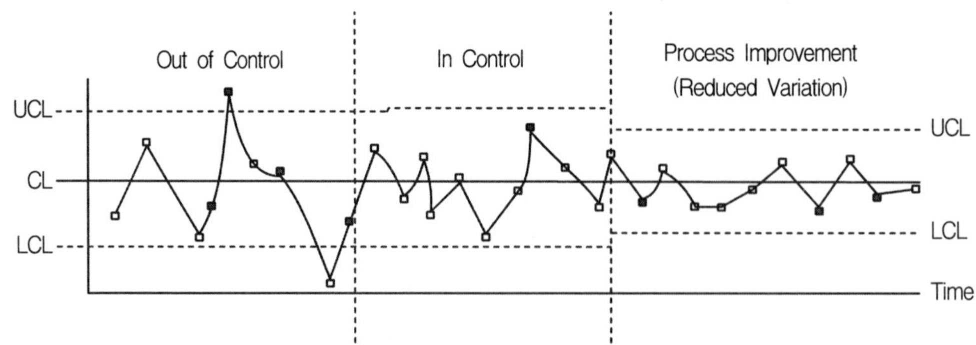

그림 2-4 관리도의 형태: 이상상태, 관리상태, 개선 결과

3. 관리도의 종류

품질을 계수형으로 측정하느냐 계량형으로 측정하느냐에 따라 계수형 관리도와 계량형 관리도로 대별한다. 관리도에는 많은 종류가 있으나 기본적인 것만 열거해 보면, 계수형 관리도에는 불량률 관리도(p Chart), 불량개수 관리도(pn Chart), 결점수 관리도(c Chart), 단위당결점수 관리도(u Chart) 등이 있고, 계량형 관리도에는 평균 관리도($\overline{X}$ Chart), 범위 관리도(R Chart), 개별측정치 관리도(X Chart) 등이 있다.

(1) 불량개수 관리도

표본크기를 항상 같게 하고 각 표본에서 발견되는 불량품 개수들을 기록하면 불량개수 관리도가 만들어진다. 표본크기가 n이고 평균불량률이 $\overline{p}$라면 평균불량개수는 n$\overline{p}$가 된다. $\overline{p}$값을 모르면 시험적으로 20~30회의 표본을 추출하여, "총 불량품수 나누기 추출된 총 품목수"로 계산하면 된다. 제품을 불량이냐 아니냐로 구별하기 때문에 불량개수의 분포는 2항 분포에 따른다. 따라서 2항 분포의 계산식에 의해, 분산은 n$\overline{p}$(1－$\overline{p}$)가 되며 표준편차는 분산을 제곱근하여 구한다.

중심선＝평균불량개수＝n$\overline{p}$

상한선＝n$\overline{p}$+3(표준편차)

하한선＝n$\overline{p}$－3(표준편차)≥0

(2) 불량률 관리도

불량률 관리도는 표본크기가 일정할 때나 표본크기가 매번 다를 때나 항상 사용할 수 있다. 일반적으로, i번째 표본의 불량률 p_i는, 표본크기가 n_i, 표본내 불량품이 d_i개라고 할 때, $p_i=d_i/n_i$로 쉽게 계산된다. 이러한 불량률 값 p_i들을 구하여 관리도에 점 찍으면 불량률 관리도가 된다. 중심선, 상한선, 하한선을 계산하는 방법은 간단하다. 즉, 20~30회의 표본을 뽑아서 평균불량률을 구하고 아래 공식에 따라 계산하면 된다. 분산은 $\overline{p}(1-\overline{p})/n_i$이고 분산을 제곱근하면 표준편차가 된다.

중심선=평균불량률= $\bar{p}$

상한선= $\bar{p}$+3(표준편차)

하한선= $\bar{p}$−3(표준편차)≥0

(3) 결점수 관리도

일정한 면적, 길이, 시간 내에 결점이 몇 군데 발생했는가를 조사하여 기록하는 관리도이다. 결점수의 발생은 포아송(Poisson) 분포에 따른다. 포아송 분포는 평균과 분산값이 항상 같은 특별한 성질을 갖는다. 따라서 평균결점수가 $\bar{c}$라면 분산도 $\bar{c}$가 되고 표준편차는 $\sqrt{\bar{c}}$가 된다.

중심선=평균결점수= $\bar{c}$

상한선= $\bar{c}+3\sqrt{\bar{c}}$

하한선= $\bar{c}-3\sqrt{\bar{c}}\geq 0$

(4) 단위당 결점수 관리도

조사대상이 되는 면적, 길이, 시간의 크기가 일정치 않을 때 단위당 결점수로 환산하여 점을 찍어 나가는 방법이다. 단위당 결점수 관리도의 중심선, 상한선, 하한선을 계산하는 공식은 아래와 같다. 단위당 평균결점수가 $\bar{u}$라면 분산은 $\bar{u}/n_i$가 되고 이를 제곱근함으로써 표준편차를 쉽게 구할 수 있다.

중심선= $\bar{u}$

상한선= $\bar{u}$+3(표준편차)

하한선= $\bar{u}$−3(표준편차)≥0

예제 하나의 공정에서 면적이 각각 $4m^2$, $8m^2$, $10m^2$인 세 가지 제품이 생산되어 검사대 위에 올려졌는데 제품 표면의 결점수가 각각 3, 5, 6개였다고 가정해보자. 이런 경우, 3, 5, 6이라는 수치를 그대로 관리도에 기입하면 안 된다. 면적이 서로 다르기 때문이다. i번째 제품의 결점수를 c_i, 면적을 W_i, 단위당 결점수를 u_i라 하고,

가령 $2m^2$를 단위면적으로 정한다면 다음과 같이 계산하여 점을 찍어나가게 된다.

$u_1=c_1/n_1=c_1/(W_1/2)=3/(4/2)=1.50$

$u_2=c_2/n_2=c_2/(W_2/2)=5/(8/2)=1.25$

$u_3=c_3/n_3=c_3/(W_3/2)=6/(10/2)=1.20$

(5) 평균 관리도

표본크기를 n으로 일정하게 하고 각 표본의 평균값 $\overline{X_i}$들을 구하여 점을 찍어나가는 관리도이다. $\overline{X_i}$들의 평균을 $\overline{\overline{X}}$라고 표시하면, $\overline{X_i}$들의 분포는 정규분포에 가깝고 분산은 $\Sigma(\overline{X_i}-\overline{\overline{X}})^2/m$으로 계산되며, 이를 제곱근하면 표준편차가 된다. 여기서 m은 크기 n의 표본을 몇 번 뽑았는가를 말해주는 값이다.

중심선=표본평균들의 평균= $\overline{\overline{X}}$

상한선= $\overline{\overline{X}}$+3(표준편차)

하한선= $\overline{\overline{X}}$−3(표준편차)

표준편차를 계산하는 일이 불편하다면 그 대신 각 표본의 범위들을 구하여 범위들의 평균값 $\overline{R}$를 이용할 수 있다. 즉, 표준편차와 $\overline{R}$의 관계를 나타내는 계수 A_2를 써서 간단히 구할 수 있다. A_2값은 표본크기 n에 따라 달라지는데 표 2-2와 같이 주어진다.

상한선= $\overline{\overline{X}}+A_2\overline{R}$, 하한선= $\overline{\overline{X}}-A_2\overline{R}$

표 2-2 표본크기에 따른 A_2, D_3, D_4 계수값

n	2	3	4	5	6	7	8	9	10	11	12
A_2	1.88	1.02	0.73	0.58	0.48	0.42	0.37	0.34	0.31	0.29	0.27
D_3	0	0	0	0	0	0.08	0.14	0.18	0.22	0.26	0.28
D_4	3.27	2.57	2.28	2.11	2.00	1.92	1.86	1.82	1.78	1.74	1.72

(6) 범위 관리도

표본 내의 측정치들중 최대값과 최소값의 차이를 범위(Range)라 한다. 프로세스가 균일한 품질의 작업을 하지 못한다면 범위가 커질 것이다. 범위관리도를 작성하기 위해서는 우선 크기 n의 표본들을 m회 뽑은 다음, 각 표본의 범위(i번째 표본의 범위=R_i)들을 구하여 평균 $\overline{R}$를 계산하고 $\Sigma(R_i - \overline{R})^2/m$으로 분산을 구해 이를 제곱근하여 표준편차를 구한 다음 아래 식에 따라 중심선과 상하한선을 계산하면 된다.

중심선=표본범위들의 평균= $\overline{R}$

상한선= $\overline{R}$+3(표준편차)

하한선= $\overline{R}$−3(표준편차)

평균관리도의 경우와 마찬가지로 여기서도 표준편차를 계산하지 않고 상하한선을 구하는 간단한 방법을 이용할 수 있다. 즉, 표 2-1에서 계수값을 찾아, 상한선=$D_4\overline{R}$, 하한선=$D_3\overline{R}$로 정하면 된다.

(7) 개별측정치 관리도

표본크기가 n=1인 특수한 경우의 관리도이다. 측정치를 얻는 데에 시간, 경비가 많이 들거나 기술적으로 n≥2의 측정치를 얻기 어려운 경우에 이 방법이 사용된다. i번째 표본의 측정치를 x_i라 하자. 비록 하나씩이지만 계속 표본을 추출하여 m개의 측정치 x_i들을 구하면 평균을 계산할 수 있을 것이다.

분산은 $\Sigma(x_i - \overline{x})^2/m$, $\overline{x}=\Sigma x_i/m$이 되고 이를 제곱근하여 표준편차를 구할 수 있다. 따라서 중심선은 $\overline{x}$, 여기에 표준편차의 3배를 가감하면 상한선, 하한선이 된다. 이 경우는 n=1이므로 범위 R을 정의할 수 없다. 그러나, 인접된 두 측정치의 차이를 이동범위라고 정의하고 이를 이용하는 범위관리도를 만들어 통제에 활용할 수 있다.

2.5 공정의 일정계획

생산의 순서결정(routing), 시간결정(scheduling), 장소결정(dispatching)은 생산시스템의 유형에 따라 크게 달라진다. 표준품을 대량생산하는 경우는 공정순서나 작업배분이 일정한 틀에 따라 정해지므로 시스템을 한번 설계해놓으면 변경되지 않고 통제할 일도 거의 없다.

반면에 주문품을 소량생산하는 경우는 주문일감별로 순서, 시간, 배분을 결정해야 하고 진척관리도 잘 해야 한다. 주문일감(job)에 따라 작업내용이 달라지는 형태를 잡숍(job shop)이라 하는데, 잡숍 일정계획은 다음과 같은 요인에 따라 복잡성의 정도가 달라진다.

① 주문일감들의 공정경로가 서로 유사한가, 상이한가?

② 납기일을 조정할 수 있는가, 정확히 엄수해야 하는가?

③ 주문일감 목록이 일정한가, 계속 추가 · 변경되는가?

④ 작업시간이 확률적인가, 확정적인가?

⑤ 기계, 시설 등 공정의 수(m), 주문일감의 수(n)?

가장 단순한 경우는 공정경로가 거의 동일하고, 납기일은 임의로 조정할 수 있고, 주문취소나 신규주문 등으로 일감 목록이 자주 바뀌지 않으며, 익숙한 작업이라 작업시간은 확정적이고, 거기다가 일감의 수(n), 관련 공정 수(m)가 아주 작은 경우일 것이다. 물론 모든 조건이 그 반대가 되는 가장 복잡한 경우도 생각할 수 있다. 따라서 경영자(공정관리자)는 자기가 할 수 있는 범위 내에서 사업의 유형을 선택해야 하고 부득이 능력 밖의 유형을 택해야 한다면 숙련을 갖춘 전문가를 고용하거나 효과적인 응용프로그램 소프트웨어 등을 장치해야 할 것이다.

대량생산과 잡숍은 양극단의 형태이다. 그런데 현실적으로는 그 중간 형태들도 많다. 대량생산의 경우와 마찬가지로 항상 표준품을 생산하지만 주문을 받아 주문일감별로 처리하거나 또는 기술적 문제 때문에 뱃치(batch)로 나누어 똑같은 작업을 반복하여 생산하는 경우가 바로 그러하다. 이 경우는 자재의 흐름이 일정한 작업 순서에 따라 물 흐르듯 흘러 지나가므로 흔히 프로우숍(flow shop)이라 부른다.

그러면 먼저 잡숍 일정계획의 방법에 대해서 설명하고 그 다음 프로우숍의 일정계획 방법을 설명하기로 하겠다.

1. 잡숍 일정계획

잡숍 일정계획 문제는 앞에서 언급한 바와 같이 주문일감의 수와 공정 수에 따라 'n/m 문제' 또는 'n job, m machine 문제'로 표기한다. 이 때 모든 가능한 계획대안의 수는 $(n!)^m$이 된다.

가장 간단한 경우는 n/1문제인데 그래도 $n!=n\times(n-1)\times(n-2)\times\cdots$ 값은 매우 큰 수가 될 수 있으므로 최선의 대안을 찾기가 쉽지 않다. 또한, 최선의 대안이란 어떤 것인가를 정의하기도 쉽지 않다. 잡숍 일정계획에서는 대체로 다음과 같은 평가기준을 적용한다.

(1) 주문일감 각각의 결과를 개별적으로 평가하는 경우

① 납기 준수 여부: "예, 아니오"

② 잡 프로우타임(job flow time)=(완성일자)−(사업장 도착일자)

(2) 주문일감들 전체 또는 사업장 수준의 평가

① 총 프로우타임=잡프로우타임들의 총계

② 메익스팬(makespan)=(최종일감 종료시간)−(최초일감 착수시간)

③ 납기지연 정도(past due): 지연일수, 지연 일감의 구성비율

④ 재고: 재공품, 완성품의 평균재고량

⑤ 설비 또는 노동의 이용율

이상 설명한 바와 같이 잡숍 일정계획문제는 대안이 많고 평가기준도 다양하므로 유일최선의 해답을 찾기가 어렵다. 따라서 적절한 발견적 규칙(heuristic rule)을 이용할 필요가 있는데 흔히 이용되는 규칙은 다음과 같다.

- 선착순(FCFS, first come, first served)
- 작업시간이 적은 일감부터 처리(SOT, shortest operation time)

- 납기일이 급한 일감부터 처리(EDD, earliest due date)
- 잔여작업과 여유시간 고려
  CR(critical ratio)=(납기까지의 시간)÷(잔여작업 소요시간)
  S/RO(slack per remaining operation)=(여유시간)÷(잔여작업 수)
  =[(납기까지의 시간)-(잔여작업 소요시간)]÷(잔여작업 수)

가장 간단한 n/1 문제의 예를 들어서 SOT와 EDD 규칙을 적용해보기로 하겠다. 표 2-3의 납기일자는 모든 일감이 현재시점(0)에 동시에 도착했다고 가정하고 장차 며칠 후에 납품해야 하는가를 말해준다.

계산 결과는 표 2-4 및 2-5와 같이 된다. 경영자는 이 두 결과를 비교하여 선택할 수 있다. 일반적으로 SOT, EDD 중에서 어느 쪽이 항상 우수하다고 말할 수는 없다.

표 2-3 잡숍 일정계획 n/1 문제

주문일감	가	나	다	라	마	바
소요일수	9	7	3	4	8	6
납기일자	22	17	16	13	16	9

표 2-4 SOT에 의한 해결

순위	소요 일수	프로우타임	납기	납품 일자	지연 일수
다	3	3	16	16	0
라	4	7	13	13	0
바	6	13	9	13	4
나	7	20	17	20	3
마	8	28	16	28	12
가	9	37	22	37	15
합계		108		127	34
평가: 총 프로우타임=108, 메익스팬=37, 총지연일수=34, 지연비율=4/6=66.7%, 평균재고량=127/37=3.43					

표 2-5 EDD에 의한 해결

순위	소요 일수	프로우타임	납기	납품 일자	지연 일수
바	6	6	9	9	0
라	4	10	13	13	0
다	3	13	16	16	0
마	8	21	16	21	5
나	7	28	17	28	11
가	9	37	22	37	15
합계		115		124	31
평가: 총 프로우타임=115, 메익스팬=37, 총지연일수=31, 지연비율=3/6=50%, 평균재고량=124/37=3.35					

표 2-6은 간단한 n/2 문제의 예이다. 먼저 기계1을 통과한 후 연이어서 기계2를 통과해야만 완성되는 작업물 A, B, C의 기계별 작업시간은 위와 같다. 기계1과 2의 작업순서를 바꿔도 된다면 대안의 수는 $(3!)^2=36$이 되나 순서를 지켜야 한다면 대안은 6 가지로 줄어든다. 이런 경우는 존슨(S.M. Johnson)이 1954년에 발표한 발견적 규칙을 적용하면 신속하게 답을 구할 수 있다. 표 2-6의 경우는 B-C-A 순서로 착수하는 것이 답이 된다.

표 2-6

작업물	A	B	C
기계1	4	7	6
기계2	2	7	5

<존슨의 규칙> "최단시간이 기계1에서 찾아지면 그 일감을 제일 앞에 놓는다. 최단시간이 기계2에서 찾아지면 그 일감을 제일 뒤에 놓는다. 최소치가 둘 이상이면 임의로 택한다. 일단 배정된 일감은 제외하고 다시 위의 규칙을 반복한다."

CR과 S/RO 기준을 적용하는 방법은 다음과 같다. 만일 주문일감은 네 가지이고 현재 인쇄기 앞에 대기중이며 인쇄작업 이후의 작업정보가 표 2-7과 같다고 하자. 여기서, 인쇄작업의 작업시간은 잔여작업시간 속에 포함되어 있다고 본다. 그러면 주문일감 1의 경우는 CR=15/6.1=2.46, S/RO=(15−6.1)/10=0.89가 된다. 이와 같이 모든 주문일감의 CR 및 S/RO를 계산하면 <표 2-8>과 같은 착수

순위를 구할 수 있다.

표 2-7

일감	납기까지의 시간	잔여작업 수	잔여작업시간
1	15	10	6.1
2	10	2	7.8
3	20	12	14.5
4	8	5	10.2

표 2-8

일감	CR	착수 순위	S/RO	착수 순위
1	2.46	4	0.89	3
2	1.28	2	1.10	4
3	1.38	3	0.46	2
4	0.78	1	-0.44	1

2. 프로우숍 일정계획

프로우숍 일정계획 문제의 대표적인 예는 하나의 조립선 또는 하나의 뱃치설비로 여러 가지 제품을 교대작업하기 위한 다품종 일정계획(product sequencing) 문제이다.

단일 품종이라면 뱃치 크기(batch size) 결정으로 플로우숍 일정계획 문제가 모두 해결된다. 그러나 다품종생산의 경우는 두 가지 문제를 해결해야 한다. 첫째, 각 품종을 어떤 순서로 작업할 것인가, 둘째, 품종별로 한번에 얼마큼씩 생산할 것인가 하는 문제이다. 사이클 순서와 뱃치 크기가 일단 정해지면 동일한 사이클이 상당기간 계속되어 이른바 반복생산이 이루어지는 것이다.

초코렛, 바닐라, 딸기, 세 종류의 아이스크림을 하나의 뱃치설비로 제조하는 표 2-9의 가상적인 예를 보자. 종류를 바꿀 때마다 설비를 청소해야 하는데, 청소시간은 전후의 아이스크림 종류가 무엇이냐에 따라 달라진다. 사이클당 청소시간을 최소화 할 수 있도록 앞으로의 일정, 즉 작업순서를 정해보자. 대안은 아래의 두 가지 뿐이다.

초코렛 — 바닐라 — 딸 기 — 초코렛 — 바닐라 — … 190분/사이클

초코렛 — 딸 기 — 바닐라 — 초코렛 — 딸 기 — … 200분/사이클

표 2-9 프로우숍의 다품종 일정계획 문제

전작업	후작업		
	초코렛	바닐라	딸기
초코렛		100분	120분
바닐라	20분		10분
딸기	80분	60분	

따라서 사이클당 시간이 적은 쪽을 쉽게 선택할 수 있다. 그러나 만일 아이스크림의 종류가 더 많아지면 대안의 수도 급증할 것이기 때문에 보다 능률적인 해법이 필요할 것이다. 앞의 문제에 추가하여, 사이클 내의 제품별 작업량 즉, 뱃치의 크기를 결정해보자. 표 2-10과 같이 현 재고량과 주당 소요량까지 고려한다면 어떤 방안이 가능하겠는가? 수요량만을 고려한다면 5 : 4 : 2의 비율로 하여 아래와 같이 가능한 방안들을 구상할 수 있다.

표 2-10 추가적 자료

품종	현 재고량	수요량/주
초코렛	1500	1000
바닐라	600	800
딸기	800	400

방안1: 초코렛 500 — 바닐라 400 — 딸기 200 (주 2회 반복)

방안2: 초코렛 500 — 바닐라 400 — 딸기 400 — 초코렛 500 — 바닐라 400 (주 1회 반복)

그러나 이것으로 모든 가능한 방안들이 열거되었다고 말할 수는 없으며 또한 재고량을 전혀 고려하지 못했다는 문제가 있다. 자주 당면하는 평범한 문제들이지만 항상 적용할 수 있는 일반적 해법은 없다. 재고비용 자료를 이용할 수 있을

때에는 제품별로 가장 경제적인 뱃치 크기를 결정할 수 있다. 그리고, ROT(Run Out Time)를 계산하여 ROT값이 작은 것부터 착수하는 방법도 있다. ROT 값은 (현재고량÷수요량)으로 계산한다. 앞의 예의 경우, 초코렛, 바닐라, 딸기의 ROT는 각각 1.5, 0.75, 2이므로 '바닐라—초코렛—딸기'의 순서가 된다.

제3장 공간 및 시설 배치

3.1 실제공간과 가상공간의 설계

공장이나 쇼핑몰의 내부에 들어가 보면 많은 작업장(매장), 운반설비, 배관, 서비스 시설들이 있다. 이들의 위치를 정해주는 일을 설비배치(facility layout)라 한다. 내부의 구성요소들은 상호 기능적 관계를 갖기 때문에 기술적으로 관계를 고려하여 위치를 정해야 한다.

건설 프로젝트는 입지, 기본 배치안, 마스터 플랜, 건설예산, 프로젝트 계획, 팀 조직 등의 과정을 통해 추진된다. 그 밖에도 확장, 제품 변경, 기술 변경, 운반체제 개선, 리모델링 등 재배치가 필요한 상황은 다양하다. 좋은 배치란 아래와 같은 목표를 만족시킬 수 있는 배치이다.

- 설비의 본래 기능을 충분히 발휘할 수 있게 하는 배치인가?
- 운반 부담이나 이동거리를 최소화하는 배치인가?
- 공간, 설비, 인력의 이용률을 높일 수 있는 배치인가?
- 작업환경을 개선할 수 있는 배치인가?
- 장래의 배치변경 요구에 쉽게 대응할 수 있는 배치인가?

같은 기능을 갖는 설비와 인원을 한 장소에 모아서 배치하는 방식을 기능별 배치 또는 공정별 배치라 한다. 이는 다품종 생산에 적절한 배치형태이다. 그림 3-1은 기능별 배치의 간단한 예이다. 여기서 화살표의 동선은 제품별로 작업이 진행되는 순서를 보여준다. 그림 3-1과 동일한 내용이지만 배치형태를 제품별 배치로 바꾸면 그림 3-2와 같이 된다. 두 그림을 비교해보면 기능별 배치와 제품별 배치의 특징을 쉽게 판별할 수 있다.

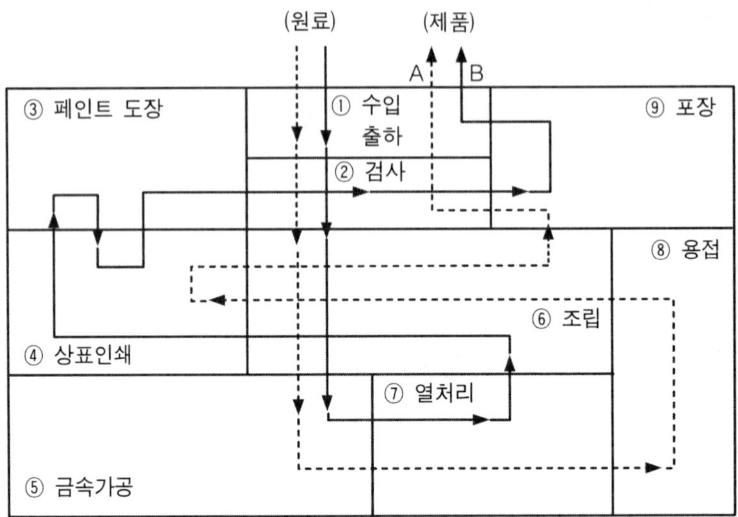

그림 3-1 기능별 배치

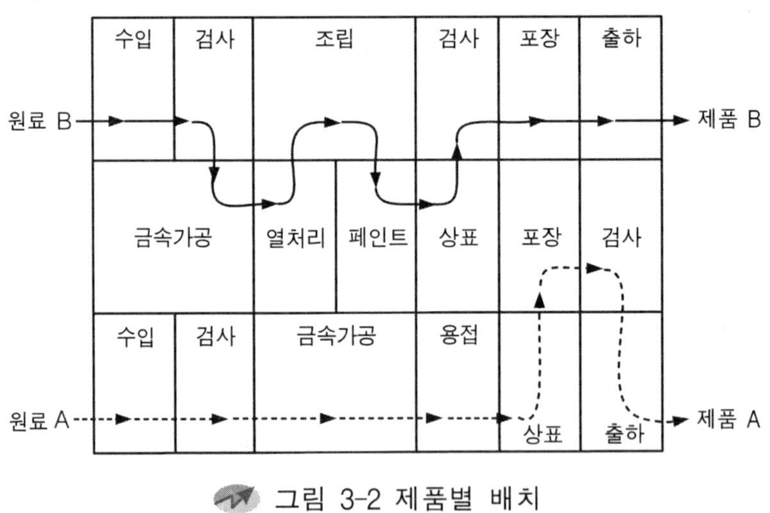

그림 3-2 제품별 배치

표 3-1은 양자의 특징을 요약한 표이다. 제품별 배치는 수요가 크고 표준적 제품을 대량생산할 때 쓰이며, 기능별 배치는 다품종소량생산에 알맞은 방식이다. 제품별 배치에서는 작업순서가 일정하므로 작업장의 배치순서에 대한 의사결정

은 불필요하다.

제품별 배치의 과제는 라인의 균형화 문제이다. 반면에 기능별 배치에서는 배치순서를 정하는 일이 가장 중요한 과제가 된다. 공장, 창고, 물류기지 등 많은 운반이 이루어지는 현장에서는 자재운반비를 최소화하는 배치순서가 요망된다. 그러나 서비스업, 사무실 등의 경우는 자재운반이 적으므로, 사람들의 왕래나 활동관계를 원활히 할 수 있는 배치순서를 생각해야 한다.

사무실, 소매점, 병원, 헬스센터 등 서비스 시설의 내부배치에는 주로 기능별 배치가 쓰인다. 그러나 많은 고객이 몰려들고 표준화된 서비스를 신속히 제공해야 하는 서비스 창구에서는 제품별 배치 또는 혼합형을 활용할 수 있다. 서비스의 경우는 다음과 같은 평가기준을 추가적으로 고려할 필요가 있다.

- 고객들의 동선 최소화
- 서비스 근로자의 근로생활의 질
- 상품 시현(exposure) 및 미학적 어필(예: 소매점)
- 근무자간 사무실간 근접성(proximity)과 프라이버시(privacy)
- 정보 공유 및 협업 환경

표 3-1 제품별 배치와 기능별 배치의 비교

특징	제품별 배치	기능별 배치
제품	표준화된 규격품, 대량생산	다양한 주문제품, 소량생산
설비	전용기계, 고정통로식 운반설비 (콘베어, 궤도차, 파이프라인)	범용기계, 자유통로식 운반설비 (손수레, 지게차, 트렉터)
프로우	연속적 흐름, 이동경로 일정	단속적 흐름, 경로 다양
문제점	투자・고정비・설비보전 부담 라인의 균형화, 보틀네크 해소	변동비・자재운반비 부담 배치순서 결정

Comfortable and spacious environment

그림 3-3 보다폰 콜센터의 내부 배치

최근에는 대형빌딩, 콜센터, 사이버공간 등의 배치문제들이 주목을 받고 있다. 대부분의 콜센터 사무실은 수십 명의 근무자들이 닭장 속의 닭(battery-hen)처럼 좁은 공간에 끼어 앉아 근무를 한다. 그러나 Vodafone사 버밍햄(영국) 콜센터는 500명의 근무자들이 그림 3-3과 같은 비교적 시원하고 편안한 공간에서 일한다. 휴게실과 자습실도 설치되어 있다. 이 회사는 콜센터의 생산성, 고객만족, 전화서비스 품질, 3요소를 관리방침으로 내걸고 있다.[8)]

사이버공간의 설계는 보다 전문적인 영역이다. 그러나 오프라인(offline)에서의 배치원칙이 온라인에도 상당부분 응용될 수 있다. 건축가 더피(Frances Duffy)는 '상호작용성', '자율성'의 2차원을 적용하여 배치유형을 분류한다. 상호작용성과 자율성이 모두 낮은 경우는 꿀벌통(Hive, 예: 본사 사무실), 상호작용성은 낮으나 자율성이 높은 경우는 셀(Cell, 예: 수도사 수련실, 예술가 작업실), 상호작용성은 높고 자율성이 낮은 경우는 소굴(Den, 예: 지원팀 업무공간), 두 가지가 모두 높은 수준은 클럽(Club)이라 부른다.

상호작용성의 양극단은 '개인 ↔ 팀'이고, 자율성의 양극단은 '절차적 활동 ↔ 지식기반 활동'이다. 오프라인에서는 주로 대면적 커뮤니케이션을 하기 때문에 착오가 생겨도 적절한 수정 · 보완이 가능하나, 유비쿼터스 또는 인터넷 환경에서는 이러한 보완이 제한되므로 커뮤니케이션의 초점, 프로세스, 문화, 구조를 시설(공

8) 영국 e-Satisfy사 사례연구(2001), www.tarp.com

간)과 적합시킬 수 있도록 배치할 필요가 있다.

'상호작용성'은 계속 서로 연결하고 관계를 맺는 공동체적 능력이다. 저수준의 상호작용은 단편적·단선적이고, 고수준의 상호작용은 우호적 고밀도이다. '자율성'은 고객가치를 부가하는 새로운 아이디어를 계속 구상·실행할 수 있도록 조직이 각 개인에게 얼마나 허용하는가에 관한 척도이다. 만일 자율성이 별로 요구되지 않는다면 단순한 디자인 및 기능 중심으로 설계하고, 많은 아이디어의 창의적 응용을 권장하고자 한다면 보다 개인적인 작업공간(셀) 또는 커뮤니티형의 자유로운 공간(클럽) 유형을 택할 필요가 있다(표 3-2 참조).

표 3-2 가상공간의 배치 유형

	소굴(Den) 공간 허브(Hub) 커뮤니케이션 프로젝트 업무	클럽 공간 웹(Web) 커뮤니케이션 커뮤니티 업무
상호작용성 ↑	꿀벌통(Hive) 공간 체인(Chain) 커뮤니케이션 반복공정 업무	셀(Cell) 공간 세트(Set) 커뮤니케이션 인적작업 업무
	자율성 →	

Kaplan & Kaplan(1982)은 심리학, 건축학, 조경학 등의 기존연구들을 토대로 '선호 프레임워크(Preference Framework)'라는 모델을 개발하였다. 이 모델의 전제조건은 "인간은 이해 니즈와 탐험 니즈를 만족시켜주는 정도에 따라 미지의 공간을 선호하게 된다."는 것이다.

사람들은 질서있고 정돈된 환경을 선호하는 동시에 흥미와 탐험의욕을 자극할 만한 요소들이 풍부한 환경을 원한다. 공원의 갈림길에 안내표시판이 잘 설치되어 있다면 혼란을 줄이고 이해를 높여줄 것이다. 그러나 구성이 뻔한 공원은 묘미가 없다.

이 모델은 조경설계 등 오프라인에서 실증적 연구를 통해 구성되었으나 후일 다른 연구자들에 의해 온라인에서도 검증되었다. 인터넷 홈페이지는 진행방향을 쉽게 이해할 수 있도록 돕는 요소들이 잘 배열되어 있고 명확해야 한다. 그러나 홈페이지가 너무 단조로우면 그것도 문제가 된다. "앞으로 더 학습할(알아내야 할) 일이 얼마나 되는가?"라는 미스터리적 요소도 중요하다. 이해와 탐험, 이 양자간 관계는 양립할 수 없는 배타적 개념처럼 보이지만 어느 한 가지만으로는 인간을 인지적으로 동기화시키기에 불충분하며 두 가지 모두가 필요하다는 것이 선호 프레임워크 이론의 미묘한 점이다.

3.2 기능별 배치의 분석

1. 자재운반을 줄이는 배치분석

그림 3-1의 상황을 보면, 작업장은 9개, 제품은 두 종류에 불과하다. 만일 작업장 수나 제품 종류가 증가한다면 훨씬 복잡한 자재의 흐름을 상상할 수 있을 것이다. 복잡한 운반상황을 명확히 정리하여 각 배치안을 쉽게 평가할 수 있는 분석방법이 필요하다. 운반총괄표는 이러한 문제를 체계적으로 다룰 수 있게 해주는 간단한 도구이다. 다음 예제를 살펴보자.

6종의 제품을 생산하는 작업장 9개가 있다. 각 작업장의 면적은 동일하다. 건물은 정사각형이고 가로 세로 각각 3개씩 9개의 칸막이 공간이 있다. 모든 칸막이 공간 사이에 통로가 있으며, 통로의 방향은 건물벽면과 수평 수직 방향이다. 최소화하고자 하는 자재운반 부담의 크기는 {운반량×운반거리}의 합계로 계산하기로 한다.

표 3-3은 제품별로 작업장을 통과하는 순서가 모두 다른 전형적인 다품종생산의 경우이다. 여기서, a_{ij}는 생산량 단위가 아니라 운반횟수를 뜻한다. 예컨대, 포크리프트 트럭(fork lift truck)으로 모든 자재를 운반한다고 할 때, 제품A는 연간 2,000대, 제품B는 연간 1,200대에 해당하는 운반량이 공정 내의 작업장 사이사이마다 필요하다.

(1) 운반총괄표의 작성

표 3-4는 모든 제품의 운반을 총괄하여 작업장 간의 운반량을 낱낱이 보여준다. 왼편의 번호는 출발지점, 위 쪽은 도착지점의 작업장 번호들이다. 운반총괄표는 표 3-3의 자료를 가지고 만든다.

작업장 1에서 2로 가는 운반량은 총 3,400이다. 왜냐 하면 표 3-3의 공정순서에서 (1)-(2) 즉 작업장 1에서 2로 직접 연결되는 경우는 A, B, E이며, 각각 2,000, 1,200, 200이기 때문이다. 이러한 계산이 착오 없이 되었는가 검산하려면 운반총괄표 총계를 보면 된다.

표 3-4에서 계산한 총계 23,750은 표 3-3의 합계와 일치한다. 23,750은 모든 거리를 1로 보았을 때의 총 운반부담이다.

(2) 배치안 평가

일반적으로 n개의 물건을 n개의 칸에 집어넣는 방법의 수는 n!이다. n=9인 경우는 9!=1×2×3×4×5×6×7×8×9=362,880가지나 된다. 이 예제의 경우는 작업장이 정방형 배열이므로 방향이 중요하지 않아 배치안의 수는 이보다 적다. 그래도 모두 열거하기가 불가능할 만큼 배치안이 많다. 실제 배치문제에서는 작업장이 수십 개가 되는 경우도 흔하다.

이러한 상황에서 최선의 배치안을 찾기는 사실상 불가능하므로, 몇 개의 후보안을 놓고 선택하는 방법 또는 컴퓨터 프로그램을 이용하는 방법 등에 의존하게 된다. 전자의 방법을 소개하면 다음과 같다.

표 3-3 제품별 공정순서와 운반요구량

제품	공정순서	a_{ij}	a_{ij}×(이동간격 수)
A	(1)-(2)-(3)-(8)-(9)	2,000	2,000×4
B	(1)-(2)-(5)-(7)-(8)-(9)	1,200	1,200×5
C	(1)-(4)-(5)-(7)-(8)-(9)	500	500×5
D	(1)-(4)-(6)-(2)-(5)-(8)-(9)	1,000	1,000×6
E	(1)-(2)-(5)-(8)-(9)	200	200×4
F	(1)-(3)-(8)-(9)	150	150×3
계			23,750

표 3-4 운반총괄표

		도착지점									
		1	2	3	4	5	6	7	8	9	계
출발지점	1		3,400	150	1,500						5,050
	2			2,000		2,400					4,400
	3								2,150		2,150
	4					500	1,000				1,500
	5							1,700	1,200		2,900
	6		1,000								1,000
	7								1,700		1,700
	8									5,050	5,050
	9										0
	계	0	4,400	2,150	1,500	2,900	1,000	1,700	5,050	5,050	23,750

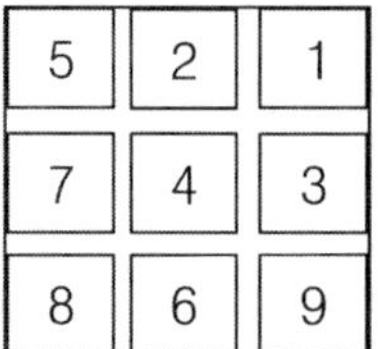

그림 3-4 초기 배치안

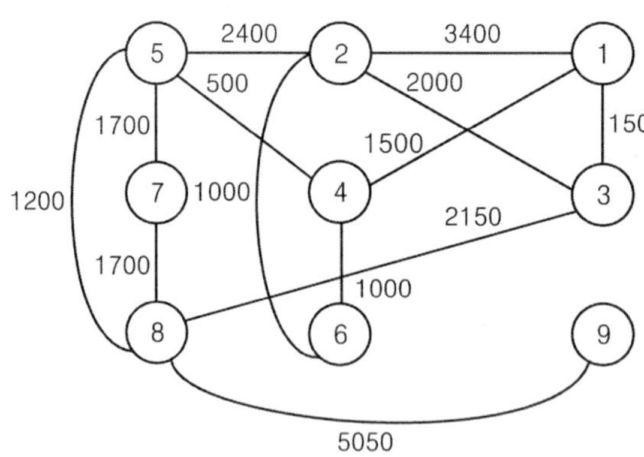

그림 3-5 운반량과 운반거리

① 초기 배치안을 정한다(예: 그림 3-4).

② 운반량을 빠짐없이 표시하여 도형을 그린다(예: 그림 3-5).

③ 운반거리의 계산법을 정한다.
대각선 통로가 없으면 직각으로 돌아가는 거리를 합한다.

④ 모든 운반량에 대해 운반거리를 곱한 후 총계를 구한다.
(예: 그림 3-5의 경우는 39,300이 된다.)

⑤ 개선안을 탐색한다. 운반량이 큰 작업장들을 서로 인접시킨다.
(예: 그림 3-6과 같은 개선안을 제안할 수 있다.)

⑥ 같은 방법으로 개선안을 평가한다.
(예: 개선안의 총 운반부담은 36,000)

⑦ 만족스러운 답을 얻을 때까지 이러한 평가과정을 반복한다.
총운반 부담의 하한 23,750에 가까이 갈 수 있도록 노력한다.

표 3-5 배치안의 평가

거리	관련 작업장 및 운반량				총운반량×거리
1	(1-2)	3,400	(4-6)	1,000	10,350×1=10,350
	(1-3)	150	(5-7)	1,700	
	(2-5)	2,400	(7-8)	1,700	
2	(1-4)	1,500	(4-5)	500	11,250×2=22,500
	(2-3)	2,000	(5-8)	1,200	
	(2-6)	1,000	(8-9)	5,050	
3	(3-8)	2,150			2,150×3=6,450
계					39,300

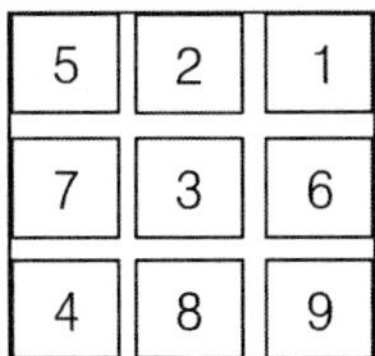

그림 3-6 개선안

2. 활동관계를 원활히 하는 배치분석

자재운반보다 질적 요인들이 배치결정을 좌우하는 경우가 많다. 머더(R. Muther)의 SLP(Systematic Layout Planning) 방법은 질적 자료를 다루기에 적합한 방법이다. SLP는 공장・수송시설・사무실・백화점・서비스업 등 거의 모든 분야에 널리 적용된다. 배치결정에 작용하는 모든 질적 요인들을 한 마디로 표현한 용어가 곧 활동관계 또는 관계(relationship)라는 것이다. 관계를 평가하는 방법은 아래와 같다.

① 작업장 2개씩을 뽑아 쌍별로 상호관계를 따져본다. 양자의 근접배치요구는 어느 정도이며 그 이유는 무엇인가를 알아내는 것이다. 상호관계의 수는 모두 ${}_nC_2$이다.

② 근접배치요구의 정도를 아래와 같이 구분하고 기호로 표시한다.

- A 절대 필요(Absolutely Necessary)
- E 특히 중요(Especially Important)
- I 중요(Important)
- O 보통(Ordinary Closeness, OK)
- U 무관(Unimportant)
- X 근접 불가(Undesirable)

③ 어떤 요인들이 위치결정을 좌우하는가를 찾아 기록한다. 예컨대, 작업감독의 편의성, 시설 공동사용, 인원 공동근무, 소음공해 관계, 자재운반부담, 업무상 빈번한 접촉, 심리적 요인 등 중요한 요인은 모두 열거할 수 있다. 요인들 각각에 적당히 번호를 붙여준다.

④ 관계총괄표(Relationship Chart)를 작성한다. 관계총괄표는 ${}_nC_2$개의 쌍별 상호관계를 빠짐없이 기록할 수 있도록 그림 3-7과 같은 특수한 모양으로 표현된다. 이 예는 6개의 시설을 배치하려 하는 어느 도서관의 경우를 보여준 것이다. 이 경우, 모두 15가지의 상호관계들이 교차지점에 마름모꼴로 표시되어 있다. 여기에 A, E, I, O, U, X로 근접배치 요구의 정도를 기록하고 아울러 그 이유를 번호로 삽입한다. 예컨대, 정기간행물 열람실과 휴게실은 소음방해(이유번호 3) 때문에 근접배치가 바람직하지 않다(기호 X)고 기록되어 있다.

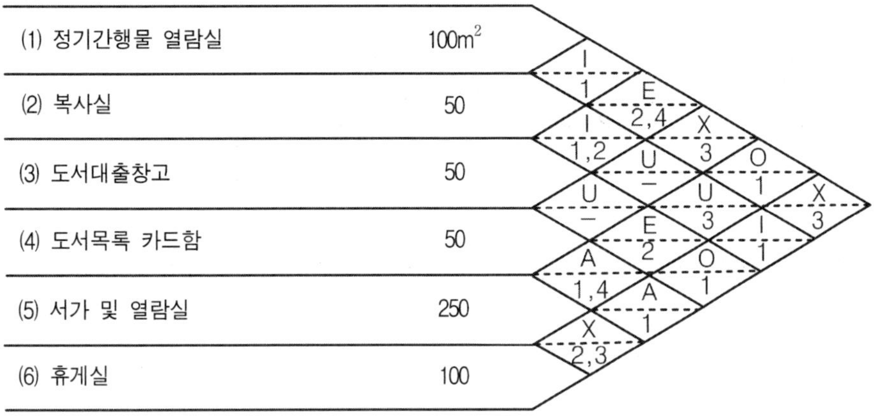

근접배치 요구(분류)	A(절대 필요) E(특히 중요) I(중요) O(보통) U(무관) X(근접불가)
분류 이유	1. 이용자 편의 2. 관리 및 감독 3. 소음, 방해 4. 근무자 공동활용

그림 3-7 관계총괄표

이제 남은 문제는 관계총괄표의 내용을 충분히 반영할 수 있는 구체적인 배치안을 찾아내는 일이다. SLP에서는 이 과정이 시행착오적으로 이루어지는데 이를 돕는 도구로 관계도형(Relationship Diagram)을 이용한다. 그림 3-8은 앞의 도서관 문제를 관계도형으로 표현해본 하나의 예이다. 여기서 A(4줄 표시), E(3줄 표시), I(2줄 표시)의 관계를 갖는 작업장들은 가급적 가까이 붙여주고, X(꺽인선 표시)의 관계는 멀리 떨어지도록 배치할 수 있어야 바람직하다.

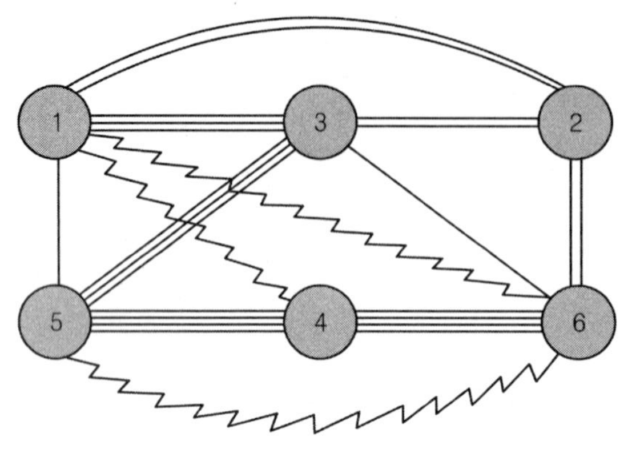

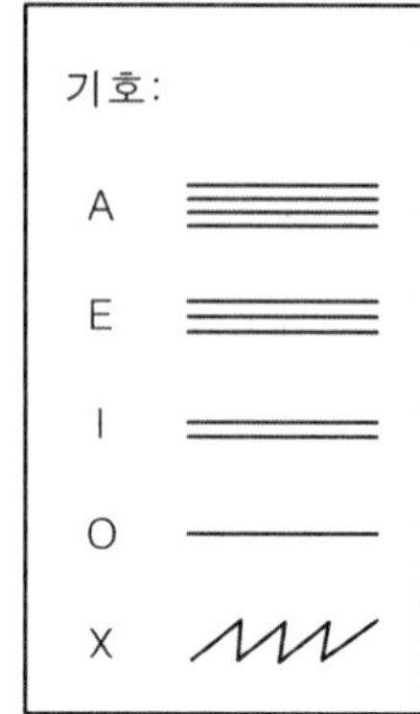

그림 3-8 관계도형

3.3 제품별 배치와 라인밸런싱

제품별 배치의 전형적인 예는 조립선(assembly line)이다. 조립선은 분업화된 일련의 작업장들로 구성된다. 균형화(balancing)가 미흡하면 분업의 효과가 줄어들게 되는데 우선 그 이유에 대해서 생각해보기로 한다.

한 덩어리의 일감 전체를 혼자서 처리한다면 60분이 소요된다고 가정하자. 이를 균등하게 둘로 나누어 두 사람이 작업을 하면 30분에 1단위씩 처리할 수 있다. 셋으로 등분하면 개당 20분, 여섯으로 등분하면 개당 10분, 12개의 조각으로 공평하게 나누어 일하면 개당 5분이면 된다. 이와 같은 논리로 자동차라는 복잡한 제품도 1분에 1대꼴로 생산할 수 있다. 이것이 바로 분업의 위력이다.

그런데 일감이라는 것은 기술적으로 똑같이 등분하기 어렵다. 예컨대 전체가 60분 걸리는 일인데 6명이 나누다보니, A(10분), B(10분), C(10분), D(6분), E(10분), F(14분)로 되었다면, D는 시간이 남아서 놀고, F는 아무리 열심히 해도 항상 뒤쳐지게 될 것이다.

그래서 A~F로 구성되는 조립선 전체의 속도는 결국 개당 14분, 다시 말해서 시간당 60/14=4.28개로 생산성이 떨어질 것이다. 이와 같은 조립선 전체의 속도(단위는 '개당 시간')을 사이클 타임(cycle time)이라 한다. 만일 일감이 균등하게 분배될 수 있다면 사이클 타임은 10분, 생산성은 1시간에 60/10=6개가 될 것이다.

모든 사람(또는 작업장)이 완전하게 등분된 일감을 나누어 받을 수 있다면 총 유휴시간은 0이 되는데, 이런 경우를 완전균형(perfect balance)이라 한다. 현실적으로 완전균형은 실현되기 어렵다. 그러나 일감 전체를 가급적 작은 덩어리(작업요소)로 나눈 다음 그 덩어리들을 적절히 그루핑하여 각 작업장에 배분하면 어느 정도 균형에 가까운 안을 얻을 수 있다.

이러한 방법을 라인밸런싱(line balancing)이라 한다. 라인밸런싱의 문제해결 원칙은 "작업요소들을 그루핑하여 최소의 작업장 수로 배정하면 최선의 균형수준을 달성할 수 있다."는 것이다.

예제 VTR 조립선의 작업요소는 11가지(A~K)로 나누어지며, 각 작업요소의 표준시간(초단위) 및 요소간 선후관계를 말해주는 '선행요소'(반드시 선행요소 뒤에 연결되어야 한다는 뜻) 자료가 다음과 같이 주어졌다. 1일 판매량이 450대, 1일 작업시간이 420분이라고 한다. 따라서 요구되는 사이클 타임은 (60)(420)/(450)=56초/대이다.

요소	A	B	C	D	E	F	G	H	I	J	K
시간	10	42	20	15	12	15	12	8	19	40	12
선행	없음	A	B	없음	D	C	C	C	E	F, G, H	J

표 3-6 규칙1(후행작업수 순위)에 의한 배정

작업장	후 보	선택	시간배정	잔여 시간
1	A(7), D(4)	A	10	56-10=46
	B(6), D(4)	B	42	46-42=4
2	C(5), D(4)	C	20	56-20=36
	D(4), F, G, H(2)	D	15	36-15=21
	E(3), F, G, H(2)	E	12	21-12=9
	H	H	8	9-8=1
3	F, G, I(2)*	I	19	56-19=37
	F, G(2)	F	15	37-15=22
	G	G	12	22-12=10
4	J	J	40	56-40=16
	K	K	12	16-12=4
유휴시간 합계: 4+1+10+4=19초				

* 괄호의 숫자는 후행작업 수를 뜻한다. 동순위라면 표준시간이 큰 것을 택한다.

표 3-7 규칙2(표준시간 순위)에 의한 배정

작업장	후보	선택	시간배정	잔여 시간
1	A, D	D	15	56−15=41
	A, E	E	12	41−12=29
	A, I	I	19	29−19=10
	A	A	10	10−10=0
2	B	B	42	56−42=14
3	C	C	20	56−20=36
	F, G, H	F	15	36−15=21
	G, H	G	12	21−12=9
	H	H	8	9−8=1
4	J	J	40	56−40=16
	K	K	12	16−12=4
유휴시간 합계: 0+14+1+4=19초				

예제의 자료를 보면 11 가지 작업요소의 표준시간 합계는 205초이고 사이클 타임은 56초이므로 (205)/(56)=3.66 즉, 이론적으로 가능한 최소의 작업장 수는 4개가 된다. 그러나 실제로 작업요소들을 몇 개의 그룹으로 묶다보면 4개보다 많아질 수도 있을 것이다. 작업요소들을 묶어 배정하는 데에는 다음과 같은 선택규칙이 이용된다.

규칙1: 뒤에 이어진 후행 작업요소 수가 많은 것부터 우선적으로 선택한다.
규칙2: 표준시간이 큰 작업요소부터 우선적으로 선택한다.

작업요소 배정

① 조립선의 진행방향(좌→우)에 따라 작업장을 하나씩 구성해나간다. 제일 좌측부터 시작하여 차례차례 우측으로 가면서 후보 요소를 선정한 다음 후보들 중에서 최우선의 것을 선택한다.

② 요소 배정의 제약조건

- 작업장별 작업시간이 사이클 타임을 초과하면 안 된다.
- 선후관계의 제약을 위반하면 안 된다(예: 건너뛰어 묶기).

③ 후보 요소의 조건

- 미배정의 선행작업을 갖지 않을 것.
- 사이클 타임의 잔여시간이 충분하여 집어넣을 수 있을 것.

위와 같은 선택규칙과 배정방법을 적용하여 예제를 풀면 표 3-6 및 표 3-7의 결과를 얻는다. 규칙1을 적용한 표 3-6을 보면 작업장1은 요소 A와 B로 구성되며, 작업장2는 C, D, E, H, 작업장3은 I, F, G, 그리고 마지막 작업장은 J, K로 구성된다.

규칙2를 적용한 표 3-7을 보면 작업장1은 D, E, I, A, 작업장2는 B 하나만 배정되었고, 작업장3은 C, F, G, H, 작업장4는 J, K로 구성되었다. 두 경우가 모두 최소의 작업장 수인 4개로 구성되었고 총 유휴시간도 똑같이 19초이다. 따라서 두 가지 방안이 모두 답이 된다. 그림 3-9는 표 3-7의 결과를 정리한 배치도이다.

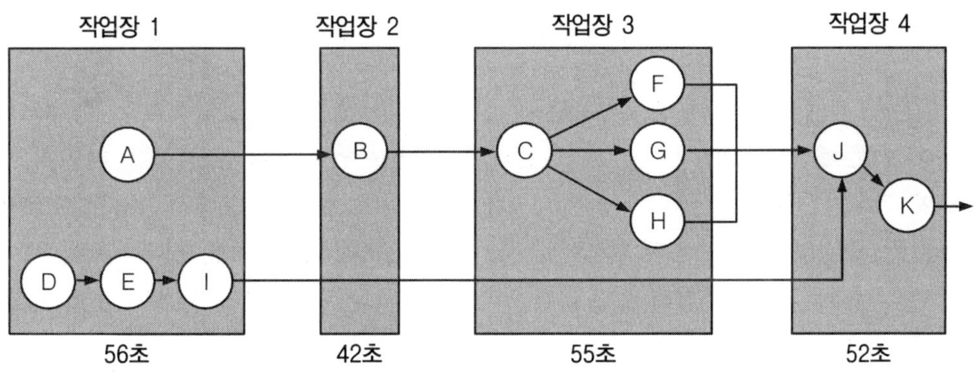

그림 3-9 라인밸런싱 방법에 의한 조립선 배치

3.4 셀 배치와 GT

1. Group Technology

다품종소량생산을 하는 공장들은 대체로, 공정시간이 길고 재공품재고가 많으며, 과도한 작업 중단과 작업준비시간으로 능률이 떨어질 뿐만 아니라 생산계획과 통제의 절차가 복잡하고 주문별 특수 사정, 예컨대 시각을 다투는 긴급품목의 진척관리 등에 시달린다. 이러한 제조부문의 비능률성은 설계부문에서도 마찬가지이다. 과거의 설계를 찾아 참고하려 해도 설계도들이 뒤섞여 쌓여 있어 찾기를 포기하고 처음부터 새로 설계하는 일이 많다.

Group Technology(이하 GT로 약칭함)는 구 소련의 레닌그라드 공장지대에서 시작되었고 Mitrofanov, 독일의 H. Opitz 교수에 의해 체계화되었다. GT는 그림 3-10에 예시한 바와 같이, 다품종 상황에서 유사한 품목들을 그룹으로 묶어 다룰 수 있도록 하는 일종의 분류 시스템이다. 따라서 GT를 패밀리 그루핑(family grouping)이라 부르기도 한다. GT의 핵심은 품목을 분류하고 기호나 수자를 붙여 표시하는 분류・코딩 시스템(classification and coding system)이다.

지금까지 많은 코딩시스템들이 개발되었는데 시스템 별로 차이는 있지만 GT의 코딩시스템들은 대개 형태, 재료, 가공방법, 치수 등의 분류기준에 따라 짜여져 있다. 기존의 코딩시스템을 그대로 적용할 수도 있지만 회사의 품목구성 등 특성에 맞도록 자체개발하여 이용하는 것도 바람직하다.

GT는 원재료, 구매부품, 제조부품, 조립품, 완제품들에 포괄적으로 적용되나 구매품과 제조부품의 경우에 가장 효과가 크다고 한다. GT의 철학은 패밀리 그루핑 즉, 한 가족처럼 서로 닮은 것들을 하나의 그룹으로 묶어서 관리함으로써 다품종 상황을 사실상 소품종 상황으로 바꾸고 이에 따라 설계, 계획, 통제, 배치, 구매, 자동화 등 여러 면에서 능률과 혁신을 촉진할 수 있게 해준다는 것이다. 분야별로 이점을 열거해보면 다음과 같다.

(1) 엔지니어링

분류 코딩 시스템으로 과거의 모든 설계들을 저장하고 신속히 검색할 수 있기 때문에, ① 설계 노력의 중복을 피하고 설계시간을 단축할 수 있으며, ② 설계 빈도가 높은 품목에 대해서는 설계를 표준화할 수 있고, ③ 비교분석, 가치분석 등을 통해 혁신의 아이디어를 얻을 수 있다.

(2) 구매 및 자재관리

① 패밀리 단위로 동시구매하여 대량구매의 경제성을 얻는다.

② 구매 및 자재관리 업무가 단순화된다.

③ 재고량 품절시 대체품을 신속히 찾아 공급할 수 있다.

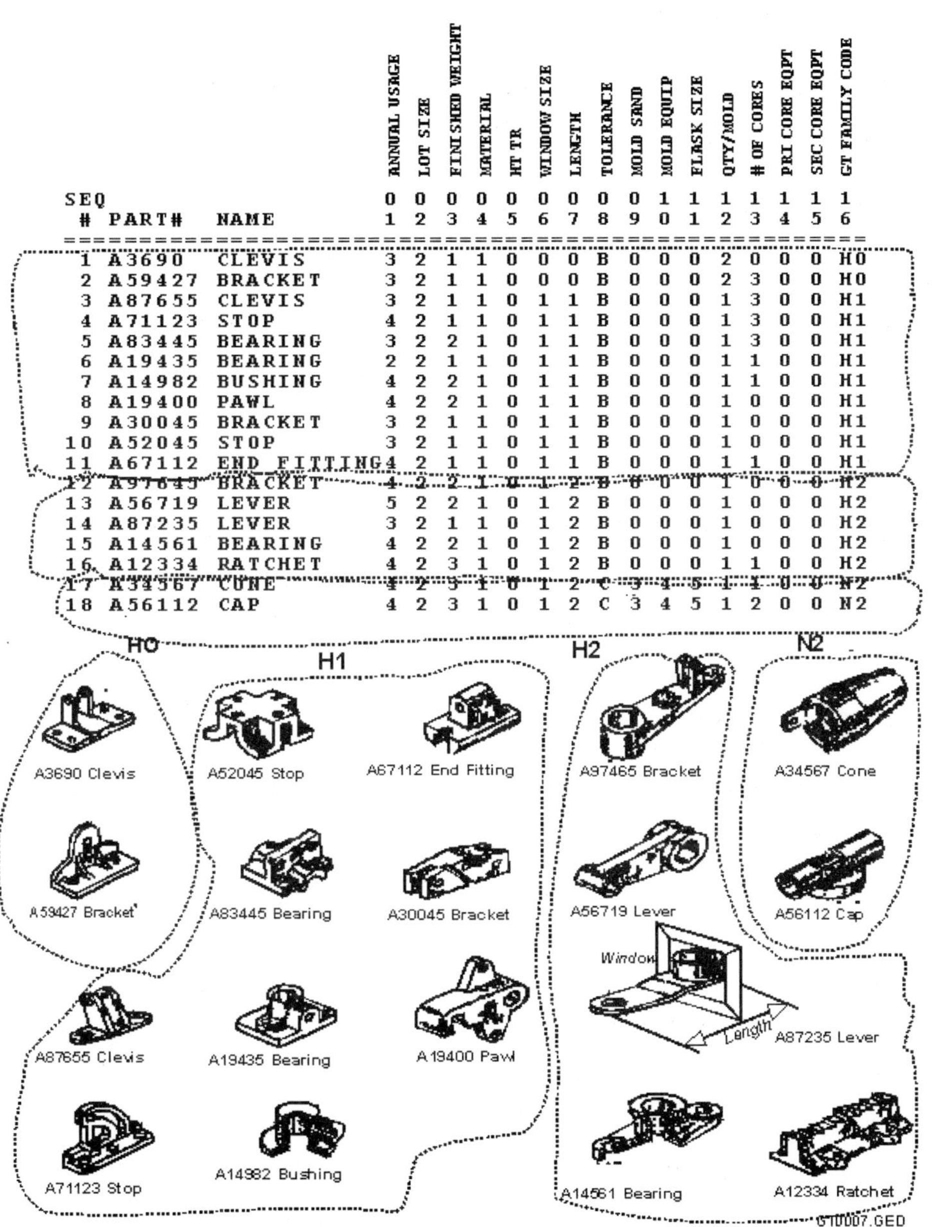

SEQ #	PART#	NAME	ANNUAL USAGE 01	LOT SIZE 02	FINISHED WEIGHT 03	MATERIAL 04	HT TR 05	WINDOW SIZE 06	LENGTH 07	TOLERANCE 08	MOLD SAND 09	MOLD EQUIP 10	FLASK SIZE 11	QTY/MOLD 12	# OF CORES 13	PRI CORE EQPT 14	SEC CORE EQPT 15	GT FAMILY CODE 16
1	A3690	CLEVIS	3	2	1	1	0	0	0	B	0	0	0	2	0	0	0	H0
2	A59427	BRACKET	3	2	1	1	0	0	0	B	0	0	0	2	3	0	0	H0
3	A87655	CLEVIS	3	2	1	1	0	1	1	B	0	0	0	1	3	0	0	H1
4	A71123	STOP	4	2	1	1	0	1	1	B	0	0	0	1	3	0	0	H1
5	A83445	BEARING	3	2	2	1	0	1	1	B	0	0	0	1	3	0	0	H1
6	A19435	BEARING	2	2	1	1	0	1	1	B	0	0	0	1	1	0	0	H1
7	A14982	BUSHING	4	2	2	1	0	1	1	B	0	0	0	1	1	0	0	H1
8	A19400	PAWL	4	2	2	1	0	1	1	B	0	0	0	1	0	0	0	H1
9	A30045	BRACKET	3	2	1	1	0	1	1	B	0	0	0	1	0	0	0	H1
10	A52045	STOP	3	2	1	1	0	1	1	B	0	0	0	1	0	0	0	H1
11	A67112	END FITTING	4	2	1	1	0	1	1	B	0	0	0	1	1	0	0	H1
12	A97645	BRACKET	4	2	2	1	0	1	2	B	0	0	0	1	0	0	0	H2
13	A56719	LEVER	5	2	2	1	0	1	2	B	0	0	0	1	0	0	0	H2
14	A87235	LEVER	3	2	1	1	0	1	2	B	0	0	0	1	0	0	0	H2
15	A14561	BEARING	4	2	2	1	0	1	2	B	0	0	0	1	0	0	0	H2
16	A12334	RATCHET	4	2	3	1	0	1	2	B	0	0	0	1	1	0	0	H2
17	A34567	CONE	4	2	3	1	0	1	2	C	3	4	5	1	1	0	0	N2
18	A56112	CAP	4	2	3	1	0	1	2	C	3	4	5	1	2	0	0	N2

그림 3-10 Group Technology의 적용 사례(주물 부품)

(3) 생산계획 및 생산통제

GT를 적용하면 가공방법이 유사한 품목들을 그룹으로 묶어서 작업할 수 있기 때문에 다음과 같은 유리한 점이 있다.

① 패밀리 별로 수요예측을 하는 등 합리적인 예측시스템을 개발할 수 있다.

② 유사품목의 경우를 참조하여 생산 리이드타임(lead time)을 쉽게 추정한다.

③ 로트 크기가 증가되고 흐름이 자주 중단되지 않아 작업준비시간이 절약된다.

④ 공정순서, 작업방법, 일정에 관한 의사결정과 감독 업무가 단순화된다.

(4) 설비 배치

GT의 가장 큰 장점은 설비배치의 획기적인 개선이 가능하다는 점일 것이다. GT는 셀 제조(cellular manufacturing)를 가능하게 하고 오토메이션과 유연조직을 촉진한다. 이에 대해서는 아래에서 상세히 토의하기로 하겠다.

2. 셀 제조와 셀 배치

여기서 셀(cell)이란 특정 패밀리를 전담하여 제조하는 작업장을 말한다. 예컨대 시린더 모양의 크고 작은 부품 20종이 하나의 패밀리를 구성한다면 이 패밀리를 담당한 셀에는 20종 모두를 작업할 수 있는 각종 기계설비, 공구, 사람들이 배치된다. 셀에 배치되는 종업원들은 다기능공으로 훈련되어 셀 내의 모든 작업을 숙련되게 처리할 수 있다. 20종 각각은 생산량이 적지만 패밀리 단위로 보면 대량생산이 될 수 있으며 패밀리 내의 품목들은 가공방법도 유사하기 때문에 제품별 배치 방식을 이용할 수 있다.

따라서 패밀리를 담당하는 부서는 제품별 배치가 되고 셀 외부의 다른 부서는 뒤범벅흐름 배치라는 2중 구조가 될 수 있다. 말할 것도 없이, 이 공장에 자동화 설비를 도입한다면 이러한 셀부터 자동화를 하게 될 것이다. 망망대해에 떠 있는 외로운 섬처럼 셀은 자동화 설비로 무장되고 기타 부서들은 구식 설비로 버티기 때문에 오토메이션 섬(island of automation)이란 말까지 생겨났다.

뒤범벅흐름의 전통적 작업장의 모습과 이를 셀 배치로 전환한 모습을 대비하여 보면 그림 3-11과 같다. 셀 제조의 장점을 요약하면 다음과 같다.

① 공간 절약, 생산성 향상, 재공품 감소

② 다기능공 활용에 의한 직무확대, 나아가 조직의 유연성을 촉진한다.

③ 셀별로 계획·통제하고 책임경영을 할 수 있다.

④ 자동화기기, 로보트 등을 셀별로 도입하면 오토메이션이 용이하다.

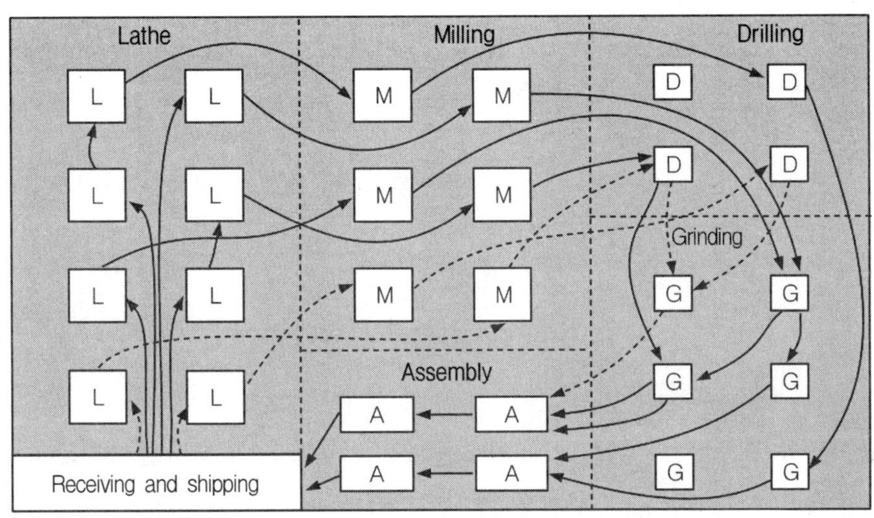

(a) GT를 적용하기 전의 기능별 배치

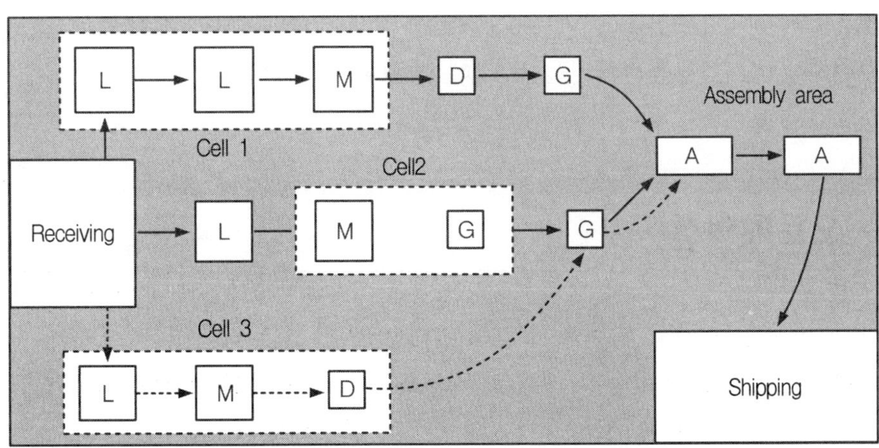

(b) GT를 적용한 후의 배치형태

그림 3-11 기능별 배치와 셀 배치의 비교

자원의 유연성이란 설비와 노동이 얼마나 다양한 범위의 일을 소화시킬 수 있느냐를 가리킨다. 여러 가지 작업을 할 수 있는 기계는 유연성이 좋지만 능률은 나쁘다. 한 가지 작업만 할 수 있는 기계는 작업속도가 빠르지만 유연성은 나쁘다. 그러나 1980년대 이후로 능률과 유연성이 모두 우수한 자동화 기계가 개발되어 종래의 개념을 일신하게 되었다.

노동도 마찬가지이다. 1인 1기능의 숙련도 중요하나 유연노동(flexible labor)이란 신개념이 등장하였다. 이는 다기능의 능력있는 종업원을 배치하여 다양한 업무를 수행토록 하는 방식을 말한다.

예컨대, 미국 테네시주에 소재하는 GM사의 새턴공장에서는 일본식 생산방식을 도입하면서 고용계약상의 직종을 5종으로 대폭 줄이는 개혁을 단행하였다. 자동차산업에서 과거에 적용해온 110종에 달하는 직무분류 방식과 비교하면 이것은 거의 혁명적인 변화라고 볼 수 있다.

다기능의 숙련을 갖출 수 있도록 훈련하기 위해서는 물론 많은 비용이 소요될 것이나 반면에 이점도 상당하다.

① 고객들의 요구가 다양할 때 유연노동으로 서비스를 향상시킬 수 있다.

② 프로세스에 정체현상이 생겼을 때 즉시 이동 배치가 가능하다.

③ GT, 셀 배치 등 프로세스를 근본적으로 개선할 수 있는 인적 인프라가 된다.

④ 유연노동 종업원들은 직무확대로 일의 단조로움에서 벗어날 수 있고 대체로 높은 의욕과 자부심을 갖게 된다. 이는 일찍이 직무확대, 직무충실화 개념과 관련하여 많은 행동과학자들에 의해 지지된 바 있다.

3.5 오토메이션

오토메이션은 오래된 용어지만 1980년대 이후의 오토메이션은 설계와 제조를 통합하는 오토메이션, 맞춤형 생산을 지원하는 오토메이션, 로보트와 무인공장이 등장하는 오토메이션 등 전혀 다른 모습으로 발전하였다.

1. 전통적 오토메이션

전통적인 오토메이션은 기계적 오토메이션(mechanical automation), 장치산업 공정을 자동제어하는 장치공정 오토메이션(process automation), 그리고 오피스 오토메이션(office automation)의 세 가지라고 볼 수 있다.

기계적 오토메이션은 미국 디트로이트에서 시작되었다 하여 '디트로이트 오토메이션'이라고도 불리운다. 당시 이에 앞장 섰던 포드자동차회사에서는 "재료를 기계에 투입하는 일, 운반, 스크랩 제거와 같은 일들을 생산 속도에 맞추어 실행하기 위해 기계적 장치를 적용하는 기술이며 한 장소에서 단추를 눌러 라인 전체 또는 일부를 통제하는 것"이라 정의한 바 있다.

한편 장치공정 오토메이션은 주로 화학공장에서 볼 수 있는 특별한 것이다. 화학적 반응이 진행되는 대규모의 복잡한 장치공정을 관리하기 위해서는 필요한 통제점마다 반응조건의 변화를 측정하여 허용범위 안에서 통제해주지 않으면 안 된다. 이러한 요구를 자동제어 방식으로 해결하는 것이 곧 장치공정 오토메이션이다. 화학공정의 설계와 자동제어는 극히 전문적 공학적인 것이므로 본서의 범위를 벗어난다.

오피스 오토메이션(OA)은 제조업에 국한되지 않고 모든 종류의 사무작업 예컨대 기록, 분류, 정리, 계산, 기억, 검색, 복사, 전달 등 정보처리과정 전반을 자동화하는 것이다. 초기에는 EDP(electronic data processing)가 주목을 받았으나 MIS, DSS, ES, EDI 등으로 확장되었다.

인간의 노동을 기계로 대체한다는 의미의 기계화나 인간의 정신적 작업을 컴퓨터로 대체한다는 의미의 전산화는 오늘날 가장 낮은 차원의 오토메이션이다. 현대의 오토메이션은 인간을 기계나 컴퓨터로 대체시키는 단순한 개념에 머물러 있지 않다.

기계기술과 전자기술이 고도로 결합하여 메카트로닉스(mechatronics)가 되고 이동통신, 인공위성, WWW(World Wide Web), 유비쿼터스 등을 활용하는 새로운 시스템을 창출하는 것이 현대의 오토메이션이다.

2. 유연자동화

세상에는 한 가지 일만 잘하는 사람이 있는 반면에 팔방미인처럼 다양한 일을 상당한 수준으로 처리할 수 있는 사람도 있다. 산업현장에서는 후자를 유연노동

(flexible labor)이라 부른다.

기계설비도 한 가지 일만 잘하면 전용(專用)기계, 다양한 일감을 처리할 수 있는 기계는 범용(汎用)기계라 한다. 일반적으로, 전용기계는 생산성이 높으나 유연성은 낮고 범용기계는 유연성이 높으나 생산성은 낮다.

유연생산시스템(FMS, flexible manufacturing system)은 생산성과 유연성, 두 가지를 모두 높일 수 있도록 고안된 것으로 1980년대에 가시화되었다. 따라서 FMS를 주축으로 하는 80년대의 오토메이션을 흔히 유연자동화(flexible automation)라고 부르기도 한다.

FMS의 핵심은 MC(machining center)와 자동반송 시스템, 두 가지로 구성되는데, 여기에 자동창고 시스템, 자동수리 시스템, 자동검사 시스템, 자동화 수준이 낮은 NC 공작기계 등을 추가하여 광의의 FMS로 정의할 수도 있다. 자동반송 시스템은 작업장이나 MC들 간에 자재와 가공물을 자동적으로 운반하는 시스템인데 로보트, 팔레트 체인저(pallet changer), 무인궤도차, 무인반송차, 콘베어 등이 활용된다. 작업준비, 가공작업, 조립작업 등은 주로 NC 공작기계와 MC 방식으로 이루어진다.

NC(numerical control, 수치제어) 공작기계는 1950년대 이후 여러 단계에 걸쳐 그 면모를 달리하며 발전해왔다. 원래 이것은 수치나 기호로 작성된 프로그램의 지시에 따라 작업을 하고 스스로 제어도 할 수 있는 기계인데 초기에는 금속절삭 같은 특수작업을 고도로 정밀하게 작업하기 위한 전용기계로 개발되었다.

초기의 NC 공작기계는 한번 작성한 프로그램을 변경할 필요가 없었으며 단지 기계적 기능을 전기적으로 바꾸는 것이 초점이었다. 그러나 진공관(1954), 트랜지스터(1959), IC회로(1965) 세대를 거치면서 다음과 같은 특징을 갖추게 되었다.

① 극히 복잡한 가공물을 정확하고 균일하게 가공한다.

② 설계나 작업내용이 바뀌어도 프로그램 변경으로 쉽게 적응한다.

③ 여러 기계로 나누어 작업하던 것을 한 대의 기계로 한 장소에서 처리한다.

위의 특징들 중 ③의 방법을 특히 MC(machining center)라 부른다. MC는 1959년에 출현했는데, 작업준비시간과 작업공간을 2/3나 절약할 수 있고 노동력은 절반으로, 재공품 재고는 90% 감소되며, 공구교환도 거의 순간적으로 완료되는 등 엄청난 효과를 과시하였다.

그러나 1960년대 이전의 NC 기술은 많은 문제점을 안고 있었다. 프로그램을 수정할 때마다 전문 프로그래머가 종이테이프에 펀치를 해야 하고 무엇보다 기계 가격이 매우 고가였다.

1970년대에 프로그램을 내장한 CNC(computerized NC)가 등장함으로써 이러한 애로가 해소되었고 80년대에는 CRT 화면을 보면서 키보드를 두드리는 방식으로 전환되었다. 여기서 한 걸음 더 나가 수십 대의 NC 또는 CNC들을 하나의 컴퓨터에 연결하여 통합적으로 관리하는 DNC(direct NC)로 발전하면서 드디어 인류는 무인공장의 꿈을 실현할 수 있게 된 것이다.

무인공장으로 가는 길은 멀다. CAD/CAM 기술에 의해 최적설계, 컴퓨터 제도, 설계 데이터베이스와 표준화, 심지어는 공정설계 시스템, 작업설계 시스템까지 자동화되었다.

또한 설계와 제조가 CIM(computer integrated manufacturing) 수준으로 통합되었다. 그러나 이러한 기술만으로 무인공장이 가능해지는 것은 아니다. 자동화 수준에 대한 전략적 결정, 노동의 유연성문제, 기업간 공급사슬 구조, 고객가치 문제, 프로세스 혁신 문제들이 동반적으로 해결되어야 하기 때문이다.

혁신 방법론의 발전

4.1 프로세스 개념의 발전

1. 서로 다른 개념들

제조업과 건설업에서는 오래 전부터 '공정'이란 단어를 사용해왔다. 다른 업종들의 경우도 제조공정이나 건설공정과 유사한 것이 분명히 존재하나 공정이란 용어는 잘 쓰이지 않는다. 외국에서는 어느 업종이든 관계없이 "process"라고 통일해서 부른다.

용어가 없으면 개념과 방법을 발전시킬 수 없을 것이다. 따라서 한국에서도 국제표준화기구(ISO)의 새 규격 ISO 9000: 2000을 보급한 2000년부터는 모든 업종과 비영리조직, 공공기관까지 확대하여 적용할 수 있도록 '프로세스'라는 번역을 표준용어로 채택하였다. 그렇다면 프로세스(process)란 어떤 것인가? 우선 대표적인 학자들의 정의를 인용해보기로 하자.

(1) '활동, 투입, 산출'을 강조하는 프로세스 개념

"프로세스란 고객에게 가치 있는 산출을 만들어내기 위해 각종 투입을 집어넣는 활동들의 집합체이다."(Hammer & Champy, 1993)

"프로세스란 고객 또는 시장이 요구하는 특정산출을 생산하기 위해 설계된 활동들의 구조화된 집합이다. 다시 말해서 프로세스는 시작지점, 종료지점, 투입, 산출이 명확히 식별되는 **작업활동들의 순서적 연결**이다."(Davenport, 1993)

위의 두 가지 정의에서는 공통적으로, 투입, 산출, 활동을 강조한다. 이와 같은 정의는 업무흐름 내의 낭비적 요소를 제거하고자 할 때 특히 효과가 있다. 그러나 현대사회에서는 새로운 가치의 창출, 고객 만족, 구성원 만족, 핵심역량 증대 등 보다 다양한 혁신목적이 전략적으로 추구되기 때문에 위의 정의는 충분치 못하다.

(2) '업무조정과 경쟁력'을 강조하는 프로세스 개념

흐름을 추적하는 것도 중요하지만 각 활동을 담당하는 사람(장치)들 간의 조정을 원활히 하는 일도 중요하다. 프로세스는 기능적 존재일 뿐만 아니라, 조직적, 정보적, 의사결정적, 자원기반적인 존재이다. 프로세스를 지나치게 업무흐름 중심으로 정의하는 것은 바람직하지 않다.

리엔지니어링의 효과를 거론할 때 흔히, "업무처리비용을 크게 절감했는데 영업수익은 제자리 걸음이다." 또는 "프로세스 시간을 크게 단축했는데 이익은 오히려 감소했다."고 지적하는 사람들이 있다. 이러한 역설적 현상을 킨(Peter Keen, 1999, www.peterkeen.com)은 프로세스 패러독스(Process Paradox)라고 부른다. 사실 최신의 정보기술을 활용하고 탁월한 리엔지니어링 노력을 기울였어도 그 성과는 지지부진한 경우가 많다.

프로세스의 업무흐름 측면만 생각하면, 투입・활동・산출이 모두 명확히 정의되는 업무부터 리엔지니어링을 하게 되고, 방법론에 있어서도 낭비 제거, 원활한 흐름으로의 재구성, 비용 절감, 서류작업 축소 등의 기술적 측면에 편중하기 쉽다. 그래서 많은 개선이 이루어졌는데도 불구하고 조직 전체는 이렇다할 실익을 얻지 못하게 되는 것이다. 따라서 다음과 같은 새로운 정의가 등장하게 된다.

"프로세스란, ① 조직화된 작업활동들, ② 관련자 간의 조정과정, ③ 고유자산(또는 핵심역량)으로서의 프로세스, ④ 경쟁력을 창출・유지하는 주체로서의 관리자 등 4요소를 포함하여 정의해야 한다. 프로세스는 업무흐름(process as a workflow)인 동시에 업무조정(process as the coordination of works)이다."(Peter Keen, 1999)

사례 기업의 간판 역할을 하는 핵심적 자산으로서의 프로세스
FedEx: 온타임 배달 프로세스(on-time delivery process)
McDonald: 패스트 푸드 프로세스(fast-food process)

McKinsey: 인재 모집 프로세스(recruitment process)
Toyota: 린 생산 프로세스(lean production process)
Motorola: 식스시그마 품질 프로세스(six sigma quality process)
Nordstrom: 고객 서비스 프로세스(customer service process)
3M: 연구 및 제품혁신 프로세스(research, product innovation process)
Intel: 연구개발 프로세스(R&D process)

프로세스 어프로치란 프로세스를 바르게 선정하고 바르게 관리하는 방법(how to choose the right process and to get the process right)을 말한다. 선정이 잘못되면 별로 긴요하지 않은 일에 매달리고 자원을 낭비하게 될 것이다. 선정은 잘 했지만 프로세스 관리(설계・통제・개선) 면에서 미흡하면, 아무리 시설, 인원, 재료, 검사방법이 우수해도 좋은 품질을 얻을 수 없을 것이다.

따라서 품질경영(TQM) 이론가들은 프로세스 어프로치를 ① 제조업, 비제조업, 서비스업 등 모든 조직에 적용하고, ② 중간과정만 강조하는 것이 아니라 외부의 산업, 공급자, 고객을 포함하는 확장된 프로세스 개념을 적용하며, ③ 고객가치 향상 및 경쟁력 강화에 초점을 두고 지속적으로 추진해야 한다고 주장한다.

2. 연구 대상으로서의 프로세스 모델

(1) 생산성 모델

전통적인 생산성 모델은 일찍이 경제학자들이 제시한 것으로, 그림 4-1과 같은 '투입(inputs)-산출(output) 모델'의 형식이다. 여기서, 투입은 토지, 자본, 재료, 노동, 관리 등의 '생산요소', 산출은 제품이나 서비스, 중간과정은 '생산'이라 부르며, 산출의 총가치를 투입의 총가치로 나눈 값을 생산성(productivity)이라 한다.

이러한 생산성 모델은 지금도 여러 분야에서 널리 이용되고 있으나, ① 투입과 산출을 명확히 정의할 수 있는 경우에만 유효하며, ② 투입-산출의 중간과정인 프로세스에 대한 구체적 인식이 부족하여 개선・혁신을 시도하기 어렵고, ③ 고객개념, 자원개념(인적자원, 정보자원 등)이 불분명하며, ④ 현대의 복잡한 기업현장 예컨대, 소비활동, 기업간 협력, 공급사슬, 정보 프로세스 등의 상황을 다루기에는 너무 단순한 모델이다. 투입-산출의 중간과정인 프로세스를 구체적으로 다루지 못한다는 것은 결국 프로세스를 블랙박스(black box)로 간주한다는 뜻이다.

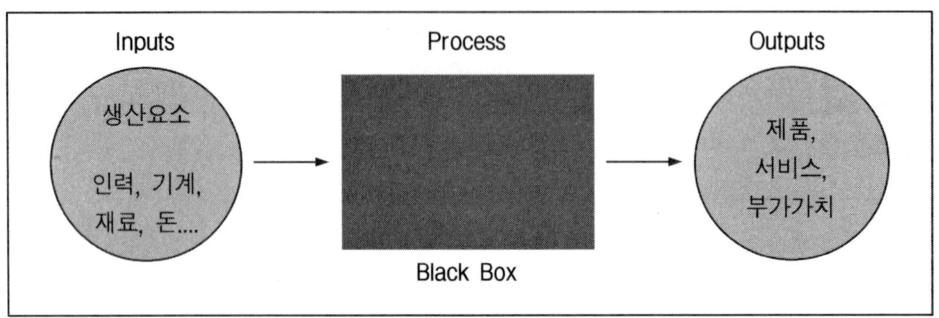

그림 4-1 프로세스의 "생산성 모델"

(2) 품질운동과 프로세스 확장

데밍(W. Edwards Deming)은 일본 기업들에게 품질운동을 지도하면서 기업의 개별적 노력만으로는 품질 개선에 한계가 있다는 것은 인식하고 자재공급자부터 고객에 이르기까지 모든 요소를 포함하는 확장된 프로세스 개념을 제시하였다. 즉, 제조업 공장 내부만을 생각하던 종래의 개념을 확장하여, 자재공급업체의 생산과정, 납품(구매)과정, 완제품 유통과정, 소비자들의 제품사용 현장까지 포함하는 확장된 프로세스 개념을 적용하도록 권장하였다. 그림 4-2와 같은 이러한 확장된 프로세스 개념은 도요타자동차의 JIT(just-in-time) 등 일본의 독특한 계열화(*keiretsu*) 관행과 잘 맞는다.

자재공급 ⇒ inputs ⇒ ○ ⇒ ○ ⇒ ○ ⇒ outputs ⇒ 물류・판매 ⇒ 고객 현장
프로세스 　　　　　　제조 프로세스 　　　　　　프로세스 　　　프로세스

그림 4-2 프로세스의 확장

(3) 비즈니스 프로세스

한편 1980~90년대 정보기술의 발전과 해머(M. Hammer), 챔피(J. Champy) 등의 노력으로 리엔지니어링 붐이 일어나면서 프로세스 개념은 또 한번 패러다임적 전환을 맞게 되었다. 리엔지니어링의 옹호자들은 생산공정 뿐만 아니라 사무

작업, 거래과정, 정보처리, 인사, 전략과정 등 모든 기업활동을 포함하는 '비즈니스 프로세스(Business Process)' 개념을 제시하였다. 리엔지니어링의 대상은 비즈니스 프로세스이기 때문에 BPR(Business Process Reengineering)이란 명칭이 널리 쓰인다.

BPR 전문가들이 가장 싫어하는 것은 부서간 장벽이다. 조직은 분리된 조각들의 퍼즐이 아니라는 것이다. 그림 4-3은 조각(bits, pieces) 집합들이 따로 놀고 있는 조직의 모습을 보여준다. 재무, 마케팅, 회계, 생산 등 기업기능(business function)은 현장에서 뚜렷하게 구분하기 어렵고 사실상 독립적인 것이 아니다. BPR을 성공적으로 도입하기 위해서는 이러한 기업기능을 통합하는 교차기능(cross-functional) 개념이나 프로세스 엔터프라이즈 개념을 도입할 필요가 있다.

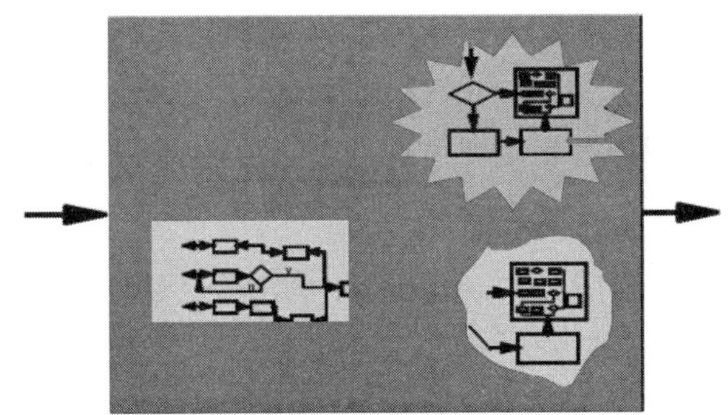

그림 4-3 조각들을 그저 모아놓은 것이 조직인가?

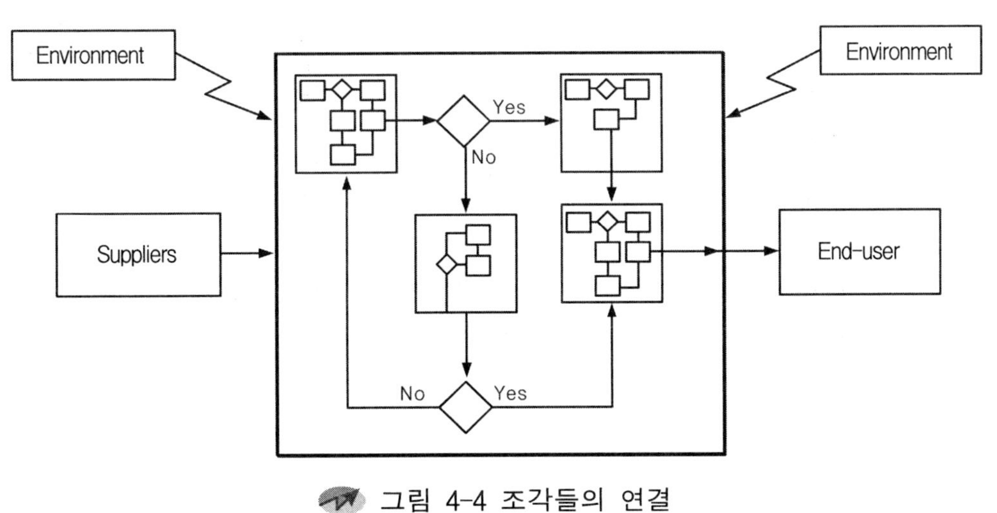

그림 4-4 조각들의 연결

ERP의 E는 엔터프라이즈를 뜻한다. '엔터프라이즈'라는 단어는 전통적 기업기능 개념에 대한 하나의 도전이다. 그림 4-3은 출구부터 입구까지 연결된 통로가 없다. 각 조각(부서, 전공)들이 따로 놀고 있다. 그러나 그림 4-4는 빈 공간이 통로들로 채워져 있다. 이를테면 프로세스 오너 또는 케이스 매니저가 나서서 고객을 위해 기존의 모든 관련부서 정보와 작업을 연결해주는 것이다. 부록에 소개한 프로세스 엔터프라이즈 논문을 참조하기 바란다.

BPR 붐은 1990년대 초반에 크게 불었으나 성공율은 매우 낮았다. 그 당시 BPR 붐은 주로 컴퓨터 정보기술 전문가들의 컨설팅에 의한 것이었고 기업들은 이에 대한 조직적 준비가 되어 있지 못했다. BPR의 실패원인에 대해 많은 사람들이 조직문화 요인을 거론한다.

그러나 조직문화에 못지않게 중요한 실패 이유는 바로 부적절한 프로세스 모델 때문이었다. 초기의 BPR 실천가들이 적용한 프로세스 모델은 전통적인 생산성 모델이나 이를 부분적으로 확장한 모델이었다. BPR 실천가들은 설비, 장비, 종업원 등 전통적인 생산요소 외에 재고, 지식, 숙련, 고객관계, 평판 등을 투입요소에 추가하는 식으로 생산성 모델을 보완하여 이용했으나 모델 자체가 달라지지는 않았다.

사례 창업 프로세스

	행정절차수(단계)	소요기간(일)	창업행정비용(달러)
호주	2	2	402
캐나다	2	3	127
뉴질랜드	3	3	28
미국	5	4	210
싱가포르	7	8	249
홍콩	5	11	571
영국	6	18	264
한국	12	33	1,776

* 중소기업청 2004. 2. 29 자료
여기서 단계란 법령에 의해 신고서 작성 등 새 절차를 시작해야 하는 것을 말함.

사례 호텔의 접객 프로세스 예

예약(전화, 온라인) → 호텔 도착 → 벨보이 → 주차 서비스 → 프론트 체크인 → 방 안내 → 시설/서비스 이용 → 만족도 조사 → 체크아웃 → 짐 처리 → 청구서 → 지불(카드, 영수증) → 차량 대기 → 떠남

사례 "고객 서비스", 얼마나 어려운 것인가?

과거의 제조업은 원가절감, 품질향상으로 경쟁력 있는 제품을 잘 만들기만 하면 되었다. 나머지는 유통회사나 판매회사가 알아서 할 일들이라고 보았다. 그러나 요즘은 제조업체가 직접 유통·판매·서비스 네트워크에 뛰어든다. 공정 일부를 아웃소싱하고, 고객 니즈를 직접 관리하고, 공급사슬관리, 시간 싸움으로 바빠졌다.

Dell 컴퓨터의 direct-to-customer model의 경우는 고객밀착 제품설계, 고객만족도 확인(판매현장, 사용현장 만족도), 피드백 과정이 필수적으로 포함된다. 제조업체들은 아직도 서비스에 익숙하지 못하다.

서비스란 한번 잘 해준다고 "만족, ~끝"이 아니다. 고객들은 잘 해줄수록 더 기어오르고 기대는 폭발적으로 상승한다. 공개적으로 약속한 것은 필히 이행해야 하고 다음 번은 더 '찐한' 약속거리를 준비해야 한다. 맞춤식 자동차 생산(customized automobile)이 시작되면 5일내 배달, 24시간 서비스 체제가 보편화될 것이다. 아래 자료는 미국 UPS(United Parcel Service)사의 고객들의 Online Tracking Request 건수이다.

1995. 12	1개월간	10만 건	1996. 12	1개월간	100만 건
1997. 12	1주간	100만 건	1998. 12	1일간	100만 건
1999. 12	1일간	250만 건	2000. 12	1일간	500만 건

* 2000년 12월 기준. 연간 1,825,000,000건, 5년간 서비스 수요 1500배 증가

---

(4) 프로세스 프로우 모델

그림 4-5와 같은 프로세스 프로우(process flow) 모델은 최근의 진보적인 모델이다. 이 모델은 프로우 단위, 투입 및 산출, 활동 · 완충 네트워크, 자원, 정보구조의 5요소로 구성되는데 각각의 의미를 설명하면 다음과 같다.

① 프로우 단위(flow unit)

프로우 분석의 대상이 되는 단위를 말한다. 실제로 프로세스를 통과하는 것이면 무엇이든 프로우 단위가 될 수 있다. 제조업 공정에서는 주로 재료, 재공품, 중간조립품, 완제품들이 프로우 단위가 된다. 그러나 같은 제조업이라도 재무관리자의 입장에서 분석할 때는 자금(예를 들면 1만원권 지폐) 단위를 프로우 단위로 볼 수 있다. 고객 서비스 프로세스의 경우는 고객 한 사람 한 사람이 프로우 단위가 된다. 이와 같은 해석은 생산요소만을 투입요소라고 보는 종래의 생산성 모델과는 전혀 다른 해석방법이다.

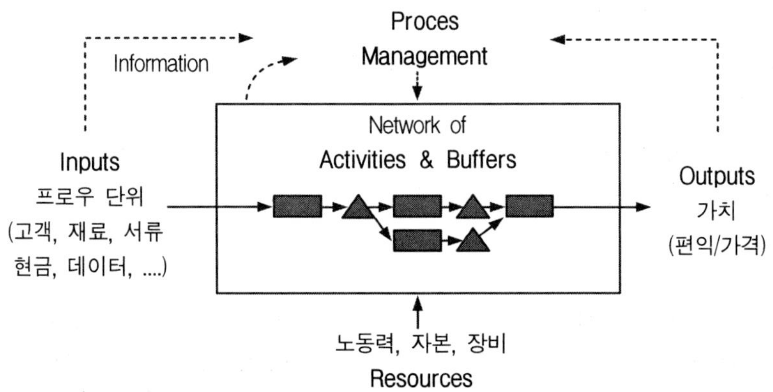

그림 4-5 프로세스 프로우 모델

출처: Anupindi et al.(2006), p.5.

② 투입과 산출

투입(inputs)은 시스템 경계선의 외부로부터 흘러 들어오는 것이고 산출(outputs)은 경계선 바깥으로 나가는 것이다. 생산성 모델에서는 투입과 산출이 엄격히 구분되나 앞에서 설명한 바와 같이 프로우 단위를 주된 연구대상으로 본다면 투입과 산출이 뚜렷이 구분되지 않는다. 그러나 똑같은 '1만원권 지폐 한 장'이라고 해도 투입시에는 원가개념으로 계산되고 산출시에는 매출개념으로 계산되기 때문에 투입지점과 산출지점의 구분은 여전히 필요하다. 고객 서비스 프로세스의 경우도 서비스를 받기 전의 고객과 서비스를 받은 후의 고객은 동일하지 않을 것이다. 이와 같은 프로세스 전후의 변화는 가치(value), 목표, 유효성 등의 척도로 측정할 수 있다.

③ 활동과 완충들의 네트워크

프로우 단위가 프로세스를 통과할 때 서비스와 가치부가를 해주는 모든 중간 활동들을 네트워크로 연결하여 관찰할 필요가 있다. 재고량이나 대기행렬의 형태로 활동 네트워크 중간에 삽입되는 것을 통칭하여 완충(buffer)이라 한다. 활동과 완충을 함께 고려하는 것은 고전적 공정분석 이래 계속 적용되어온 전통적인 방법이다.

④ 자원

전통적 생산성 모델에서는 자본과 노동을 투입요소(또는 생산요소)로 보나 프로우 모델에서는 별도의 범주 즉, '자원'으로 분류한다. 생산성 모델에 의하면 자본과 노동은 프로세스 과정을 통해 소비되는 것이므로 노후화나 감가상각은 본질적으로 중요한 이슈가 된다. 그러나 프로우 모델의 관점에서 보면 노후화나 감가상각은 자원의 본질적 문제라기보다 부차적인 문제에 불과하다. 자원의 본질은 활동을 수행하는 주체라는 점, 그리고 자원은 활동을 통해 활용되는 것이지 소비되어 없어지는 것은 아니라는 점이다.

⑤ 정보 구조

프로세스의 설계, 운영, 통제, 개선에 필요한 정보가 무엇인지 정의하고 정보를 수집·활용하는 구조가 필요하며, 이를 프로세스의 활동·완충 네트워크와 함께 장치해야 한다.

4.2 프로세스 리엔지니어링

판매부서와 서비스부서가 별개로 운영되는 회사가 있다고 하자. 소비자는 판매부서에서 물건을 사고 서비스부서로부터 애프터 서비스를 받게 된다. 소비자는 구매 당시의 사원을 기억하고 그 약속이 이행될 것을 원할 것이다. 그러나 구입

후의 상대방은 서비스부서 직원이다. 그 서비스 직원이 다른 말을 하거나 예상하지 못했던 조건을 제시하는 경우도 있을 수 있다.

다른 예를 보자. 마케팅부서에서는 고객들의 요구사항을 듣고 이를 제품개발부서에 넘긴다. 제품개발부서에서는 요구사항을 반영하여 제품설계도를 만든다. 도면이 제조부서로 넘어가 도면대로 제작된다. 그리고 제품은 품질관리부서에 의해 검사된다.

이 과정에서 또는 한참 후에, "요구사항 자체에 무리가 있다.", "요구사항이 도면에 충실히 반영되지 못했다.", "도면대로 제작할 수가 없다.", "더 개선할 수 있는 있는데 왜 도면을 절대적으로 고집해야 하는가", "왜 제작기간이 이렇게 많이 소요되었느냐", 등등의 문제가 제기될 수 있다.

전체 프로세스를 생각지 않기 때문에 생기는 문제들이다. 중요한 것은 전체 프로세스이다. 각 부서의 입장이나 이해관계나 세부규정은 그 다음의 일이다. 항상 고객 입장에서 보고, 결과 중심으로 생각하고, 전체 프로세스를 단순, 명확, 효율적으로 재설계하자는 것이 리엔지니어링의 근본 취지이다. 과연 결재도장을 열개씩 찍어야 하는가를 생각해보는 것도 리엔지니어링의 일부이다.

리(re)-엔지니어링, 이것은 완전히 새로 설계한다는 기분으로 프로세스를 뜯어고치는 특별한 개혁방법이다. 1980년대 말부터 90년대 초까지 MIT대학 교수들을 중심으로 리엔지니어링이라는 방법이 거론되었다.

마이클 해머(Michael Hammer)는 "첫째, 사람들은 활동 자체를 중요시하지만 활동보다 결과가 중요하다. 둘째, 일의 결과를 얻고 싶은 사람이 그 일의 과정을 담당해야 한다. 셋째, 우수한 정보시스템에 의해 실질적으로 필요한 정보가 제공되어야 한다."고 지적했다. 여기에 추가하여, 비전과 목표의 중요성, 정보기술의 중요성을 강조하는 사람도 있다.

사례 포드자동차회사의 리엔지니어링

포드의 외상매입계정 담당 부서에서는 수천종의 자재에 대한 거래처별 주문서, 송장, 청구서, 입고증을 대조하여 대금지불을 결정하는 업무에 500명이 달라붙어 일하고 있었다. 기진맥진할 만큼 서류작업이 많았다. 그들은 현재의 업무체제를 바꾸지 않고 열심히 낭비 요인을 찾아 제거함으로써 20%의 개선을 달성하고 기뻐했다. 즉, 400명으로 같은 일을 할 수 있게 된 것이다. 그러나 일본의 마쓰다는 단지 5명으로 같은 일을 해내고 있었다.

물론 마쓰다는 포드보다 규모가 작은 회사이다. 하지만 아무리 그렇더라도 어떻게 그 일을 5명으로 할 수 있단 말인가! 포드사는 충격을 받았다. 과거와의 단절... 포드는 지금까지의 업무방식을 백지화하고 완전히 새롭게 재설계를 했다. 예를 들면 물품 수납창구 직원이 대금지불 명령을 직접 자기 컴퓨터로 입력하게 했다. 서류작업이 없어졌다. 송장 접수시점이 아니라 납품시점에서 대금이 즉시 조치되도록 했다. 그래서 125명으로 모든 일이 가능하게 되었다.

리엔지니어링의 핵심을 요약하면, 직무확대, 근무자의 의사결정권 확대, 업무순서의 동시화, 부서간 장벽 제거, 과도한 점검 통제의 생략, 고객 입장에서 사례관리자(case manager)에 의한 통합관리, 정보기술의 적극적 활용, 그리고 조직문화의 혁신 등이다. 그러나 가장 중요한 핵심은 역시 '프로세스' 자체일 것이다.

"모든 프로세스가 평등하게 태어난 것은 아니다(All processes are not created equal)"라는 격언이 있다. 프로세스는 중요한 자산(또는 부채)이기 때문에 전략적으로 고려하여 투자해야 한다. 프로세스가 조직에게 플러스 가치를 제공하면 자산(asset), 마이너스를 가져오면 부채(liability)라고 분류한다. 또한 그 중요성에 따라, 법적으로 필수적인 프로세스, 백그라운드 프로세스, 정체성 프로세스, 핵심 프로세스 등으로 구분할 수 있다.

대개 일상업무나 사무작업을 백그라운드 프로세스(background process)라 한다. 물론 그 구분은 조직에 따라 다를 수 있다. 예를 들면 유통은 제약회사의 경우 하나의 백그라운드 프로세스로 취급될 수 있으나 소매업자의 경우는 전략적으로 최우선의 프로세스가 될 것이다.

백그라운드 프로세스의 좋은 예는 봉급계산 프로세스이다. 만일 어느 조직의 기관장이 전직원을 모아놓고 "우리 역사상 이번 달의 봉급계산이 가장 훌륭했습니다."하고 칭찬을 한다면 우스운 일이 될 것이다. 백그라운드는 말 그대로 뒤에서 하는 일이며 조직의 비전, 전략, 경쟁력과 직결되는 요소를 갖지 못한다. 따라서 백그라운드 프로세스의 개선에 많은 투자를 해도 기업의 수익이나 판매량이 증가한다는 보장은 없다.

그럼에도 불구하고 많은 조직들이 "업무를 개선하자"고 하면서 백그라운드에 초점을 둔다. 왜냐 하면 백그라운드 프로세스는 투입, 활동, 산출이 명확하고 데이터가 많고 측정하기도 쉽기 때문이다. 그러나 실상 백그라운드 업무들은 조직의 통제 메커니즘, 관료주의, 서류작업, 기능주의와 깊이 관련되어 고객 가치나 경쟁력은 뒷전이 되고 뜯어고치기가 쉽지 않다. 첨단 정보기술까지 동원하지만 모처럼 시도한 BPR이 실패하는 이유도 이 때문이다. 최근에는 조직에게 부채가 되는 백그라운드 프로세스를 선별하여 외부에 아웃소싱을 하는 BPO(Business Process Outsourcing)가 유행하고 있다.

핵심 프로세스(core process)는 전략적 의지 및 핵심역량과 연결되어 조직에게 매우 중요한 의미를 주는 프로세스이다. 어떤 보험회사는 클레임 처리를 백그라운드 프로세스로 보나 어떤 보험회사는 클레임 처리를 핵심 프로세스로 간주한다.

장애자 보험 전문업체인 UNUM은 리스크 평가와 가격결정을 핵심 프로세스로 자랑한다. 그들은 뉴욕에 거주하고 볼보자동차를 운전하는 왼손잡이 의사의 사고위험까지 정확히 평가한다. 프로그레시브 보험사는 신속한 현장처리를 위해 컴퓨터 워크스테이션과 이동통신기를 갖춘 이동서비스 팀을 밴에 태워 항상 지역 내 곳곳을 순회한다. 교통사고 연락이 오면 그들은 경찰보다 먼저 사고현장에 달려가 클레임을 처리한다. 그들은 종종 사고차량이 견인되기 전에 수표를 지급할 정도로 신속하다.

핵심 프로세스의 구성은 산업별로 다르다. 최근에는 업종의 경계선을 뛰어넘는 예도 많아졌다. 많은 항공사들이 호텔산업의 핵심 프로세스인 호텔예약 업무를 맡고 있다. 포드와 GM은 자동차 업종이지만 자동차 고객이든 비고객이든 구별하지 않고 신용카드 서비스를 제공하고 많은 이익을 남긴다. 본래 신용카드회사의 핵심 프로세스인데 자동차회사가 자기의 핵심 프로세스로 삼고 있는 것이다.

자기 자신이 어떤 존재인가를 말해주는 대표적인 프로세스를 정체성 프로세스(identity process)라고 한다. 예컨대, FedEx의 정시배달 프로세스, Nordstrom의 고객서비스 프로세스, 3M의 제품혁신 프로세스, Motorola의 식스 시그마 품질 프로세스, Toyota의 린(lean) 생산 프로세스는 각각 그 회사의 간판과 같은 정체성 프로세스들이다.

정체성 프로세스는 조직이 비축해온 핵심역량, 투자, 지속적 개선의 노력으로 차별화된 자산이기 때문에, 남의 것을 복사하거나 "me too"식으로는 따라가기 어렵다. 일단 차별화된 정체성 프로세스를 구비하였다고 해도 그것이 자산으로 계속 지속되는 것은 아니다. 예컨대, 1970년대의 IBM의 마케팅·문화 프로세스는 타의 추종을 불허할만한 것이었으나 오늘날 그것은 경쟁자들의 추월로 많이 퇴

색되었다. 따라서, 지속적 개선으로 정체성 프로세스를 방어해야 한다.

프로세스 혁신을 위한 유일 최선의 방법(the one best way)은 없다. 프로세스 혁신방법의 대부분은 IT, BPR, TQM, 마케팅, 전략경영, 산업공학 등 여러 분야에서 개발되었으며 이들을 통칭하여 가치구축 도구(value builder)라 부르기도 한다. 즉, 조직에게 마이너스로 작용하는 부채 프로세스를 자산 프로세스로 바꾸고 가치를 증대시키는 일에 동원되는 도구라는 뜻이다.

품질 분야에서는 전통적으로 '일곱 가지 QC 도구', '일곱 가지 신 QC 도구', QFD, 통계적 방법 등, 제품개발과 제조 프로세스의 지속적 개선에 초점을 두어 도구를 발전시켜왔다. 그러나 제조업이 아닌 서비스업, 비영리·공공기관까지 확장하여 프로세스 혁신을 시도할 때는 이러한 품질도구들과 함께 BPR, IT, 마케팅, 전략경영 도구들도 필요하다. 대표적인 가치구축 도구로는,

① 낭비요소를 제거하고 연결을 원활히 해주는 스트림라인(streamline)

② 식당 샐러드바 등 고객이 스스로 할 수 있는 부분을 프로세스에 삽입하는 셀프소스(self-source)

③ 프로세스를 외부 전문기관에 위탁하는 아웃소스(outsource)

④ 다른 산업의 프로세스 인프라를 도입하는 임포트(import)

⑤ 컴퓨터 워크스테이션으로 고객접점을 강화하는 프런트앤드(front-end)

⑥ 프로세스 내의 모든 업무와 정보를 고객접점에 모으는 허브(hub)

⑦ 개인·집단·기업간 협력, 훈련, 팀 지원, 조정을 위한 워크네트(worknet)

⑧ 항공사의 호텔예약 등 타산업의 프로세스 인프라를 활용하는 프리엠프트(preempt)

⑨ 프로세스 마케팅으로 점포를 확장하는 프랜차이즈(franchise)

⑩ 업무간 상호작용을 조정하고 협력기반을 개발해주는 협업(collaborate)

등이 있다. 정보기술의 발달로 프로세스 혁신방법은 계속 다양해지고 있다. 요컨대, 프로세스 혁신은 '프로세스가 경쟁력과 핵심역량을 보여주는 자산이어야 한다.'는 관점에서 보다 전략적으로 추진되어야 한다.

프로세스 관리자의 역할·책임·권한을 조정하는 일도 긴요하다. 예컨대, 많은 회사들이 중하위 계층의 젊은 직원에게 품질업무를 전담하게 하는데, 그 전담직

원이 회사 전체의 품질업무를 총괄하기는 하나 아무런 권한과 책임을 갖지 못하는 예가 많다. 모든 부서가 기능별로 철저하게 분업화되어 있다면, 프로세스 관리자 역시 해당 프로세스의 시작부터 끝까지 전체를 관리할 권한과 책임을 부여받기는 어려울 것이다.

그래서 프로세스 오너(process owner)라는 특수한 용어가 등장하게 되었다. 프로세스 오너는 해당 프로세스를 설계·관리하기 위해 필요한 모든 정보를 직접 처리할 수 있고 프로세스 내의 모든 사람과 부서들을 조정할 수 있는 권한과 책임을 갖는다.

케이스 매니저(case manager)도 이와 비슷한 것인데 각 고객의 모든 사항, 즉 케이스를 총괄하여 관리하는 사람이란 뜻이다. 케이스 매니저는 어떤 고객이든 즉각 서비스할 수 있어야 하므로 워크스테이션에서 고객 정보 등 관련 정보를 직접 꺼내어 쓸 수 있고 업데이트도 할 수 있다. 케이스 매니저는 각 부서에 일일이 협조요청을 하지 않으며 허브(hub)의 중심에 위치하는 것이 보통이다.

4.3 프로세스 매핑

프로세스의 구성요소를 식별하고 각 요소의 연결관계를 도표로 나타내는 것을 매핑(mapping)한다고 한다. 산, 강, 도로, 도시, 교량 등이 배열되어 있는 지도(map)를 연상하면 알기 쉬울 것이다. 등고선 지도, 지구의, 교통지도 등 여러 가지 지도 모형이 있는 것처럼 프로세스의 경우도 실제 프로세스를 단순화하는 방식에 따라 여러 가지 모델이 있다(표 4-1 참조). 정보 모델은 제9장에서 소개하기로 하고 여기서는 프로우차트와 IDEF 패밀리를 중심으로 설명하기로 한다.

표 4-1 프로세스 매핑을 위한 모델들

종류	직관적 모델	기능 모델	정보 모델	동태적 모델
도구	Flow Charts	IDEF0 IDEF3	Data Flow Diagram Entity-Relationship IDEF1, IDEF1x	IDEF2 Petri-Nets RAD

1. 직관적 모델: 프로우차트

프로세스의 형태를 직관적으로 파악하여 종이와 연필로 작성하는 가장 전통적인 방법이다. 경험과 직관에 의해 파악하기 때문에 복잡한 프로세스에는 적합하지 않지만 프로세스의 내용이 단순하면 다음에 설명할 몇 가지 요령만으로도 능률적으로 작성할 수 있다. 프로우차트에 사용되는 기호는 그림 4-6과 같다. 프로우차트는 사용자의 필요에 따라 개략적으로 표현할 수도 있고 세밀하게 표현할 수도 있다.

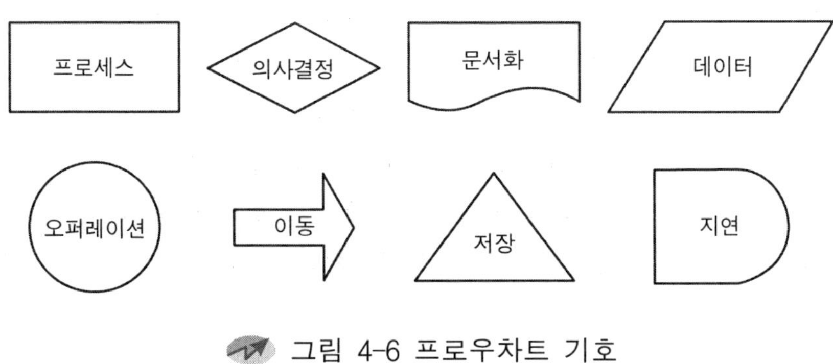

그림 4-6 프로우차트 기호

① 매크로 수준(macro level)

프로세스의 주요단계만 표현한다(보통 여섯 단계 이내).

② 마이크로 수준(micro level)

프로세스의 모든 세부활동을 상세하게 표현한다. 특정 과업별로 검토할 때 사용된다.

③ 미니 수준(mini level)

매크로 수준의 일부분을 확대하여 보고자 할 때 사용된다. 매크로와 마이크로의 중간 형식이다.

그림 4-7은 매크로, 미니, 마이크로의 상세성 수준별로 도식화한 사례이다. 프로우차트는 용도에 따라 선형, 전개, 기회의 3유형으로 분류할 수도 있다.

① 선형 프로우차트(linear flowchart)

프로세스를 구성하는 작업단계들의 순서에 초점을 둔 가장 기본적인 도표. 프로세스에서 과잉, 불필요한 단계를 식별하는데 유용하다.

② 전개 프로우차트(deployment flowchart)

프로세스의 흐름 속에서 각 단계에 관여하는 사람이나 집단들을 식별하는 차트이다. 프로세스의 순서상 관계자(집단)들이 어떤 단계에 있고, 전체 프로세스에서 이들이 어떻게 상호관련 되는지 보여준다. 담당자별 열(column)을 만들어 각자 담당하는 단계를 넣고 연결하면 전개 프로우차트가 된다. 여기서 수평라인은 수요자-공급자 관계를 나타낸다.

③ 기회 프로우차트(opportunity flowchart)

프로세스 내의 가치부가단계와 비용부가단계를 구별하여 표현한 차트이다. 선형 프로우차트의 각 단계를 가치부가(VA) 또는 비용부가(CAO)로 구분한 다음, 도표용지를 VA와 CAO의 두 열로 나누고 해당되는 단계들을 위치시킨 후 서로 연결한다. 가치부가단계(VA; value-added steps)란 이 단계의 산출이 없으면 최종산출이 생산될 수 없는 필수적 단계를 말하며, 비용부가단계(CAO; cost-added-only steps)란 생산을 지원하나 가치를 부가하지는 못하는 단계를 말한다(예: 품질검사).

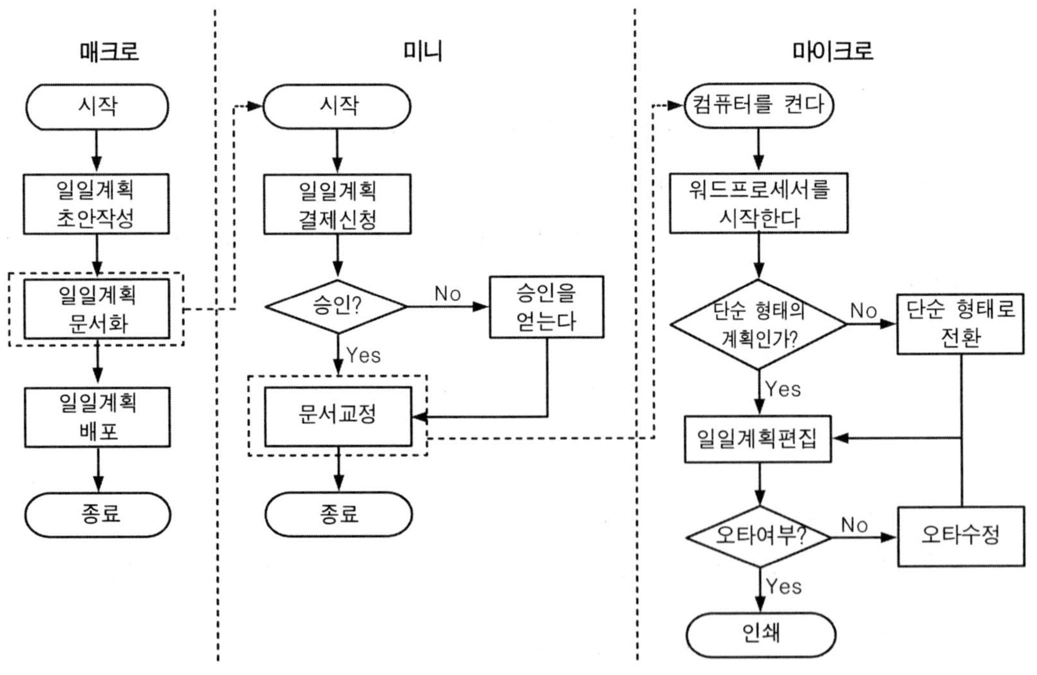

그림 4-7 매크로, 미니, 마이크로 프로우차트

프로우차트를 작성할 때는 선입관 없이 있는 그대로 도식화해야 한다. 차트의 용도(누가 어떤 방식으로 사용할 것인지)를 정하고 프로세스의 경계선을 정한다. 예컨대, 펌프를 수리하는 수선실의 프로세스는 펌프가 수선실에 들어온 시점부터 최종검사 통과시점까지로 끊어서 볼 수 있다. 프로세스의 경계를 정하는 방법에 따라 프로세스 내의 활동과 사람(기능)의 수가 달라진다.

처음에는 가급적 큰 그림으로 시작한다. 매크로 수준을 먼저 그리고 상세하게 검토할 부분을 선정하여 마이크로 수준까지 그리면서 플로우차트를 개발한다. 현재의 운영방식을 관찰하면서 프로세스 단계별로 활동, 점검, 의사결정 등의 제요소를 식별하고 카드에 기록하여 기록한 카드를 순서대로 배열하면 차트를 완성할 수 있다.

작성된 프로우차트를 통해 프로세스를 이해하고, 다음과 같은 사항을 식별함으로써 개선의 아이디어를 얻을 수 있다.

① 프로세스 개선의 필요성을 암시하는 정체구간(bottleneck), 부적절한 작업자, 노후장비, 부실한 근무지침 등의 취약구간(weak link), 단계의 정의와 직무내용이 불일치되는 혼동구간(poorly defined step), 비용만 발생하는 단계(cost-added-only step) 등을 점검한다.

② 의사결정 지점들을 집중적으로 점검한다. 의사결정 지점(◇)은 다소 까다롭다. 누가 결정하는가? 결정을 위해서 별도로 자료수집 활동을 필요로 하지는 않는가? "예 또는 아니오"로 갈라지는 경우, 항상 "예"가 되거나 항상 "아니오"가 되는 일은 없는가? 등을 점검하여 적절히 수정해 주어야 한다.

③ 유달리 확인점검, 재확인, 재작업이 많은 프로세스가 있을 수 있다. 이런 경우는 플로우차트에서 루프(loop) 형태로 나타난다. 루프 전후의 단계를 종합적으로 검토함으로써 이러한 루프의 낭비를 제거할 필요가 있다.

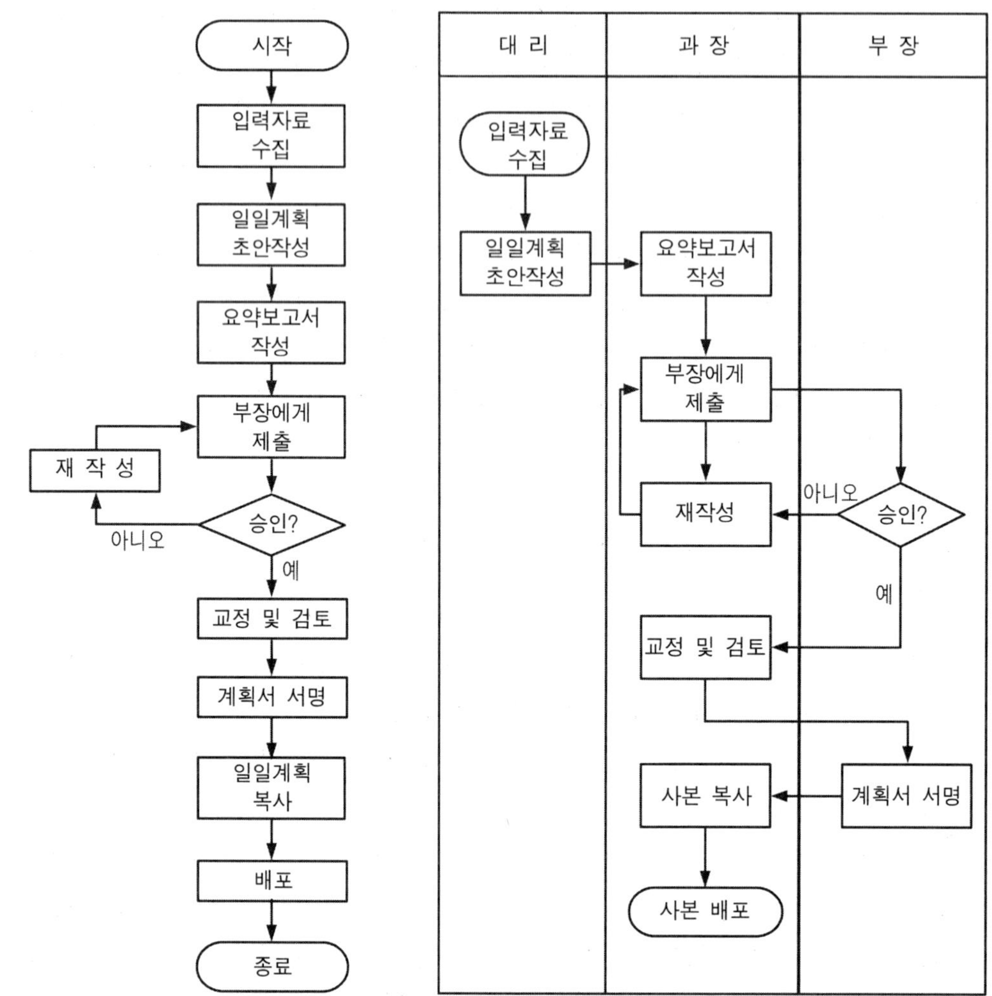

그림 4-8a 선형 프로우차트

그림 4-8b 전개 프로우차트

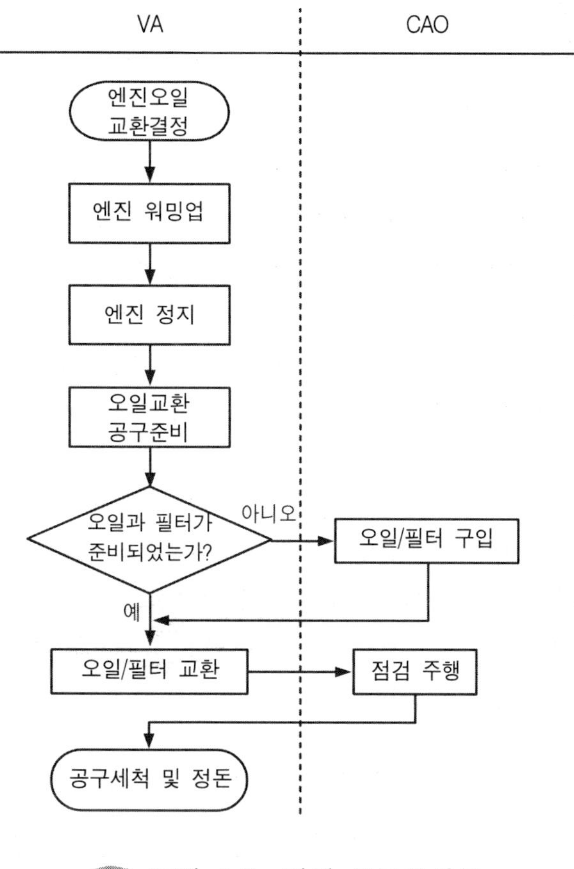

그림 4-8c 기회 프로우차트

2. IDEF 모델

지형이나 지도와 달리 제조공정, 거래관계, 정보시스템 등은 복잡한 유기체적 조직으로 운영되기 때문에 직관적 방법 이상의 모델이 필요하다. 구성 기능의 분석, 정보의 역할, 데이터베이스 구축의 절차, 관련 프로세스의 포착과 표현은 고차적 모형화 방법론을 요구한다. 이러한 필요에 부응하여 미국 국방부는 1970년대 후반부터 항공우주산업의 가상기업 모델(Virtual Enterprise Model)과 정보시스템을 표현하기 위한 방법론 연구를 시작했고 그 결과로 IDEF(Integration DEFinition)의 처음 버전인 IDEF0가 개발되었다.

이어서 미 공군은 IDEF1 및 IDEF1X를 1980년대에 개발했으며, 90년대에는

Knowledge Based Systems사가 공군의 지원을 받아 IICE(Information Integration for Concurrent Engineering) 프로그램에 의해 IDEF3, IDEF4, IDEF5를 개발하였다. 이러한 IDEF 버전들을 통칭하여 '패밀리'라고 부른다.

IDEF 방법론은 조직의 실체를 추상화하여 모델링하고(*as is* Model), 작성된 모델로 분석하고 문제점을 추출하여 개선된 모델(*to be* Model)을 설계할 수 있도록 개발된 시스템 분석 방법론이다. IDEF 방법론은 20여 년에 걸쳐 많은 연구 인원과 폭 넓은 경험을 갖춘 전문가들에 의하여 개발되어 왔다.

IDEF는 SADT(Structured Analysis and Design Technique)로 알려진 그래픽 언어에서 파생되었으며 1981년에 ICAM Function Modeling Manual로 발표되었고 1986년에는 국방부에 의해 표준방법론으로 채택되었으며 미국표준기술원은 1993년 12월에 이를 연방 정보처리 표준으로 채택하였다. 서로 배경이 다른 전문가들이 연구개발, 동시공학, CIM(Computer Integrated Manufacturing) 등 팀 프로젝트에 참여하는 경우가 많은데 공동으로 사용할 수 있는 프로세스 분석도구가 전에는 별로 없었다. IDEF 모델은 단순화된 그래픽 방법을 통하여 전문가 간의 의사소통을 돕고 참여를 증진시킨다.

표 4-2 IDEF0 모델의 ICOM 요소

ICOM	정의	예
Inputs	박스의 왼쪽에서 들어가며 기능을 수행하는데 필요한 개체 또는 Data	재료, 부품, 정보
Controls	박스의 위쪽에서 내려가며 기능을 시작하게 하는 것, 기능을 제어하는 것, Outputs 결정에 필요한 제약조건 등, Function의 수행을 통제한다.	작업표준, 회사 규정, 품질표준
Outputs	박스의 오른쪽으로 나오며 기능의 결과로 산출되는 것을 말한다.	제품, 서비스, 정보
Mechanism	박스의 밑에서 올라가며 기능을 수행하는 사람이나 개체를 뜻한다.	사람, 기계, 로보트

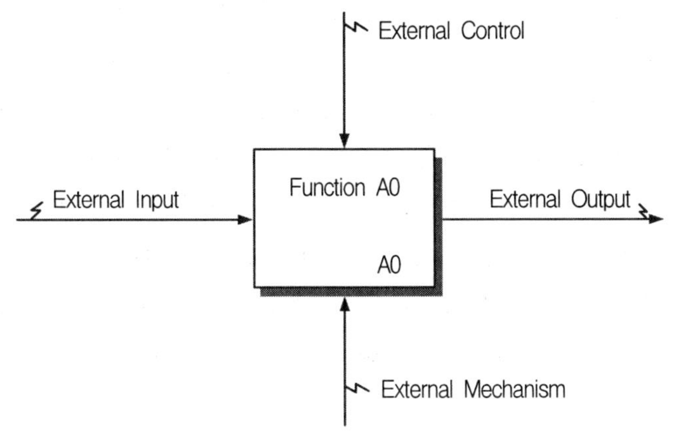

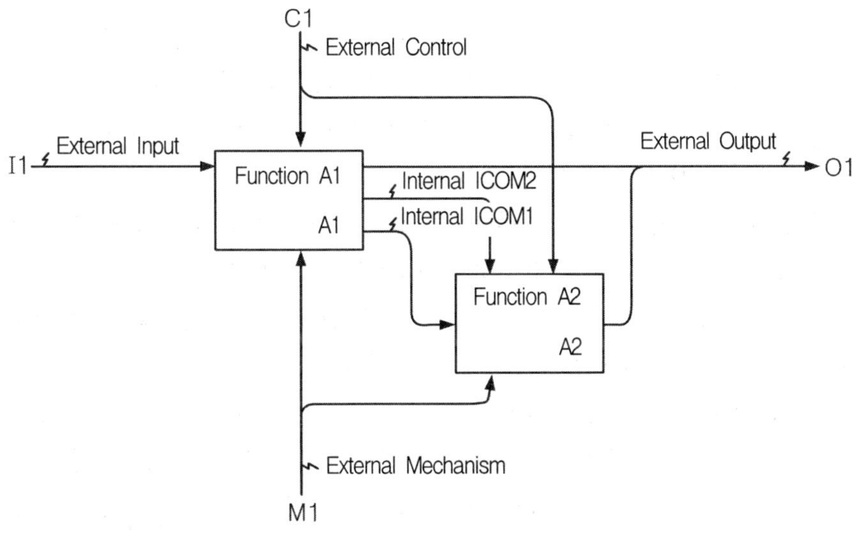

그림 4-9 IDEF0 모델의 기본 구성

IDEF 모델을 한마디로 표현하면, 수행되고 있거나 수행되어야 할 기능과 기능간의 관계를 그림과 문자로 표현해놓은 것을 말한다. IDEF0의 경우, 박스(box)와 화살표로 모델을 나타내는데, 기본적 구성은 그림 4-9와 같다. 즉, IDEF0 다이어그램은 박스로 표시되는 '기능'과 화살표로 표시되는 4요소, ICOM(Inputs, Outputs, Controls, Mechanisms)으로 구성된다. 기능은 관찰된 활동, 작업, 행동들을 말하며 각 박스는 계층적으로 세분된다. ICOM 4요소는 앞에서 설명한 프로우차트 방식으로는 표현하기 어려운 요소들이다(표 4-2 참조).

ICOM은 내부 ICOM과 외부 ICOM으로 구분된다. 다이어그램에서 기능과 기능을 연결하는 ICOM을 내부 ICOM이라고 하며 한 쪽은 기능과 연결되었으나 다른 한쪽은 외부로 연결된 것을 외부 ICOM이라 한다. 외부 ICOM은 상위 단계의 기능에 이미 표현된 ICOM을 상속 받은 것이며 내부 ICOM은 현 단계의 다이어그램에서 각 기능에 의해 새롭게 나타난 것이다. 하나의 기능에서 Output으로 사용된 ICOM이 다른 기능의 Input 또는 Control로 사용되며 때때로 Mechanism으로 사용되기도 한다. 하나의 Input, Control, Mechanism이 여러 개의 기능에 동시에 사용되는 경우와 하나 이상의 기능에서 같은 Output이 나오는 경우를 그림 4-9는 보여주고 있다.

IDEF3는 앞에서 소개한 IDEF0의 기능 모델을 확장한 것으로, 다수의 활동들로 연결된 복잡한 프로세스를 해당 분야의 전문가들이 쉽게 표현할 수 있도록 고안된 것이다. IDEF3의 프로세스 프로우 표현은 행동단위(UOB, unit of behavior), 링크, 그리고 정션박스(junction box)에 의해 이루어진다. UOB는 부품조립, 테스트 시행 등 프로세스 내의 기능이나 활동을 나타낸다.

이러한 UOB들 간의 관계는 순서 링크, 관계 링크, 개체 링크의 세 가지 링크를 이용하여 모형화된다. 순서 링크(precedence link)는 UOB들의 선후순서를 나타내고, 관계 링크(relational link)는 둘 이상의 UOB들 간의 특정한 관계의 존재를 나타내며 개체 링크(object link)는 개체가 참여하는 내용을 나타낸다.

정션박스는 &(and), O(or), X(배타적 or) 등의 논리기호를 적용하여 프로세스 내의 각 부분이 어떤 논리로 진행되는지 나타내준다. 이상 설명한 방법에 따라 간단한 페인트 작업 프로세스를 예시하면 그림 4-10 및 그림 4-11과 같다. IDEF3의 또 한 가지 특징은 OSTN(object state transition network)이라는 네트워크 형식의 그림이다. OSTN은 박스, 원, 화살표로 구성되며 주요 개체별로 작성된다. 그림 4-11은 '페인트'를 개체로 하여 페인트의 상태 전환과정을 그린 간단한 예이다.

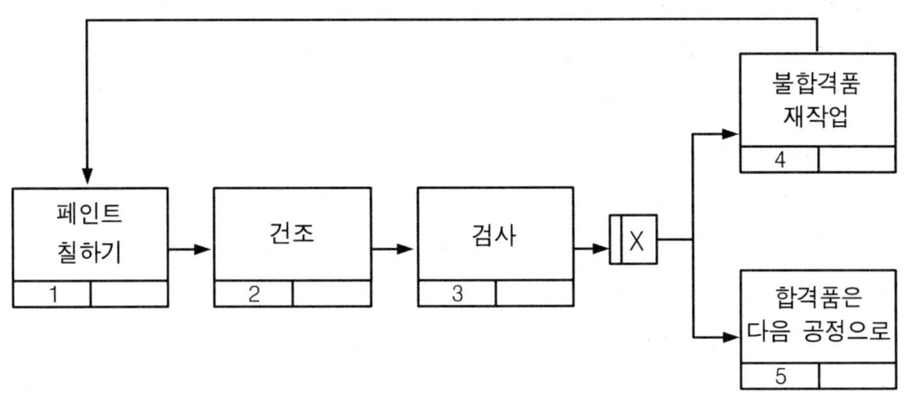

그림 4-10 IDEF3에 의한 프로세스의 표현(페인트 작업 예)

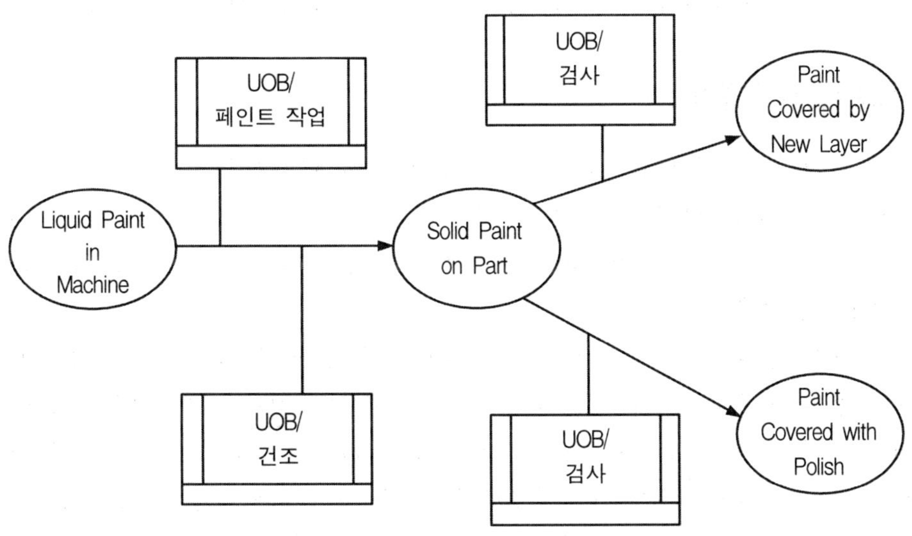

그림 4-11 IDEF3의 OSTN(페인트 작업 예)

IDEF1은 제9장에서 소개할 데이터베이스 설계용 모델인 E-R 다이어그램과 유사하나 IDEF1의 주목적은 정보자원관리의 니드(needs) 파악이다. IDEF1은 개체, 속성, 관계의 3요소로 구성된다. 개체(entity)는 박스로 표시되며 박스 내부에 개체의 주요 속성들을 기입한다.

박스와 박스 간의 관계는 직선과 다이아몬드로 나타낸다. 즉, 직선 끝부분에 작은 다이어몬드 모양을 덧붙이고 여기에 관계에 대한 추가적 정보를 기입하는 것이다. IDEF1은 박스와 직선들로 이루어진 단순한 형태이지만 계속 변화하는 기업 상황에서 정보자원에 대한 요구가 어떻게 변하는지를 일목요연하게 표현할 수 있다. IDEF1x는 IDEF1의 그래픽 기능을 개선하고 용어를 추가한 확장 모델이며 데이터베이스의 논리적 설계에 유용한 도구이다.

IDEF2는 시뮬레이션 도구로서, 시스템의 동태적 특징, 예컨대, 제품생산을 위한 자원의 사용, 각 개체의 이동경로, 각 경로에 배분되는 자원량 등을 매 단계 자원의 상태와 함께 동태적으로 표현한다. 그러나 IDEF2에는 프로세스의 형태를 그려주는 그래픽 기능이 없고 모든 결과는 언어적 다이어그램으로 출력된다.

이상 간단히 소개한 IDEF 패밀리 외에 Petri Nets, RAD(Role Activity Diagram) 등 많은 모델이 있다. 최근에는 이러한 모델들이 대부분 소프트웨어로 출시되어 프로세스 매핑과 시뮬레이션 기능을 쉽게 이용할 수 있는 시대가 되었다.

3. 프로세스의 표준화

그 동안 많은 혁신사례가 공개되었으며 JIT, TQM, BPR, 동시공학 등은 유력한 혁신방법이라고 알려져 있으나 구체적인 지도(map)를 보여주지 못한다. 혁신 이전과 이후를 비교할 때 조직의 모습이 어떻게 달라지는지 한 눈으로 알아볼 수 있는 지도는 없을까?

그런 맵(map)이 있다면 혁신의 아이디어를 찾기 쉽고 급격히 발전하는 IT를 이용하여 보다 효과적으로 혁신을 추진할 수도 있을 것이다. 한 번의 시도로 혁신과업이 완성되는 것은 아니기 때문에 경영자들은 혁신을 일상화할 수 있는 확실한 표준을 요구한다. 따라서 컨설팅회사들은 과거의 컨설팅 사례를 정리하여 프로세스 맵을 작성하고 최선관행에 관한 데이터베이스를 구축해왔으나 이러한 기존의 데이터베이스들은 그다지 체계적 포괄적이지 못하다. 이와 같은 문제를 해결하기 위해, 최근 프로세스 표준화 사업, 프로세스 핸드북 사업 등이 추진되고 있다.

가까운 사례로, 기업정보화지원센터(www.itr.re.kr)는 판매관리, 구매관리, 생산관리, 물류관리, 고객관리, 서비스 등 주요 프로세스를 하위프로세스, 활동, 과업별로 세분하여 데이터, 서식, 문서를 표준화하고 프로세스 맵을 작성하여 그 결과를 인터넷에 올려놓았다.

MIT대학 조정과학센터 자료(http://ccs.mit.edu/ophi/index.htm) 및 경영과학지에 발표된 말론(T.W. Malone) 등의 논문을 보면 프로세스 핸드북 사업의 요점은 대략 다음과 같다.

① 프로세스의 표현과 코드화를 지원하는 소프트웨어, 도구, 방법 개발에 초점을 두고 다양한 사례를 수집・분석함으로써 핸드북을 제작한다.

② 하위 프로세스에 의한 세분화 및 전문영역별 세분화의 2차원으로 분류한다.
(예) '판매'-하위프로세스: 고객식별, 광고, 주문접수, 등
전문영역: 우편판매, 상점판매, 온라인 판매, 등

③ 조정의 유형을 프로세스 맵에 구체적으로 포함시킨다.
활동간 의존성을 프로우, 공유, 짜맞추기의 3유형으로 구분하고 각 유형에 적절한 조정 메커니즘을 택하여 프로세스를 설계한다.

④ 핸드북의 기능: 핸드북은 각종 프로세스들의 표준(최선관행)을 체계적으로 분류, 저장한 데이터베이스이다. 기존의 비즈니스 프로세스를 재설계할 때 또는 IT를 활용하여 새로운 프로세스를 창안하고자 할 때 참고가 된다. 핸드북에서 유사 사례를 찾아 세부화 하거나 수정하여 신 프로세스를 설계할 수 있고, 설계하고자 하는 프로세스의 특징을 먼저 기술한 다음 핸드북에서 가장 가까운 사례와 비교하고 개선할 수도 있다.

조정은 둘 이상의 활동들 간의 의존성 유형에 따라 달라진다. 아래 그림에서 화살표는 활동, 원은 자원을 가리킨다.

▪ 프로우 의존성(flow dependency)

두 활동이 선후관계로 연결되어 한 활동이 다른 활동에서 이용될 자원을 생산하는 경우이다. 거의 모든 프로세스에서 나타나는 가장 흔한 유형이다. 프로우차트 등 기존의 매핑 기법에서는 이러한 유형만이 고려된다.

▪ 공유 의존성(share dependency)

하나의 자원(사람, 시설, 예산)을 여러 활동이 함께 사용하는 경우이다. 관리활동에서 자주 나타나는 중요한 유형이다. 프로우차트 방식에서는 이를 흔히 빠트린다.

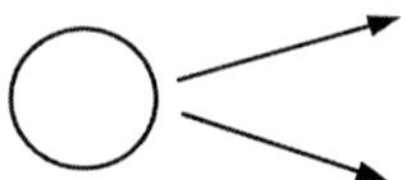

▪ 짜맞추기 의존성(fit dependency)

다수 활동들이 역할을 분담하여 하나의 자원을 생산하는 경우이다(예: 자동차 각 부분을 여러 명의 엔지니어가 분담하여 설계).

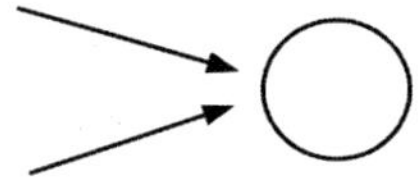

1개 조직이 모든 사업활동을 자체적으로 완결할 수 있다면 경영자의 조정만으로 모든 조정문제가 쉽게 해결될 것이다. 그러나 2개 이상의 조직이 사업에 참가하는 공동개발, 협력, 협업 등의 사례가 많아졌다. 이런 경우는 별도의 조정 메커니즘이 꼭 필요하고 따라서 프로세스 맵 안에 조정 요소를 적절히 포함시켜야 한다.

조정 메커니즘의 대표적 유형은 ① 기술규격에 의한 조정, ② 규범, 문화, 프로토콜에 의한 조정, ③ 프로세스 표준에 의한 조정, 세 가지이다. 프로우 의존성이나 짜맞추기 의존성에 해당하는 공동작업에서는 주로 기술규격을 이용하고 공유 의존성의 상황에서는 규범, 문화, 프로토콜이 이용된다.

그러나 기술규격은 엄밀한 반면에 중간 프로세스를 명시하기 어려우며 규범, 문화 등은 너무 "소프트하다."는 문제가 있다. 따라서 점차 프로세스 표준(ISO 9000, TL 9000, AS 9100 등)을 통한 조정으로 보완하는 추세이다.

제4장 부록: 프로세스 엔터프라이즈

(출처) Michael Hammer & Steven Stanton, "How Process Enterprises Really Work?", *Harvard Business Review*, November-December 1999, pp.108-118.

몰지각한 다운사이징을 보고 '리엔지니어링'이라 부르는 사람들도 있다. 그러나 리엔지니어링은 그런 것이 아니다.

사실 리엔지니어링은 (1) 운영의 신속성 및 능률 향상, (2) 보다 생산적인 IT 활용, (3) 자율성 및 업무에 대한 시야확대를 통한 종업원 직무의 개선, (4) 고객에 대한 고품질 제품 및 반응적 서비스 제공, (5) 투자자에 대한 공헌 (원가절감, 수익성 증대, 주가상승) 등의 장점을 보여주었다. 무엇보다 중요한 장점은 비즈니스 리더들의 관점을 변화시켰다는 점이다.

요즘 경영자들은 조직 경계선이나 부서 경계선을 과거처럼 그렇게 엄격히 따지지 않는다. 조직이란 고객접점까지 이르는 중간의 모든 업무흐름 및 정보흐름들의 네트워크일 뿐이다. 리엔지니어링은 경영자가 본래 목적(투자자에게 이익을, 고객에게 가치를)에 충실할 수 있도록 도와준다. 그러나 이러한 교과서적 이야기가 기업 현장에서 과연 통할 수 있을까?

대부분의 기업들은 강력한 수직적 권한체계에 의해 가동되고 있다. 그러나 모두 다 그런 것은 아니다. 최근에는 프로세스 리디자인을 통해 '프로세스 경영'으로 진입한 회사가 많이 생겼다.

그들은 유능한 고위급 경영자를 프로세스 오너로 임명하고 업무, 예산 등 실질적 권한을 대폭 위임한다. 성과지표를 부서별 성과에서 프로세스별 성과로 바꾸고 프로세스 성과에 따라 보상하며, 협소한 과업 단위가 아니라 프로세스 전체의 관점에서 직원을 배치, 훈련시킨다. 물론 이에 따른 문화적 변화(팀워크, 고객지향)도 이루어진다. 진정한 프로세스 엔터프라이즈(Process Enterprise, PE)들이 출현하고 있는 것이다.

프로세스 엔터프라이즈(PE) 사례

텍사스인스트루먼트의 캘큐레이터 사업부는 90년대 초까지 매우 능률적인 PE 조직이었으나 제품개발 사이클이 길기 때문에 차츰 재빠른 경쟁자들에게 시장을 잠식당했다. 경영진은 제품개발 프로세스를 재설계하기로 하였다. 엔지니어링, 마케팅, 기타 부서들이 한 장소에 모여 아이디어 단계부터 출시까지 팀을 통해 협조하기로 했다.

그러나 기존 부서들의 비협조로 팀은 돌아가지 않았다. 광고부서는 광고안 작성을 자기들이 해야 한다고 고집했으며, 인사부서는 훈련 프로그램의 실시권한을 양보하지 않았으며, 대부분의 부서들이 인력 차출, 공간 협조, 책임 이양에 반대했다.

프로세스 설계의 문제가 아니라 결국은 파워 문제였던 것이다. 그들은 조직부터 고쳐야 한다는 것을 알았다. 직원훈련, 예산, 사무실 공간 등을 프로세스 관점에서 총괄하는 프로세스 오너를 임명했다. 공식/비공식 대화, 서신, 프레젠테이션 회의 등을 거쳐 설득하였다. 결과적으로 개발기간 50% 단축, 손익분기점 80% 수준으로 조정, ROI 4배, 마켓 리더 지위를 재탈환하는 성과를 거두었다.

오웬스코닝에서 1997년에 있었던 일이다. 모처럼 설치해놓은 ERP(Enterprise Resource Planning) 시스템이 거의 돌아가지 못하고 있음을 발견했다. 통합적 프로세스라는 개념이 없다면 ERP는 무용지물이 된다.

각 부서와 지역 책임자들은 ERP의 실패를 선언하고 과거 방식으로 돌아가자고 주장했다. 그러나 최고경영자는 전사적 교차기능(CF) 프로세스 팀을 만들고 프로세스 오너를 임명하는 등 오히려 몰아붙였다. 그 결과, ERP 실행에 성공하고 재고순환 50% 증가, 일반관리비 20% 축소, 물류분야 수백만 달러의 절감효과를 얻게 되었다.

전통적인 직능부서조직은 통합적 프로세스에 대해 '파워 위협'으로 간주하고 적대적 반응을 보이는 경향이 있다. 따라서 조직구조, 경영구조 등 펀더멘탈을 바꿔야 한다. 그렇다고 해서 수직적 기능과 권한까지 몽땅 없애라는 말은 아니다. 수평적 경영구조와 수직적 경영구조는 공존할 수 있다.

그것은 단순한 평화공존이 아니라 파트너십을 의미한다. 새로운 세력균형(balance of power)에 대한 지혜로운 대처가 요구된다는 이야기이다.

프로세스 오너의 역할

프로세스 오너의 존재는 전통적 조직과 PE 조직 간의 가장 가시적인 차이점이다. 프로세스 오너는 해당 프로세스의 시작-종료 전체를 책임지는 고위경영자로서, 프로세스의 설계, 성과측정, 직원 훈련 등에 대해 실질적인 책임과 권한을 행사해야 한다. 한시적으로 일하는 프로젝트 관리자와는 달리, 프로세스 오너는 영속적 역할을 수행한다. 첫째, 모든 프로세스는 기업환경 변화에 따라 계속적으로 진화해야 하고 둘째, 프로세스 오너가 사라지는 순간 조직은 과거 체제로 신속히 회귀하는 습성이 있기 때문이다.

프로세스 오너의 출현으로 사람의 관리와 업무 관리가 분리되는데 이는 매우 드라마틱한 조직적 변화를 의미한다. 관리자들은 업무와 사람을 함께 관리하고 싶어하므로 이러한 권한 분리는 관리자들에게 별로 환영을 받지 못한다. PE 개념의 진정한 파이오니어라고 볼 수 있는 듀크파워(듀크에너지사의 전력부문)의 사례를 살펴 보자.

듀크파워는 남북 캐롤라이나 200만 고객에게 전력공급을 하고 있는데, 1995년 규제 완화와 경쟁체제 도입으로 새로운 고객서비스 방식이 긴요하다는 점을 인식하였다. 그러나 4개 지역의 이익센터(지사)를 책임진 부사장급 지사장들은 지역내 과중한 일상업무 때문에 지역간 협력, 고객가치 증진 등 개혁업무에 신경을 쓸 겨를이 없었다.

본사의 고객운영부에서는 이 문제를 해결하기 위해, 시장전략 개발, 고객획득/유지, 신뢰성 총괄, 제품/서비스 공급, 회계/수금의 5개 핵심 프로세스로 나누어 각각 프로세스 오너를 임명하였다. 본사는 이와 같은 5인의 프로세스 오너들과 기존의 4개 지역 지사장들에게 보고를 요구했다.

인력관리를 책임진 지사장들과 서비스 업무를 책임진 프로세스 오너들 간에 파트너십이 필요하게 된 것이다. 프로세스 오너들은 고객중심 철학과 전사적 시각에서 프로세스 재설계를 시도했다.

제품/서비스 공급 프로세스의 경우, 오너의 책임을 맡은 매닝(R. Manning)은 10인 규모의 자체 직원을 이끌고 각 지사, 공급업자들과 협력하여 창고시설에 대한 개혁작업을 단행하였다.

예를 들면 과거에는 배송기사들이 소요자재 수령을 위해 창고에서 70분쯤 대기했는데 새 방법에 의하면 전날 밤에 미리 신청하여 소요자재를 찾아놓게 하고 다음날 아침 트럭을 몰고와 10분 내로 자재를 싣고 작업지점으로 출발할 수 있게 되었다. 따라서 1일 작업시간도 많아지고 대기시간도 크게 단축되었다.

매닝은 건축업자들과의 업무협조 방식도 뜯어고쳤다. 전에는 건축업자 요구시간에 맞춰 전기가설을 해준 적기공사 비율이 30~50% 정도였다. 듀크파워 측은 배선공 등 현장 인력부족 때문이라고 변명하곤 했었다.

매닝은 현장인력의 배치상황, 가용인력, 작업요구 등 세부적 정보를 입력하여 일정을 최적화하는 새로운 일정계획 시스템을 구축하는 한편 건축업자들의 작업요구시기를 그대로 접수하는 것이 아니라 사전 조정하는 방식으로 변경하였다. 그 대신 한번 결정한 일정은 정확히 맞춰준다는 것이다. 이렇게 방법을 바꾸자 적기공사 비율이 98%까지 올라갔다.

새로운 경영 스타일

PE가 되기 위해서는 사람을 바꾸고 책임범위를 조정해주는 것만으로는 안 된다. 구조에 못지 않게 스타일도 중요하다. 전통적 조직에 비해 권한 라인이 산만해지는 점도 있으나 그러한 변화 속에서 관리자들은 수평적 수직적으로 더 많은 상호작용을 해야 한다. "시키는 대로 하라"는 식의 명령은 곤란하다.

매닝은 오너의 3대 숙련을 "influence, influence, influence"라고 말했다. 각 부서장은 프로세스의 설계가 건전하고 프로세스 목표가 논리적이고 자원할당이 공정한가에 대해 프로세스 오너와 협의해야 한다. 권한을 분리했다면 보다 긴밀한 협력은 불가피한 필수요소가 된다.

듀크파워의 관리자들도 이러한 협업(collaboration) 스타일에 익숙하지 못했다. 처음에는 프로세스 오너와 지사장 간에 적대적 라이벌 의식이 있었다. 그러나 '의사결정권 행렬'이란 명칭의 문서를 모두가 참가한 회의에서 개발하자 갈등이 사라졌다. 프로세스 설계의 변경권, 인력 채용권, 예산작성권, 등 주요 의사결정에 대한 권한이 누구에게 있고 또 누구와 협의해야 하는가에 대한 세부사항이 명시되었다. 이 행렬은 경영팀의 팀워크를 위한 로드맵이 되었다. 지금은 이러한 행렬의 내용을 모두 숙지하기 때문에 행렬을 들여다보는 관리자가 거의 없다.

현장에서의 상호작용도 중요하다. 과거 감독자의 일은 대부분 팀으로 이전된다. 감독자들은 프로세스 수행방법, 숙련, 직원들의 발전수준, 기타 요청사항에 대한 지원 등 코취같은 역할을 수행하게 된다. 듀크파워에서는 과거의 직장(foreman) 신분을 없애고 프로세스 코디네이터(coordinator)로 교체하였다. 코디네이터는 사람을 통제하지 않고 코취한다. 과거에는 10명당 1인의 감독직이 필요했으나 지금은 1인의 코디네이터가 30~40명을 지원한다(70명으로 하는 회사도 있다).

지사장들은 업무관련 책임을 프로세스 오너에게 맡기고 종업원 훈련과 능력개발에 치중하게 된다. 듀크파워의 경영자들은 이러한 자신들의 일을 "슈퍼 코취"라 부른다. 반면에 프로세스 오너들은 현장 근무자들을 대할 때 코취가 아니라 전도자(evangelist) 역할을 한다. "전도자"는 매닝이 붙인 명칭인데, 고객 이해를 대변하는 사명을 강조한 용어이다.

이 사명을 수행하는 길은 오로지 고객의 소리 경청, 니즈 변화 인지, 성과지표 수정, 프로세스 설계의 계속적 개선에 있다는 확신을 사람들에게 심어주어야 한다는 뜻이다. 전통적 스타일은 PE 상황에서 더 이상 설 자리가 없다. 관리자들은 명령/통제할 수 없게 되었다. 협의/협업을 해야 한다. 권한 자랑보다 영향력을 발휘해야 한다.

프로세스의 표준화 문제

과거에는 중앙집권제와 분권제의 선택이 조직구조 문제의 핵심과제였다. 그러나 PE 상황에서는 프로세스의 표준화와 다양화 문제가 핵심이 된다. 어느 한 쪽이 항상 옳다고 볼 수는 없다.

IBM, 듀크파워, 프로그레시브 보험사는 표준화를 택했다. 오웬스코닝은 모든 부서에 표준 주문처리 프로세스와 양식을 적용함으로써 고객 편의를 도모하고 물류비를 크게 절감했다. 표준화란 프로세스별로 1인의 오너를 임명함으로써 해당 프로세스에 대해서는 그 오너의 설계방식을 전사적으로 적용하는 것이다.

표준화의 장점은 ① 적은 수의 오너와 참모진, 단일한 문서/훈련자료, 단일한 정보시스템으로 간접비를 절약할 수 있고, ② 자재공급자, 고객에게 표준적 단일절차를 통보하여 대외적 영향력을 강화하고 다품목 총괄구매 등으로 거래비용을 절약하며, ③ 프로세스 표준화로 프로세스의 유연성이 증대된다는 점이다. 전사적으로 동일한 설계의 프로세스를 적용하면 인력 재배치 등 수요변화에 대응하기 쉬운 탄력적 구조가 된다.

그러나 아메리칸스탠다드는 동일한 프로세스에 대해 사업별로 다른 오너를 임명했다. 다양화의 장점은 고객에 따라 서비스 방법을 달리할 수 있다는 것이다. 텍사스 인스트루먼트는 주문처리 프로세스의 설계와 관리 방식을 각 사업단위 재량에 맡기고 있다. 카메라나 휴대폰에 장착할 칩을 주문하는 고객회사들은 제품설계 변경에 대한 빠른 대응을 중요시하는 반면에 소매업자들은 표준품의 신속한 공급을 요구한다. 단일절차로 두 그룹의 주문에 대응한다면 양쪽 모두 불만족하게 될 것이다.

일부의 프로세스들만 표준화하고 나머지는 다양화하는 기업도 있다. 휴렛패카드는 구매 프로세스를 표준화하여 공급업체에 대한 영향력을 극대화하는 반면에 제품개발 프로세스는 제품별 대상고객별로 달리한다. 존슨앤존슨은 R&D 프로세스는 표준화하고 판매 및 생산 프로세스는 제품별로 다양화한다.

일단 표준화를 원칙으로 하되 다양한 고객 니즈에 맞출 수 있는지를 점검해야 한다. 현장 부서장들은 흔히 "우리는 다르다."는 말로 다양화를 요구한다. 그러나 다양성을 빙자한 기득권 수호는 곤란한 일이다. 실제로 진정한 다양성이 요구되고 있는가를 잘 분별해야 한다.

변화 프로그램 및 전망

PE로의 전환을 위해서는 조직수정 이상의 노력이 필요하다. 그것은 새 유형의 관심과 조직몰입을 뜻한다. 대부분의 기업들이 변화 프로그램들의 산더미 속에서 허우적대고 있다. 오도된 노력은 자원낭비, 혼란, 시니키즘 등 매우 해롭다. 전략적 방향과 연계하여 생각하고 최고경영자의 치밀한 검토가 선행되어야 한다.

아메리칸스탠다드는 사이클타임과 재고축소를 통한 운전자본 절약에 초점을 두었고, 오웬스코닝은 ERP 실행과 연계하여 PE를 추진했다. 듀크파워는 환경변화(규제완화 등), IBM은 글로벌화를 PE 추진의 계기로 삼았다. 전자상거래, M&A, 공급사슬 가입 등을 PE와 연계하여 추진한 회사들도 있다.

존경받는 유능한 관리자 중에서 프로세스 오너를 발탁하는 일은 매우 중요하다. 최고의 인재를 배치함으로써 프로세스 관리가 얼마나 중요한가 대내외에 과시할 수 있다. 너무 서둘러 시작하기 때문에 실패한 경우도 많다. PE의 인프라는 점진적 확대가 바람직하다. 측정시스템, 보상시스템, 시설, 훈련/인력개발, 경력관리 등은 이러한 인프라의 기본요소가 된다.

PE는 그만한 가치가 있는 것일까? PE를 단순한 품질개선 프로그램 또는 원가절감 프로그램으로 치부하는 것은 잘못이다. PE는 새 기회로 향하는 플랫폼이 된다. 전자상거래 체제로 전환하는 경우, 신속하고 흠 없는 프로세스의 이점은 대단하다. 주문을 놓친다면 고객들은 다시 기회를 주지 않는다. 결함이 있는 웹사이트 위에 광고를 삽입하면 결함을 돋보이게 할 뿐이다.

완벽하게 신뢰할 수 있도록 설계하지 못한 B2B 사이트에 들어와 거래를 하자고 청하는 잠재 파트너는 없을 것이다. 시장여건이 바뀌거나 신기술이 등장했다면 운영 프로세스를 신속히 수정하지 않으면 안 된다. 그렇게 하지 못하면 다른 경쟁자가 재빨리 그 자리를 차지할 것이다. PE는 계속 변화하는 세계에서 우리가 택해야 할 유일한 조직 대안이다.

혁신을 위한 품질 도구

품질방법론(quality approach)은 경영혁신을 위해 꼭 필요한 지식체계이다. 2장에서 다룬 관리도는 역사 깊은 고전에 속한다. 품질방법론의 개념, 절차, 도구는 독특하고 심오한 것이기 때문에 주의 깊게 연구할 필요가 있다. 따라서 각 도구에 대한 설명도 그러한 도구가 나오게 된 배경과 용도, 의미 중심으로 해설한다.

5.1 품질이란

품질의 品은 등급 품, 평판할 품, 가지 품, 벼슬차례 품 등의 뜻이 있다. 이는 물건이나 사람의 등급을 나타내며 '격(格)' 또는 '위(位)'와 동일한 말이다. 따라서 품격(品格)이나 품위(品位)는 "역전 앞"처럼 같은 말을 두 번 하는 단어로서 단지 등급만을 나타낸다.

품질의 質은 바탕 질, 이룰 질, 질박할 질, 믿을 질 등의 뜻을 갖는다. 앞의 품과 함께 사용하여 품질(品質)이라고 하면, 이는 '등급과 그 바탕', '평판과 실제내용' 등 매우 의미 있는 단어가 된다.

이와 같은 한자의 뜻을 놓고 볼 때, "품질이란 단어는 물건에만 적용된다."라고 고집할 이유가 없다. 서비스의 품질, 사람의 품질, 시스템의 품질, 조직의 품질, 교육의 품질... 모두가 바람직한 표현이므로 가급적 품질이란 단어를 쓰도록 해야 한다. 영어권에서는 훌륭한 식사를 "quality meal", 훌륭한 교수를 "quality professor"라고 한다. 그렇다면 "quality management"는 탁월한 경영 또는 훌륭한 경영자라는 뜻도 될 것이다.

품질은 질을 중요시하지만 양을 빼고 질만 따지는 법은 없다. 질적(qualitative)이란 단어는 양적(quantitative)이란 단어에 대응되는 말이다. 품질(quality)은 양과 질을 모두 포함한다. 따라서 '질'과 '품질'은 동일한 단어가 아니다. "교육의

질"이나 "서비스의 품격" 등으로 부르는 것은 품질의 개념이나 품질방법론과는 거리가 있는 표현법이다. 품질의 현대적 정의는 다음과 같다.

① 표준(또는 규격)에 일치하는 정도

② 용도 적합성(Fitness for Use)

③ 탁월성 정도(Degree of Excellence)

표준(규격)이 명확하게 정해져 있고 생산자나 구매자가 모두 표준을 잘 알고 있다면 첫째 정의가 무난할 것이다. 그러나 경쟁이 심하거나 표준 자체가 불분명하다면 둘째 정의까지 적용할 필요가 있다. 용도 적합성의 '용도(use)'는 고객의 요구사항, 명시적 기대, 암시적 기대를 모두 포함한다.

고객이 요구사항을 사전에 명확하게 알려주었다면 그것을 정확히 맞춰줌으로써 품질이 우수하다는 평을 들을 수 있다(다시 강조하지만, 고객들은 양적기준과 질적 기준을 구분하여 말하지 않는다. 질만 강조하는 것은 잘못이다.). 그러나 경쟁이 심하거나 자신의 기대를 분명하게 제시하기 어려운 상황이라면(교육 서비스의 수요자들은 대개 그렇다), 명시적 기대만 가지고 품질을 논할 수는 없을 것이다.

또한 명시적 기대를 만족시키는 일은 대부분의 경쟁자가 다 잘할 것이므로 결국 암시적 기대 쪽에서 승부가 갈라지게 된다. 고객들의 요구에 귀를 기울여 경청하되 고객들이 말하지 않은 암시적 부분까지 간파하는 것이 승부의 요체가 된다. 그래서 경영자는 의미구성(meaning making) 게임을 잘해야 한다.

사례 미국 플로리다 올랜도의 유니버설 스튜디오는 트리케라톱스 공룡 3마리를 제작해 달라고 MD로보틱스사에 주문했다. 트리케라톱스는 영화 쥬라기공원에 등장하는 귀여운(?) 공룡인데 영화팬들, 특히 10대 청소년들을 즐겁게 해주기 위해 실제와 똑같게 만들어달라고 하였다. 공룡에게서 기계소리가 나면 안 되고 동작은 원활해야 하며 눈동자, 콧김, 피부도 진짜 동물같아야 한다는 등 고객 요구사항이 매우 까다롭게 명시되어 있었다.

주문을 받은 MD로보틱스사는 미시간대학 글렌 마줄(G. Mazur) 교수를 개발팀에 초청했고 함께 준비작업에 들어갔다. 그들은 토론토 동물원에 가서 관람객들의 행동을 자세히 살펴보았다. 매우 중요한 사실이 발견되었다. 관람객들은 동물을 향해 감정이입을 하는 것이었다. 동물에게서 감정표현이 나오기를 기대하고 자신이 찾는 감정상태와 유사한 표정이 발견되면 매우 흡족해 하는 것이었다. 개발팀은 트리케라톱스의 감정목록표를 작성하였다.

"졸립다, 부끄럽다, 지루하다, 놀랐다, 놀아줘, 행복하다, 호기심, 공격, 방어, 걱정근심" 등의 항목을 열거하고 어떻게 하면 이런 표정과 동작을 할 수 있는지 어떤 부위가 어떻게 움직여야 하는지 연구했다.

그리고 각 감정상태의 효과, 경제성, 기술적 가능성을 검토하고 집중적으로 실현시킬 감정상태를 선별한 다음 공학적 설계로 들어갔다. 선별과정에서는 품질기능전개(Quality Function Deployment, QFD)라는 품질도구가 사용되었다. 결과는 매우 성공적이었다.

경제적으로 선별하여 고객의 기쁨을 극대화시킨 사례이다. 주문을 한 유니버설측은 사실 감정상태까지 구사하는 공룡을 만들어달라고 요구사항에 명시하지는 않았었다. 그렇지만 암시적 기대까지 찾아내어 만족시켰던 것이다.

세 번째 정의방법 즉, "품질은 탁월성의 정도"라고 정의하는 품질 개념은 1980년대 후반에 나타난 가장 현대적인 개념이다. 1987년에 국제표준화기구(ISO)는 품질경영시스템의 요구조건을 ISO 9000 규격으로 발표했으며 같은 해에 미국은 맬콤 볼드리지 국가품질상 제도를 제정하여 세상을 놀라게 했다. 이들의 공통점

은 품질의 개념을 한 차원 높였다는 점이다.

ISO는 '상품의 품질'에 국한하지 않고 상품을 공급하는 '시스템의 품질'로 차원을 높였다. 맬콤 볼드리지 국가품질상의 성과탁월성 모델은 리더십, 경영전략, 시장지식, 인적자원, 프로세스, 정보를 포함하는 훨씬 더 확장된 개념을 제시한 혁명적인 모델이었다. 그러므로 총체적 품질(total quality, TQ)이라는 새 용어가 등장하게 된다. 한 마디로, TQ는 탁월성(excellence)과 동일한 말이다.

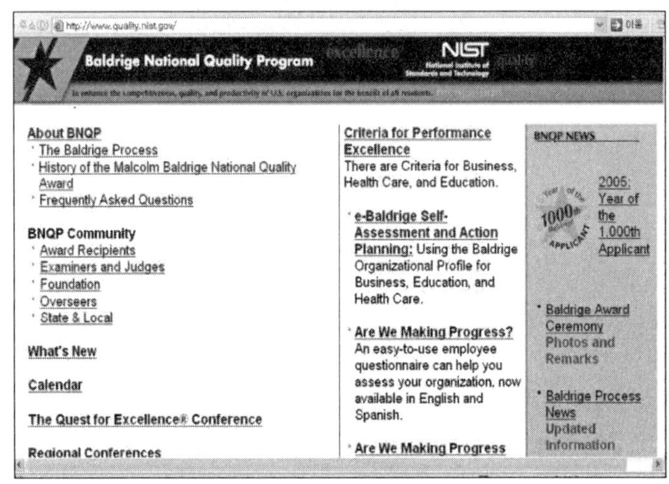

그림 5-1 볼드리지 국가품질상 사이트 http://www.quality.nist.gov

미국은 NBC TV 다큐멘터리 "If Japan can, why can't we?"(1980)의 방영, 미국 자동차 회사들의 데밍 초청 및 전국적인 강연회(1981), 톰 피터스와 로버트 워터맨이 맥킨제이컨설팅사 지원으로 연구한 탁월성탐구(In Search of Excellence)의 출판(1982) 등 1980년대의 남다른 노력을 집결하여 품질경영(TQM) 체계를 재정립하였다. 피터스와 워터맨은 미국의 탁월한 기업 43개 등 약 60개 기업의 공통점을 심층분석하여 "실험, 혁신, 고객, 참여, 탁월성"이라는 5대 키워드를 제시했다.

뒤이어 맬콤 볼드리지 국가품질상 모델은 약 500개 기업 900개 사례를 분석하여 보다 과학적이고 완벽한 탁월성 조건을 확정하고 이를 품질상 평가기준에 넣어 채점할 수 있도록 구체화하였다. 이러한 과학적인 배경이 있기 때문에 현재 세계 각국은 맬콤 볼드리지 품질상모델을 참고하여 자기 나라의 국가품질상 모델을 만들고 있다. 바로 이것이 현대 품질접근법의 새로운 교과서가 된 것이다.

 Malcolm Baldrige(1922-1987)

네브라스카주 오마하 출생. 1944년 예일대학 영문과 졸업. 소년시절 목장 인부, 유명한 로데오 선수. 군복무 후 제철공장 주물작업반장, 1960년 제철공장 인수, 1962년 Scovill Corp. 부사장, CEO. 공화당 지역경제인 후원회장. 레이건 후보 자금담당. 레이건 취임 후 상무장관 발탁. 정부 능률개선에서 수완 발휘(예산 30% 절감, 행정인력 25% 감축). 전국적 품질운동 지원. 국가품질상 제도화. 최장수 상무장관(1981-1987). 캘리포니아주에서 로데오 경기중 사고로 사망(1987. 7. 25). 그에 대한 추모의 문구들은 대략 다음과 같다. "the most colorful Secretary of Commerce and one of the most beloved", "Professional Rodeo Man of the Year in 1980", "National Cowboy Hall of Fame in Oklahoma City in 1984". "He is survived by his wife Margaret and his two children."

5.2 품질경영의 본질

품질경영은 "품질을 경영하는 것"이고 또한 "품질 좋은 경영을 하는 것"이다. 앞의 5.1에서 논의한 바와 같이 품질이란 규격일치성, 용도적합성, 탁월성 등 폭넓은 개념을 갖기 때문에 품질을 경영한다든지 품질 좋은 경영을 한다든지 하는 말이 그리 간단한 이야기는 아니다. 품질경영의 본질은 선구자(또는 guru, 힌두어의 큰 스승이란 뜻)들의 가르침에서 쉽게 찾아볼 수 있다.

품질 선구자의 대표격인 주란(Joseph Moses Juran)은 "모든 품질문제의 80% 이상은 관리자 책임의 시스템 문제"라고 지적했으며 품질경영은 품질계획(QP, quality planning), 품질통제(QC, quality control), 품질개선(QI, quality improvement), 세 가지의 3부작(trilogy)으로 구성된다고 하였다. 이 세 가지는 각각 독특한 방법론으로 진행된다. 분위기도 다르다. 계획은 주로 본부 전문가그룹이 담당한다. 통제는 주로 현장에서 이루어진다. 개선은 모두의 몫이다. 그러나 세 가지가 서로 독립적이어서는 안 된다. 하나로 통합되어야 한다. 주란은 1, 2, 3부의 실천방법을 각각 단계별로 설명하고 있다. 각 단계의 요점은 다음과 같다.

제1부: 품질계획

- 고객(내부고객, 외부고객)을 식별하라.
- 고객의 요구사항을 파악하라.
- 고객 요구사항에 대응되는 제품 특성을 개발하라.
- 바라는 제품특징을 만들어낼 수 있는 프로세스를 개발하라.
- 프로세스의 품질 능력을 검증하라.

제2부: 품질통제

- 통제대상이 될 주제와 성과표준을 선정하라.
- 측정방법(측정단위, 절차, 장비, 담당자, 샘플링방법 등)을 정하라.
- 실제 성과를 측정하고 표준과의 차이를 확인, 그 의미를 해석하라.
- 차이가 생기지 않도록 시정 조치하라.

제3부: 품질개선

- 우선적으로 수행할 과제를 선정하고 개선의 필요성을 설명하라.
- 과제 담당조직(또는 프로젝트 팀)을 구성하고 지도체제를 구축하라.
- 문제의 원인을 규명하기 위한 진단과정을 조직적으로 추진하라.
- 관련 데이터의 수집, 분석을 통해 진정한 원인이 무엇인가를 찾아라.
- 가능한 대책들을 제시하고 실제 운영조건에서 테스트하라.
- 개선수준의 효과가 지속되도록 통제하기 위해 통제수단을 강구하라.

마케팅, 엔지니어링, 생산, 구매, 재무 등 기업기능(business function)이 잘 분화된 기업들은 이러한 3부작의 품질경영을 역시 기능별로 분담·추진하는 경향이 있다.

예컨대, 품질계획(QP)은 마케팅 부서와 엔지니어들이 책임지고 품질통제(QC)는 검사부서와 생산라인 근무자들이 책임지는 식이다. 그런데 기존의 기업기능 중에서는 품질개선(QI)을 책임질 부서나 기능이 눈에 뜨이지 않는다. 바로 이 때문에 품질경영이 미완성인 채로 표류하는 경우가 많다. QI는 최고경영자가 직접 챙겨야 할 영역이며 전사적 문화적으로 추진해야 할 최후의 과제이다.

QI는 제외하고 QP와 QC만 챙기는 기업들이 많은데 이러한 수준의 품질경영은 다른 말로 품질보증(quality assurance, QA)이라 부를 수 있다. 국제표준화기구의 ISO 9000은 품질보증과 품질경영을 다음과 같이 정의한다.

- 품질보증(QA)은 모든 품질요구조건을 준수하기 위한 활동들의 집합이다. 품질보증활동은 모든 품질요구조건이 준수되고 있다는 확신(고객측 및 경영자의 확신)을 고취하기 위해 수행된다.
- 품질경영(QM)은 경영자가 자신의 품질방침을 실현하기 위해 기울이는 모든 노력과 활동들을 포함한다. 여기에는 품질계획(QP), 품질통제(QC), 품질보증(QA), 품질개선(QI) 일체가 포함된다.

17세기 프랑스의 루이 14세는 젊은 시절 영주와 귀족의 반란을 겪은 경험이 있어 귀족들을 믿으려 하지 않았다. 왕은 귀족들을 궁정에 매일 저녁 초대하여 파티와 에티켓으로 묶어 두려는 정책을 폈다. 베르사이유 궁에는 평상시에도 1천 명의 영주와 신하들이 모였는데, 당시는 화장실이 부족하여 잔디에 들어가 용변을 보았고, 그것도 귀찮으면 계단 밑에서 '실례'를 했다. 그래서 정원이 짓밟히고 더럽혀지므로 통로를 안내하는 표시판을 세워놓았다. 그 표시판을 '에티켓'이라 불렀다고 한다.

귀족들의 출입증인 티켓(ticket)에서 유래했다는 주장도 있다. 당시 귀족들은 에티켓을 통해 신분 차이를 과시하고 싶어했고, 에티켓은 귀족신분을 나타내는 일종의 꼬리표가 되었다. 지금도 프랑스어 etiquette은 '예의범절'과 '꼬리표'의 두 의미로 쓰인다. 프랑스 혁명과 함께 귀족들은 몰락하고 새로운 부르주아지들이 중심세력이 되면서 에티켓은 영국으로 넘어간다.

신사(gentleman)란 단어는 가문, 재산, 명예를 상징하는 단어로 시작되었고 점차로 그 의미가 도덕적, 교양적 의미로 바뀌게 된다. 19세기 빅토리아 여왕 시대의 영국은 영토를 세계로 넓혀 새롭게 형성된 상류사회계급 사람들이 자신의 세련된 몸가짐과 고상함을 남에게 과시하고자 했다.

에티켓이나 젠틀맨이란 말은 이와 같이 급조된 규범에 억지로 맞추려는 의도, 그리고 상류계층의 외면적 과시욕구에서 나온 것이다(동양의 예법은 내면적 진실성에 더 많은 가치를 둔다. 동양에서는 인간의 기본적 법도를 잘 지키는 사람을 '군자'라 한다.). 신사의 에티켓 중에 이런 내용이 있다.

① 신사는 술을 마셔도 절대로 취하지 않는다.

② 신사는 술에 취해도 절대로 바닥에 눕지 않는다.

③ 신사는 취해서 바닥에 누워도 가문의 마크는 감춘다.

술을 절제할 줄 모르고 예절을 생활화, 체질화하지 못한 사이비 신사들에게나 적합한 규범이다. "절대로 취하지 않는다."고 하면서 어째서 "취해도" 라는 후렴이 붙는가. 이러한 이야기와 품질보증의 원칙을 비교하면 매우 유사한 점을 발견할 수 있다.

① 불량품(결점)을 절대로 생산하지 않는다.

② 불량품이 생산되어도 이를 절대로 고객에게 전달하지 않는다.

③ 고객에게 전달된 상품 중 결점이 있다면 신속히 보상 서비스한다.

비슷한 이야기이다. 문화적으로 생활화, 체질화할 수 있는 수준까지 가야한다. 경영자가 리더십을 발휘하고 직접 챙기는 QI 체제를 확립함으로써 QA 수준(철저한 검사, 품질설계, 표준준수)을 뛰어넘어 QM으로 가야 한다. QM을 하게 되면 끊임 없는 조사와 연구, 조직 전체의 전략적 정렬, 대내외적 네트워킹, 지속적 개선, 리엔지니어링, 프로젝트 경영으로 거듭나게 될 것이다.

5.3 품질개선 과제와 도구

품질경영의 두 가지 기초는 첫째, 방침관리, 리더십, 팀워크, 전원참가로 이루어지는 '조직적 노력'이고, 둘째는 데이터 수집, 분석, 테스트를 포함하는 '과학적 절차와 방법의 적용'이라고 요약할 수 있다. 본 항에서는 후자를 중심으로 간략하게 설명하기로 한다. 모든 경영과 혁신과정을 과학적으로 한다는 것은 쉬운 일이 아니지만 프로세스 혁신의 경우 '과학적 방법'이 무엇인가를 구체적으로 정리해볼 수 있다.

1. PDCA 사이클

일찍이 품질경영의 대가 데밍(W. Edwards Deming)은 "Plan, Do, Check, Act" 즉, PDCA 사이클을 강조한 바 있다. 이것은 원래 슈하트가 만든 것이기 때문에 슈하트 사이클이라고 부르기도 하나, 슈하트는 PDCA 사이클의 의미와 실용성을 널리 알리지 못했다. 데밍은 오래 동안 잠자고 있던 PDCA 사이클을 집어내어 빛나는 도구로 만들었다. PDCA의 내용은 다음과 같다.

① 계획(Plan): 문제 정의, 개선계획, 평가척도 준비, 계획 자료의 수집

② 실행(Do): 계획의 실행(실험적 실행), 평가 자료의 수집

③ 검토(Check): 실행자료 평가, 계획과의 차이 확인(또는 Study)

④ 조치(Act): 차이가 크면 원인규명, 수정(Adjust) 후 다시 1단계로, 차이가 적으면 계속 관찰 또는 표준화, 교육, 전면적 실시

때로는 Check 대신 Study, Act 대신 Adjust를 쓰기도 한다. 여하튼, 위의 4단계를 대강 읽으면 "별로 신통한 내용이 아니구나" 하고 오해하기 쉽다. 그러나 데밍의 설명은 매우 의미심장하다.

첫째, 모든 개선과 혁신에는 반드시 수정과정이 포함되어야 한다는 것이다. PDCA의 D는 실험적 실행이고 C와 A는 실험결과에 대한 평가 및 대응행동이다. '실험정신', 이것이 바로 과학적 방법의 요점이다.

둘째, 모든 개선과 혁신은 1차 시도로 끝나는 것이 아니다. 쉬지 말고 사이클을 돌려야 한다.

이 두 가지 이유를 설명하면서 데밍은 20세기 초 포드자동차의 예를 들었다. 대부분의 경영자들은 '설계-제조-판매'의 3단계가 경영의 기본인 것으로 오해한다. 그래서 포드가 자동차 색을 검정에서 컬러로 바꾸는 데는 20년이 걸렸다. 애초부터 포드가 '설계-제조-판매'의 3단계가 아닌 '설계(P)-제조(D)-판매(C)-서비스(A)-재설계'의 사이클로 인식하고 있었다면 이런 일이 생기지는 않았을 것이다. 사실 '판매'는 그저 많이 팔기만 하면 되는 것이 아니다. 마케팅의 본질은 시장과 고객에 대한 계속적인 "Study"라고 말할 수 있다.

2. 품질개선 문제의 유형

1980년대 후반 미국에서 TQM 붐이 조성될 때 보스턴의 CQM(Center for Quality Management)은 그림 5-2와 같은 모델에 의해 PDCA 사이클을 보다 체계적으로 세분화하였다. 이 모델은 사고(계획, 분석)와 경험(관찰, 측정, 실험)을 번갈아 하는 형태로 이루어지며, W+V 형식이므로 'WV 모델'이라고 부른다.

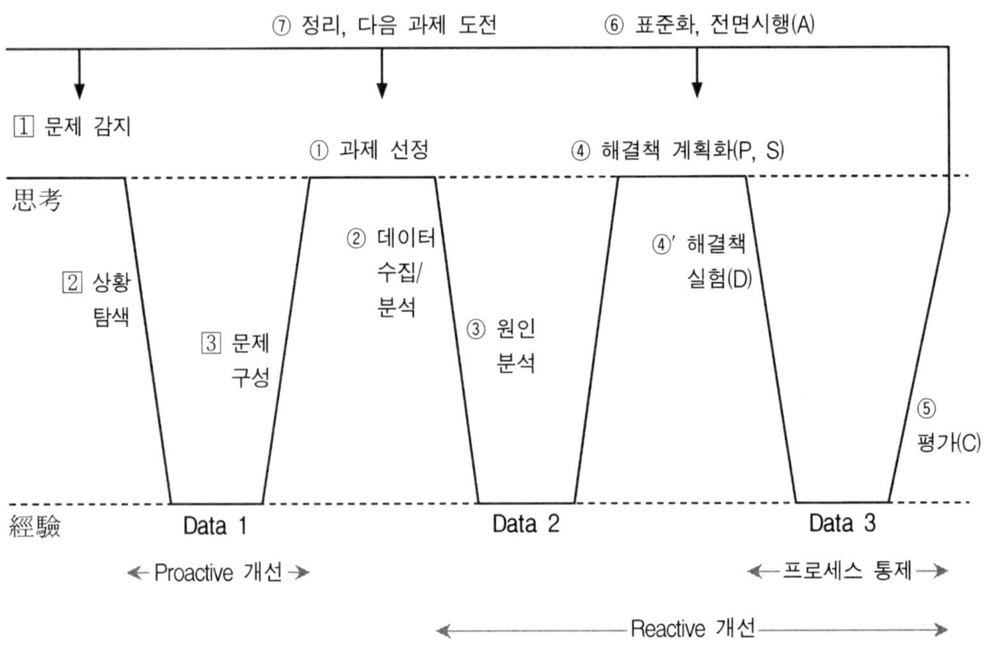

그림 5-2 CQM의 WV Model

그림 5-2는 품질개선 문제의 대표적 유형인 프로세스 통제(process control), 사후적개선(Reactive Improvement), 선행적 개선(Proactive Improvement)의 3부분으로 구성된다. 각각의 요점은 다음과 같다.

(1) 프로세스 통제(process control)

현재의 프로세스가 충분히 효과적이고 좋은 프로세스일 때는 "유지"가 곧 개선활동이다. 통제는 유지를 목표로 하는 중요한 관리기능이다. 통제방식이 나쁘면 프로세스의 안정이 깨지고 품질이 나빠진다.

SDCA (standard-do-check-act) 사이클

프로세스 통제의 경우는 유지가 중요하므로 계획(P) 대신 표준(S)으로부터 시작한다. 즉, 표준설정 → 프로세스 동작(A) → 결과 조사(C) → 결과와 표준 비교 → 차이가 클 때만 프로세스를 조정(Act 또는 Adjust) 한다.

일곱 가지 QC 도구 (7 QC tools)

관리도, 그래프, 히스토그램, 산점도, 파레토도, 특성요인도, 체크시트를 7 가지 도구라고 한다. 일본에서 1960년대 초에 품질서클(분임조) 운동을 주도한 이시카와 가오루는 품질서클을 위한 도구가 필요하다는 생각으로 위의 7개 도구를 선정하여 보급했다. 일본의 옛날 사무라이들이 항상 7가지 도구를 몸에 지니고 다녔기 때문에 이시카와가 이를 본떠 7 가지로 정했다는 설도 있다. 이 이야기의 진위보다 중요한 것은 '항상 지니고 다니는 도구'여야 한다는 점이다. 도구의 사용을 생활화해야 한다.

칼럼 어디든 언제든 지니고 다녀야 할 것이 있다.

다윗왕의 소년시절 이야기이다. 하루는 부모님이 다윗을 불러 전쟁터에 나가 있는 형들에게 도시락을 갖다주라고 했다. 다윗은 심부름 가면서도 막대기와 물매를 몸에 지니고 갔다. 왜 그랬을까? 들판에서 양 치는 일은 생활의 일부분이었기 때문이다. 그래서 그 날도 평소처럼 해낼 수 있었다.

Good to Great란 책을 지은 짐 콜린스는 고슴도치처럼 꾸준하게 해야 위대한 사람, 위대한 기업이 될 수 있다고 말했다. 여우는 꾀 많고 다재다능하지만 자기 꾀에 넘어가 우왕좌왕한다. 고슴도치는 우둔하게 생겼지만 꾸준하다. 우왕좌왕하지 않는다.

사진 찍는 일도 그렇다. 사진촬영 10계명(Lomography.com)을 소개한다.

1. Take your camera wherever you go.(어디든 카메라를 지니고 다녀라.)
2. Use it any time-day and night.(밤이든 낮이든 애니타임.)
3. Camera is a part of your life.(카메라는 생활의 일부분이다.)
4. Approach the objects as close as possible.(최대한 가까이 다가서라.)
5. Don't think.(생각하지 마라.)
6. Be fast.(빠르게 하라.)
7. Try the shot from the hip.(반사적으로 찍어라.)
8. You don't have to know beforehand what you captured on film.

(지난 일을 걱정하지 말자.)

9. Afterwards either.(앞 일도 걱정하지 말자.)

10. Don't worry about any rules.(법대로 안 되면 어쩌나 걱정하지 말자.)

카메라를 들고 자꾸 뒷걸음질 하는 사람은 초보자다. 다윗은 어떻게 했을까? 키가 280cm... 거구의 골리앗이 성큼성큼 다가왔다. 소년 다윗은 물러서지 않고 오히려 골리앗을 향해 달려나갔다. 골리앗을 향해 뛰면서, 주머니에서 돌을 꺼내 물매에 장전했다. 뛰면서 방향을 정하고, 최대한 가까이 가서 던졌다. 물매돌 던지기는 생활의 일부분이었다.

물론 오래 생각하고 궁리해야 할 때도 있다. 그러나 생각을 많이 하면 몸에 힘이 들어간다. 톰 피터스는 이렇게 말했다. "디지털 시대에는 준비-조준-발사가 아니라, 준비-발사-조준으로 순서를 바꿔야 한다. 일단 쏘아올린 다음 조정하는 것이다. 우리를 흥분시키는 프로젝트들은 다 그렇다."

머리와 몸에서 불필요한 힘을 빼고 유연하게 빠르게 움직이자. 프로 사진작가는 수백 장을 찍은 중에서 단지 몇 장만 골라낸다. 아마추어는 모두 인화해서 앨범에 더덕더덕 붙인다. 다윗이라고 해서 항상 백발백중이었겠는가. 던져서 빗나갈 수도 있다. 그렇지만 그의 주머니에는 돌 4개가 남아 있었다. 실수하면 다시 한다.

실험은 필수다. 걱정을 많이 한다고 그만큼 도움이 되는 것은 아니다. 교과서대로 해서 안 되면.... 또 배우면 된다. 지식의 샘은 깊다.

---

(2) 사후적 개선(reactive improvement)

프로세스에 문제가 생겼을 때, 문제를 해결하고 개선책을 찾는 것이다. 도구는 7단계법(7-Step Method), 7가지 QC 도구, 실험계획법 등이 이용된다. 사후적 개선으로 만들어지는 새 표준은 SDCA 사이클로 연결된다. 사후적 개선과 프로세스 통제는 서로 맞물려 지속적 개선의 골격을 이루게 된다. 프로세스 통제에서는 계량적 데이터가 활용되나, 사후적 개선에서는 계량적 데이터와 함께 질적 데이터도 활용된다.

(3) 선행적 개선(proactive improvement)

문제가 발생하기 전에 미리 문제를 예상하여 대응하는 것이다. 문제감지, 상황탐색, 문제구성의 3단계로 진행한다. 선행적 개선은 신제품 개발, 프로세스 운영

초기에 왕성하게 이루어진다. 식스시그마 프로그램을 도입하면 선행적 개선을 포함하는 많은 프로젝트를 발굴하여 수행하게 된다. 선행적 개선은 "처음부터 바르게 하라(Do it right first time)"는 예방정신에 입각한 개선활동이다.

선행적 개선에 쓰이는 데이터는 대개 언어정보 등 질적 데이터이다. 고객의 소리 반영 등 질적 데이터를 다루는 방법은 아직 미흡하다. 품질기능전개(QFD), 7가지 新QC 도구(7 New QC Tools) 등이 있다.

일곱 가지 신 QC 도구

친화도(Affinity Diagram): 문제 탐색 단계에서 최초로 문제를 구조화할 때 쓰인다. 다양한 아이디어와 데이터를 그루핑하여 보여주고 보다 전반적 시각에서 결론을 도출하게 해준다. 친화도형의 시각적 구조를 통해 "what?"에 대한 대답을 얻을 수 있다.

관계도(Relations Diagram): 원인과 결과의 관계를 화살표로 연결하여 네트워크 형식으로 그린 도형이다. 이시카와의 특성요인도로는 표현할 수 없을 만큼 많은 요인들이 복잡하게 얽혀 있을 때 이 방법을 이용한다. 관계도형은 "why?"에 대한 답을 얻기 위한 것이다.

행렬도(Matrix Diagram): 2차원 이상의 문제에서 각 차원간 관계를 행렬로 나타내어 "which?"에 대한 대답을 얻기 위한 것이다.

트리도(Tree Diagram): 목표와 수단의 관계를 조직도 형식으로 그려 "how?"에 대한 답을 얻는다. 목표를 달성하기 위한 여러 수단들을 연결해서 기록하고 또 수단들 각각을 하위 목표로 보아 다시 이를 달성하기 위한 수단들을 연결해가면 조직도 형식의 목표-수단 연쇄를 얻을 수 있다.

PDPC도(Process Decision Program Chart): 출현 가능한 사건(장애물)들에 대한 대응책을 설계할 때 쓰인다. 모든 가능한 사건을 열거하고 그 대책들을 기록하면 된다. 이는 "what if?"에 대한 답을 얻게 해준다.

일정도(Arrow Diagram): 보틀네크나 주공정을 찾아내기 위해 이용하는 PERT 도표와 같은 형태이다. "when?"에 대한 대답을 얻는다.

행렬 데이터 분석(Matrix Data Analysis): 수치 데이터를 행렬로 표시하고 다변량분석법을 통해 패턴을 찾아내는 분석을 말한다.

3. 개선 프로젝트 사례 -7 단계법 적용-

일반적으로 프로젝트 팀은 다양한 배경의 사람들로 구성되기 때문에 회의나 활동에서 의견수렴이 어렵고 문제중심의 생산적 토론이 이루어지지 못하는 경향이 있다. 그러나 팀 회의를 정례화하고 7단계법(seven-step method)을 이용한다면 핵심적 이슈와 프로젝트 결과에 집중하는 팀 운영이 가능하다.

단계 1: 과제 선정 및 정의

문제를 명확히 하고, 개선의 필요성을 설명하고, 관련 데이터의 범위와 측정척도를 정한다.

① 고려되는 모든 과제를 열거하고 우선순위가 높은 과제를 선정한다. 자료수집 용이성, 실천 용이성, 심각성, 소요시간 등을 고려하는 것이 바람직하다. 빈도수를 기준으로 파레토(Pareto) 원칙에 따라 선정할 수도 있다.

② 과제의 핵심을 찾고 내용을 명확하게 표현한다. 현상태와 개선상태의 격차를 지적하거나 고객의 관심사항을 제시하는 등 개선의 필요성을 제시한다.

③ 개선사업의 진척도를 측정할 척도와 관련 데이터를 정한다.

단계 2: 데이터 수집 및 상태 표현

데이터에 의해 현재 상태와 문제점을 제시한다.

① 공정도 등의 방법으로 프로세스의 흐름을 간명하게 표현하고 히스토그램, 런 차트(run chart) 등을 이용하여 현상태 및 데이터의 변동 패턴을 검토한다.

② 각종 데이터를 통해 문제와 관련된 주요변수가 무엇인지 알아낸다.

③ 기타, 과제의 주요 국면에 관한 간단한 스케치, 그림을 그려 본다.

단계 3: 원인 분석

의심스러운 원인들을 모두 체계적으로 열거하되 근본원인을 생각한다. 특성요인도(cause-and-effect diagram)는 원인-결과의 관계를 보여주는 생선 뼈 모양의 도표인데, 생선의 입부분에는 결과(증상), 가시 부분에는 원인을 적어 넣는다. 체계적으로 열거하기 위해 다음과 같은 적절한 분류법을 이용한다.

4 M: Man, Machine, Method, Material

4 P: People, Plant(설비/시설), Policy(방침, 규정), Procedure(절차)

원인을 끝까지 추궁하는 탐구자세가 필요하다. 예를 들면, X→A→B→C→D로 깊이 파고드는 것이다. 즉, 왜 X라는 결점이 생겼을까? →A 때문이다→왜 A라는 원인이 발생했나? →B 때문이다→왜 B라는 원인이 발생했나?→C 때문이다. → … 등으로 추적하여 특성요인도를 그린 다음, 어떤 원인이 주된 원인인지 가려낸다. 때로는 간단한 관찰을 통해서, 때로는 변수값을 통제하고 결과를 관찰함으로써 실제원인을 추적 확인하는 방법이 사용된다.

단계 4: 해결책의 열거, 선택, 실행

팀 회의를 통해 가능한 해결책을 모두 열거→현실성, 가능성, 부작용 검토→선택→실행. 창의적 발상과 행동화 대책(준비물, 실험 책임자, 교육훈련 등)

단계 5: 실행결과 점검

실행 데이터를 수집, 해결책의 효과 확인, 새로운 시행안에서 수정할 부분은 없는가, 예상치 못했던 일, 실행초기의 특수상황 고려, 조정

단계 6: 개선 내용의 표준화

새로운 방안이 정착되도록, 절차, 방법, 시설, 재료, 행동의 표준을 명확히 문서화하여 관련자들에게 전달, 교육훈련에 반영한다.

단계 7: 반성 및 다음번 과제에 도전

개선 프로젝트를 마치면서 교훈 정리, 다음번 과제로 옮겨가는 단계

"지속적 개선"을 위해, 우선순위에 따라 다음 과제를 찾아 도전한다.

사례 대도시 중심가에 업무출장 여행자들을 대상으로 셀프서비스 조식 뷔페를 제공하는 식당이 있다. 식당 경영자는 3개월간 고객들에게 간단한 설문 쪽지를 배부하여 불만사항을 응답하게 했는데, 총 200명이 응답했고 모두 여덟 가지의 불만사항들이 나타났다. 모든 문제를 한꺼번에 다루면 과제가 복잡해지고 해결에 많은 시간이 소요되며 성공 가능성도 낮아질 것이다. 경영자는 불만해소 효과가 큰 문제부터 하나씩 해결하기로 했다.

단계 1: 과제 선정 및 정의

경영자는 불만의 35%를 해소할 수 있는 순위1 문제("좌석이 모자라 고객이 기다리는 문제")를 선정하고 종업원들로 문제해결팀을 구성했다.

고객이 식당에 도착하여 바로 좌석에 들어가지 못하고 입구 로비에서 대기해야 한다는 것이 문제의 핵심이다. 주 고객인 출장여행자들은 바쁜 사람들이라 신속하게 아침 식사를 해결하려 한다. 식사 중에 사업 이야기를 하는 고객도 많다. 따라서 대기시간을 없앤다는 것은 매우 중요한 품질특성이 된다. 이 품질특성은 일정시간 이상을 대기하는 고객의 비율로 측정할 수 있다.

팀에서는 1분 이상을 대기하는 경우만 "대기고객"이라 정의하기로 하고, "대기시간"을 어떻게 측정하며 "대기고객 비율"을 어떻게 계산할 것인가에 대해 신중하게 토론했다.

단계 2: 데이터 수집 및 상태 표현

1분 이상 대기하는 고객의 수를 그 날 고객 총 수로 나누어 대기고객비율(%)을 계산했다. 동반 입장하는 그룹의 크기도 조사했다. 요일별 시간대별 데이터, 대기이유 등, 기본 데이터를 수집했고, 도표를 이용하여 현 상태를 표현했다.

요일별 대기고객비율(%)의 변동을 보여주는 런차트(run chart), 아침시간의 시간대별 대기고객수를 보여주는 히스토그램, 전체적 흐름을 파악하기 위한 내부배치도를 작성했다.

그림 5-3 런차트를 보면, 주말이 한가하며 주초가 붐비는 것을 알 수 있다. 여행자들의 비즈니스가 주초에 많이 이루어지기 때문이다. 고객그룹 크기는 문제에 영향을 주는 변수가 아니라고 판단했다. 왜냐하면 모든 사이즈의 그룹들이 같은 비율로 대기하고 있었기 때문이다.

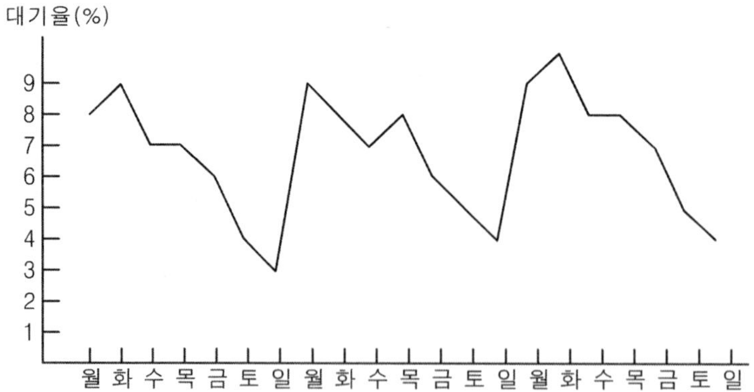

그림 5-3 대기고객비율의 요일별 변동 -개선 전의 런차트

히스토그램의 형태는 예상과 일치했다. 대기이유 자료에서 흥미있는 것을 발견했다. 처음에는 그저 빈 식탁이 없어서 기다리는 것이라 쉽게 생각했으나, 자세히 관찰해보니 다른 이유가 있었다. 손님들이 불편한 좌석을 싫어해서 기다리는 경우가 많다는 점이다. 사용된 식탁을 빨리 치우지 못하는 것, 손님들이 비흡연석을 선호하는 것 등.

단계 3: 원인 분석

손님들이 식사하고 떠난 빈 식탁을 빨리 치우지 못하는 원인을 찾기 위해 팀은 특성요인도를 작성했다(그림 5-4). 생선뼈의 입부분에는 "빈 식탁이 빨리 치워지지 않는다."라고 적어 넣었다. 매우 구체적인 표현이다. 이처럼 구체적으로 증상을 적어 넣어야 원인도 구체적으로 생각해볼 수 있을 것이다.

생선뼈의 가시부분에는 각종 원인들을 적어 넣었는데 편의상 4P에 따라 분류했다. 이 특성요인도와 기타 자료들을 신중히 검토하여 중요한 결론을 얻었다. 즉, 식탁과 주방간의 거리, 특히 비흡연석과 주방과의 거리가 너무 멀다는 것이 주원인!

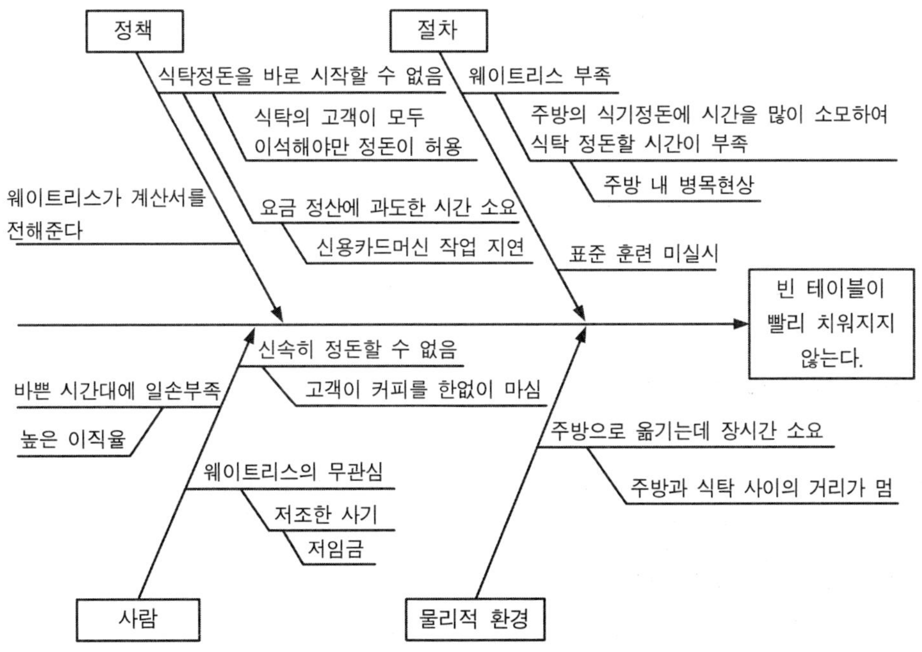

그림 5-4 특성요인도 -빈 테이블이 빨리 치워지지 않는 이유

단계 4: 해결책의 열거, 선택, 실행

30분 일찍 개장하는 방안, 종업원 추가 채용, 레스토랑 전체 흡연금지, 비흡연석

을 주방 가까이 배치하는 방안 등 다양한 아이디어가 제안되었다. 선택된 것은 "비흡연석 근처에 임시전담반을 배치, 비흡연구역 식탁이 비는 순간 재빨리 빈 그릇을 치우도록 하는 방안"이었다. 피크타임(7시~9시)에만 전담반을 운영하기로 하고 2인 1개조로 편성하여 1개월간 시험운영에 들어갔다.

단계 5: 실행결과 점검

성과측정 척도로 대기고객비율(%)을 이용했고 데이터를 1개월간 수집하여 런차트로 정리하니 고무적이었다(그림 5-5). 추가비용 없이 놀랄만한 개선이 이루어진 것이다. 고객들의 짜증스러운 눈초리가 없어져 무엇보다 기분 좋았다. 시험운영 도중에 최초안의 일부를 변경했다. 실제로 시행해보니 7시에는 전담반 없이도 지장이 없었다. 그래서 7시반~9시로 전담반 작업시간을 조정했다.

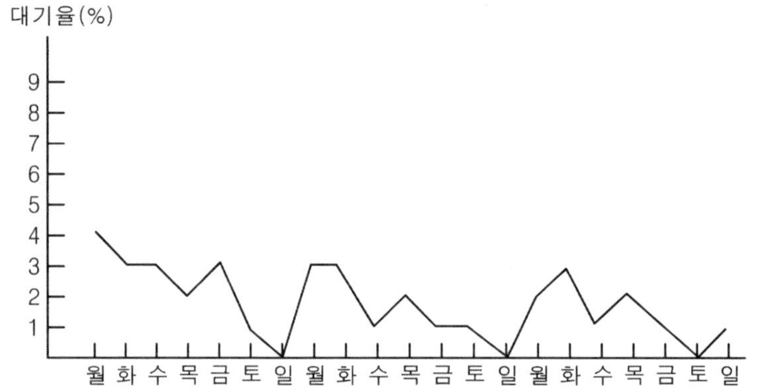

그림 5-5 대기고객비율의 요일별 변동 -개선 후의 런차트

단계 6: 개선 내용의 표준화

식당 경영자는 비흡연석 식탁 치우기 전담반을 계속 운영하기로 결정하고 이를 위해, 전담반의 편성, 교대방법, 근무시간, 행동요령 등을 규정화했으며, 신입 종업원 교육을 위한 교육내용에 이를 포함시켰다.

단계 7: 반성 및 다음번 과제에 도전

이번 과제의 멋진 해결로, 팀에 참가한 종업원은 물론 주방 근무자 등 다른 종업원들까지 사기가 앙양되었다. 팀을 해체하지 않고 계속해서 다음 순위의 문제("뷔페 탁자 배열이 나쁘다.")에 도전하기로 했다.

5.4 품질기능전개(QFD)

QFD(Quality Function Deployment)는 일본의 미쓰비시 고베조선소에서 1972년에 처음 이용되었고, 도요타자동차(1978), 포드자동차(1983), 그리고 GM, 휴렛패카드, AT&T, 디지털이큅먼트 등 많은 회사들이 도입했다. 하우저와 크로싱(Hauser & Clausing, 1988)이 하버드 비즈니스리뷰에 이에 관한 논문을 발표함으로써 QFD는 세계적인 관심을 끌게 되었고 지금은 국가별로 QFD연구소가 있을 정도로 품질경영의 대표적 도구로 자리 잡았다.

하우저와 크로싱은 자동차 도어 설계의 예를 가지고 QFD 응용방법을 구체적으로 소개했으며 QFD의 여러 가지 장점을 들었다. 즉, 제품개발과정에서는 고객요구 반영, 팀워크(엔지니어, 판매, 생산 부서간), 제품개발기간 단축, 비용절감 등의 장점이 있고, 생산단계에서는 설계변경 빈도의 최소화가 무엇보다 큰 장점이라고 한다.

이러한 장점은 널리 알려진 것이지만, 여기에 한 가지를 더 추가해야 한다. 그것은 질적 데이터를 활용할 수 있는 길을 터놓았다는 점이다. 고객의 생생한 소리를 아무리 자세하고 정확하게 듣는다고 해도 이를 반영할 수 있는 절차나 방법이 없다면 아무 소용이 없는 일이기 때문이다. QFD는 바로 그것을 가능하게 해주는 체계적인 방법이다.

'고객의 소리(voice of customer, VOC)'로부터 시작하여 제품설계에 까지 이르는 과정을 요약해본다면 그림 5-6과 같다. 이 그림은 VOC로부터 획득된 질적 데이터를 처리하여 핵심적인 고객요구사항(Customer Requirements, CR)을 찾아내고 이를 설계에 반영하기 위해 QFD를 활용하는 일련의 과정을 요약해서 보여준다.

그림에 기록된 ①~④의 네 가지 항목은 QFD의 4대 구성요소라고 할 수 있다. 이 구성요소들을 적절히 배치하여 그림으로 나타내면 그림 5-7과 같은 특별한 형태가 되는데 이러한 집 모양의 그림을 "품질의 집(House of Quality)"이라고 부른다. 해결할 문제가 복잡한 것이면 QFD의 적용과정도 복잡해지고 품질의 집에 기록해야 할 내용이 많아진다. 앞서 소개한 하우저와 크로싱의 논문에서는 자동차도어 설계의 예를 들었고 많은 교과서들이 같은 예를 인용하고 있으니 참고하기 바란다. 물론 이보다 훨씬 복잡한 예도 많다.

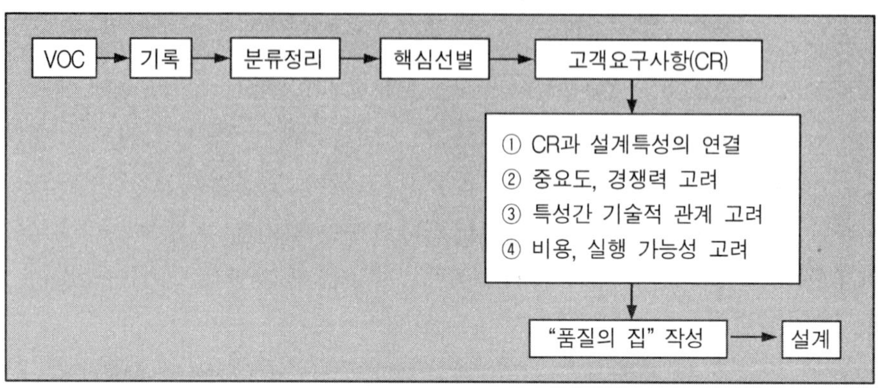

그림 5-6 고객의 소리, 질적 데이터, QFD의 관계

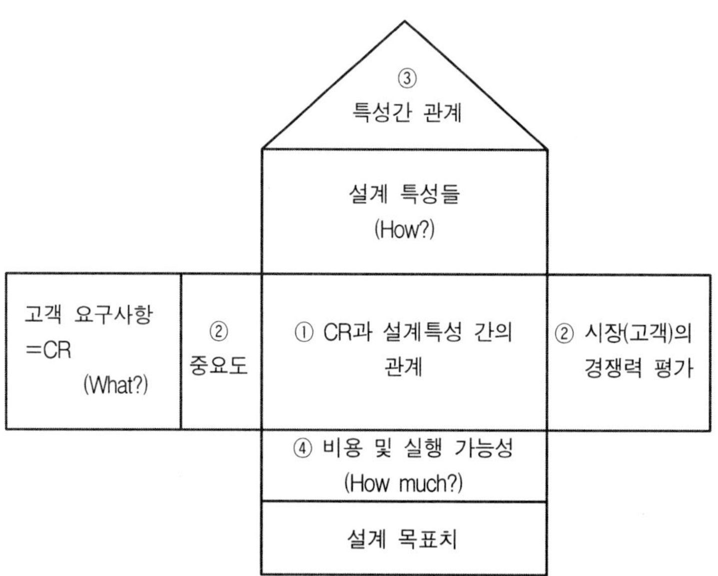

그림 5-7 "품질의 집"의 구성요소

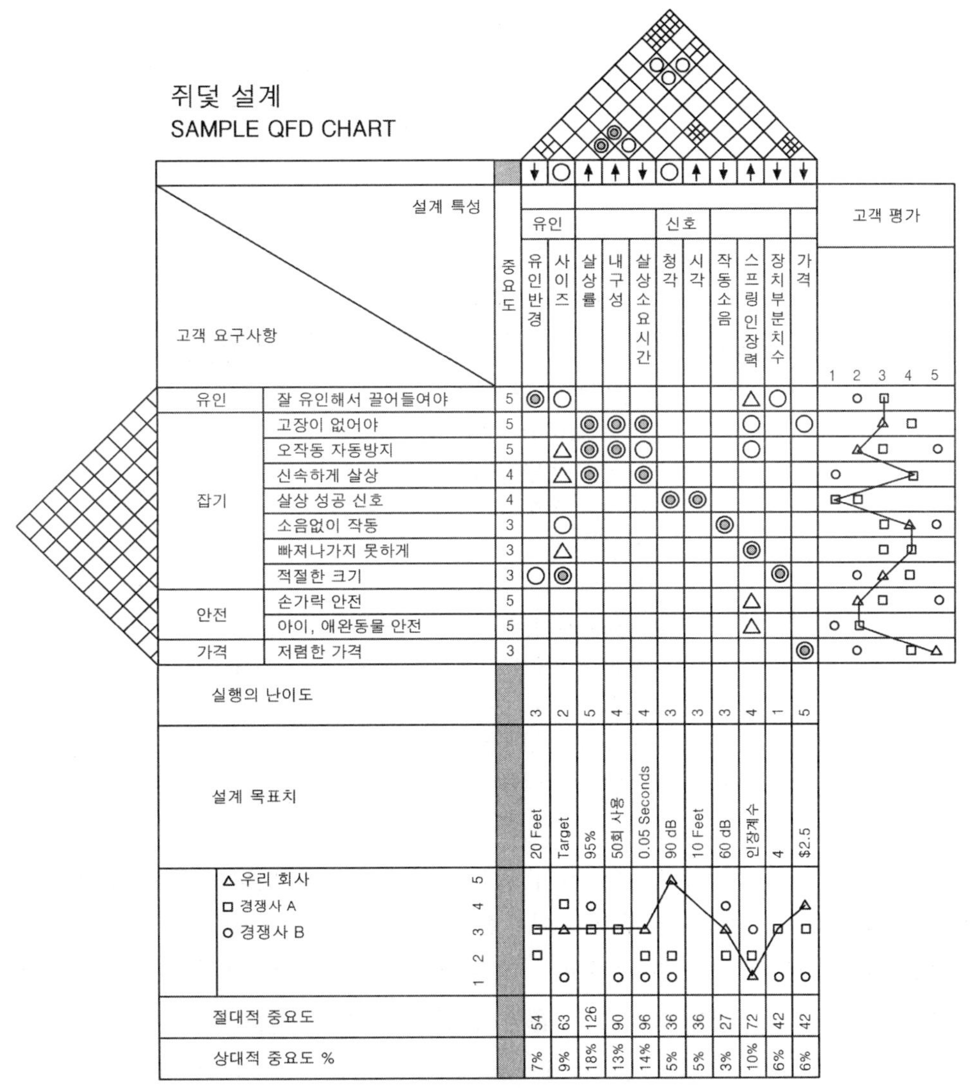

그림 5-8 품질의 집 사례 -쥐덫 설계

출처: http://www.amsup.com/QFD/chart.html

가정용 쥐덫 설계의 예를 가지고 품질의 집에 대한 구체적 내용을 살펴보자. 우선, 고객요구사항(CR)을 얻기 위해 과거에 쥐덫을 사용해본 경험이 있는 가정을 대상으로 면담조사를 하여 고객의 소리(VOC)들을 기록하고 1차 속성 네 가지, 2차 속성 11가지의 CR을 확보했다. 표 5-1과 같이 고객요구사항을 정리해놓은 표를 요구품질전개표라 부른다. 그림 5-7의 ②번 블록은 두 가지가 있는데 중요도 판단치와 경쟁력 평가를 기록하는 난이다. 이 두 가지는 고객조사를 통해 작성된다. 경쟁력 평가는 타회사의 경쟁상품들과 비교하는 것이다. 즉, CR항목별로 표시하되 5점 척도 등 적당한 척도를 사용하고 우리 제품과 경쟁사 제품들의 위치를 표시한다.

표 5-1 QFD의 입력자료 -고객요구사항 및 중요도
쥐덫 설계 사례

1차속성	2차속성	중요도
유인	잘 유인해서 끌어들여야 한다	5
잡기	고장이 없어야 한다	5
	오작동 자동방지장치가 필요하다	5
	신속하게 살상할 수 있어야 한다	4
	살상성공 신호가 필요하다	4
	소음없이 작동해야 한다	3
	빠져나가지 못하게 해야 한다	3
	적절한 크기여야 한다	3
안전	조작중 손가락 안전	5
	아이들과 애완동물의 안전	5
가격	가격이 저렴해야 한다	3

다음은 11개 CR속성을 만족시키기 위해 기술적으로 어떤 특성들이 관계가 깊은지를 평가하는 일이다. 설계 전문가들은 품목에 대한 상당한 지식과 경험을 갖기 때문에 설계특성 목록을 제시하는 일은 별로 문제가 되지 않을 것이다. 본 사례에서는 쥐덫의 기술적 특성으로 유인 반경, 기계장치 부분의 치수, 전체 치수, 살상률, 내구성, 살상 소요시간, 음향, 시각신호, 작동소음, 스프링 인장력, 가격의 11가지가 예시되고 있다. 이러한 설계전문가들이 제시하는 설계특성들과 CR과의 관계를 고려한다.

11개의 CR특성과 11개의 설계특성을 쌍으로 비교하고 각각의 관계를 기록하기 위해서는 모두 11×11=121개의 칸이 필요하다. 그래서 그림 5-7의 ①번 블록에는 11행, 11열의 표가 들어간다. 한편, 삼각형 지붕부분 즉, ③번 블록에는 11개 설계특성들의 상호관계를 쌍으로 비교하고 기록하기 위해 $_{11}C_2 = 55$개의 칸을 넣는다.

그림 5-8은 완성된 품질의 집이다. 한 장의 종이에 많은 정보를 포함시켰기 때

문에 쥐덫 정도의 간단한 품목인데도 그림이 매우 복잡하게 보인다. 사용되는 기호는 편리하게 정의해서 쓰면 된다.

다음 사례는 QFD가 미국에 보급되기 시작한 1980년대 초반의 이야기로서 등장인물(실명)과 함께 실제 상황을 보여준다. 사례출처는 http://www.mazur.net 및 글렌 마줄(Glenn Mazur)의 논문이다.

글렌이 자동차회사 자재부에 근무하면서 미시간대학 MBA과정에서 공부하던 1982년, 프로젝트(US-Japan Automotive Studies Project)를 위한 통역과 번역 일을 대학측이 글렌에게 권했다. 그는 미시간대학 일본어학과 졸업생이었다. 글렌은 졸업 때까지 파트타임으로 그 일을 했고 졸업 후에도 포드자동차회사로부터 번역 일을 부탁 받았다.

당시 포드에는 일본인 후쿠하라 아키라(도요타 자동차 품질전문가)가 와서 QFD를 가르치고 있었다. 후쿠하라는 미국의 자동차 빅3와 주요 공급업체에게 QFD를 계속 가르쳤고 글렌은 후쿠하라의 강의노트 번역을 위해 3년간 매년 수주일씩 일했다. 1987년, 보스턴 지역에 QFD를 보급하기 위해 GOAL의 킹(Bob King)은 QFD 창안자 아카오 요지(赤尾洋二) 박사를 초청했다.

세미나가 시작되기 2주일 전에 킹은 QFD 교육자료의 번역을 글렌에게 부탁했다. 아카오에게서 자료가 팩스로 계속 날아왔다. 트랙터, 건설, 소프트웨어, 각종 산업의 응용사례와 복잡한 도표들이 포함된 12편 시리즈였다. 글렌은 복잡한 많은 자료를 소화할 수 없었으나, 부인 마유미와 일본어를 아는 미국인들의 도움을 받았다.

글렌은 이 때, QFD를 자기 창업에 활용해보자고 착안했다. 밥 킹, 아카오박사, GOAL 교육과정 학생들의 요구 등을 고려하면 사업이 될만한 수요를 감지할 수 있었다. 아카오박사의 강의록 번역판(369쪽)은 미국 최초의 QFD 전문서적으로 명성을 얻었다.

글렌은 번역사업이 적성에 맞는다고 생각했지만 사업적으로 하기에는 언어, 문화장벽 등 어려움이 많을 것이라는 점을 깨달았다. 그래서 '사업성공(목적)'이 무엇을 뜻하는가에 대해 심사숙고했다. 여러 가지 목적의 중요도를 AHP로 산출했다(표 5-2). 다음 단계로, 이러한 조직목적들이 나의 숙련(핵심역량)과 어떻게 연결되는가를 검토했다(표 5-3).

AHP(Analytic Hierarchy Process)는 펜실바니아대학 사티(Thomas Saaty)가

개발한 도구로서 중요도 평가 등 전문가 의견을 종합할 때 쓰인다. AHP에서는 모든 속성을 쌍별로 비교하게 하는데 일반적으로 1 : 1~1 : 9 범위를 적용한다. 표 5-2의 경우, 글렌은 재정자립 대 영역개척의 비중을 2 : 1, 재정자립 대 시간관리의 비중을 7 : 1 등으로 판단하여 표에 기입하였다. 계산은 간단하다. 열별로 합계를 구하여 각 열의 합이 모두 1이 되게 한 다음 행별로 평균값을 구하면 최종적으로 중요도 연비(49.00, 39.25, 4.75, 7.00)를 구할 수 있다. 이러한 사티의 방법은 특히 많은 속성들이 계층구조를 이루는 복잡한 상황에서 효과가 크다.

표 5-2 AHP에 의한 사업목적들의 중요도 평가

	F	E	T	L	계 산				합	중요도
재정자립(F)	1	2	7	7	0.56	0.63	0.37	0.40	1.96	49.00%
영역개척(E)	1/2	1	9	9	0.28	0.31	0.47	0.51	1.57	39.25%
시간관리(T)	1/7	1/9	1	1/2	0.08	0.03	0.05	0.03	0.19	4.75%
지식학습(L)	1/7	1/9	2	1	0.08	0.03	0.11	0.06	0.28	7.00%
계	1.79	3.22	19	17.5	1	1	1	1	4	100%

표 5-3 사업목적 대 역량 매트릭스

핵심 역량	일본어 전공 (학사)	경영학 지식 (MBA)	자동차 회사경력 (10년)	서비스 경험 (7년)	교육 경험 (3년)	일본 전문가 교류	중요도 (AHP)
사업 목적							
재정자립	◎	○		◎	○		49.00
영역개척	◎		◎		◎	○	39.25
시간관리		◎		○			4.75
지식학습		○				◎	7.00
가중합계	794	211	355	455	500	181	
핵심역량 비중(%)	32	8	14	18	20	7	

◎, ○은 행과 열의 "관계의 강도"로서, 각각 9점, 3점으로 정하였다.

표 5-3은 품질의 집에서 관계행렬 부분만 확대하여 보여준 것이다. 관계의 강도는 ◎, ○, △ 등의 기호로 기입하는데 나중에 계산을 할 때는 각각 9점, 3점, 1점 등으로 수치화한다. 표 5-3에서는 아래와 같이 가중합계를 계산하였다. 가중

합계의 총계 2,496으로 각 핵심역량의 가중합계를 나누면 핵심역량별 비중이 나온다.

일본어 전공: 9×(49.0+39.25)=794

경영학 지식: 9×4.75+3×(49.0+7.0)=211

회 사 경력: 9×39.25=355

서비스 경험: 9×49.0+3×4.75=455

교 육 경험: 9×39.25+3×49.0=500

전문가 교류: 9×7.0+3×39.25=63+117.75=181

총계 2,496

글렌은 이러한 자신의 핵심역량이 장차 접근하고자 하는 고객 세그먼트들과 어떤 관계를 갖는지, 어떤 세그먼트가 얼마나 중요한지 판단하기 위해 한번 더 품질의 집을 그리고 표 5-4와 같이 계산했다. 행-열의 관계의 강도는 ◎(9점), ○(3점), △(1점)으로 나타냈다.

결국 자동차 빅3를 상대하는 일본인, 번역 전문업체, 관리기법을 보급하는 컨설턴트, 자동차산업 분야가 글렌의 주된 고객이라는 것을 확인하였다. 표적 고객들의 요구사항을 파악하는 단계에서 글렌은 과거 경험을 토대로 고객의 소리를 충분히 청취하였다. 중요한 것은 고객의 소리 내면에 숨어 있는 심층적 요구를 정확히 파악하는 일이다.

표 5-4 핵심역량 대 고객 세그먼트 매트릭스

	자동차 산업	수출 업자들	경영 컨설턴트	번역 전문업체	정부 기관	미국내 일본인	핵심 역량%
일본어 전공(학사)	○	○		◎		◎	32
경영학 지식(MBA)		○	◎			○	8
자동차회사 경력(10년)	◎	△		○		○	14
서비스 경험(7년)				○	○	△	18
교육 경험(3년)			◎			○	20
일본 전문가 교류	◎		◎				7
가중 합계	287	135	320	385	55	434	
고객 세그먼트 비중(%)	18	8	20	24	3	27	

글렌은 표 5-4 이후에도 여러 번 반복하여 품질의 집 행렬을 그리면서 고객의 소리, 요구되는 품질요소, 필요한 사무기능 등의 순서로 창업계획을 작성하였다. 글렌은 청년시절에 번역일을 하다가 QFD를 마스터했고 스스로 QFD를 이용하여 창업을 했고 많은 QFD 관련 논문을 발표하여 미국내 최고의 QFD 전문가가 되었다.

5.5 식스시그마와 MAIC 사이클

1. 식스시그마의 필요성

식스시그마(Six Sigma) 프로그램은 Motorola사에서 시작되었으며, 현재 한국의 주요 대기업 등 수백 개 회사가 이를 도입하였다. '시그마'란 통계학에서 말하는 표준편차 σ를 의미하는데 시그마값이 작을수록 분포가 평균 근처에 밀집되고 평균과 멀리 떨어진 값은 드물게 나타난다.

식스시그마 프로그램에서는 '프로세스의 시그마 수준(sigma level)'이란 독특한 척도로 프로세스의 품질 결과를 나타내는데, 이는 규격의 반구간이 몇 배의 표준편차인가로 측정되는 척도이다. 규격 폭은 좁고 표준편차값은 크다면 시그마 수준이 낮아진다.

예컨대, (규격의 반구간)=3σ인 프로세스는 3시그마 수준이 된다. 만일 (규격의 반구간)=6σ라면 6시그마 수준이 된다. 이러한 시그마 수준을 알면 정규분포의 계산법을 적용함으로써 규격 밖으로 나가는 결점수를 쉽게 계산할 수 있다. 6시그마 수준의 경우는 규격범위 내에 들어올 확률이 99.99966% 또는 규격 밖으로 나가는 결점이 1백만분의 3 정도만 발생하게 된다. 이와 같이 다소 난해한 '시그마' 이야기는 왜 필요할까?

첫째, 현대와 같은 대량소비시대에는 1%나 0.1%의 실수도 큰 재난이 될 수 있기 때문이다. 우리는 99%나 99.9%를 대단한 것으로 생각해왔다. 그러나 하루에 비행기가 1,000회 착륙을 하는 대도시 공항이라면 0.1%의 실수는 매일 1회의 착륙실패를 의미한다. 만일 0.1%의 실수나 착오가 발생하여 전력공급이 끊긴다면 1개월은 43,200분이므로 매월 합계 43분의 돌연한 정전사고가 발생할 것이다.

둘째, 많은 작업단계들로 연결된 복잡한 네트워크에서는 작은 실수도 크게 증폭되기 때문이다. 5개의 작업장이 직렬로 연결되어 있고 각 작업장의 무결점 통과율이 모두 90%인 공정이 있다면 공정 전체의 무결점 통과율은 $(0.9)^5=0.59$로 낮아진다. 기름을 옮겨 담는 경우라면 41%의 기름은 중간에 새어나간다는 뜻이다. 제조업의 경우, 이러한 누수는 불량이나 결점에 해당하며 무결점 통과율은 다른 말로 1차 수율(first time yield, Y_{ft})이라 한다.

셋째, 만일 공정의 중간 중간에서 재작업을 하여 결점이나 불량품을 손질한다면 최종수율(rolled throughput yield, RTY)은 높일 수 있겠지만 재작업으로 인한 재료비, 인건비, 시간의 손실 즉, '숨겨진 공장(hidden factory)'이란 문제는 피할 수 없을 것이다.

그리고 "집에서 새는 바가지, 밖에서도 샌다."는 격언이 여기도 적용된다. 일단 불량이나 결점으로 판정되어 재작업과정을 거친 품목은 시장에 나간 다음에도 고장을 일으킬 가능성이 높다는 것이 식스 시그마를 시작한 Motorola사 스미드(Bill Smith)의 조사에서 밝혀졌다고 한다.

2. 식스시그마의 문제 해결 절차 MAIC

6시그마 프로젝트 수행 시에는 M(측정), A(분석), I(개선), C(통제)의 4단계를 거쳐 문제를 해결한다. 여기에 문제정의(Define)를 넣어 DMAIC 사이클이라 부르기도 한다. 문제정의는 앞의 선행적 개선과 7단계법에서 이미 소개한 것이므로 생략하고 MAIC에 대해서만 간단히 정리한다.

(1) 측정(Measure)

먼저 프로세스 맵을 작성함으로써 품질에 영향을 줄 것으로 생각되는 조건들을 모두 찾아낸다. 예를 들어, 시간, 온도, 농도, 재료 종류, 공구 종류 등 품질에 영향을 줄 것으로 추측되는 모든 가능한 조건(입력변수)들을 열거한다. 프로세스 맵을 작성할 때 주의할 일은 가능한 입력변수를 모두 열거해야 한다는 것이다. 추후 프로젝트 진행시 프로세스 맵에 없는 변수들은 고려 대상에서 제외할 것이기 때문에, 비록 큰 영향을 미치지 못한다고 추측되는 변수라 해도 포괄적으로 고려하는 것이 좋다.

변수들 중 일부는 조건을 조절할 수 있으나, 외부의 온도, 습도 등은 변경이 불가능하다. 전자를 관리가능변수, 후자를 관리불능변수 또는 노이즈(noise)라 한다. 프로세스 맵에는 각 입력변수가 관리가능인지 노이즈인지 구분해서 표시한다. 프로세스 맵을 작성하는 것은 프로젝트의 시작 단계이다. 프로젝트의 규모에 따라 차이가 있으나, 프로세스 맵 단계에서 고려하는 입력변수의 수가 너무 많으면 문제가 복잡해지고, 적으면 프로젝트 규모가 너무 좁아지게 된다.

(2) 분석(Analyze)

앞 단계의 입력변수들에 대해 데이터를 수집하고, 이들이 품질에 미치는 효과를 파악한다. 이 단계부터는 데이터에 기초해서 프로젝트를 진행한다. 데이터 수집은 2~3주 내외의 시간에 걸쳐 진행되는데, 주요 입력변수로 판명된 10여 가지의 작업조건의 변화에 따른 품질의 변화를 자세히 기록한다.

수집한 데이터는 여러 가지 방법을 활용하여 분석하는데, 박스플롯(box plots), 런 차트, 산점도, 행렬 등의 그래프, 그리고 각종 통계적 가설검정 기법을 활용한다. 블랙벨트나 그린벨트의 교육 프로그램에서 배운 여러 가지 기법들을 사용하는 단계라 할 수 있다. 품질에 큰 영향을 주지 못한다고 판단되는 일부의 변수를 없애고 핵심 입력변수를 3~5개로 압축한다.

(3) 개선(Improve)

핵심 입력변수들 각각에 대한 최적조건을 정하는 단계이다. 실험계획법, 반응표면법 등, 고급 통계기법들이 활용된다. 블랙벨트나 그린벨트들이 가장 어려워하는 단계이다.

(4) 통제(Control)

앞 단계에서 규명된 최적의 작업조건을 유지하는 단계이다. 통계적 프로세스 통제의 절차와 방법에 따라 진행한다. 작업표준을 재설정하고 최적의 조건이 현장에서 꾸준히 유지될 수 있는 시스템을 마련한다. 또한 프로젝트의 목표가 올바르게 도달되었는지를 확인하는 단계이기도 하다.

프로세스 프로우-일정, 능력, 재고-

본장에서는 프로세스 프로우 모델에 입각한 '프로우(flow)' 개념을 이해하고 중요한 성과지표들에 대하여 생각해보기로 한다. 평균적 관계는 리틀의 법칙에 의해서 쉽게 설명된다. 그러나 평균만 생각하면 오판하기 쉽다. 변동성은 프로세스 관리자를 괴롭히는 어려운 문제이다.

6.1 프로세스의 대표적 성과지표

프로우 단위(flow unit)는 재료, 돈, 프로젝트, 식당 손님, 은행거래 등 프로세스의 종류에 따라 매우 다양하다. 이러한 프로우 단위가 프로세스를 통과하는 순간순간을 파악해야 한다.

(1) 프로우레이트(flow rate)

프로우레이트는 프로세스의 특정지점을 통과하는 프로우 단위의 '시간당 개수'를 말하며, R(t)로 표기한다. 그 특정지점이 프로세스의 입구인 경우는 $R_i(t)$, 출구인 경우는 $R_o(t)$라고 표기한다. 일반적으로 투입 프로우레이트와 산출 프로우레이트는 시간에 따라 변동하는데 장기적으로 '평균 $R_i(t)$=평균 $R_o(t)$'가 되면 안정적 프로세스라고 한다. 평균 프로우레이트는 R로 표기하며 흔히 '드루풋(throughput)'이라 한다.

(2) 프로우타임(flow time)

프로우 단위는 도착 즉시 처리되거나 대기후 처리과정을 밟게 된다. 하나의 프로우 단위가 프로세스 내에서 대기 또는 처리과정 때문에 보내는 총시간을 프로우타임이라 한다. 프로세스가 안정적인 경우에도 프로우타임은 프로우 단위별로 다르게 나타난다. 따라서 일정한 시간 길이를 정하고 그 기간 중에 출구를 빠져나간 모든 단위들의 프로우타임을 조사하여 평균한 값을 성과지표로 사용하는데, 이를 '평균 프로우타임'이라 정의하고 T로 표기한다.

(3) 재고 또는 대기

시냇물이 흐르다가 정체되어 웅덩이에 물이 고이는 것처럼 프로세스의 진행에서도 이와 같이 고이는 부분이 있다. 대개 프로우 단위가 물건이면 '재고(inventory)'라 하며 고객이면 '대기행렬(queue)'이라 하는데, 프로우 분석의 입장에서 보면 재고와 대기행렬은 의미상 동일하다.

본서에서는 재고량을 뜻하는 기호와 대기행렬의 길이를 뜻하는 기호를 똑같이 'I'로 표기한다. 우리는 제조공정, 서비스 프로세스, 재무 프로세스, 심지어는 정보 프로세스까지 모든 종류의 프로세스에 적용할 수 있는 광의의 프로세스 개념과 지표에 대해 연구할 필요가 있다.

재고(또는 대기)는 시점 t에 프로세스 내부에 있는 프로우 단위들의 수를 말하며 이를 I(t)로 표기한다. 시점 t에서의 재고 증가량(또는 감소량)은 $\Delta R(t) = R_i(t) - R_o(t)$로 정의된다. 프로세스가 안정적인 경우에도 시점별로 증가(감소)량이 달라지고 I(t)값이 변동할 수 있으므로 일정한 기간을 정하여 기간중 재고량 변동을 평균한 '평균재고'를 지표로 이용할 수 있다. 시점 t의 표시를 제외하고 'I'라고 쓰면 이는 평균재고를 의미한다.

앞에서 정의한 세 가지 지표 R, T, I 간에는 $I = R \times T$라는 관계식이 성립한다. 이 식을 리틀의 법칙(Little's Law)이라 한다.[9] 이 식은 지극히 간단하다. 평균시속 60km로 2시간 달리면 120km(=60km/hr×2hr)가 된다. 똑같은 원리로, T는 시간이고 R은 평균속도와 같은 것이므로 R×T는 수량이 된다.

이 법칙으로부터 경영자는 중요한 요령을 터득할 수 있다. 즉, 세 가지의 주요 지표를 관리함에 있어서 어느 두 가지만 택하여 통제해도 나머지 하나의 지표는 이에 따라 결정되므로 통제 노력이 절약된다는 것이다.

---

9) J.D.C. Little(1967), "A Proof for the Queuing Formula: $L = \lambda W$", Operations Research. 이 논문에서 증명된 식 $L = \lambda W$는 '(평균 대기행렬 길이)=(평균도착률)×(평균대기시간)'을 뜻한다. 의미상 '(평균재고량)=(평균 프로우레이트)×(평균 프로우타임)' 즉, $I = R \times T$와 동일하다.

어떤 한 지표값이 고정된 상황에서는 다른 두 가지 중 하나만 조절해도 나머지 지표가 바람직한 수준으로 결정될 것이다. 만일 드루풋 R이 고정되어 있다면, 재고를 줄이기 위해 프로우타임을 필히 줄여야 한다는 것을 쉽게 알 수 있다. 다음의 예를 보자.

일감(job) 프로우: 어느 보험회사 지점에서 연간 1,000건의 클레임을 처리하고 있다. 평균 처리기간은 3주, 1년=50주라면, 처리중인 클레임(즉, 재고)의 평균 건수는?

R=1,000건/년, T=(3/50)년, I=RT=60건

고객(customer) 프로우: 어느 패스트푸드점의 1일(15시간) 평균고객은 1,500명이다. 좌석 대기, 주문 대기, 식사중인 고객을 포함하여 평균 55명이 식당 안에 있다. 고객 1명이 식당 내에서 소비하는 평균시간은?

R=1,500/일=100/시간, I=55명, T=I/R=55/100=0.55시간=33분

현금(cash) 프로우: 재무제표에 나타난 매출액은 250억원, 제조원가는 175.8억원, 평균재고는 50.6억원, 외상매출은 27.9억원이다. 화폐 1장이 공장에 투입되어 다시 회사의 금고나 은행통장으로 되돌아오기까지 걸리는 소요기간은?

외상매출 회수 프로세스: T=27.9/250=0.112년

구입 및 제조 프로세스: T=50.6/175.8=0.288년　합계=0.4년=20.8주

어느 금융기관에서 산업설비 구입자금 대출을 희망하는 기업들로부터 대출신청서를 받아 심사를 하는데, 월 평균 1,000건이 접수되며 그 중 20%가 대출 승인을 받고 80%는 기각된다.

평균재고(즉, 심사중인 상태의 서류)는 평균 500건 수준이다. 신청 기업들은 심사기간이 너무 길다고 불평한다. 평균 심사기간을 계산해보면 T=500/1000=0.5개월(=15일)이다.

금융기관 측은 컨설턴트에게 자문을 구했다. 컨설턴트는 과거의 통계자료를 분석하고 신청서 작성이 부실하기 때문에 전체적인 진행이 지체된다는 사실을 발

견했다. 컨설턴트가 제시한 개선안은 다음과 같다.

- 예비심사와 본심사로 나누어 2단계로 진행한다.
- 예비심사에서는 서류상태에 대한 기준에 따라 A급(우수), B급(검토 필요), C급(부실)로 분류하고 C급은 바로 기각시킨다.
- A급과 B급은 각각 전담반을 가동하여 전문적인 본심사를 받도록 한다.

이러한 개선안에 따라 일정기간 시험운영을 해본 결과, A, B, C의 구성비율은 각각 25%, 25%, 50%로 나타났으며, A급의 30% 그리고 B급의 90%가 기각되었다. 이 시험운영에서 나타난 평균재고는 예비심사장의 경우 200건, A급 전담반의 경우 25건, B급 전담반의 경우 150건이었다. 따라서 개선안의 심사기간 단축 성과는 다음과 같이 계산될 것이다.

예비심사: 200/1000=0.2개월=6일

A급심사: 25/250=0.1개월=3일

B급심사: 150/250=0.6개월=18일

C급심사: 예비심사와 마찬가지로 6일

프로우타임의 총평균: (6일)+0.25(3일)+0.25(18일)=11.25일

사례 오래전 통계이기는 하지만 화이트칼라 업무의 능률을 조사한 사례가 있다. 표에 나타난 바와 같이 이론적 프로우타임은 매우 짧은데 대기시간 등 낭비 요소가 엄청나게 포함되어 프로우타임 효율이 5%도 안 되는 것을 알 수 있다.

산업	프로세스	프로우타임	이론적 프로우타임	효율
생명보험사	신규가입 증서 발부	72시간	7분	0.16 %
은행	개인 대출 처리	24시간	34분	2.36 %
병원	진료비 정산서 발송	10일	3시간	3.75 %

출처: Blackburn, J.D., "Time-Based Competition: White-Collar Activities", *Business Horizons*, Vol.35 No.4, 1992, pp.96-101.

6.2 일정과 처리능력

1. 프로세스의 일정 분석

프로우 단위가 프로세스 내에서 일체 대기하지 않고 바로 처리되는 경우의 최소 처리시간을 '프로세스의 이론적 프로우타임'이라고 한다. 이론적 프로우타임을 평균 프로우타임으로 나누면 프로우타임 효율이 된다.

이론적 프로우타임과 대기시간은 프로세스의 전체일정에 영향을 주는 중요한 요인이다. 그밖에 재작업요구, 활동 간의 연결경로(path), 담당자나 담당시설의 처리능력도 일정에 영향을 준다. 재작업은 불량이나 결함이 발견될 때만 부분적으로 다시 작업하는 것이므로 1.0+r의 비율로 고려한다. r=0이면 재작업요구가 전혀 없고 r=0.2라면 20%의 시간이 재작업을 위해 추가로 요구된다는 뜻이다.

조립식 차고를 제작하는 회사가 있다. 차고는 지붕과 기초로 나누어져 조립되며 작업은 A~H의 8가지 활동이 다음과 같은 순서로 연결된다.

경로1(지붕): 시작→A→C→E→G→H→종료

경로2(기초): 시작→A→B→D→F→G→H→종료

표 6-1 차고제작의 활동별 업무량

활동	활동시간	재작업비율	업무량(시간)
A	10	1.0	10
B	25	1.2	30
C	20	1.1	22
D	5	1.2	6
E	10	1.2	12
F	10	1.3	13
G	10	1.0	10
H	30	1.2	36

경로1의 경우는 10+22+12+10+36=90시간, 경로2의 경우는 10+30+6+13+10+36=105시간이 소요된다. 즉, 조립식 차고 1개를 제작하는 소요시간은 최소 105시간이 된다. 물론 재작업요구가 전혀 없다면 이와 같은 계산결과는 달라질 것이다. 이 예제의 경우, 관리자는 여유가 있는 경로1보다는 여유가 없는 경로2의 진행에 더 신경을 쓸 수밖에 없을 것이다.

모든 경로들 중 가장 시간이 많이 소요되는 경로를 CP(critical path)라고 부른다. 프로세스의 일정을 관리하기 위한 대책을 정리하면 다음과 같다. CP와 대기시간에 관한 설명은 다음 장에서 별도로 논하기로 하겠다.

(1) CP (critical path) 경로상의 업무량을 축소해야 한다

- Work smarter. (가치를 부가해주지 못하는 활동을 제거한다.)
- Work faster. (각 활동의 수행속도를 증가시킨다.)
- Do it right the first time. (재작업 요구를 없앤다.)
- Change the product mix. (제품이나 서비스의 산출비율을 변경한다.)

(2) CP 경로상의 업무량을 다른 경로나 바깥으로 이동시킨다

- 시간여유가 있는(CP가 아닌) 경로로 옮긴다. 동작연구의 대가인 길브레드(F. Gilbreth)는 양손으로 면도를 했다고 하는데 바쁜 손의 일의 일부를 놀고 있는 손으로 옮긴 것이다. 소프트웨어 개발에서 데모 버전을 만들어 설계, 테스트, 유저 매뉴얼 개발을 동시에 하는 것도 이와 비슷한 이유라고 볼 수 있다.
- 외부 루프로 옮긴다. 병원에서는 의사의 진료 전에 보험확인이나 각종 검사를 미리 하게 한다. 패스트푸드점에서는 손님의 주문을 받기 전에 미리 음식을 덥혀놓는다. 프로세스 내부에서 모든 일을 처리하려 하지 말고 프로세스의 경계선을 뛰어넘어 착수전 처리(preprocessing)나 종료 후 처리(postprocessing)를 하면 프로세스 내의 업무량을 많이 줄일 수 있다.

2. 처리능력과 자원 활용

처리능력(capacity)은 자원단위, 자원 풀(pool), 프로세스 전체의 세 가지 관점에서 고찰할 필요가 있다.

패스트푸드점의 예를 들면, 오븐, 전자레인지, 주방책임자, 주방보조원, 금전계산기, 고객창구 근무자, 전화기, 웨이터, 배달원, 오토바이 등은 각각 자원단위가 되고, 동일한 작업을 하는 자원단위(예컨대, 주방책임자와 주방보조원)들은 하나의 자원 풀이 된다. 프로세스 차원으로 폭을 넓히면, 조리 프로세스의 경우는 오븐, 전자레인지, 주방근무자 등이 자원단위나 풀 형식으로 포함될 것이고, 배달 프로세스의 경우는 전화기, 오토바이, 배달원, 고객창구 근무자 등이 포함될 것이다.

자원단위의 분석에서는 해당 자원단위가 가담하는 모든 활동의 업무량(시간)을 총계하여 파악하는데 이를 단위부하량(unit load)이라 한다. 부하량의 측정단위는 개당 소요시간(분)이다. 자원단위의 처리능력은 1시간이 60분이므로 60÷(단위부하량)으로 계산하면 된다.

자원 풀은 동일한 활동을 수행하는 호환적(interchangeable) 자원단위들의 집합이다. 자원 풀의 처리능력은 작업시간수에 따라 달라질 수 있다. 오븐 5대로 동일한 활동을 하는 경우, 만일 1일 8시간 2교대로 작업을 한다면 풀의 1일 가용작업시간은 5×8×2=80시간이 된다. 한 번에 10개씩 빵을 굽고(즉, batch size는 10), 뱃치당 15분이 소요된다면, (10개/15분)(60분/시간) 즉, 시간당 40개가 되고 80×40=3,200개의 빵을 매일 만들 수 있을 것이다. 이것이 바로 오븐 5대로 구성되는 자원 풀의 처리능력이다.

자원은 조건에 따라 능력발휘 정도가 달라질 수 있다. 자원이 충분히 활용된다는 전제하에서 계산된 항시 최대 프로우레이트(maximum sustainable flow rate)를 이론적 처리능력(theoretical capacity, TCap)이라 한다. 풀 내의 각 자원단위의 이론적 처리능력을 합계하면 자원 풀의 이론적 처리능력이 된다.

표준형 차고와 팬시형 차고, 두 제품을 표 6-2와 같은 활동과 자원으로 생산하는 회사의 예를 생각해보자. 차고는 지붕과 기초 부분으로 나누어져 조립되며 A~H의 8가지 작업활동이 다음과 같이 연결된다고 가정한다.

경로1(지붕): Start→A→C→E→G→H→End

경로2(기초): Start→A→B→D→F→G→H→End

표 6-2 활동별 업무량과 담당 자원

활동	표준형 업무량(분)	팬시형 업무량(분)	자원(담당자 또는 설비)
A	10	10	직원 S
B	30	50	프레스기계 - B, 직원 PB
C	22	30	프레스기계 - R, 직원 PR
D	6	10	가공기계 - B, 직원 MB
E	12	15	가공기계 - R, 직원 MR
F	13	20	용접기, 직원 G
G	10	15	직원 FA
H	36	40	검사원

표 6-3에서 부하량은 업무량을 인원수 또는 대수로 나눈 것이며 TCap은 1시간이 60분이므로 (60÷부하량)으로 계산된 이론적 처리능력이다. 만일 표준형과 팬시형의 생산량 비율이 3 : 1이라면 아래표의 우측열과 같이 처리능력이 달라질 것이다. 표에서 직원 PB와 프레스기계-B는 TCap값이 최소인 자원 풀(즉, 보틀네크)임을 알 수 있다.

표 6-3 두 가지 제품의 믹스

자원 풀	표준형 차고		팬시형 차고		제품믹스 3 : 1 생산	
	부하량	TCap	부하량	TCap	부하량	TCap
직원 S	10	6	10	6	10	6
직원 PB	30	2	50	1.2	35	1.71
직원 PR	22	2.73	30	2	24	2.5
직원 MB	6	10	10	6	7	8.57
직원 MR	12	5	15	4	12.75	4.71
직원 G	13	4.62	20	3	14.75	4.07
직원 FA	10	6	15	4	11.25	5.33
검사원 (2인)	36/2	3.33	40/2	3	37/2	3.24
프레스-R	22	2.73	30	2	24	2.5
프레스-B	30	2	50	1.2	35	1.71
가공기계-R	12	5	15	4	12.75	4.71
가공기계-B	6	10	10	6	7	8.57
용접기	13	4.62	20	3	14.75	4.07

프로세스의 처리능력은 프로세스 차원에서 본 항시 최대 프로우레이트를 말한다. 일반적으로 프로세스 내에는 여러 자원 풀들이 연결되어 있기 때문에 가장 속도가 느린 자원 풀(즉, bottleneck)의 처리능력이 곧 그 프로세스의 처리능력이 된다. 능력 활용도는 드루풋을 이론적 처리능력으로 나눈 값이다. 표준형 차고의 시간당 드루풋이 R=1.5라고 가정하면 예제에서 소개한 직원 S의 처리능력 활용도는 1.5/6=25%, 직원 PB의 경우는 1.5/2=75%가 된다.

두 가지 이상의 제품을 함께 생산하는 경우의 제품믹스(product-mix) 의사결정은 프로세스의 수익성 및 처리능력, 양면에 중대한 영향을 준다. 프로세스 관리자는 제품믹스의 변화에 따라 보틀네크가 어떻게 달라지는지 주시할 필요가 있다.

실제 처리능력은 일반적으로 이론적 처리능력 보다 작아진다. 실제로는 고장, 결근, 예방정비, 작업변경 준비시간, 공간문제(예: 좌석이 모자라서 손님이 입장하지 못함), 비수기 등의 여러 가지 제약조건들이 발생하여 뜻하지 않은 유휴시간이 생기고 자원을 충분히 활용할 수 없게 된다.

처리능력을 향상시키기 위해서는 이론적 처리능력 자체를 높일 수 있는 대책, 그리고 이론적 처리능력을 제대로 발휘하지 못하게 하는 저해요인을 찾아 해결하는 2단계 접근을 시도해야 한다.

(1) 이론적 처리능력의 향상

이론적 처리능력 자체를 키우기 위해서는 자본 투자나 구조 조정이 요구된다. 그러나 어디에 어떻게 투자하고 어떤 구조 조정을 하느냐 하는 문제는 쉽지 않다. 프로세스 혁신론의 관점에서 보면 이러한 문제에 대해 매우 효과적이고 투자 절약적인 대응책을 쉽게 얻을 수 있다. 그것은 보틀네크에 집중하는 것이다.

- 보틀네크 자원 풀의 단위부하량을 줄여야 한다. 앞의 일정관리에서는 "CP 경로 상의 업무량을 축소하라"고 했는데 이와 마찬가지의 이야기이다.
- 보틀네크 자원이 담당하는 작업의 뱃치를 증가시키는 것도 한 방법이다. 오븐으로 빵을 만드는 작업이 보틀네크라면(전체 조리과정에서 가장 더딘 작업이라면) 한번에 10개씩 처리하는 것보다 15개씩 처리함으로써 속도를 증가시킬 수 있다. 그러기 위해서는 더 큰 오븐을 구입·설치해야 할 것이다.
- 보틀네크 자원 풀의 자원단위 수(인원수 또는 장비대수)를 증가시킨다.

- 보틀네크 작업을 담당하는 부서는 교대회수 증가, 잔업(overtime) 등의 방법으로 작업시간을 증가시킨다.

(2) 실제 처리능력에 영향을 주는 요인별 대책

- 드루풋(즉, 평균 프로우레이트)의 저조로 처리능력이 떨어질 수 있으므로, 수요예측 방법의 변경, 재료납품업체 교체, 수요관리를 통한 고객 도착 분포의 조정 등의 방법으로 충분한 수준의 안정된 드루풋이 되게 해야 한다.
- 모든 작업의 동시화(synchronize), 적절한 수준의 재고 보유 등의 방법으로 작업 중단이나 유휴가 발생하지 않게 한다.
- 종업원 사기저하로 인한 결근율 증가, 설비관리 부실로 인한 과도한 수리정비 시간 손실, 작업변경을 위한 준비작업시간의 과다 등 자원활용을 저해하는 요인에 대해 과학적으로 대응한다.
- 제품믹스도 처리능력에 영향을 미치는 것이므로 최적의 제품믹스가 되도록 그 효과를 계속 추적하여 수정할 필요가 있다.

6.3 재고의 분석

1. 재고의 의미

프로세스의 투입속도가 산출속도보다 크면 재고가 발생하고 재고는 운영성과와 재무적 성과에 큰 영향을 주게 된다. 과도한 재고는 사람들을 나태하게 만들어 프로세스 개선과 품질문제 해결을 위해 적극적으로 노력하지 않게 되고 프로우타임이 증가되는 등 운영성과에 부정적으로 작용한다.

또한 재고는 이용할 수 없는 형태로 자금을 묶어놓은 것이므로 재무적으로도 문제가 되며, 과도한 저장공간, 자재운반, 저장 중의 파손, 변질 등 물리적 요인의 손실도 돈으로 환산하면 만만치 않다.

그러나 프로세스의 원활한 진행을 돕는 완충기능(buffer; decoupling function)도 생각해야 한다. 재고의 유형과 그 기능은 다음과 같다. 따라서 구체적인 상황에 따라 비용과 이득을 함께 생각하면서 적정 재고를 계산하고 보유·통제할 수 있는 재고관리 방식이 필요하다.

- 이론적 재고: 완충기능으로 드루풋 속도를 유지하게 해준다.
- 사이클 재고: 충분한 수량을 보유하면 규모의 경제를 얻을 수 있다.
- 계절적 재고: 비수기에도 설비와 인력을 활용할 수 있게 해준다.
- 안전재고: 수요가 급증할 때 재고의 고갈을 예방해준다.
- 투기적 재고: 가격변동 차익을 얻을 수 있다.

주머니에 여유자금이 있으면 마음이 든든하다. 재고량을 보유하고 있으면 수요가 급증해도 충격을 받지 않는다. 여유자금, 재고 등 여유의 관리를 통해 이루어지는 '충격완화 기능'을 디커플링(decoupling)이라 한다. 커플링(coupling)은 둘 이상의 개체가 하나로 결합하는 것이다. 커플링과 디커플링은 반대말이지만 상충되는 것이 아니라 동시에 필요하다.

공장의 각 작업반은 약간의 재공품재고를 보관한다. 그러다가 한 작업반에서 갑자기 기계고장 등 사고가 생겨 작업물이 넘어오지 못하게 되면, 다음 작업반은 즉시 재공품재고를 가지고 작업을 계속한다. 재공품재고가 하나도 없다면, 사고가 생겼을 때 모두 쉴 수밖에 없을 것이다. 그러나 도요타자동차 회사에서는 재공품재고를 하나도 갖지 않는 '재고 제로' 방식을 채택하였다. 그들의 구호는 다음과 같다.

"첫째, 재고 자체가 낭비이다. 둘째, 재고여유 때문에 기계 고장이나 불량품 발생을 가볍게 생각하고 예방 노력을 하지 않게 된다. 셋째, 저장공간 때문에 작업장이 불필요하게 커져서 거리가 멀어지고 따라서 자재운반 부담이 커진다."

매우 훌륭한 생각이다. 그러나 재고가 생기지 않도록 하기 위해서는 물자의 흐름에 한 치 오차도 없는 적시수급이 이루어져야 한다. 따라서 도요타방식의 특징을 JIT(Just-in-Time)라 부른다. JIT는 커플링에 치중하는 방법이다. 불량품 1개만 나와도, 기계 1대만 고장이 나도 전체 라인이 정지된다. 그래서 철저한 예방을 생명처럼 여기게 된다. 배수진을 치고 전투하는 것과 같다.

반면에 디커플링의 중요성에 대한 시스템론적 설명에도 귀를 기울여야 한다. 오디오시스템은 모든 구성부분이 각자 기능을 하면서 일심동체로 목적을 달성한다. 그러다가 어느 한 부분에 문제가 생겨도 그 때문에 시스템 전체가 망가지는

법은 없다. 문제된 부분만 손을 보면 된다. 한 부분의 문제가 인접부분에 그대로 전달되고 충격을 준다면 그것은 잘못 설계된 시스템이다. 이러한 지혜를 생활에도 응용할 수 있다.

커플링의 좋은 예는 결혼이다. 남여가 일심동체 커플이 되는 것은 중요한 결혼 조건이다. 그런데 커플링만 강조하다 보면 서로 충격을 전하는 수준까지 가게 될 수 있다. 남편이 직장에서 기분이 상했을 때 집에 돌아와 부인에게 화풀이하는 경우가 있다. 부부는 일심동체이니, 남편이 밖에서 당했다면 부인도 당해야 마땅한가? 귀가시간이 2시간쯤 늦어진 남편을 붙잡고 그 동안 어디서 무엇을 했는지 따지는 부인도 좀 더 여유 있게 대응하면 좋을 것이다. JIT식의 '철저한 예방'이 불가능하다면, 가령 남편이 21시 전에만 들어오면 이유를 묻지 않는다는 식으로 여유를 두면 좋을 것이다.

적절한 여유, 적당한 거리를 얼마로 하느냐. 그것을 적절히 조절해나가는 것이 바로 부부생활의 지혜가 아닐까? 너무 풀어 놓으면 커플링이 손상되고 너무 조이면 충격이 증폭된다. 가까운 사이일수록 더 섭섭한 것이 인지상정이지만 적당한 여유와 거리를 활용해야 한다.

중앙집권적 통제하에서는 커플링만이 강조되고 충격완화 장치는 사라져 버린다. 그래서 사고나 위기상황이 도래하면 조직전체가 일시에 깨져버릴 수가 있다. 자율화는 디커플링을 조장한다. 그러나 자율화도 지나치면 커플링에 손상을 준다.

2. 재고량 변동의 지표

재고를 구성하는 프로우 단위에는, ① 프로세스 입구에 위치하는 작업대기 중의 프로우 단위(즉, 투입재고), ② 프로세스에 들어가 처리되고 있는 프로우 단위(즉, 처리중 재고), ③ 처리가 완료되었으나 아직 프로세스 밖으로 나가지 못한 산출재고 등이 있다. 앞 절에서 사용한 기호를 다시 이용하여 지표들의 관계를 정의해보자.

I_i=평균 투입재고 I_p=평균 처리중 재고

T_i=평균 투입재고 시간 T_p=평균 처리중 재고 시간

$I_i=R \times T_i$ $I_p=R \times T_p$

제조업의 프로우 단위는, 주로 원재료가 투입재고, 재공품이 처리중 재고, 완제품이 산출재고가 된다. 서비스업의 경우에도 재고 개념을 적용할 수 있다. 서비스 프로세스의 프로우 단위는 대개 고객들이다.

서비스를 받기 위해 입구에서 대기하는 고객들은 투입재고에 해당하며 서비스를 받고 있는 고객들은 처리중 재고라고 볼 수 있다. 이와 같이 프로세스 프로우 모델의 관점에서 보면 '재고'와 '대기'는 같은 개념이다. 그러나 프로우 단위의 성격, 상황 등의 차이를 고려할 필요가 있으므로 대기문제는 7.2에서 별도로 설명하기로 한다.

만일 투입속도가 처리속도보다 크다면 입구에 투입재고가 쌓이게 되고 외부로 나가는 산출속도보다 처리속도가 빠르다면 출구에 산출재고가 쌓이게 될 것이다. 우리는 앞에서 프로세스의 평균 투입율과 평균 산출률이 장기적으로 일치하면 안정적 프로세스라고 정의한 바 있다. 이러한 안정적 상황에서도 처리능력의 제약이나 변동으로 재고가 쌓일 수 있다.

앞 절에서 정의한 이론적 프로우타임을 T_{th}라고 표기한다면 $R \times T_{th} = I_{th}$로 이론적 재고 I_{th}를 정의할 수 있다. 이론적 재고(theoretical inventory)는 프로세스 드루풋 R의 수준을 유지하기 위해 필요한 최소의 재고량을 의미한다. 다시 말해서 어떤 R값이 주어졌을 때 프로세스 내에서 전혀 대기나 정체가 발생하지 않고 원활하게 진행될 수 있도록 돕는 최소한의 재고량를 이론적 재고라 한다.

만일 재고가 고갈(stockout) 되면 고객은 물건이 들어올 때까지 기다리다가 받아가거나 아주 이탈하여 다른 곳에 가서 구입을 하거나 할 것이다. 전자의 경우를 백로그(backlog)라 하고 후자의 경우는 매출상실(lost sales)이라 한다.

미용실에서는 손님이 도착하는대로 1명씩 서비스를 한다. 그러나 휴지를 구입할 때는 한 장씩 구입하지 않는다. 구매, 제조 등 대부분의 업무에서는 1대 1이 아니라 뱃치(batch)로 묶어서 처리하는 관행이 있다. 이 경우, 언제 주문(또는 작업명령)을 하고 뱃치(즉, 1회 구매량 또는 작업량) 크기를 얼마로 할 것인가 하는 기본적인 의사결정을 해야 한다. 물론 재고 수준은 주문시기와 뱃치의 크기에 따라 달라질 것이다.

뱃치 크기를 Q로 표기하고 R의 속도로 재고가 감소된다고 하면, 주문 후 $t_c = Q/R$ 기간이 경과할 때마다 재고량은 0이 될 것이다. 따라서 t_c를 사이클 길이로 하여 반복적으로 새 뱃치를 주문(또는 작업명령) 해야 한다.

처리중 재고가 I_p, 산출재고가 0이고 크기 Q의 뱃치 구매로 투입재고를 채운다면, 평균 투입재고는 Q/2, 평균 총재고는 I_p+(Q/2)가 되고 이 값들을 R로 나누면 각 재고상태로 체류하는 평균시간이 된다.

3. 비용을 고려하는 최적 재고량 계산

재고 의사결정에서 주로 고려하는 비용 요소는 다음과 같다.

(1) 재고보유비용(inventory holding cost) H

재고품목의 단가를 C, 회사의 수익률을 r이라 하면, 재고품 단위당 투자 자금에 대한 수익기회상실은 rC가 된다. 이와 같은 기회비용에 물리적 비용을 더하여 재고보유비용을 추정할 수 있다. 물리적 비용에는 재고에 대한 보험, 경비, 창고임대료, 광열비, 보관중의 변질, 도난, 진부화 등을 고려할 수 있다. 이러한 요소를 포함하여 품목 1개를 단위기간 동안 보관할 때 지불하게 되는 단위비용을 H로 표기한다.

(2) 주문비용 또는 작업준비비용(order cost, setup cost) S

구매업무에서는 '주문(order)', 제조에서는 '작업명령(order)'으로 하나의 뱃치가 배달되어 재고장소에 도착하게 된다. 구매과정은 업체 조사, 입찰, 계약, 운송, 품질검사, 입고정리, 분배, 대금지불, 사무처리 등의 과정을 필요로 하고 판매자와 구매자가 그 비용을 분담하게 된다.

구매가 아니라 자체생산을 하는 경우에도 비용이 발생한다. 작업명령을 받은 부서는 설비의 청소·조정·예열, 공구준비, 재료준비, 인원편성, 사무처리 등 새로운 뱃치를 작업하기 전에 준비할 일이 많고 따라서 시간손실과 비용이 발생한다. 이러한 비용요소를 주문 1회당 비용(고정적 비용) S로 표기하여 계산에 반영하는 것이다.

뱃치 크기를 Q로 정하여 1년간 재고보충을 하는 구매 상황을 생각해보자. 만일 연간수요가 R이라면 주문회수는 R/Q, 연간 주문비용은 S(R/Q)가 될 것이다. 한편 평균재고량은 Q/2 이므로 연간 재고보유비는 H(Q/2)가 된다. 따라서,

총비용 TC=S(R/Q)+H(Q/2)+CR

$$\frac{dTC}{dQ} = -S\frac{R}{Q^2} + \frac{H}{2} = 0 \Rightarrow Q^* = \sqrt{2SR/H}$$

라는 유명한 'EOQ 공식'을 얻을 수 있다. Q^*를 TC에 대입하면, 총비용의 최소값은 $TC^* = \sqrt{2SRH} + CR$이 된다. 이러한 경제적 주문량(economic order quanity, EOQ) 공식의 의미를 요약해보면 다음과 같다.

- 뱃치 크기는 수요 또는 주문비용이 2배 증가시 $\sqrt{2}$배, 4배 증가시 2배 즉, 제곱근으로 증가한다. 물론 감소도 마찬가지이다. 주문비용을 1/4로 줄이면 뱃치를 1/2로 줄일 수 있다.
- 재고보유비용이 증가하면 뱃치 크기는 감소하고 재고보유비용이 감소하면 뱃치 크기는 증가한다.
- 위의 EOQ 공식은 다음 가정이 성립할 때만 적용할 수 있다.

-수요가 변동하지 않고 일정하거나 변동하더라도 평균만 고려한다.

-주문 또는 작업명령 즉시 재고보충이 이루어진다.

-재고 고갈 상황을 고려하지 않는다.

-품목의 단가 C가 일정하다.

4. 안전재고와 서비스 수준

앞의 EOQ 공식은 수요가 일정하거나, 일정하지 않더라도 평균값만을 고려할 때 쓸 수 있는 공식이다. 만일 평균값 이상의 수요가 발생하면 재고 고갈이 될 가능성이 생긴다. 따라서 안전재고와 서비스 수준이라는 특수한 개념으로 이러한 문제에 대응하는 것이 일반적인 관행이다.

뱃치로 주문하여 재고보충을 하면 동일한 사이클이 반복되는데, 예컨대 100회의 사이클을 운영한 결과 8회는 재고 고갈이 생겼고 92회는 재고 고갈이 생기지 않았다면 92%라고 표현할 수 있다. 이와 같이, 전체 사이클 중에서 재고 고갈이 발생하지 않은 사이클의 비율을 '서비스 수준(service level)' 또는 사이클 서비스 수준이라 부른다. 정책적으로 정한 서비스 수준을 달성하기 위해서는 안전재고를 얼마나 보유하는 것이 적당할까?

재고관리에서는 발주점(reorder point, ROP) 방식이 많이 쓰인다. 이것은 수요에 따라 재고가 감소하다가 현재고량이 정확히 ROP 만큼 되었을 때 즉시 주문을 하는 방식이다. 안전재고량을 I_S, 서비스 수준을 SL, 발주점을 ROP, 주문(명령) 후 도착까지의 지연기간을 L이라고 표기하자.

(1) 지연기간에 대한 수요가 정규분포로 주어진 경우

L 동안의 수요 D_L이 평균 μ, 표준편차 σ의 정규분포에 따른다고 하면 안전재고는 다음과 같이 계산된다.

$$ROP = \mu + I_S$$

$$I_S = z \times \sigma$$

서비스 수준 SL	85%	90%	95%	99%
안전계수 z	1.04	1.28	1.65	2.33

위의 공식은 매우 간단하다. 그러나 현실적으로 다음과 같은 응용을 고려할 필요가 있다.

(2) 단위기간당 수요의 분포만을 아는 경우

지연기간 L 동안의 수요 D_L의 분포는 모르고 단위기간의 수요는 알고 있다면 다음과 같이 계산한다. 단위기간당 수요가 평균 R, 표준편차 σ_r의 정규분포라면, 각 단위기간의 수요가 서로 독립적이고 동일한 분포일 경우, D_L의 평균 μ와 표준편차 σ는 다음과 같이 구한다.

$$\mu = L \times R$$

$$\sigma = \sqrt{L} \times \sigma_r$$

(3) 정규분포가 아닌 다른 분포에 따라 수요가 발생하는 경우

$ROP = \mu + I_S$이므로 ROP값을 먼저 구한 다음 여기서 평균을 빼면 I_S 값을 얻을 수 있다. ROP는 $SL = P\{D_L \leq ROP\}$로 정의되는 값이다. 따라서 먼저 서비스 수준

을 확인한 다음, 주어진 수요분포에서 누적확률을 조사하여 서비스 수준을 보장해주는 지점을 찾으면 된다.

예컨대, 지연기간 동안의 수요의 분포가 표 6-4와 같다고 할 때 ROP와 안전재고를 계산해보자. 관리자가 정책적으로 정한 서비스 수준은 90%라고 가정한다. 우선 평균을 구하면,

$$80(0.1)+90(0.15)+100(0.15)+110(0.25)+120(0.20)+130(0.10)+140(0.05)=108$$

이다. 표 6-4에서 누적확률을 보면 최소 130은 되어야 서비스 수준 0.9를 보장할 수 있으므로 ROP는 130이다. 따라서 안전재고는 130-108=22가 된다.

표 6-4 정규분포가 아닌 다른 분포에 대한 ROP와 안전재고 계산

L 동안의 수요량	80	90	100	110	120	130	140
확률	0.10	0.15	0.15	0.25	0.20	0.10	0.05
누적확률	0.10	0.25	0.40	0.65	0.85	0.95	1.00

(4) 지연기간 자체가 변동하는 경우

물량확보, 수송편, 수송과정 등이 불확실하여 주문 후 도착까지의 지연기간이 변동할 수 있다. 지연기간 L의 평균은 $\overline{L}$, 표준편차는 σ_L이라고 표기하기로 한다. 수요와 지연기간, 두 가지가 모두 확률적으로 변하는 변수라면,

$$\sigma^2=\overline{L}\times\sigma_r^2+R^2\times\sigma_L^2$$

로 분산을 구하면 된다. 이 식의 첫 항은 L이 일정하고 R은 변동하는 경우의 D_L의 분산이며, 둘째 항은 수요 R이 일정하고 L은 변동하는 경우의 D_L의 분산이다.

재고보충방식은, ① ROP를 이용하는 정량주문방식, ② 정기주문방식, ③ 앞의 두 가지를 절충한 혼합형(hybrid system)의 3유형으로 구분된다. 앞에서는 정량주문방식을 중심으로 설명하였다. 그러나 항공, 해운 등 수송편이 특정한 날짜에만 정기적으로 왕래하는 경우나 여러 가지 품목을 묶어서 함께 주문하는 경우에는 ROP를 이용할 수 없으므로 정기주문방식을 적용한다.

정기주문방식을 택한다면 안전재고가 어떻게 될까? 단위기간당 수요의 분포가 평균 R, 표준편차 σ_r이고, 지연기간이 L, 정기적으로 발주하는 간격 즉 재고보충 사이클의 길이가 K라면, 안전재고의 계산식은 다음과 같다.

$$I_S = z \times \sigma$$

$$\sigma = \sqrt{K+L} \times \sigma_r$$

5. 단일기간 재고 모형

일간신문, 도시락, 상하기 쉬운 식품, 크리스마스 장식 등은 아주 짧은 기간에만 유통된다. 다음 기간으로 재고 이월을 할 수 없으므로 팔다가 남은 물건은 세일가격으로 처분하거나 폐기처리를 해야 한다. 몇 개를 주문(또는 생산)할 것인가? 시즌 동안의 수요(D)와 비용관계가 주문량(Q) 결정에 영향을 줄 것이다. 이러한 의사결정 문제를 설명해주는 것이 바로 단일기간 재고모형이다. 관련 비용은 다음과 같이 정의한다.

- 이득(Benefit, B): '재고<수요'일 때 발생하며, B=(판매가격-구입가격)(D-Q)
- 비용(Cost, C): '재고>수요'일 때 발생하며, C=(구입가격-처분가격)(Q-D)

만일 판매가격이 7만원, 구입가격이 5만원, 시즌이 지난 잔품은 2만원에 처분을 한다면, 30개를 주문하는 경우,

- D=40개 → 이득 B=(7만−5만)(40−30)=20만원
- D=25개 → 비용 C=(5만−2만)(30−25)=15만원

등으로 계산하면 된다. 모든 가능한 D(시즌 동안의 수요량)값을 고려하고 모든 선택 가능한 주문량을 열거하면서 위와 같은 계산을 한 다음 득실을 따져 최선의 결정을 하기는 무척 번거로운 일이다. 따라서 다음과 같은 최적조건을 이용하는 것이 편리하다. 최적 주문량을 Q^*라고 하면,

$$P\{D \le Q^*\} = \frac{B}{B+C}$$

여기서 좌변의 확률기호 $P\{D \leq Q^*\}$는 Q^*까지의 누적확률을 의미한다.

겨울 파카를 주문하는 예를 생각해보자. 파카 구입단가는 7만원, 판매가격은 14만원이다. 계절이 지나 잔품이 생기면 4만원에 세일을 해야 한다. 시장조사 결과 표 6-5와 같은 수요분포가 확인되었다면 주문할 수량은?

표 6-5 파카 수요의 분포

수요 D	21	22	23	24	25	26	27	28	29	30	31	32	33	34	35
확률 %	3	4	5	8	10	15	12	10	9	6	5	4	4	3	2
누적확률	3	7	12	20	30	45	57	67	76	82	87	91	95	98	100

이 문제에서 $B=14-7=7$만원, $C=7-4=3$만원이므로 $B/(B+C)=0.7$이다. 표 6-5의 누적확률 중에는 정확히 0.7(즉 70%)되는 지점이 없으나, 최적조건의 부등호가 $D \leq Q^*$이므로 70%를 넘는 첫 번째 수량인 29를 선택한다.

6.4 재고이론을 응용한 프로세스 혁신

1. 집중관리와 분산관리

같은 품목을 여러 지역의 창고들에 분산하여 저장하는 방법과 한 곳에 집중하여 저장하는 방법을 비교해보자. 집중관리는 적은 안전재고로 같은 수준의 서비스를 할 수 있다는 장점이 있다.

두 지역의 수요가 똑같이 평균 100개, 표준편차 10개일 때 서비스 수준을 99%로 잡는다면, 분산관리의 안전재고는 $z\sigma=(2.33)(10)=23.3$ 즉, 2개소의 안전재고는 46.6이 된다. 집중관리를 한다면 $z\sqrt{2}\times\sigma=(2.33)(1.41)(10)=32.9$로 줄어든다. 일반적으로 n개소의 창고를 한 곳으로 통합하면 $(1/\sqrt{n})$로 안전재고 비용을 줄일 수 있다.

그러나 안전재고 외의 장단점도 생각해야 한다. 집중구매를 하면 재고량 축소, 구매업무의 전문화, 대량구매의 경제성, 표준화 등의 장점을 얻을 수 있으나 수송비용, 배달시간, 지역의 특정수요에 대한 배려, 고객관계 면에서 불리하다. 최근에는 물류체제의 혁신, e-Procurement 시스템 등의 보급으로 이러한 장단점에 대해서도 다시 검토해야 할 때가 되었다.

2. 가상적 집중화 전략

물자는 각 지역에 분산 저장하되 관리는 통합적으로 조정・통제하여 집중관리와 같은 효과를 얻자는 것이 가상적 집중화(virtual centralization) 전략이다. 이때 안전재고는 집중관리에서와 같이 적게 보유하되 각 지역에 적절히 분산저장할 수 있다. 가상적 집중화를 하기 위해서는 수요의 위치와 수요량, 재고의 위치와 재고량 등의 정보를 상세하게 실시간으로 수집・공유할 수 있어야 하며, 저비용의 신속한 수송수단을 갖출 수 있어야 한다.

월마트는 지리적으로 널리 퍼져 있는 점포들을 인공위성 통신시스템으로 연결하여 수요와 재고량에 관한 POS 데이터를 전송하고 자체 트럭군단을 운영하여 점포 간의 수송을 신속화 하였다. 기계공구를 취급하는 Okuma America사는 북캐로라이나 샤로트에 소재한 창고들과 남북 미주지역 46개 분배센터들을 연결하는 네트워크로 창고별 품목별 가용량 정보를 공유하게 한다. 채널 구성원들은 원하는 품목을 직접 거래로 주고받을 수 있다.

3. 전문화 전략

다양한 품목을 보관하는 다수의 창고를 분산 운영하되 안전재고는 품목별로 한 곳에만 집중 보관하는 것이 전문화 전략이다. 이렇게 하면 안전재고량을 적게 잡을 수 있다. 안전재고를 보관할 장소는 그 품목에 대한 수요가 높은 지역으로 선택한다. 예를 들어서 A와 B, 두 가지 상품을 보관하는 창고가 갑, 을 2개소에 있다고 하자. 갑지역은 B보다 A의 수요가 크고 을은 B의 수요가 크다면, A의 안전재고는 모두 갑지역에, B의 안전재고는 모두 을지역에 모아서 저장한다. 만일 안전재고가 필요한 상황이 발생했는데 그 재고가 타 지역에 있다면 그 곳에서 실어오도록 하면 될 것이다.

4. 차별화지연 전략

의류 생산업체인 베네통에서 시작한 전략이라고 한다. 베네통은 청, 적, 녹색의 드레스를 만드는데, 원단 염색에 1주일, 드레스 제작에 1주일이 소요되고 따라서 각 컬러의 수요를 최소한 2주일 전에 예측해야만 했다. 베네통은 방법을 바꿔 모든 드레스를 백색으로 제작한 다음 염색을 함으로써 각 컬러의 수요는 1주일 전에 예측해도 되도록 염색공정을 지연시켰다. 이를 차별화지연(delayed differentiation 또는 postponment) 전략이라 한다.

예측기간이 짧을수록, 그리고 예측대상을 총괄할수록 예측의 정확성은 높아진다. 3색의 드레스 수요를 색별로 예측하는 것보다 흰색 드레스로 총괄하여 예측하면 수요의 변동폭(즉 표준편차) 감소라는 효과를 얻을 수 있다. 이러한 총괄 방식은 사실 오래 전부터 대부분의 기업들이 생산계획을 수립할 때 제품 패밀리(또는 제품계열)별로 묶어서 다루어온 관행이기도 하다.[10)]

휴렛패카드 사례도 흔히 언급된다. 휴렛패카드는 전압이 110V, 220V 두 가지인 시장을 상대할 때 이 전략을 이용했다. 즉 미국과 유럽에 프린터를 수출하기 위해 최종조립단계인 전압 관련 장치의 조립을 의도적으로 생략하여 유통업자들이 조립하도록 했고 이러한 지연전략을 더 확대하여 컬러 프린터와 흑백 프린터의 차별화도 판매시점에서 소비자가 장치할 수 있도록 하였다.

차별화지연 전략은 뜻하지 않게 물류혁명을 촉진시키고 세계적인 종합물류회사들의 급성장을 가져왔다. 과거에는 물류라고 하면 수송, 저장, 포장, 배달 기능 등에 국한되었으나 제조기업들이 차별화지연 전략을 택하자 물류회사들이 생산기능의 일부(가공, 조립, 설치, 서비스)를 떠맡게 된 것이다.

10) 제품 패밀리별로 총괄하여 월별로 작성하는 생산계획을 총괄생산계획(Aggregate Production Planning)이라 부른다.

서비스 프로세스

서비스 프로세스는 대체로 무형적인 산출을 공급하며, 재고보유가 곤란하며, 품질을 측정하기 어려우며, 고객이 인수하기 전에 품질수준을 미리 확인하기 어렵고, 서비스 결과에 어떤 결함이 생겼을 때 원상회복을 하기 어렵다는 등의 특징을 갖는다.

고객들은 일반적으로 공장의 생산 프로세스에 대해서는 관심이 적으나 서비스 프로세스에 대해서는 많은 관심을 갖는다. 본 장에서는 서비스 프로세스의 처리능력과 수요관리, 대기문제, 서비스 품질의 측정방법, 그리고 최근 그 중요성을 더해가고 있는 고객관계관리(CRM) 프로세스의 개선문제를 다루기로 한다.

7.1 서비스 프로세스의 능력과 수요관리

능력관리(capacity management) 면에서 제조 프로세스와 서비스 프로세스는 크게 다르다. 제조업은 재고를 이용할 수 있기 때문에 시설, 인력 등의 규모와 처리능력을 합리적으로 절약하면서 수요의 변동에 대응할 수 있으나, 서비스업의 경우는 재고 활용이 어려우므로 더욱 세심한 능력관리 대책을 마련해야 한다. 처리능력이 부족하면 아무리 서비스를 잘 할려고 해도 마음같이 되지 않고 고객은 기다리기에 지치거나 불평이 누적될 것이다.

TARP(Technical Assistance Research Programs)[11]의 발표자료를 보면, 장비임대업의 경우, 서비스 품질 문제로 인한 수익기회 손실이 매우 크다. 즉, 문제를 경험한 고객 240명을 조사한 결과, 그 중에서 30%가 불평을 표시하지 않고 침묵했으며 침묵자의 80% 즉, 240×0.3×0.8=58명이 이탈했다. 불평을 표시한 70%의

11) http://www.tarp.com

경우는 회사의 원상회복 노력에 대해 50%가 만족했으며 그 중 10%인 8명(=240×0.7×0.5×0.1)이 이탈했다. 원상회복 노력에 대해 불만족한 50% 중에서는 70% 즉 59명(=240×0.7×0.5×0.7)이 이탈했다. 따라서 이 회사는 240명 중 총 125명의 고객을 빼앗긴 것이다. 이 회사는 고객 1인당 연간 2천 달러의 수익을 올리고 있으므로 결국 1,250,000 달러의 수익 기회를 상실한 것이다.

한편, TARP는 이동통신사업체의 고객경험과 충성도의 관계를 <표 7-1>과 같이 보고하고 있다. 충성도는 주로 이탈이나 재구매 의도로 측정한다. 이 표를 보면, 고객이 불평을 표시한 후 이를 완벽하게 처리했을 때 가장 재구매 의도가 높아진다는 것이다.

표 7-1 고객경험과 충성도

고객 경험	재구매 의도
"서비스에 문제가 없었음"	88%
"불쾌한 문제 경험"	71%
"불평 후 서비스 실패"	47%
"불평 후 완벽한 처리"	92%

1. 수요관리와 수확관리

서비스업에서 흔히 활용하는 수요관리, 수확관리, 예약 오버부킹 등에 대하여 생각해보자. 이러한 방법들은 반드시 서비스업에만 필요한 것은 아니다. 서비스 기능은 사실상 모든 업종, 모든 조직에 존재하고 특히 비즈니스 프로세스의 혁신에 있어서 매우 중요한 위치를 차지하기 때문에 다음의 내용을 이해하고 적극 활용할 필요가 있다.

(1) 수요 자체를 조절하는 방법

일정한 설비능력으로 변덕스러운 수요에 대응해야 하는 서비스 기업에게는 '수요량 변동의 평준화'가 우선 생각할 수 있는 대응방법이다. 서비스 기업들은 주로 예약, 가격 조정, 수확관리 등의 방법을 이용한다. 시간예약(appointment)은 의사, 변호사, 컨설턴트 등 전문직 서비스에서, 공간예약(reservation)은 호텔 룸, 비행기 좌석 등 공간을 제공하는 서비스에서 흔히 사용되는 용어이다. 식당들은 점심

스페셜, 조식특별메뉴, 주말스페셜 등의 명칭으로 가격에 민감한 고객층을 겨냥하거나 수요가 적은 시간대를 메우려고 노력한다. 수확관리에 대해서는 아래에 별도로 설명하기로 한다.

(2) 동시화(synchronization)

은행이나 우체국의 창구에서는 대기하는 손님 수에 따라 업무처리 속도를 다소 조절하는 현상을 볼 수 있다. 많이 밀리면 빠르게 하고 손님이 적으면 보다 친절하게 천천히 처리한다. 대기행렬의 길이가 정해진 상한선에 도달하면 그 후로 도착하는 손님은 되돌려 보내는 경우도 있다. 이와 같은 조절은 동시화의 가장 초보적인 형태들이다.

보다 체계적인 그러나 단기적 대책은 시간대에 따라 근무자나 창구의 수를 달리하는 것인데 고속도로 톨게이트, 슈퍼마켓 계산대, 콜센터 등에서 흔히 볼 수 있는 방법이다. 그렇게 하기 위해서는 여유 인력·자원을 수요가 적은 시간대에도 활용할 수 있도록 계획해야 한다. 바쁜 시간에만 일할 파트타임 직원을 채용하면 해결되나 숙련문제 등을 고려해야 한다.

직원들을 1인 다기능으로 훈련시켜 '유연노동(flexible labor)'으로 전환하고 시간대별로 한가한 부서에서 바쁜 부서로 옮기도록 하는 방법도 있다. 이를 자원 풀링(pooling)이라 한다.

풀링 방식을 적용하기 위해서는 다기능 숙련을 위한 교육훈련비를 부담해야 하고, 일감(또는 고객)이 얼마 이상 몰릴 때가 재배치 시점인지, 재배치 결정은 누가 하는지 규정하는 방침을 공식화해야 한다. 예컨대 어떤 식품점에서는, "계산대에 4인 이상이 줄을 서면 즉시 계산대를 추가로 오픈한다."는 규정을 매장에 게시해놓고 있다.

장기적인 안목으로 보면 효과적인 동시화 방법을 발견할 수 있다. 콜센터, 은행, 패스트푸드점 등의 경우, 요일별, 시간대별 수요가 거의 일정한 패턴으로 나타나는 것을 볼 수 있다. 상당히 정확하게 예측할 수 있는 것이다. 따라서 이러한 시간별 특징을 고려하여 재료 구매, 조리실 가동, 개점, 청소, 배치, 설거지, 휴식 등의 주요 일정을 일치시키는 것이다.

부품을 납품하는 중소기업들이 그 부품의 작업시간을 미리 알아서 적기 배달하는 것, 물류분야의 크로스 도킹(cross docking) 등은 기업간 동시화의 좋은 예들이다.

(3) 수확관리(yield management)

수확관리의 개념은 농업에서 유래되었다. 일정한 크기의 경작지가 주어져 있을 때 웅달 자투리 땅도 놀려두지 말고 어떤 작물을 어디에 심어서 전체 경작지의 수확 또는 총수입을 최대화하는가 하는 문제가 바로 수확관리의 핵심이다. 서비스업의 경우는 특히 고정비가 높고 변동비가 낮은 업종, 예컨대, 호텔, 리조트, 항공사, 렌트카, 헬스센터 등에서 수확관리가 중요하다.

빈 좌석이 있는데도 비행기가 이륙하면 그 빈 좌석에 해당하는 수익은 영원히 날아간다. 빈 좌석은 헐값에 처리해도 그만큼 남을 것이다. 항공사들은 좌석 등급에 따른 가격 차별화, 역경매(reverse auction), 예약제, 오버부킹 등의 수단을 총동원한다. 가격 차별화로 총수익을 극대화하려면 각 등급에 대한 정확한 수요예측이 필요할 것이다. 요즘은 계절별 가격조정은 물론이고 탑승 장소에 따른 가격할인도 드물지 않은 일이 되었다.

2. 오버부킹 의사결정

예약은 수요를 조정하는 중요한 방법이다. 그런데 예약한 고객이 약속시간에 나타나지 않는 취소(no-show) 상황이 발생하면 기업은 곤란을 겪게 된다. 따라서 가용한 좌석(또는 룸) 수보다 더 예약을 받는 오버부킹(overbooking) 방법으로 대비하는 관행이 특히 취소율이 높은 업계에서 널리 이용되어왔다.

항공업계의 경우, 고객들은 몇 개월 전부터 여러 항공편을 미리 예약해두었다가 여행계획을 확정하면서 하나를 최종 선택하는 경향이 있다. 그런 고객들은 취소통보를 해주지 않거나 당일에야 통보한다. 최근에는 할인가격으로 예약하면 환불을 해주지 않는 등 취소방지책이 나왔으나 이 경우에도 항공사는 전보다 많은 할인판매를 하게 되어 결과적으로 손실을 보는 것이다. 이와 비슷한 사례는 호텔, 리조트 등에서도 흔히 찾아볼 수 있다.

여하튼 오버부킹은 필요악이다. 그리고 좌석(또는 룸) 몇 개를 오버부킹할 것인가 하는 까다로운 의사결정 문제를 동반하게 된다. 만일 항공사가 2인분을 오버부킹했는데 예약 손님 중 1명만 취소했다면 결국 1명은 비행기를 타지 못하게 될 것이다. 이와 같이 고객의 의사와 무관한 탑승 거부를 범핑(bumping)이라 한다. 기업 측은 범핑을 당한 고객에게 어떤 형태든 추가비용을 지불해야 한다.

사례 미국 교통부의 항공여행 소비자 보고서에 의하면, 1998~99년에는 승객 1만 명당 범핑율이 0.88이었으나 2000년에는 1.04로 증가했다. 환불이 안 되는 할인티켓 판매가 많아졌지만 취소할 수 있는 정상가격 티켓도 여전히 많이 팔린다. 취소율은 줄지 않고 있다. 만일 승객이 스스로 다음번 비행기를 타겠다고 자청하면 범핑 문제가 생기지 않을 것이다. 그러나 자청하게 만들려면 인센티브를 제공해야 한다. 법적으로는 다음 번 비행기 좌석을 확보해주는 것으로 책임이 면제된다. 만일 다음 번 비행기가 다음 날 가능하다면 숙박시설과 식사를 제공해야 한다. 그러나 그 이상의 배상책임은 없다.

델타항공사는 1999년에 업계 최악의 범프 통계치인 15,607건(1만 명당 1.53)을 기록했다. 그 다음 해, 델타는 3,327건(1만 명당 0.33)으로 대폭적인 개선결과를 과시했다. 그 동안 무슨 극적인 변화가 있었을까? 델타는 이른바 "델타 달러"라는 아주 탄력적인 프로그램을 시작했던 것이다. 탑승구 책임자에게 전권을 위임하여 만일 스스로 다음 비행기를 타겠다고 나서는 사람이 있다면 $250~$1,000 범위의 사례금을 지불하도록 한 것이다. 델타는 역경매 방식으로 그 금액이 결정되도록 했다.

출처: "Not All Bumps Painful", *Cincinnati Enquirer*, May 20, 2001.

가상적인 예를 가지고 오버부킹 관련 계산을 해보자. 천국호텔은 예약고객들이 당일 취소하는 사례가 증가하고 있어 고민이다. 근처에 새 호텔들이 여럿 들어섰기 때문에 여행객들이 현지에 와서 보고 새 호텔로 가버리는 경우가 많다고 판단된다.

천국호텔 사장은 적극적으로 오버부킹 방법에 의해 대응하기로 결심했다. 작년도 취소율은 1일 평균 1.56건이었으며 365일 간의 도수분포는 아래와 같다. 취소로 빈 방이 생기면 건당 89,000원의 판매 기회손실이 발생한다. 오버부킹으로 예약손님을 거절하는 범핑 상황이 발생하면 기업윤리 문제나 평판 실추로 그 이상의 손실이 발생할 것이라 판단한다.

범핑 대상 고객이 생기면 다른 호텔에 긴급 문의하여 안내하고 차액을 배상하기로 하는 호텔 간 업무협약을 체결했다. 이웃 호텔들은 고급호텔이라 천국호텔은 범핑 건당 110,000원을 지불해야 한다.

표 7-2와 같은 데이터를 토대로 최적의 오버부킹 범위(즉, 초과예약 룸 수)를 계산해보면, 룸 1개만 오버부킹하는 경우(표 7-3)의 기대비용이 룸 2개를 오버부킹하는 경우(표 7-4) 보다 적으므로 최적의 오버부킹 범위는 1이 된다.

표 7-2 오버부킹 의사결정을 위한 기초자료(예)

취소 수	0	1	2	3	4	5	계
도수	152	88	55	39	26	5	365
상대도수	0.42	0.24	0.15	0.11	0.07	0.01	1.00

표 7-3 룸 1개를 오버부킹하는 경우

취소수	확 률	공실 수	판매 기회손실	범핑 수	범핑의 기대비용
0	0.42	0	0.42(0)=0	1	0.42(110)=46.2
1	0.24	0	0.24(0)=0	0	0
2	0.15	1	0.15(89)=13.35	0	0
3	0.11	2	0.11(178)=19.58	0	0
4	0.07	3	0.07(267)=18.69	0	0
5	0.01	4	0.01(356)=3.56	0	0
계			55.18		46.2

표 7-4 룸 2개를 오버부킹하는 경우

취소수	확 률	공실 수	판매 기회손실	범핑 수	범핑의 기대비용
0	0.42	0	0.42(0)=0	2	0.42(220)=92.4
1	0.24	0	0.24(0)=0	1	0.24(110)=26.4
2	0.15	0	0.15(0)=0	0	0
3	0.11	1	0.11(89)=9.79	0	0
4	0.07	2	0.07(178)=12.46	0	0
5	0.01	3	0.01(267)=2.67	0	0
계			24.92		118.8

7.2 대기의 분석

서비스 프로세스는 일반적으로 인프로우(inflow)와 처리시간, 양면에서 상당한 변동성(variability)을 포함한다. 변동성은 고객의 대기, 지체, 불만을 가져오고 프로세스의 성과를 떨어트린다. 관리자는 처리능력 즉 인력과 설비능력의 활용도를 높이는 동시에 대기시간 단축 등 서비스 성과도 높여야 한다. 이는 두 마리 토끼를 동시에 잡는 것처럼 까다로운 일이다. 대기행렬이론(Queuing Theory) 분야의 전문가들은 "처리능력과 변동성을 동시에 적절히 관리해야 한다."고 조언한다.

1. 대기행렬 프로세스의 특징과 주요 척도

원재료를 투입하여 제품을 생산하는 프로세스에서는 원재료, 재공품, 완제품 재고가 곳곳에 쌓이고 이러한 재고로 인하여 기업은 재고유지비용을 부담한다. 그러나 재고는 제조공정의 진행을 원활히 해주는 완충적 역할도 한다.

서비스 프로세스의 경우는 서비스를 받고자 하는 고객들이 도착하여 서비스를 받고 떠나게 되는데 이 경우에도 재고 비슷한 형태 즉 고객들의 대기행렬이 나타난다. 대기행렬이 기업에게 주는 영향도 재고의 경우와 유사하다. 기업은 과도한 대기행렬로 고객불만, 고객상실이라는 비용을 부담한다.

그러나 대기행렬을 아주 없애는 것이 항상 바람직한 것은 아니다. 고객들의 도착이 매우 불규칙하거나 계절수요 등 피크타임 혼잡이 불가피한 사업도 있다. 서비스 프로세스의 내용을 정리해보면 다음과 같다.

- 프로우 단위는 '고객' 또는 '도착(arrival)'이라 칭한다.
- 서비스 작업을 담당하는 자원 풀 내의 자원을 서버(server)라고 한다.
- 투입장소의 재고를 대기행렬(queue 또는 waiting line)이라 한다.
- 발생 가능한 고객 프로우의 유형은 다음 세 가지이다.

① 저지(block): 대기공간이 부족하여 입장도 못하고 바로 떠난다.
② 포기(abandon): 대기행렬에 들어와 기다리다가 포기하고 떠난다.
③ 처음부터 끝까지 전과정을 거쳐 서비스를 받고 떠난다.

서버의 수와 서비스 단계의 수는 서비스 시스템의 구조를 결정하는 중요한 변수가 된다. 아래의 설명에서는 단일단계(single-phase)에 국한하기로 한다. 단일단계 프로세스에서는 모든 서버들이 동일한 작업을 하므로 하나의 자원 풀로 보면 된다. 대기행렬 프로세스의 주요 지표를 각각 기호와 함께 정의하면 다음과 같다.

표 7-5 대기행렬 시스템의 주요 지표

도착	R_i=평균도착률(단위시간당 고객 수) $1/R_i$=도착 간의 평균간격(시간)
처리 (서비스)	T_p=평균처리시간 $1/T_p$=평균서비스율(단위시간당 처리 수)
대기행렬	T_i=대기행렬에서 기다린 평균시간 $T=T_i+T_p$ I_i=대기행렬의 평균길이 I_p=서비스를 받고 있는 고객의 수 $I=I_i+I_p$
능력	c=서버의 수 $R_p=c(1/T_p)$=서버 전원의 처리능력 합계 $R_s=R_p-R_i$=여유능력 $R/R_p=RT_p/c=\rho$=처리능력 활용도

어떤 고객도 저지되거나 포기하지 않는다면 $R_i=R$이 된다. 이런 경우 여유능력은 $R_s=R_p-R_i=R_p-R=R_p-\rho R_p=(1-\rho)R_p$가 된다. 앞에서 소개한 리틀의 법칙을 적용하면, $I_i=RT_i$, $I_p=RT_p$, $I=RT$라는 사실도 이후의 분석에서 매우 유용할 것이다.

2. 변동성, 활용도, 자원의 영향

도착간격과 서비스(처리)시간이 모두 일정하다면 $\rho=(R/R_p)<1$이라는 조건에서 대기행렬은 만들어지지 않고 모든 고객은 도착 즉시 서비스를 받을 수 있다. 그러나 도착간격이나 서비스시간이 확률적으로 변동한다면 $\rho<1$ 즉 처리능력이 도착률보다 커도 대기행렬이 생긴다.

변동성의 크기를 표준화된 값으로 나타내기 위해 표준편차를 평균으로 나눈 변동계수(coefficient of variation)를 이용하기로 한다. 도착간격의 변동계수를 C_i, 서비스시간의 변동계수를 C_p라고 하면, 대기행렬의 평균길이 I_i는 다음과 같은 공식에 의해 계산할 수 있다.

$$I_i=A\times B=\{\rho^r/(1-\rho)\}\times\{(C_i^2+C_p^2)/2\},\ r=[2(c+1)]^{1/2}$$

이 식은 호프와 스피어먼(Hopp & Spearman, *Factory Physics*, 1996)이 만든 식인데, 서버의 수와 변동계수에 따라 다양한 상황에 적용할 수 있어 편리하다. 이 식에서 'A'부분은 활용도 ρ의 증감에 따라 대기행렬이 증감하는 효과(utilization effect)를 의미하며, 'B'는 변동계수의 증감에 따라 대기행렬이 증감하는 변동성 효과(variability effect)를 의미한다. 대기행렬 길이는 이 두 가지 효과의 곱으로 결정된다는 것이다.

서버의 수(c)가 1이고, 도착간격과 서비스시간이 지수분포(negative exponential distribution)에 따라 발생한다면, 지수분포의 변동계수는 항상 1이므로, $I_i=\rho^2/(1-\rho)$이 된다. c=1인 경우에는 근사식이 아니라 정확한 답이 얻어지나, c>1인 경우에는 호프-스피어먼 공식을 적용하면 근사값이 나온다. c=1인 경우의 식 $I_i=\rho^2/(1-\rho)$를 이용하여 실제로 계산을 해보자. 만일 평균도착률 R_i=20명/hr(즉, 1분에 1/3명), 평균서비스시간 T_p=2.5분(즉, 시간당 24명)이고 저지와 중도포기가 일체 없다면,

ρ=20/24=83.33%…능력 활용도

$I_i=\rho^2/(1-\rho)$=4.17명…대기행렬의 평균 길이

$I_p=RT_p$=(1/3)(2.5)=0.83명…서비스를 받고 있는 고객의 수

$I=I_i+I_p$=5명…대기고객과 서비스를 받고 있는 고객의 합계

$R_s=R_p-R_i$=4명/시간…여유능력

등의 주요 지표값을 쉽게 계산할 수 있다. 이와 같이 여유능력을 갖는 경우라도 도착간격과 서비스시간이 일정하지 않고 변동성이 존재하기 때문에 대기행렬이 길어져 평균 4.17명이나 된다.

만일 고객들이 자기 수입에 의해 시간의 가치를 평가하고 있는데 평균수입이 시간당 1만 8천원(1분에 300원)이라고 가정하면, 평균대기시간이 $T_i=I_i/R$=(4.17)/(1/3)=12.5분이므로 12.5×300=3,750원이 된다. 금액도 문제지만 고객들의 심리적 스트레스는 더 큰 문제가 될 수 있다.

대기행렬을 줄이고 대기시간을 단축하는 것은 프로세스 관리자의 중요한 성과목표가 된다. 이번에는 활용도(ρ)와 여유능력(R_s)이 성과에 미치는 영향에 대해서

생각해보자. 호프-스피어먼 공식을 통해, 활용도를 낮추면 대기행렬의 길이가 감소한다는 것을 알 수 있다. 그런데 여유능력은 $R_s=(1-\rho)R_p$이므로, 활용도를 낮추거나 처리능력 R_p를 증가시킴으로써 여유능력을 증가시킬 수 있다.

따라서, R_p를 증가시킴으로써 여유능력을 증가시켜(즉, 활용도는 낮추어) 대기행렬의 길이를 줄일 수 있다. $R_p=c(1/T_p)$이기 때문에, R_p를 증가시키는 방법으로는 서버의 추가배치(c 증가), 처리속도 향상(T_p 감소) 등을 생각할 수 있다. 그러나 인력, 자동화, 기술혁신 등 추가적 투자가 필요할 것이다.

$\rho=R_i/R_p$이기 때문에, 도착률 R_i를 감소시키는 것도 하나의 방책이 된다. 기업들은 실제로 예약제, 차별가격제 등의 방법으로 수요의 진폭을 관리하고자 노력한다. 그러나 수요 즉 고객 도착은 경영자의 통제 속에 완전히 들어올 수 없는 것이므로, 성과목표 및 투자 문제와 함께 종합적으로 고려할 필요가 있다.

표 7-6 처리시간의 변화에 따른 성과지표의 변화

평균도착률 R (명/분)	0.333	0.333	0.333	0.333	0.333
평균처리시간 T_p (분)	2.5	2.6	2.7	2.8	2.9
활용도 ρ	0.833	0.866	0.899	0.932	0.966
여유능력 $R_s=(1/T_p)-R$	0.067	0.052	0.037	0.024	0.012
평균 대기행렬길이 I_i	4.155	5.597	8.002	12.774	27.446
평균 대기시간 $T_i=I_i/R$ (분)	12.5	16.8	24.0	38.4	82.4

표 7-7 도착률의 변화에 따른 성과지표의 변화

평균도착률 R (명/분)	0.333	0.346	0.360	0.373	0.386
평균처리시간 T_p (분)	2.5	2.5	2.5	2.5	2.5
활용도 ρ	0.833	0.866	0.899	0.932	0.966
여유능력 $R_s=(1/T_p)-R$	0.067	0.054	0.040	0.027	0.014
평균 대기행렬길이 I_i	4.155	5.597	8.002	12.774	27.446
평균 대기시간 $T_i=I_i/R$ (분)	12.5	16.2	22.2	34.2	71.1

경영자는 데이터와 분석결과를 충분히 활용해야 한다. 고객 도착률과 처리시간(속도)의 변화에 따른 성과지표의 변화를 추적해보자. 표 7-6은 도착률을 고정하고 처리시간을 조금씩 증가시키면서 각종 지표의 변화를 보여준 표이며, 표 7-7

은 처리시간을 고정하고 도착률을 조금씩 증가시키면서 지표의 변화를 추적한 것이다.

이 두 가지 표에서 활용도는 똑같은 크기로 변동하도록 하여 두 표를 상호 비교할 수 있도록 하였다. 요컨대, 활용도가 1에 가까워짐에 따라 대기행렬의 길이와 대기시간이 급격하게 증가한다는 점을 두 표에서 공통적으로 확인할 수 있다.

앞에서는 서버의 수 c=1로 정하고 계산을 하였다. 만일 동일한 능력의 서버 하나를 추가하여 c=2가 된다면 성과지표들이 어떻게 달라질까? 두 서버를 독립적으로 운영하여 도착하는 고객들이 2개의 대기행렬로 입장하게 한다면, 도착률이 반으로 줄게 되어,

$R_i=10$, $\rho=10/24=0.417$, 따라서 $I_i=0.298$, $T_i=I_i/R_i=1.79$분

이 된다. 그러나 이 방법밖에 없을까? 두 서버를 하나의 풀(pool)에 넣어 공동작업을 하게 할 수 있다. 그렇게 하면 $R_i=20$, $R_p=48$이 된다. 만일 호프-스피어먼 공식을 적용한다면 $I_i=0.201$로 계산된다. 이것은 근사값이다. 정확한 계산을 하고 싶다면 아래와 같은 대기행렬 시스템 방정식을 이용해야 한다. 일반식은 다소 복잡하므로 경영과학 분야의 교과서를 참고하기 바란다. c=2인 경우의 방정식은 다음과 같이 비교적 간단하다.

$$P_0=[(1+\rho)+\rho^2/\{2(1-\rho/2)\}]^{-1}$$

$$I_i=(P_0)(\rho^3)/[(2-\rho)^2]$$

여기에 $\rho=0.833$을 대입하면, $I_i=0.175$가 되며, 따라서 $T_i=I_i/R_i=0.525$분이다. 서버의 수가 둘 이상일 때는 일반적으로 풀(pool) 방식이 더 우수한 성과를 가져온다. 왜 그럴까? 서버들을 각각 독립적으로 운영하면 각 서버의 여유능력이 통합적으로 활용되지 못한다. 예를 들면 어떤 서버는 일감이 없어서 쉬고 있으면서도 이웃의 바쁜 서버를 돕지 못하게 되는 것이다.

3. 대기의 심리적 측면

대기 고객들의 심리적 측면을 규명하여 대응책을 준비하는 것은 매우 흥미 있는 연구과제이다. 사람들은 똑같은 시간의 길이에 대해서 경우에 따라 다르게 지각한다. 몇 가지 교훈적 사례를 살펴보자.

(1) 고객을 항상 바쁘게 하라(Keep customers busy)

고객들이 시간을 낭비한다는 생각이 들지 않도록 해야 한다. 빌딩 엘리베이터 근처에 거울을 부착하여 엘리베이터를 기다리는 동안 거울을 보며 지루함을 잊게 한 사례는 이미 고전에 속한다. 기다리는 동안에 TV 시청, 야외 공연, 서비스 관련 서류 작성 등, 바쁘게 만드는 방법은 많다.

(2) 고객에게 정보를 주어라(Keep customers informed)

시스템의 진행상황을 이해하면 대기시간에 대한 부정적 시각을 없앨 수 있다. 현재 상태로 나는 몇 번째인가, 얼마 후에 서비스를 받을 수 있나, 등을 알려주는 것이다. 어떤 레스토랑은 입구 대기실에서 번호표를 나누어주고 입장 가능 시간을 알려준다. 그 동안 근처의 상가에서 시간을 보낼 수도 있다. 그러나 전화 통화 대기의 경우는 대개 아무런 정보가 없어 답답하다. 회사에 전화를 걸어온 고객들이 담당자를 바꿔주기까지 기다리는 일은 흔하다. 플로리다 전력회사의 경우, 고객들은 아무 정보도 없으면 전화기를 든 채 94초까지 기다리지만 안내원이 사정을 설명해주면 199초까지 기다려준다고 한다.

(3) 고객을 공평하게 대하라(Keep customers fairly)

대기과정이 투명하고 공평하면 불만이 줄어든다. 식당의 손님들은 자기보다 나중에 온 사람이 먼저 음식을 먹는 경우가 생기면 매우 불쾌하게 생각한다. 테마파크에서는 흔히 기다리는 장소를 로프로 연결하여 공평한 순서의 이행을 강제한다. 슈퍼마켓에서 수십 가지 품목을 한 차 가득 구입한 손님과 1~2개의 품목만 구입한 손님을 같은 줄에 세워 계산하는 것은 공평한가? 어떤 슈퍼마켓은 3개 이내의 품목만 구입한 경우 빨리 계산할 수 있도록 별도의 계산대를 운영한다.

(4) 서비스 시작을 앞당겨라(Start the service as soon as possible)

대기 도중에 서비스가 시작될 수 있도록 한다. 디즈니랜드 Epcot 센터의 가상 우주선여행실은 언제나 초만원이다. 대기실에는 모의 운전석이 설치되어 있다. 대기 중인 손님들은 모의 운전석에 앉아 미리 기분을 내볼 수 있다. 기다리는 동안 이미 서비스가 시작된 셈이다.

(5) 기대시간을 앞당겨라(Exceed the customer's expectations)

생각보다 덜 기다렸다고 느끼게 만들어야 한다. "손님이 많아서 많이 기다리셔야 할 겁니다."라고 종업원이 말했는데 실제로는 금방 차례가 왔다면 매우 즐거울 것이다. 이러한 상황은 기본적으로 고품질의 서비스라는 인식, 그리고 기업이 대기시간 단축을 위해 최선을 다하고 있으며 이를 고객이 신뢰할 때 가능할 것이다.

7.3 서비스 품질의 측정

서비스 품질을 측정하기 위해서는 서비스 품질에 대한 정의와 그 결정요소 등에 대한 연구가 있어야 한다. 그렇지만 서비스 품질은 주관적 요소를 포함하고 있으므로 품질의 정의나 측정이 쉽지 않다.

① 서비스 품질을 측정하려면 고객에게 물어봐야 하는데, 고객으로부터 데이터를 수집 하는 일이 시간과 비용이 많이 들며 일반적으로 회수율도 낮다.

② 자원이 서비스 전달 중에 고객과 함께 이동하는 경우에는 고객이 자원의 흐름을 관찰할 수 있다. 이런 점은 서비스 품질 측정의 객관성을 저해한다.

③ 대개의 경우, 고객은 서비스 프로세스 내에 들어와 결과에 영향을 준다. 따라서 고객을 대상으로 하는 객관적인 품질 측정이 본질적으로 어렵다.

사례 리츠칼튼호텔의 서비스 정책(종업원 예절)

모든 종업원은 내/외부 고객의 니즈를 알고 있다.
모든 종업원은 계속적으로 품질결점을 찾아낸다.
고객 불평을 접수한 종업원은 그 불평의 소유자다.
문제를 시정하기 위해 신속히 대응하라.
Smile. 항상 긍정적 시선, 손님에게 적합한 단어(표현법) 사용
길을 묻는 손님은 직접 에스코트한다.
호텔 정보를 숙지한다.

출처: 미국 국가경쟁력 평가실(www.npr.gov) 모범사례집

SERVQUAL은 파라수라만 등(Parasuraman, Zeithaml, Berry, 이하 PZB)에 의해 개발된 측정도구로서, 측정 뿐만 아니라 근본적으로 고객의 기대와 판단을 이해하고 서비스 프로세스를 개선하는 데에 실질적인 도움이 된다. PZB는 광범위한 문헌연구와 다양한 고객집단 면접을 통해 고객들이 서비스 품질을 어떤 기준과 방법으로 평가하는가를 연구하고 다음과 같은 결론을 도출하였다.

• 서비스 품질이란 '고객의 기대수준과 실제 지각 간의 차이'로 정의된다.
• 개인적 욕구, 경험, 광고, 구전, 경쟁사 등이 기대에 영향을 미친다.
• 고객들은 서비스 품질의 평가를 위해 다음의 10차원을 적용한다.
–유형성: 물리적 시설, 장비, 직원 외모, 자료
–신뢰성: 약속한 서비스를 정확하게(실수 없이) 수행하는 능력
–대응성: 고객을 기꺼이 돕고 신속한 서비스로 대응하는 능력
–능력: 필요한 지식, 기술(숙련), 능력 보유
–예절: 정중함, 존중, 배려, 친근함
–신빙성: 서비스 제공자의 정직성
–안전성: 위험, 의심의 가능성이 없는 것
–가용성: 접촉 가능성과 접촉 용이성
–의사소통: 고객이 이해하기 쉬운 언어로 말하기, 경청하기
–고객이해: 고객의 욕구를 알기 위해 노력하는 것

PZB는 탐색적 연구를 통해 서비스 품질의 개념을 정의하고 10개 평가차원을 확인한 후 측정도구 개발을 위해 통계적으로 조사·분석을 하였다. 우선 10개 차원을 97개 문항으로 만들어 표본조사를 실시했으며, 통계분석 결과 모두 5개 차원으로 재구성되었다. 유형성, 신뢰성, 대응성은 그대로 존속되었고 나머지 7개 차원은 확신성, 공감성으로 통합되었다.

신뢰성(reliability; R), 확신성(assurance; A), 유형성(tangibles; T), 공감성(empathy; E), 대응성(responsiveness; R)의 5 차원, 22개 문항을 확정한 다음 가전제품 수리업, 은행, 장거리 전화서비스, 증권 중개업, 신용카드회사 등 여러 서비스 유형에 대하여 검증하였다. 이와 같이 검증된 SERVQUAL 모형의 주요 차원은 표 7-8과 같다.

SERVQUAL 모형의 가장 중요한 특징은 서비스 품질의 갭(gap)을 다각적으로 명시해준다는 점이다. 즉, 경영자, 중간관리자, 고객창구 근무자, 고객 등 관련자들이 같은 서비스에 대해 서로 다르게 평가할 수 있으며 그러한 갭들이 어디서 얼마나 나타나는지 명시하여 프로세스 개선에 도움을 주고자 하는 것이다.

표 7-8 SERVQUAL의 주요 차원

5 차원	SERVQUAL 차원의 정의	초기연구 10차원 관련성
유형성	시설, 장비, 복장, 책자 등 모든 유형적인 요소	유형성
신뢰성	약속한 서비스를 정확하게 수행할 수 있는 능력	신뢰성
대응성	고객을 돕고 신속한 서비스를 제공하려는 태세	대응성
확신성	직원의 업무관련 지식, 숙련, 능력, 예절	능력, 예절, 안전성, 신빙성
공감성	회사가 고객에게 제공하는 개별적 배려와 관심	가용성, 의사소통, 고객 이해

광고와 업계수준까지 포함하는 확장된 갭 개념을 정리해보면 <그림 7-1>과 같다. 고객 기대와 평가(지각) 간의 차이는 갭6이고 그 크기가 결국 서비스 품질 22개 항목별로 또는 총점으로 집계된다. 갭6은 그 이전의 프로세스에서 발생한 갭1~갭5들의 영향으로 만들어지는 것이다. 갭1은 고객의 기대와 기업측(경영자)의 고객기대 인식 간의 차이를 말한다. 이는 고객 기대가 형성되는 과정에 대한 경영자의 이해 부족에서 온다.

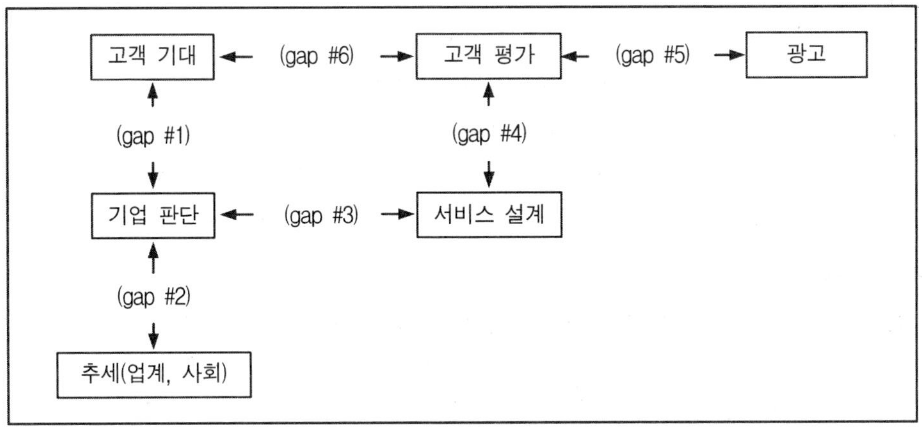

그림 7-1 서비스 품질 모형에서의 각종 갭(gap)

고객의 기대는 광고, 기업에 대한 과거 경험, 개인적 욕구, 친구와의 커뮤니케이션(구전) 등에 근거하여 형성된다. 기업은 시장조사, 경영자와 고객담당직원 간의 의사소통, 조직계층 축소, 서비스 설계자의 현장감, 업계 표준에 대한 계속적 관찰 등 갭의 원인별로 구체적인 대응을 해야 할 것이다.

고객의 기대와 지각의 불일치 정도를 통해 서비스 품질 수준을 측정하고 개선점을 찾게 해주는 도구인 SERVQUAL의 설문지는 두 부분으로 구성된다. 22개 항목으로 구성된 고객 기대 측정, 그리고 이와 똑같은 순서로 편집된 22개항의 고객 지각을 측정하기 위한 질문들이다. 문항의 일부는 긍정적 표현, 일부는 부정적 표현으로 혼합하여 무성의한 답변이 나오지 않도록 배려할 수 있다.

SERVQUAL 설문지 견본(예: 학교에 대한 '기대' 조사)

전적으로 동의하시면 숫자 7, 전적으로 동의를 안 하시면 숫자 1을 표기하시고, 그 밖의 경우에는 귀하의 느낌에 따라 1과 7사이의 숫자를 표기하시기를 바랍니다. 각 문항은 정답이 따로 없고 단지 서비스를 제공하는 조직에 대한 귀하의 기대수준을 알고자 하는 것입니다.

유형성 기대

1. 학교의 시설은 시각적으로 매력이 넘쳐야 한다.
2. 학교는 최신 장비를 갖춰야 한다.
3. 교직원은 복장과 외모가 단정해야 한다.
4. 시설, 안내 책자, 자료들은 용도에 적합하고 충실한 것이어야 한다.

신뢰성 기대

1. 학교는 언제까지 무엇을 하겠다고 약속했으면 반드시 지켜야 한다.
2. 학교는 모든 기록을 정확하게 잘 보존해야 한다.
3. 학교는 어려운 문제에 봉착한 학생에게 관심을 보이고 용기를 내게 해야 한다.
4. 학교는 약속된 시간을 정확히 지켜 서비스를 공급해야 한다.
5. 학교의 모든 서비스는 문제발생 후 수습보다 처음부터 바르게 해야 한다.

공감성 기대

1. 학교는 학생들의 개별적 애로사항에 관심을 기울이기 어렵다.
2. 학교는 학생 각자의 이해사항을 전적으로 고려해야 할 이유가 없다.
3. 학교는 학생들에게 편리한 시간을 택하여 프로그램을 운영해야 한다.
4. 교직원이 학생 각자에게 개별적 관심을 기울이도록 기대할 수는 없다.
5. 학생들의 실제필요(needs) 파악을 교직원에게 요구하는 것은 비현실적 기대이다.

반응성 기대

1. 교직원의 신속한 서비스를 기대하는 것은 비현실적인 기대이다.
2. "교직원은 항상 학생을 기꺼이 도와야 한다."는 주장은 비현실적 기대이다.
3. 교직원은 너무 바쁘면 학생의 요청을 즉각 들어주지 못할 수도 있다.
4. 정확한 서비스 시간을 미리 학생들에게 알려줄 필요는 없다.

확신성 기대

1. 학교는 신뢰감을 주는 조직이어야 한다.
2. 학교는 교직원이 업무수행을 잘할 수 있도록 적절한 지원을 제공해야 한다.
3. 학생들은 교직원의 능력을 신뢰할 수 있어야 한다.
4. 학생들은 대학과의 사무적 관계에서 안전감을 느낄 수 있어야 한다.

이어서 유형성 지각, 신뢰성 지각, 공감성 지각, 반응성 지각, 확신성 지각을 조사하는 지각(actually offer) 조사 22개 문항이 계속된다.

SERVQUAL 점수는 고객의 기대문항에 대한 응답점수와 기대문항에 상응하는 지각 문항에 대한 응답점수간의 차이로 계산된다. 또한 각 차원에 대한 가중치를 부여하면 가중(weighted) SERVQUAL 점수를 산정할 수 있다. 5개 차원 각각에 관한 서비스 품질 점수는 각 차원을 구성하는 문항들의 점수를 평균하여 구할 수 있는데, 계산결과 점수가 (-)값이면 고객의 눈에 비치는 품질문제는 부정적이라고 보아야 한다.

SERVQUAL은 고객의 서비스 품질에 대한 기대와 지각간의 격차를 항목과 서비스 차원별로 분석할 수 있게 함으로써 기업이 서비스 품질 개선을 위해 노력해야 할 핵심 차원이나 차원내의 구체적인 항목을 명확히 하는데 일차적으로 활용할 수 있다. 그 밖에도 SERVQUAL로 반복 측정함으로써 고객의 기대와 지각을 시계열적으로 비교하여 고객의 기대수준이나 서비스 평가의 추이를 살필 수 있고, 고객들의 만족도 변화에 미치는 기대와 평가의 영향이 어느 정도였는지를 확인할 수 있다.

또한 설문의 내용을 조정하면 부서간 업무협조 등 내부 서비스 품질을 측정하는 데에도 활용할 수 있다. SERVQUAL 모형의 갭(gap) 개념은 벤치마킹이나 프로세스 리엔지니어링의 중요한 입력자료가 될 수 있다.

7.4 CRM 프로세스

CRM은 고객관계관리(customer relationship management)를 뜻한다. CRM은 경영자의 본원적 과업인 동시에 CRM 응용 프로그램을 중심으로 하는 하나의 정보 시스템이기도 하다. 우리는 우선 '관계', '관계관리', '관계마케팅' 등의 개념에 대해서 생각해볼 필요가 있고 아울러 정보 시스템으로서의 CRM에 대한 개발 방향과 방법론에 대해서도 연구할 필요가 있다.

1. 고객관계의 개념

'관계'는 지금까지 기업들이 제대로 활용해오지 못한 '숨어 있는 자원'이다. 옛날의 경영자들도 물론 관계가 중요하다는 것쯤은 잘 알고 있었다. 그러나 현실적으로 관계관리를 할 수 있는 도구(시스템)가 없었기 때문에 엄두를 못 내거나 비합리적 비능률적 방법으로 일부 고객에게만 다가갈 수 있었다.

CRM의 '관계'란 본질적으로 양자간에 개인적으로 이루어지는 것을 말한다. 관계는 쌍방적, 개인적, 지속적인 것이다. 기업이 어떤 고객집단 또는 세분화된 시장을 상대로 관리할 때는 '관계관리'라는 말이 잘 맞지 않는다. 이러한 다소 특별한 개념은 대량생산·대량분배의 소비자 시장을 배경으로 하는 전통적 마케팅의 시장세분화→포지셔닝→타게팅 접근방식과도 잘 맞지 않는다. 세분시장의 평균적 고객을 대상으로 만들어진 TV 광고, 기업 대변인의 공약, 심지어는 브랜드까지도 고객관계관리의 개념과는 거리가 멀다.

고객들은 각자가 특별하고 유일한 존재라고 믿으며 기업이 자신에게 주목하고 꼭맞는 서비스를 해주기 원한다. 이것이 관계의 출발이다. 고객은 기업에게 대가를 지불함으로써 보답한다. 이에 대해 기업은 고객이 "가치 있다."고 느낄 수 있는 것을 공급해줄 수 있어야 한다. 관계는 고객 측의 체험과 기업 측의 프로세스를 통해 구축되고 지속된다.

일반적으로 고객들은 구매할 때마다 가치를 평가하고 구매 여부를 결정한다. 만일 그러한 평가과정을 생략하고 무조건 자동적으로 구매한다면, 그것이 곧 로열티(충성)일 것이다. 로열티의 성립조건은 ① 기대 이상 만족, ② 개인적으로 좋아함, ③ 유익하고 유쾌한 체험 등이다.

사례 솔렉트론(Solectron)사의 고객관계관리

솔렉트론의 주고객은 수년 이상 거래를 맺고 있는 115-120개 회사들이고, 고객이라기보다 공급사슬을 구성하는 파트너들이다. 포춘 500대 기업의 전자회사 대부분이 고객이다. 고객의 성공은 곧 솔렉트론의 성공으로 연결된다. 솔렉트론은 고성장 분야 고객들과의 관계관리를 성공의 결정적 요소로 본다. 솔렉트론은 장기적 관계를 중요시한다. 10년 이상 계속 거래한 기업은 IBM, HP, Sun Microsystems, 3Com, Intel, Cisco 등이다.

일반소비자 고객의 경우, 고객만족도를 10년 이상 매주 조사하였다(응답률은 80-90%에 달한다). 배달, 제품 품질, 서비스, 모든 분야가 90% 수준을 유지한다. C를 0점, D를 -100점으로 계산한다. B-이하는 불평처리 프로세스를 밟도록 한다. 솔렉트론의 관리표준은 매우 엄격하다.

불평처리 프로세스는 24시간 내 착수, 72시간 내 고객에게 처리결과를 통보하게 되어 있다. 담당 프로그램 관리자가 고객을 접촉하고 추가정보를 수집한다. 고객만족도 보고서는 관리자와 근무자들에게 매주 정기적으로 배부된다. CEO는 분기 1회 현장방문 시에 점수의 추이를 확인한다.

고객 기업의 경우, 품질, 배달, 서비스, 기술력, 자재관리, 전반적 만족도에 대한 의견을 년 1회 조사하되 경쟁제품에 대한 상대적 평가를 하게 한다. 이 때 상대방 회사의 장래 사업계획 및 기술적 요구조건에 관한 조사를 병행하여 개선에 반영한다. 예를 들면, CAD에 의한 설계 자동화로 신규 프로젝트 착수기간을 1/5로 감축했고 EDI를 채택하여 공급업체들과 링크함으로써 거래당 $25-$260를 절감하였다.

솔렉트론은 만족도지표 측정법에 관한 고객 세미나를 개최하고 함께 평가하며, 저조한 항목에 집중한다. 그리고 고객만족도 정보를 현장근무자들에게 알려주면서 이러한 표어를 강조한다. "If you can see it, you can manage it."

출처: http://www.baldrigeplus.com

사례 스키 리조트 Intrawest사의 빌리지 모델

인트라웨스트는 버몬트주의 Stratton Mountain, 코로라도주의 Copper Mountain, 캐나다 브리티쉬 컬럼비아주의 Whisler, 퀘벡주의 Tremblant 스키장을 소유한 스키사업의 명문이다. 그 동안 스노보딩 시설을 추가하는 등 많은 개선노력을 기울였지만 1978년 이후 방문객 성장이 멈춰 연간 5천만 명 수준을 겨우 유지하고 있다. 스노보딩 인구를 제외한다면 명백한 퇴보라고 볼 수 있다. 스키장 첫 방문객의

85%가 다시는 재방문을 하지 않는다.

회사측은 그 이유를 조사하기 위해 비디오까지 동원하여 행동분석을 했다. 그 결과, 대부분의 사람들이 스키여행을 계획하는 과정이 벅차고, 장비를 포함하는 짐싸기와 교통문제, 도착후 시설이용에서 항상 대기행렬에 서서 기다려야 한다는 등 고달프고 돈이 많이 든다는 애로사항을 말했다.

회사측은 고객들의 단란한 가족적 분위기와 사회적 니드가 중요하다는 점을 깨달았다. 새로운 '빌리지 모델'(Village-centered Model)로 이에 대응했다. 장기보관로커 공간 신설, 공동체행사 공간 신설, 아동시설 확충, 애완견 서비스 등 투자를 감행하였다. 그러자 예약이 76% 증가했고 시설임대료가 평방피트당 11% 증가하는 등 90일 동안에 부동산 임대매출이 2억 3천만 달러에 이르렀다.

출처: "In Pursuit of Hassle-Free Slopes", *Wall Street Journal*, March 16, 2000; "Intrawest Sells Record $233 Million in Real Estate in Past 90 Days", http://biz.yahoo.com/prnews/, July 10, 2001.

인터넷 마케팅 분야에서는 고객관계의 진전단계를 여러 가지로 설명하고 있는데 모하메드 등(Mohammed et al., 2004)은 온라인에서의 고객관계의 진전을 초면접촉(awareness), 탐색(exploration/expansion), 몰입(commitment), 정리(dissolution)의 4단계로 설명한다. 처음 만나 인사를 나누고, 상대방에 대해 더 알아보기 위해 데이트를 하고, 드디어 몰입을 하게 되는 연애과정과 비슷한 이야기이다.

이러한 단계별 접근은 오프라인에서도 유사할 것이다. 브라운(Brown, 2000)은 고객관계관리를 위한 네 가지 전략을 제시하였다.

(1) 되찾아오기와 붙잡기

고객을 계속 붙잡기(save) 보다 경쟁회사 쪽으로 가버린 고객을 되찾아오기(win back)가 더 까다롭고 비용도 많이 든다. 따라서 고객의 이용(거래) 데이터를 항상 모니터하여 이용률의 변화를 추적하고 구매빈도가 급격히 떨어지는 시기를 포착해야 한다. 예컨대 은행은 고객의 대량인출을 이탈의 징표로 볼 수 있다. 되찾아오기의 성공률이 가장 높은 시기는 이탈 1주일 이내라고 한다.

(2) 발굴전략

신규고객을 획득하기 위한 발굴(prospecting) 전략이다. 잠재고객층을 구별하고 고객에 대한 지식에 입각하여 발굴하는 것이 중요하다. 이러한 잠재고객 또는 신규고객을 주된 상대로 하는 마케팅 전략과 그 정보시스템을 특히 데이터베이스 마케팅이라 한다. 이에 대해서는 아래에서 다시 언급하기로 한다.

(3) 충성도 구축

가치요소를 기준으로 세분화하고 고객가치가 높은 고객층을 식별하여 그들의 충성도(loyalty)를 높이도록 투자해야 한다. 충성도는 단순한 후원 이상의 의미를 갖는다. 고객이 경쟁회사의 접근에 대항하여 미래에도 지속적으로 재구매, 애고(愛顧), 몰입하는 것이다. "기존고객의 5%를 더 잡아두면 이익은 25~100% 증가한다.", "신규고객 획득비용은 기존고객 붙잡기의 5배나 된다." 등의 이야기도 있다.

(4) 크로스셀, 업셀

이미 관계를 맺고 있는 고객들에게 추가로 보완제품을 권하거나(cross-sell) 고급품을 권하거나(upsell) 하여 고객이 평가할 가치를 상향조정하게 하는 전략이다. 그렇게 하면 마케팅 비용과 노력을 크게 절감할 수 있다.

올리버(Oliver, 1997)는 고객 충성도의 4단계를 다음과 같이 정의한다. 충성도(또는 로열티)라는 것이 본래 심리상태와 관련된 개념이므로 4단계의 구분이 다소 애매하나 유익한 참고가 될 것이다.

- 인지적 로열티(cognitive loyalty): 체험보다 정보(가격, 품질 등)에 의해 유도된 것이다. 정보는 가변적이고 반대 정보도 얼마든지 가능할 것이기 때문에 매우 취약한 수준의 충성심이다.
- 정서적 로열티(affective loyalty): 체험에 의해 정서적으로 연결된 것이다. 불만족이나 불쾌한 체험이 생기면 변질될 가능성이 크다. 특정 품목에만 적용하는 로열티 프로그램은 고객 만족도를 해칠 수 있다.
- 능동적 로열티(conative loyalty): 일관된 정보가 주는 습관적 행동 및 부분적 몰입으로 형성된다. 고객들에게 "경쟁품과 비교하여 택하라"고 큰 소리 치는 것은 이탈기회를 제공하는 것이므로 위험한 일이다.

• 행동형 로열티(action loyalty): 충분한 몰입과 관성력에 의해 형성된다. 고객들은 기업의 일부가 되고 소유자라는 느낌마저 갖는다. 역시 이탈기회를 제공하는 것은 위험하다.

참고 데이터베이스 마케팅

어린 아들이 친구의 생일 파티에 초대를 받았다. 엄마는 아들 친구에게 줄 생일 선물을 사러 동네 상점에 갔다. 무엇을 고를까? 망설이는데 상점 주인이 모형비행기 세트를 권했다. 생일이 된 그 아이가 늘 사고 싶어서 만지기만 하고 그냥 가곤 하는 것이라 한다. 가게 주인의 데이터베이스는 훌륭했다.

데이터베이스 마케팅은 판매 관련 접촉을 통한 고객획득, 관계관리, 신규고객 식별, 고객요건 검증에 효과적인 방법이다. 특히 구매 전(pre-purchase)에 발생한 각종 데이터를 활용하는 것이 가장 중요한 특징이다. 잠재고객(prospects)에 대한 고객요건 검증도구(qualified leads, QL)의 예를 들면 무료견본품, 뉴스레터 구독 등록, 웹사이트 방문, 문의, 각종 유인, 테스트, 뜸들이기 등이다.

데이터베이스 마케팅의 온라인 수단에는 ① Offer(제품, 가격, 지불조건, 할인, 특징소개 등), ② Creative lever(디자인, 배열, 복사, 상호작용 기능, 고객 이름 부르기 등), ③ Media(오퍼 제공에 이용할 채널, 전화, 우편, e-mail, 웹사이트, 인스턴트 메신저 등), ④ Timing(시기와 빈도, 홈 방문 때마다 pop-up, 고객이 쇼핑카트 비우기나 상품 view 등 특정행동을 할 때 즉시 e-mail), ⑤ Customer service(구매과정에서 옵션 지원, 서비스 담당자 배정, 제품정보, 테스트 기회 제공, 주문조회, 기타 고객만족 관련 서비스) 등이다.

이러한 일을 하기 위해서는 다음과 같은 데이터 수집 및 분석기법들이 필요하다.

데이터 소스

회원 명부, 웹사이트 방문행동 데이터, e-mail, 채팅기록, 게시글, 포럼, 동창회 명부, 선거인명부, 센서스자료, 종합목록(헬스, 잡지 구독자 등), 선호정보(골프장비 등 특정품목에 관심이 있는 사람들의 목록)

분석기법

List Processing(정리, 선별), DB 구축 및 업데이팅(privacy 문제 고려), Segmentation, Regression(Multiple, Logistic), Multiple Discriminant, Cluster Analysis, Automatic Interaction Detection(AID), Neural Networks, …

사례 소매업은 불황과 고객이탈 문제로 늘 고통을 받는다. GAP은 스타일-품질-가격의 종합화로 성공했으나, 2000-2001년 기간중 최대의 고객이탈 기록을 맛보았다. 고객들이 불평하는 이유는, 첫째, 2030 청년층을 외면하고 성인 취향으로 컬러와 스타일을 전환한 점, 둘째, 저가격제품을 대량생산하는 Old Navy와 제휴함으로써 저가품 인식이 고착화되었다는 점 등이다. 초기에 GAP을 좋아하던 블루진 고객들은 능동적, 습관적 로열티 수준이었으나 회사가 평판관리에 실패하고 불만이 쌓이자 이탈하였다.

고객 프로세스를 적절히 변경하면 스피드와 편리성에서 큰 이점을 얻을 수 있다. Mobil Oil(후에 ExxonMobil에 합병)은 1996년, Speedpass wireless 거래 시스템을 개발하였다. Mobil Speedpass는 열쇠고리에 달고 다니는 작은 tag 모양이다. 주유소의 주유기는 tag를 인식하여 자동적으로 신용카드 결제를 한다. 따라서 신용카드를 지갑에서 꺼내는 시간, 카드 승인, 프린트, 싸인 시간이 절약된다.

Speedpass는 할인 등의 재정적 혜택은 주지 않는다. 오로지 편리성이다. 그러나 좋은 결과를 얻었다. 회원은 비회원보다 월 1회 더 찾아온다. 주유소당 $15,000 달러의 기술투자 효과가 있었다고 판단된다. Shell 등 경쟁사들의 모방이 문제지만, 여하튼 Speedpass는 고객관계관리 도구로 성공적이었다. 회원은 5백만, 시카고 지역은 맥도널드 400개 점포도 가맹점이 되었다.

출처: "GAP's Image is Wearing Out", *Wall Street Journal*, December 6, 2001; "Pay as You Go", *Fast Company*, November 2001, http://www.wallisco.com/speedpass/.

2. CRM 패키지

CRM 시스템에 대한 관심이 계속 고조되고 있다. 고객 확보와 서비스 개선을 위해 전자우편, 콜센터, 웹사이트, 소매점, 판매부서 등 회사 내외의 모든 고객 접점(customer touchpoints)을 총동원하고 고객들에게 상호작용 지원 및 정보제공을 하는데 심지어는 재무예측, 제품설계, 공급사슬 정보까지 CRM 시스템이 제공해준다.

CRM 소프트웨어란 고객과 상호작용을 하게 도와주는 소프트웨어를 말한다. CRM 소프트웨어는 전통적 마케팅 도구인 아웃바운드(outbound) 캠패인 관리, 데이터 분석뿐만 아니라 콜센터, 웹사이트, 현장판매, 서비스 등 모든 고객접촉 시스템들을 다룬다.

일부의 연구자들은 CRM의 범위를 판매, 서비스, 마케팅에 국한하면 안 되고 기업전략, 생산, 재무관리까지 확장되어야 한다고 주장한다. ERP의 경우는 재무와 생산부서가 문화적으로 쉽게 화합하고 기업 차원의 IT 정렬이 용이했으나 CRM의 경우는 마케팅과 IT가 전통적 방향과 문화면에서 아직도 거리가 있다는 것이다.

CRM의 성공요인으로는, ① 고객가치에 초점을 둘 것, ② 프로세스 분석, 비용/시간계획 철저, ③ 소프트웨어 공급자만 상대하지 말고 CRM 파트너를 선정할 것, ④ 리더십, 종업원, 파트너, 정서적 공감대 등이 흔히 지적된다.

CRM을 광의로 정의할 때, 콜센터와 판매자동화 분야의 Siebel 및 Nortel, 웹서버 분야의 Broadvision 및 ATG, 마케터 세그먼트 분야의 Xchange 및 E.piphany 등이 리더 그룹을 형성해왔다. 과거에는 콜센타, 아웃바운드 텔레마케팅, 현장판매, 웹사이트, 이메일 응답, 아웃바운드 캠패인, 예측 모델링, 데이터 마이닝, 레포팅 등, 분리된 각 시스템을 구입할 수밖에 없었으나 그 후 제품범위가 넓어져서 1~3 가지 도구로 모든 일을 할 수 있게 되었다. 고객접촉(전화, 우편, 이메일, 현장판매) 시스템, 웹사이트 운영, 기타(데이터분석, 모델링, 캠페인)의 3개로 묶는 것이 보통이다.

제품기능은 계속 확장되는 추세이다. 고객접촉기능의 경우, 전통적(전화 및 현장) 시스템과 인터넷(이메일 및 웹) 시스템의 통합화, 개성화, 실시간 의사결정이 촉진되고 있다.

분석기능의 경우는 캠페인, 예측모델링, 모형구축과정의 자동화가 통합되고 복잡한 분석을 포함하는 자동최적화가 추구되어, CRM으로 인한 이익창출의 핵심부분으로 부각되고 있다. 기타, 업무흐름, 프로젝트관리, 예산, 예측, 웹기반 포털 등, 조직전반의 이용자 지원기능이 포함되고 심지어는 기업 파트너들과 고객들에게까지 포털이 확장된다.

마케팅 오토메이션(MA) 응용 프로그램의 역할은 "적절한 메시지를 적절한 고객에게 적절한 시간에 배달하도록 돕는 것"인데 포함되어야 할 시장조사, 실시간 의사결정, e-mail 마케팅, 데이터 마이닝, 데이터 웨어하우징, 고객 세분화, 캠패인 관리, 시스템 통합화 기능 모두를 다 공급해주는 공급업자는 드물다. MA 공급자로는 캠패인관리의 Xchange, Annuncio, MarketFirst, 분석적 마케팅 하이브리드 분야의 E.piphany, Protagona, Unica, 그리고 CRM 슈트 판매자 Siebel, PeopleSoft 등 3유형이 있는데 이들은 다년간의 마케팅 숙련과 M&A 및 파트너십으로 기능을 상호보완하고 있다.

최근에는 CRM 관련기술을 인터넷기반 고객서비스, 멀티채널 CRM, 모바일 테크노러지(m-commerce, WAP 등)으로 분류하는 등 모바일 CRM 분야가 가세하고 있다.

3. CRM 프로세스의 혁신

본서의 주제가 프로세스 혁신이므로 CRM 관련 프로세스의 대표적인 형태와 그 개선 내용에 대해서 알아보기로 하자. CRM은 고객중심의 기업전략으로 전환하고 모든 지원기술을 활용하여 관련 기능과 프로세스를 재설계 또는 리엔지니어링 해야 하는 하나의 혁신과업이다. CRM은 종래의 판매활동에만 국한된 것이 아니라 기업의 사업기회, 전략목표, 각종 프로세스 전반을 포함한다. 무엇보다 업무 프로세스와 정보 프로우를 바꿀 수 있어야 한다.

본문 해설을 위해 가상적으로 만든 사례이다. 회사이름은 '중도기업'이라 부르기로 하겠다. 중도기업은 자동화 설비와 기타 설비를 사용하여 산업용 로보트를 개발, 제조한다. 제품은 대부분 주문 맞춤식으로 설계되며 주요 컴포넌트들은 미리 제작해두거나 외부에서 구입하여 재고로 보관된다.

고객은 국내외 제조회사의 고위급 구매책임자나 생산담당 부사장급이다. 총매출에서 시스템제품 판매가 차지하는 비중은 40%, 서비스 계약과 부품 판매가 60%를 차지한다. 중도기업은 다른 판매대행사를 통하지 않고 자체 부서를 통해 직접 판매한다.

사내에 콜센터를 설치하고 여기서 모든 서비스 계약, 부품판매, 'help desk' 업무, 지방사무소 엔지니어들의 서비스 업무까지 총괄한다. 현재의 문제점은 판매 데이터가 제 때에 종합되지 못하고, 계약관리체제가 산만하며, 지방출장 엔지니어들은 고기능 노트북을 가지고 다니지만 본사와 네트워크로 연결되어 있지 못하다는 등이다.

고객들은 보다 까다로운 맞춤형 제품을 원하는 반면에 제품개발 가용기간은 계속 짧아지고 있다. 국내외 각지에 설치・운전중인 중도회사 장비들은 과거 수리실적 등 서비스 기록이 제대로 관리되지 못하여 새로 배치된 엔지니어들은 서비스 첫 방문 성공률이 떨어지고 주고객들까지 불만을 표시하는 형편이다.

사례에서 소개한 중도기업의 혁신과정을 살펴보자. 중도기업은 문제의 심각성을 깨닫고 우선 전략적 방향전환 사항을 확정한 다음 핵심 프로세스들에 대한 현 상태 매핑(mapping) 작업을 하고 개선안을 다시 매핑하는 순서로 진행하였다. 즉,

- 사고가 터진 다음에 달려가는 식의 리액티브(reactive) 서비스가 아니라 미리 보살피는 프로액티브(proactive) 서비스로 전환하였다.
- 판매와 기술의 결합체제로 전환하여 모든 판매원에게 자사제품에 대한 기술교육을 받도록 하거나 엔지니어로 교체하였다.
- 신규고객 유치에 치중했던 광고 및 데이터베이스 마케팅 위주의 기존체제를 CRM으로 전환하였다.
- 네트워크와 커뮤니케이션 능력을 획기적으로 향상시키겠다는 전략목표로 확정했다. 고객 서비스 업무는 생산부서에서 분리했고 별도의 부사장급 CCO(Chief Customer Officer)를 새로 임명했다.

중도기업은 고객 문의, 판매 제안, 계약과정, 고객 서비스 등 업무별로 구분하여 매핑하고 현상태를 혁신하는 리엔지니어링 결과를 역시 프로세스 프로우차트로 정리하였다. 그림 7-2는 중도기업의 고객 문의 접수 후 대응방식의 개선 전후 차이를 잘 보여준다. CRM 체제가 잘 갖추어진 기업이라면 고객들의 문의를 귀중한 고객관계의 출발점으로 인식하고 기록을 잘 저장할 것이다. 그러나 '관계관리'라는 개념이 없는 기업에게는 그저 지나가는 한 통화의 전화에 불과하며 대부분의 문의 케이스는 기록도 없이 공중에서 사라진다.

그림 7-3은 고객 서비스 프로세스를 매핑한 요약 프로우차트이다. 앞의 그림과 마찬가지로 여기서도 개선 전후를 비교할 수 있도록 그림을 나란히 배치하였다. 개선 전의 상황을 보면 프로세스가 불필요하게 복잡하며, 판매 데이터베이스(DB)를 이용하지 못하고, 현장 엔지니어의 작업 데이터는 제대로 입력되지만 서비스 현장에서 획득한 상황 데이터는 상실되어 재활용하지 못한다.

그러나 개선 후에는 통합적인 CRM 데이터베이스를 통해 판매 데이터는 물론 현장의 상황 데이터까지 체계적으로 저장 관리할 수 있고 웹사이트를 이용한 온라인 처리도 가능하며 전체 프로세스가 매우 단순화되었다.

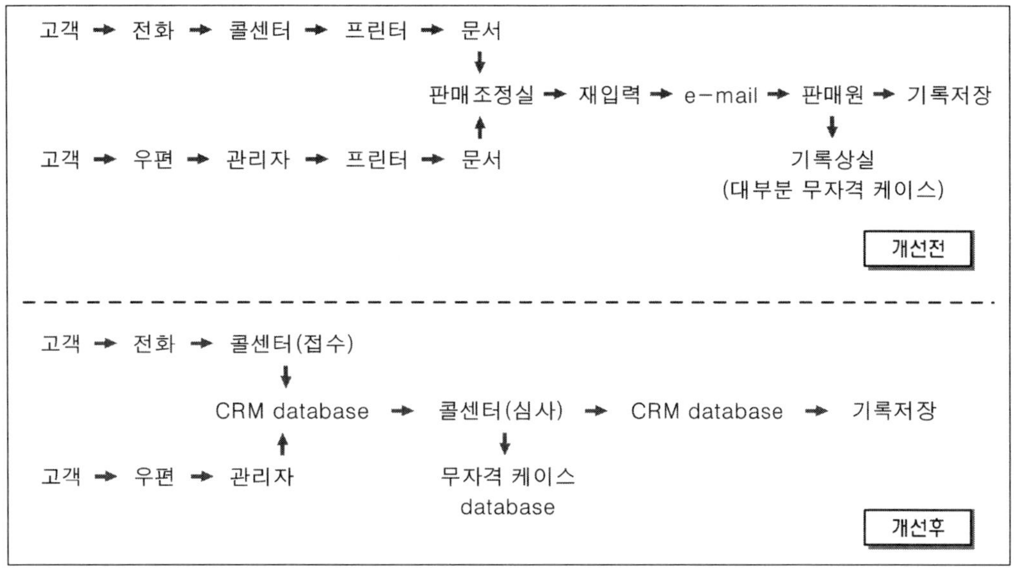

그림 7-2 고객 문의 프로세스의 개선 전후 비교

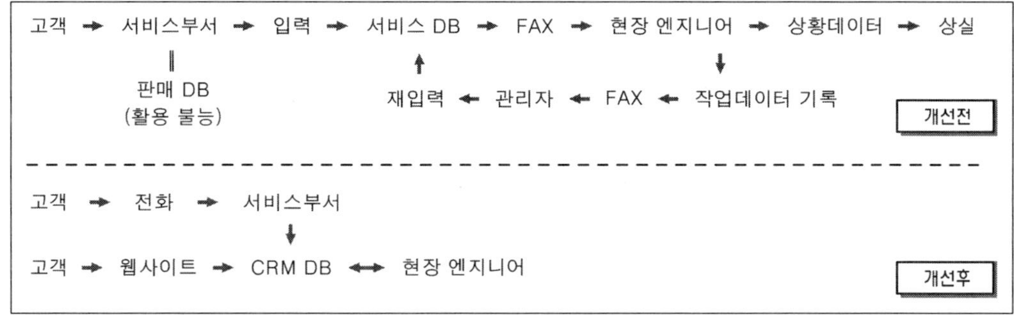

그림 7-3 고객 서비스 프로세스의 개선 전후 비교

제 8 장 네트워크 문제와 프로젝트 관리

프로세스 프로우 모델과 구성이 유사하나 프로세스 내부의 경로가 파이프라인, 도로, 전선줄 등 물리적으로 구조화되어 있는 네트워크 문제를 생각해보기로 한다. 이러한 네트워크 문제는 오래 전부터 경영과학 분야에서 몇 가지 정형화된 문제로 분류하여 연구해왔으며 수학적 최적화 이론에 의해 대부분 최적해를 계산할 수 있다.

한편 프로젝트 관리는 1950년대 후반부터 CPM, PERT 등 관리기법이 등장하면서 빠른 속도로 발전해온 별개의 분야이다. 프로젝트 역시 많은 활동들이 네트워크 형태로 복잡하게 연결되어 있다는 점에서 프로세스 프로우 모델이나 네트워크 문제와 유사하다. 그러나 일반적으로 프로젝트 내부의 흐름은 비반복적(1회적)이고 그 규모가 크다.

8.1 네트워크 문제

편의상 "해피랜드"라는 이름의 테마파크 공원의 예를 가지고 설명하기로 한다. 해피랜드는 그림 8-1과 같은 도로망을 갖고 있는데 원으로 표시된 각 지점을 소개하면, O는 출입구(정문), A, B, C, D, E는 각각 놀이시설이 위치한 중간 경유지이고, T는 해피랜드를 찾는 사람들이 꼭 가보고 싶어 하는 아주 경치가 좋은 전망대 지점이다.

해피랜드는 환경보존을 위해 트램카(tram car)를 운영한다. 모든 방문객은 한 지점에서 다른 지점으로 이동할 때 반드시 트램카에 승차해야 한다.

네트워크 문제의 대표적인 유형은 다음과 같다.

(1) 최단경로 문제(Shortest-path problem)

始点(공원입구)에서 終点(전망대)까지 최단거리가 되는 경로를 찾는 문제이다.

(2) 최소 연결망 문제(Minimum spanning tree problem)

전화선 등의 가설을 위해 모든 마디점(O, A, B, C, D, E, T)을 최소의 가설거리로 연결하는 문제이다. 모든 마디점을 한 번씩만 지나가야 하고 시작지점이나 종점 개념은 불필요하다.

(3) 프로우 수량 극대화 문제(Maximum flow problem)

시점에서 종점까지 1일 수송량(tram 대수 또는 인원수)을 최대화할 수 있도록 각 경로에 트램카를 배정하는 문제이다. 도로별로 프로우 용량이 제한되어 있다.

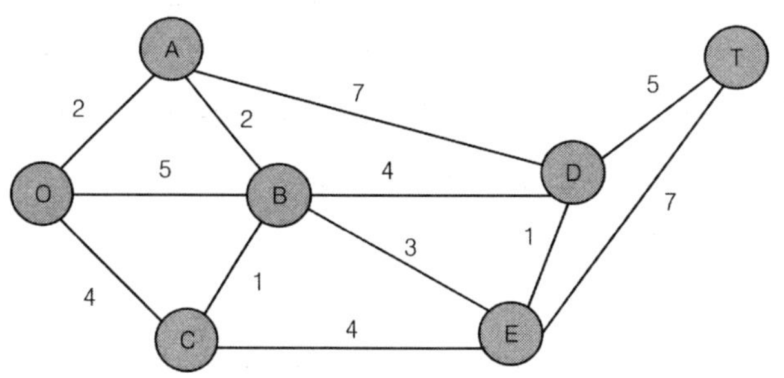

그림 8-1 해피랜드의 도로망(거리 km)

1. 최단경로 문제

네트워크 프로우 분석에서는 대개 마디점(node)과 아크(arc)라는 용어를 사용한다. 도로, 전화선 등 문제내용에 따라 용어를 바꾸기보다는 '아크'라는 용어가 더 일반적이고 편리하다.

① 시작점과 연결된 모든 아크를 비교하여 최소거리의 아크를 선택한다. 선택된 지점들의 집합을 SN(solved nodes), 선택되지 않은 기타 마디점들의 집합을 UN(unsolved nodes)라 부른다.

* 그림 8-2의 경우는 OA가 선택되고 따라서, SN={O, A}, UN={B, C, D, E,

T}가 된다.

② SN 집합과 UN 집합을 연결하는 모든 아크를 비교하여, 시점으로부터 최소거리가 되는 아크를 선택한다.

* 두 번째 단계에서는 그림 8-3에서 확인할 수 있는 바와 같이 OC(거리 4), AB(거리 2+2)이므로 C와 B를 모두 택한다. 즉, SN={O, A, B, C}.

③ 종점에 도달할 때까지 위의 과정을 반복한다(그림 8-4~5 참조).

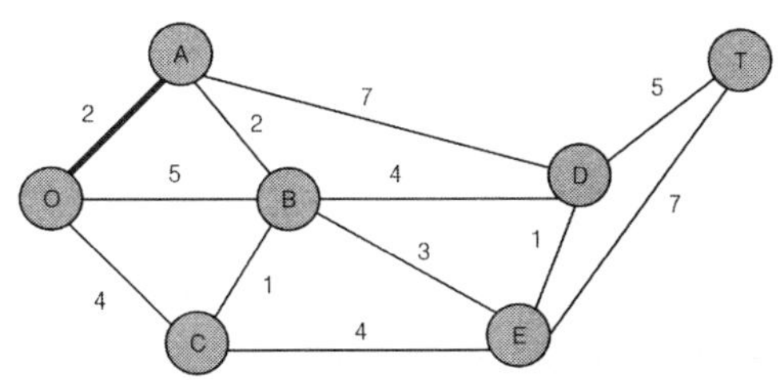

그림 8-2 최단경로 문제: 1 단계

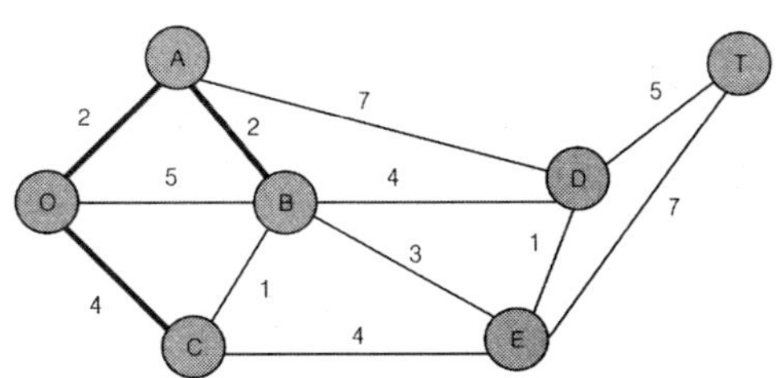

그림 8-3 최단경로 문제: 2 단계

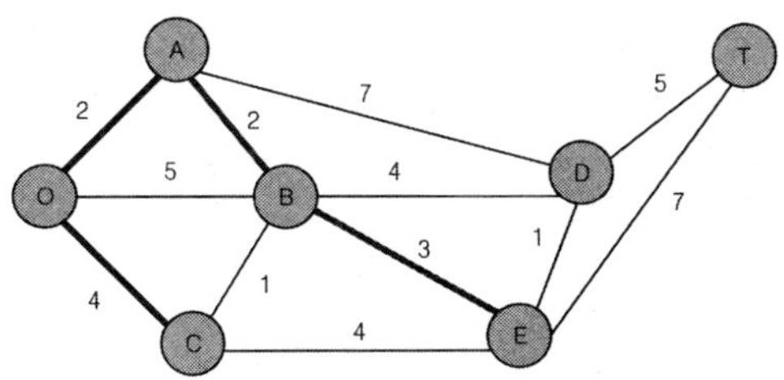

그림 8-4 최단경로 문제: 3 단계

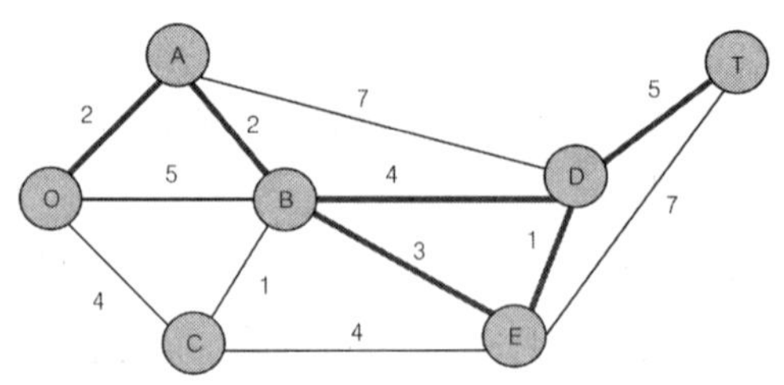

그림 8-5 최단경로 문제: 최종단계

2. 최소연결망 문제

최소연결망 문제는 모든 마디점을 한 번씩만 지나가면 되고 시작점, 종착점을 특별히 구별할 필요가 없으므로 해법도 매우 단순하다. 즉, "임의로 출발점을 잡아 시작하고, 가장 가까운 인접 마디점을 택하여 연결한다."는 원칙을 반복 적용하면 된다(그림 8-6~10의 해결과정을 참조할 것.).

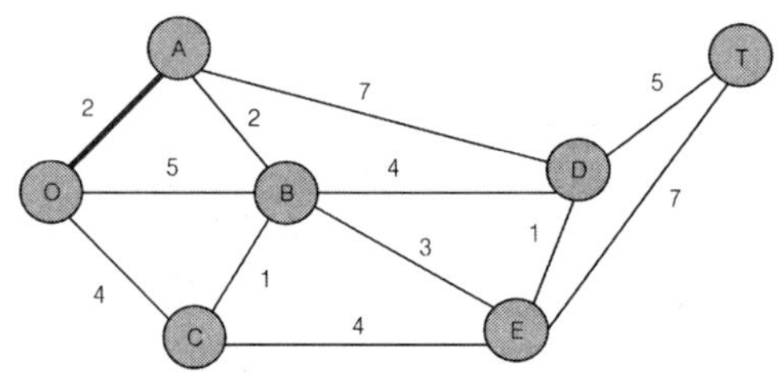

그림 8-6 최소연결망 문제: 임의의 지점(O)에서 시작

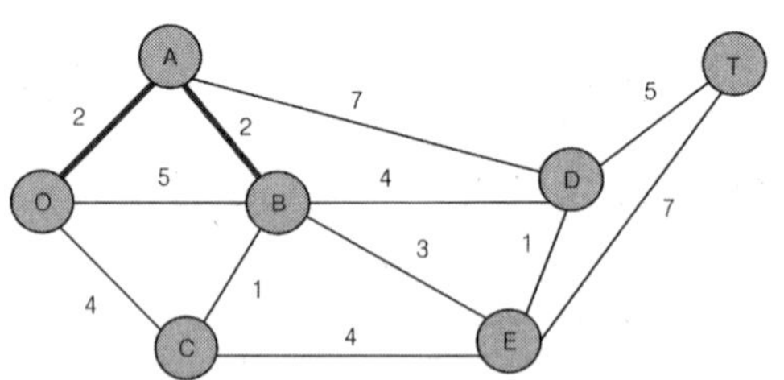

그림 8-7 최소연결망 문제: 2 단계

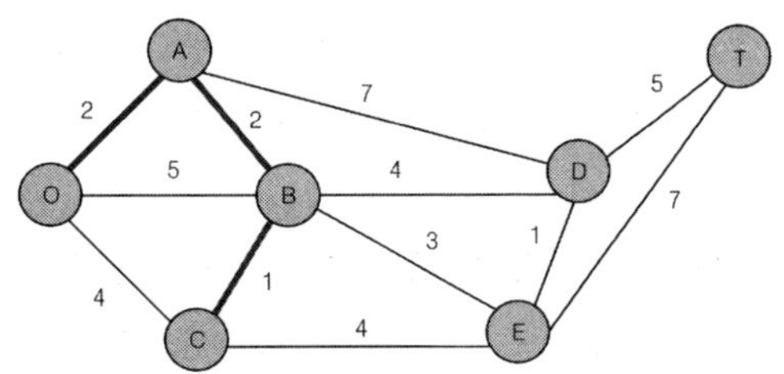

그림 8-8 최소연결망 문제: 3 단계

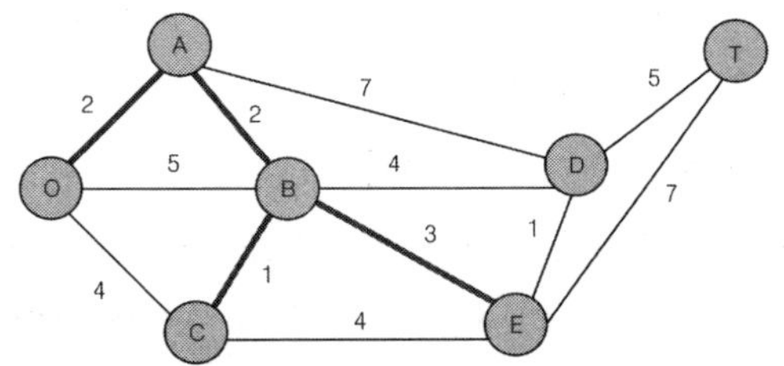

그림 8-9 최소연결망 문제: 4 단계

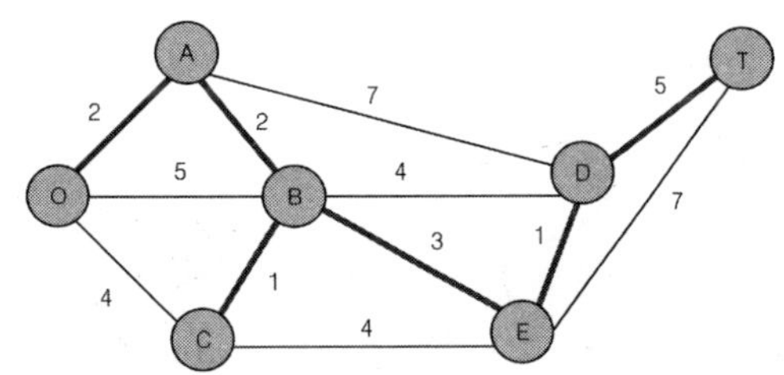

그림 8-10 최소연결망 문제: 최종단계

최소연결망 문제의 응용분야는 이동통신 네트워크 설계, 철도, 도로, 고압전력 송배전 라인 가설, 건물 내외에 전자장비, 전기시설 배선, 파이프라인 네트워크 설계 등 다양하다.

3. 프로우 수량극대화 문제

이 문제는 물류, 공급사슬, 파이프라인, 수로, 차량 배차 등 여러 분야에서 찾아 볼 수 있다. 네트워크는 시점(source), 종점(sink), 경유지로 구성되며 프로우는 화살표 방향으로 이동한다. 각 아크의 용량은 제한될 수 있다. 따라서 "주어진 제약조건 하에, 시점에서 종점까지 프로우 수량을 극대화할 수 있는 경로와 경로별 수량을 구하는 것"이 문제의 요점이다.

문제의 형식이 다소 독특하다. 앞으로 풀어볼 예제는 역시 해피랜드 사례로서 그림 8-11과 같다. 문제를 처음 구성할 때는 화살표에 의해 방향까지 나타내는 것이 보통이지만 해결과정에서는 그림 8-11과 같은 형식이 필요하다. 이 형식에 대한 이해를 위해 우선 그림 8-12를 살펴보자.

그림 8-11에서 시점 O와 경유지(마디점) B 간의 아크를 보면, 그림 8-12(b)와 같이 화살표가 아니라 직선으로 그려져 있고, 용량상한선은 O 근처에 7, B 근처에 0으로 기입되어 있다. 즉, O에서 B로는 트랙카를 7대까지 보낼 수 있지만 B에서 O로는 용량이 0이므로 전혀 보낼 수가 없다는 뜻이다.

그림 8-12(b)는 의미상 화살표를 사용한 그림 8-12(a)와 동등하다. 한편 그림 8-12(c)는 문제해결 과정에서 나타나는 용량 표시 변경의 예를 보여준다. 도로의 경우를 예로 들어보자. 도로 폭이 30m일 때 우리는 30m 전부를 일방통행으로 쓸 수도 있고 10m와 20m로 나누어 양방향통행 도로로 바꿀 수도 있을 것이다. 이와 같은 개념으로 바꿔본 것이 그림 8-12(c)이다.

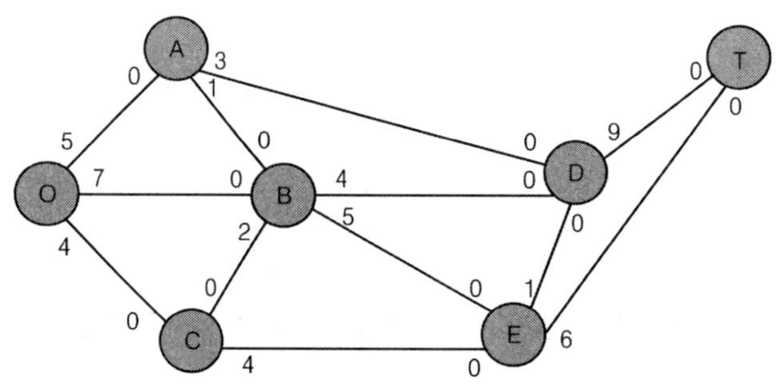

그림 8-11 프로우 수량극대화 문제의 형태

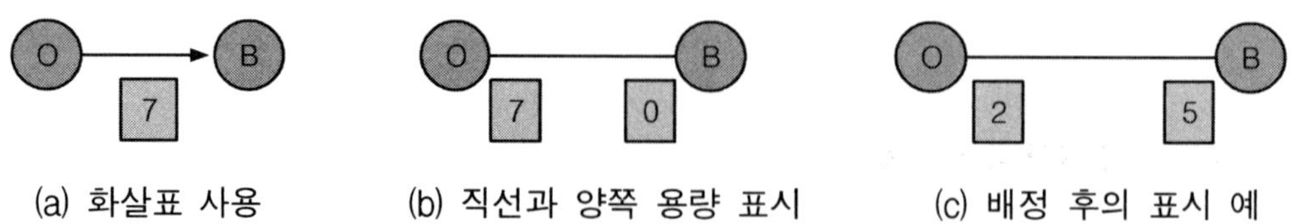

(a) 화살표 사용　(b) 직선과 양쪽 용량 표시　(c) 배정 후의 표시 예

그림 8-12 프로우 수량극대화 문제의 네트워크 표현

해결 절차를 요약하면 다음과 같다.

① 시점(O)에서 종점(T)까지 연결된 경로를 찾는다.

*O→B→E→T, O→A→D→T 등

② 각 경로별로, 경로 상의 모든 용량들을 비교하고 최소치를 찾는다.

*O→B→E→T의 최소치는 5, O→A→D→T의 최소치는 3

③ 최소치를 해당 경로의 모든 아크의 용량에서 가감한다. 진행 방향의 용량은 최소치만큼 빼고 역방향의 용량에는 더한다(그림 8-13, 14 참조).

④ 모든 경로에 대해 위와 같은 조정이 끝나면 계산을 종료한다. 종점 부근에 기록된 용량값의 누적 합계가 곧 구하는 답이 된다.

*이 예제의 경우는 누적 합계 8+6=14가 구하는 최대값이다(그림 8-15).

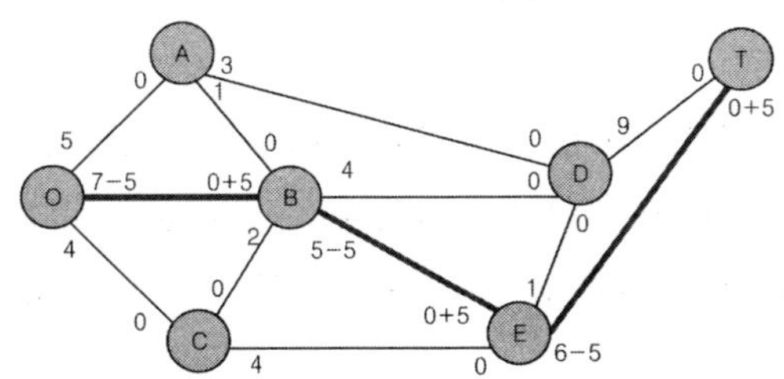

그림 8-13 경로 O-B-E-T의 조정

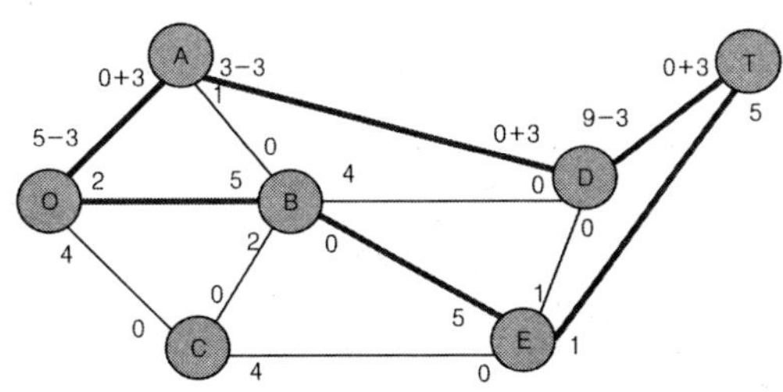

그림 8-14 경로 O-A-D-T의 조정

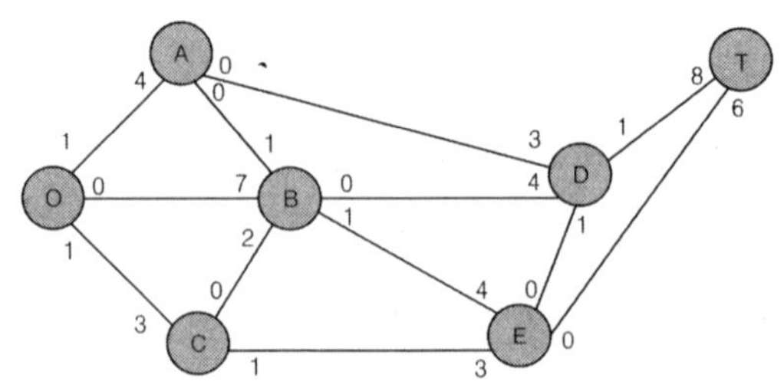

그림 8-15 프로우 수량 극대화 문제의 최적해

4. 최소비용 프로우 모델

앞에서 소개한 세 가지의 전형적 문제들 외에 최소비용 프로우(Minimum Cost Flow, MCF) 모델이라는 것도 있다. MCF 모델은 이론적으로 가장 일반적인 모델이며 실무적으로도 매우 광범위하게 응용되고 있다. 문제의 형태는 그림 8-16과 같다.

MCF 문제의 네트워크는 방향성(화살표), 비용(화살표 상의 수치), 용량제한을 포함하며, 공급지, 수요지, 경유지들로 구성된다. 각 공급지에는 공급가용량이, 각 수요지에는 수요량이 기입되며, 중간 경유지에도 공급량(+), 수요량(-)을 기입할 수 있다.

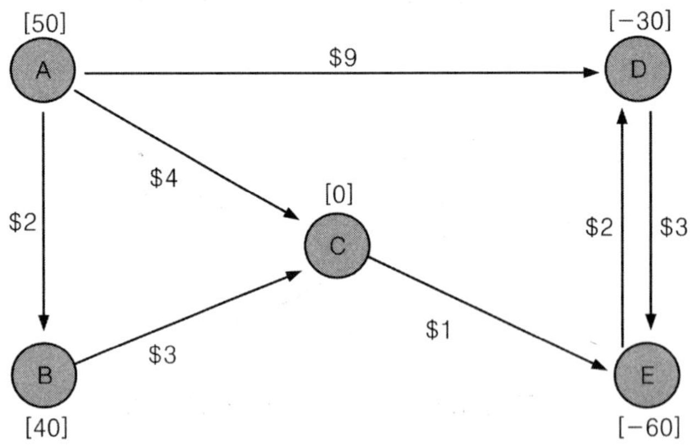

그림 8-16 최소비용 프로우 문제 사례

주어진 수요를 만족시키기 위해 가용한 공급량을 최소비용으로 할당·운송할 수 있는 최적 대안을 찾는 것이 MCF 모델의 요점이다. 그림 8-16처럼 규모가 작은 문제는 그래프에서 바로 최적해를 탐색해 볼 수 있다. 그러나 선형계획법 등 수학적 방법으로 푸는 것이 정석이다. 앞의 예의 최적해는 그림 8-17과 같다.

사례 최소비용 프로우(MCF) 모델을 성공적으로 적용한 사례

펄프, 종이, 목재, 합판을 생산하는 International Paper Co.는 2천만 에이커의 넓은 삼림에서 벌채한 목재를 야적장→제재소→제지공장→가공업→창고→고객까지 연결된 공급사슬로 이동시키는 전과정을 MCF 모델에 의해 최적화하여 관리하였다.

Citgo Petroleum은 정유소 LP시스템과 SDM(Supply, Distribution, Marketing) 시스템을 자체 개발하여, 공급 및 판매 시장의 환경 변화에 신속히 대응하고 판매장소, 판매가격, 구매처, 구매량, 재고량, 선적량, 수송수단 선택 등을 최적으로 결정하였다.

할인매장 체인인 Marshalls사는 공급자→창고→생산시설로 연결되는 인바운드(inbound) 공급사슬의 공장 지정, 부품 지정, 상호연결 등의 문제와 소매점별 상품수요의 차별화 문제를 풀기 위해 아크 수가 2만 개 이상인 대형 네트워크 문제를 MCF 모델로 해결하였다.

원가구성이 상이한 다수의 생산기지를 갖는 대규모 국제기업들에게도 이러한 MCF 모델은 매우 유용하다. 즉, 각종 제품의 수요를 만족시키기 위해 각 공장의 생산능력을 어떻게 활용하여 제품믹스를 최적화하느냐에 따라 총비용이 달라지는 것이다.

쓰레기 관리(Solid Waste Management)를 총괄하는 공공기관들의 경우는 쓰레기 수거지점이 공급 node, 각종 처리시설이 경유 node, 매립지가 수요 node인 대형 네트워크 문제를 이 방법으로 처리한다. 현금 프로우 관리의 경우는 특정시점의 현금 source들이 공급 node, 단기적 투자 옵션들이 경유 node, 특정시점의 현금 needs는 수요 node가 된다.

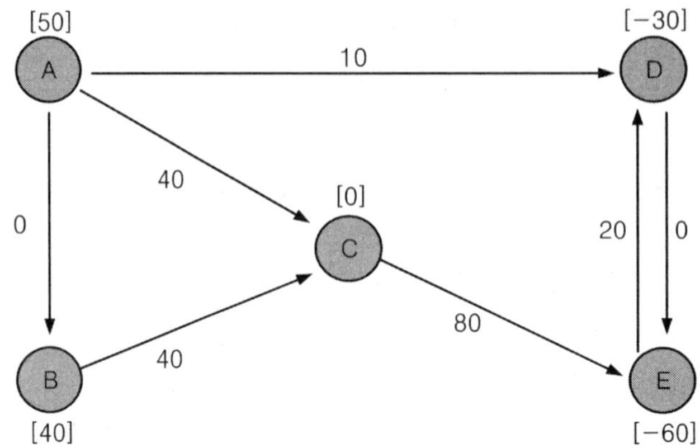

그림 8-17 최소비용 프로우 문제의 최적해

8.2 프로젝트 관리기법

CPM(Critical Path Method)은 레밍턴랜드사의 켈리(J.E. Kelly)와 뒤퐁사의 워커(M.R. Walker)가 화학공장 정비계획을 위해 1957년에 처음 개발한 기법이다. 출발 당시부터 CPM은 비용 개념을 도입하고 있다.

PERT(Project Evaluation and Review Technique)는 미국 해군이 컨설팅회사인 부즈 알랜 앤 해밀턴사와 협조하여 개발한 기법인데 CPM과 거의 같은 시기에 세상에 알려졌다.

PERT는 폴라리스 미사일 프로그램의 계획과 통제에 적용되었는데 그 프로젝트의 규모는 250개의 대기업과 9천여 개의 하청업체들이 연관되는 방대한 것이었다고 한다. 이렇게 방대하고 복잡한 프로젝트를 책임진 관리자의 입장을 생각하여 볼 때, 전례도 없는 첫 경험인 이 프로젝트가 제때에 완성될 수 있을 것인가? 개별 활동들에 대한 일정계획과 통제는 어떻게 할 것인가? 어떤 과제에 특히 더 관심을 두고 통제해야 할 것인가? 수십만 종의 부품들 그리고 획득활동들 간의 상호관련성은 어떠한가? 등 의문투성이였을 것이다. PERT는 이러한 배경에서 출현한 프로젝트 관리기법이다.

1. 네트워크 그리기

네트워크는 과제들을 세분하는 정도에 따라 간단한 모양이 될 수도 있고 복잡한 모양이 될 수도 있다. 예컨대, 신제품 XYZ를 개발하는 프로젝트가 있어서, (A) 시장조사, (B) 탐색개발, (C) 시제품 설계, (D) 소재구입, (E) 시제품 제작, (F) 성능시험, (G) 평가 및 수정, (H) 양산준비의 여덟가지 활동들로 구성된다고 하자.

A는 이 프로젝트의 유일한 최초활동이며 B는 A가 끝나야만 시작될 수 있다. 다시 B를 선행활동으로 하여 C와 D가 동시에 추진된다. C와 D는 서로 선후관계의 제약을 받지 않는다. 그런데 E를 시작하려면 C와 D가 반드시 완료되어야만 한다. F와 G는 E가 끝나야 시작할 수 있고, 서로 병행될 수 있다. 그리고, 최종활동인 H는 F와 G가 모두 끝나야만 이어서 시작되는 활동이다. 이와 같은 활동 간의 시간적 관계는 네트워크를 그리기 전에 알아야 한다. 작도는 그림 8-18과 같이 된다.

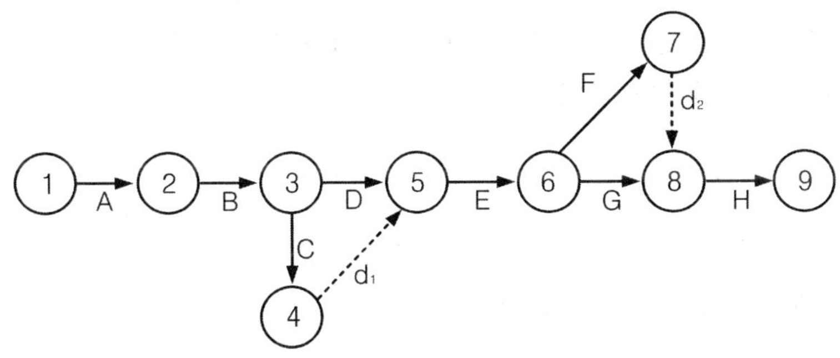

그림 8-18 개괄적인 네트워크

여기서, 2개의 선행활동과 1개의 후속활동이라는 2대 1의 관계가 발생한다. 이런 경우에는 ④처럼 동그라미를 하나 더 그리고 가상적 활동(dummy activity)인 d_1을 사용하여 선후관계를 분명히 하고 네트워크를 보기 좋게 그리는 것이 좋다. G, F와 H 사이에도 가상적 활동 d_2가 사용된다. 가상적 활동은 실제로 일어나는 눈에 보이는 활동이 아니며 단지 네트워크의 이론에 충실하기 위해 사용된다.

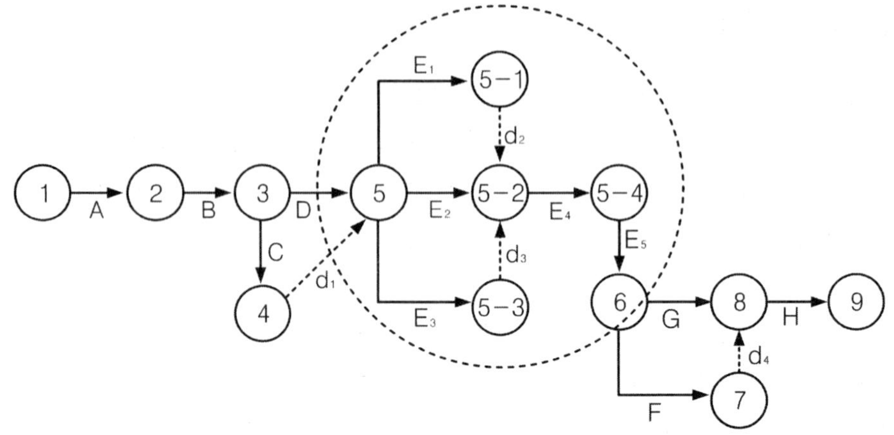

그림 8-19 부분적으로 세분화한 네트워크

만일 더 구체적인 세부활동들을 네트워크에 나타내고 싶다면 그림 8-19처럼 네트워크의 일부를 상세하게 만들 수 있다. 가령 활동 E를 세분하여, (E_1) 부품X 제작, (E_2) 부품Y 제작, (E_3) 부품Z 제작, (E_4) 조립, (E_5) 검사로 할 때 그림 8-19 같은 모양이 생긴다. 앞의 사례를 정리하면서 PERT의 네트워크 작도법을 요약하여 본다면 대략 다음과 같다.

① 사업의 구성활동들을 계획수준과 관리목적에 알맞게 세분한다.

② 활동들의 상호관계, 특히 선후관계, 병행관계를 명확히 한다.

③ 위의 관계에 충실하게 활동들을 화살표로 연결한다.

④ 연결점에는 동그라미를 그리고 그 안에 일련번호를 기록한다.
이러한 연결점들을 단계(event)라고 부른다.

⑤ 필요에 따라 가상적 활동을 점선 화살표로 도입하여 사용한다.

⑥ 주의사항

-필요한 정보를 기록할 수 있도록 각 활동과 단계들에 공간여유를 둘 것.

-화살표의 교차를 가급적 피하고 명확하게, 보기좋게 그릴 것.

-한 장에 그릴 수 없을 만큼 복잡하면 개괄적 네트워크를 먼저 그린다.
세부활동에 대한 것은 부분별로 다른 종이에 상세히 그리도록 할 것.

-항상 활동 간의 선후관계가 틀림없는지 확인할 것.

2. 일정계획 기법

(1) 소요시간의 추정

PERT는 불확실성이 큰 신규사업을 계획하는 방법이기 때문에 각 활동의 소요시간을 추정할 때 조심스럽고 특이한 방식을 사용한다. 즉, 활동 소요시간은 베타(β)분포에 따라 발생한다고 가정하며, 낙관시간(t_o: optimistic time), 최빈시간(t_m: most likely time), 비관시간(t_p: pessimistic time)의 세 가지 가능성을 추정하여 이들로부터 기대시간을 구한다. 그 계산법은 다음과 같다. 즉, 활동의 기대시간을 t_e라고 하면,

$$t_e=(t_o+4t_m+t_p)/6$$

가 된다. 불확실성의 정도는 분산 σ^2를 가지고 평가한다. 그 값은 다음과 같이 계산된다(표 8-1의 계산 예 참조).

$$\sigma^2=[(t_p-t_o)/6)]^2$$

표 8-1 활동 자료(예)

활동기호	t_o	t_m	t_p	선행활동	t_e	σ^2
A	2	3	4	없음	18/6=3	1/9
B	2	4	12	없음	30/6=5	25/9
C	5	6	7	A	36/6=6	1/9
D	5	7	9	A	42/6=7	4/9
E	9	10	11	B	60/6=10	1/9
F	2	5	8	C	30/6=5	1
G	5	7	15	D, E	48/6=8	25/9
H	1	2	3	F, G	12/6=2	1/9

(2) 일정 계산

활동별 일정계산에는 다음과 같은 용어들이 사용된다.

ES (Earliest Start Time)	해당 활동을 착수할 수 있는 가장 빠른 시간이다.
LS (Latest Start Time)	총사업기간을 지킬 수 있는 범위내에서 해당 활동을 제일 늦게 착수할 수 있는 시간이다.
EF (Earliest Finish Time)	해당 활동을 가장 빨리 마칠 수 있는 시간이다.
LF (Latest Finish Time)	해당 활동을 가장 늦게 마칠 수 있는 시간이다.

위의 네 가지 시간요소들은 다음과 같은 관계를 갖는다.

$ES = T_E \qquad EF = ES + t_e$

$LF = T_L \qquad LS = LF - t_e$

그러면 표 8-1의 예제를 가지고 계산연습을 해보기로 하자. 먼저 ES와 EF를 계산하는데 그 방향은 화살표와 같은 전진방향이다. 즉, 먼저 ES를 잡고 여기에 t_e를 합하여 EF를 구하면 된다. 따라서 ES를 어떻게 잡느냐 하는 것이 계산의 초점이 된다. 출발점은 처음 활동 A와 B이다. 이들의 ES는 0으로 놓는다. 따라서 A, B의 EF는 각각 3, 5가 된다.

A는 ①→②인 활동이므로 A의 EF는 ②→◉, 즉 ②에서 출발하는 모든 활동의 ES로 사용된다. 마찬가지로 B는 ①→③인 활동이므로 B의 EF는 ③→◉인 모든 활동의 ES로 그대로 옮겨 적으면 된다. 따라서 C, D, E의 ES가 결정되었고 여기에 각각 해당 t_e를 더하여 EF들을 얻게 된다.

표 8-2 ES와 EF의 계산

활동기호	활동위치	t_e	EST	EFT
A	1-2	3	0	3
B	1-3	5	0	5
C	2-4	6	3	9
D	2-5	7	3	10
E	3-5	10	5	15
F	4-6	5	9	14
G	5-6	8	15	23
H	6-7	2	23	25

표 8-3 LS와 LF의 계산

활동기호	활동위치	t_e	LST	LFT
A	1-2	3	5	8
B	1-3	5	0	5
C	2-4	6	12	18
D	2-5	7	8	15
E	3-5	10	5	15
F	4-6	5	18	23
G	5-6	8	15	23
H	6-7	2	23	25

지금까지 설명한 것을 표 8-2에서 확인해보기 바란다. 여기서 조심할 점은 활동 G와 H의 ES 결정이다. G는 ⑤→⑥인 활동이다. 따라서 G의 ES는 ◉→⑤인 활동의 EF와 같게 잡아야 할 텐데 ◉→⑤인 활동은 D와 E 두 가지이며 이들의 EF는 10과 15로서 서로 다르다. 이런 경우에는 큰 쪽을 택한다. 마찬가지로 H의 ES도 14가 아니라 23을 택하여야 한다.

이번에는 LS와 LF를 계산해보자. 이 계산은 LF를 먼저 정하고 LS=LF$-t_e$로 하면 된다. 따라서 LF를 어떻게 정하느냐 하는 것이 중요하다. 표 8-3을 검토하면서 그 방법을 익히기로 하자. 출발은 제일 마지막 활동인 H의 LF부터이다. 마지막 활동의 LF는 EF와 같게 놓는다. EF는 먼저 계산한대로 25이므로 활동 H의 LF는 25이다. 따라서 H의 LS는 25−2=23이다. H는 ⑥→⑦인 활동이므로 ◉→⑥인 모든 활동들의 LF는 H의 LS와 같다. 즉, F와 G의 LF는 23이다. 그리고 23−5=18, 23−8=15가 각각 F와 G의 LS가 된다.

이와 같은 요령으로 첫 활동 A까지 거슬러 올라가면 된다. 여기서도 조심할 점이 있다. 즉, ①→②인 A의 LF를 선택하는 문제이다. ①→②인 활동의 LF는 ②→◉인 활동의 LS와 같아야 하는데 ②→◉인 활동은 C와 D, 두 가지이다. 이와 같이 경합되는 경우에는 작은 쪽을 선택하면 된다. 즉, A의 LF는 활동C와 D의 LS들 중 작은 쪽인 8이 된다.

(3) 여유시간 계산

① 총여유시간(TF; Total Float)

사업 전체의 소요기일을 늦추지 않으면서 각 활동이 누릴 수 있는 최대의 여유시간이다. 이 최대값은 선행활동이 빨리 끝나주고 후속활동은 늦게 시작되어야만 얻을 수 있다. 따라서, TF=LS－ES=LF－EF.

② 자유여유시간(FF; Free Float)

모든 활동들이 빠른 시간을 기준으로 착수된다든지 또는 한결같이 늦은 시간을 기준으로 착수된다고 할 때의 각 활동의 여유시간이다. 따라서, FF=(다음 단계의 ES)－(EF).

③ 독립여유시간(INDF; Independent Float)

각 활동에 대한 최소, 최악의 여유시간이다. 선행활동은 가장 늦은 시간으로 이루어지고 후속활동은 가장 빠른 시간에 시작해야 할 때가 그러하다. INDF의 계산식은 INDF=(다음 단계의 ES)－(LF)이다.

표 8-4 여유시간 계산

활동	위치	t_e	EST	LST	EFT	LFT	TF	FF
A	1-2	3	0	5	3	8	5	0
B	1-3	5	0	0	5	5	0	0
C	2-4	6	3	12	9	18	9	0
D	2-5	7	3	8	10	15	5	5
E	3-5	10	5	5	15	15	0	0
F	4-6	5	9	18	14	23	9	9
G	5-6	8	15	15	23	23	0	0
H	6-7	2	23	23	25	25	0	0

여유시간의 계산은 앞의 예를 다시 이용한다면 표 8-4와 같이 요약된다. TF의 계산법은 별로 문제가 안 되지만 FF의 경우는 까다롭다. 예컨대, D의 FF는 다음과 같이 계산된다. 먼저, D의 후속활동이 어느 것인가를 찾는다. D는 ②→⑤인 활동이므로 ⑤→⑥인 활동 G가 그 후속이다. 따라서 G의 ES에서 D의 EF를 빼면 D의 FF가 되며, 15－10=5가 된다. INDF를 구할 때도 이와 비슷하다. 즉 다음 활동의 ES를 먼저 찾고 여기에서 LF를 빼면 된다. 물론 여유시간은 음수가 될

수 없으므로 그 차가 음수이더라도 0으로 놓는다. 이와 같이 여유시간을 구한 다음 여유가 0인 활동을 찾아 연결하면 CP(Critical Path)를 구할 수 있다.

(4) 일정에 대한 불확실성 평가

분산 σ^2은 공식에 따라 쉽게 계산된다. 표 8-1의 경우, 총소요 일정 25일은 낙관시간, 비관시간 등을 평균한 t_e들을 가지고 계산된 것이므로 25일이 꼭 지켜질 것이라고 확신하기 어렵다. 먼저 총소요 일정 T_E와 총소요 일정의 분산 σ_T^2를 계산하면 다음과 같다.

$$T_E = t_{eB} + t_{eE} + t_{eG} + t_{eH} = 5 + 10 + 8 + 2 = 25$$

$$\sigma_T^2 = \sigma_B^2 + \sigma_E^2 + \sigma_G^2 + \sigma_H^2 = 2.78 + 0.11 + 2.78 + 0.11 = 5.78$$

계산된 T_E에 대하여 이를 의도적으로 연장 또는 단축시킨다고 할 때, 불확실성은 어떻게 평가되는가? 의도적으로 단축 또는 연장된 계획일정을 T_S라 하고 누적 계산된 계산치를 T_E라 하면 다음과 같은 관계식이 아주 유용하다.

$$z = \frac{T_s - T_e}{\sqrt{\Sigma\ \sigma_T^2}}$$

만일 $T_S = 23$으로 단축한다면, $T_E = 25$, $\sigma_T^2 = 5.78$이므로, $Z = -0.833$이 된다. Z값이 -0.833이면 정규분포 곡선하의 면적(확률)은 약 0.2가 된다. 총소요 일정이 25로 계산된 프로젝트가 23일 만에 끝날 확률은 20%라는 뜻이다. $T_S = T_E = 25$로 하여 Z를 구하면 $Z = 0$이므로 확률은 0.5가 된다. 즉, 기대치대로 완료될 확률은 50%인 것이다. 단축이 아니라 연장, 즉 $T_S > T_E$로 하면 물론 확률은 50% 이상으로 커질 것이다.

이러한 확률적 판단은 불확실한 사업을 계획할 때 아주 중요한 정보가 된다. 이 확률값이 너무 작지도 너무 크지도 않은 계획이 이상적이다. 확률이 너무 크면(보통 70% 이상인 경우) 자원의 낭비가 있을 수 있다. 반대로 확률이 너무 작다면(보통 40% 이하인 경우) 계획대로 완성하기 어려울 것이다.

재계획은 전반적으로 활동을 재분류하고 각 활동의 t_o, t_m, t_p를 다시 측정하는 일부터 해야 한다. 그러나 총소요 일정을 다소간 연장시켜 보든지, 특히 불확실성이 큰, 즉 σ^2이 큰 활동들에 대하여 집중적으로 재검토를 하면 단시간 내에 계획을 조정할 수 있을 것이다.

3. 다른 유형의 도표들

앞에서와는 좀 다른 모양의 도표들을 소개하겠다. 간트(Henry Gantt)가 만든 간트 도표는 그림 8-20과 같이 캘린더 일정을 표시하고 각 활동의 시작일과 종료일을 캘린더에 맞춰 표시하는 도표이다. 간트 도표는 매우 단순한 형식이기 때문에 사무실, 공사현장 등에서 널리 쓰인다. 그러나 활동들 간의 상호관계, 여유시간, 변경에 따른 일정조정 등 주요 정보를 표시할 수 없다는 것이 단점이다. 따라서, 프로젝트의 일부분을 떼어내어 표시할 때 또는 단순한 프로젝트에서 주로 사용된다.

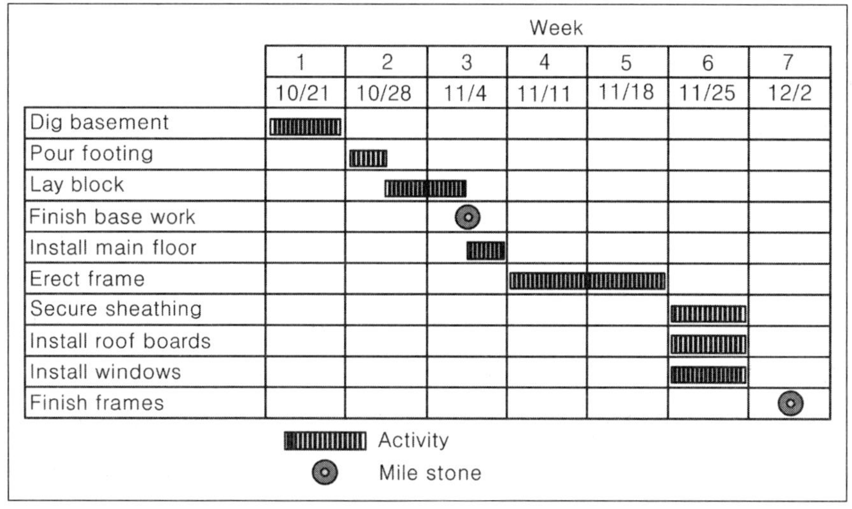

그림 8-20 간트 도표

그림 8-21은 PERT, CPM의 활동 화살표를 원활한 곡선으로 바꾸어 그린 그림이다. 이렇게 원활한 곡선을 사용하면 달력 날짜에 맞춰 활동 위치를 잡아주기 편리하다. 이 때 가상적 활동은 생략하고 그릴 수 있다. 특히 노동력 수준에 관심을 두어 관리하고 싶다면 각 활동의 소요인력을 네트워크에 표시할 수 있다. 인력 소요의 굴곡을 없애고 평탄하게 만들려면 활동별 시행일자의 조정이 필요하다. 이러한 조정작업을 평준화(leveling) 또는 평활화(smoothing)라고 부른다.

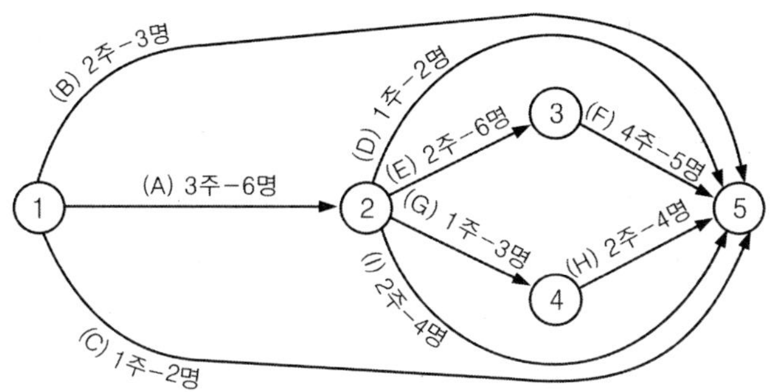

그림 8-21 원활한 곡선으로 표시한 네트워크

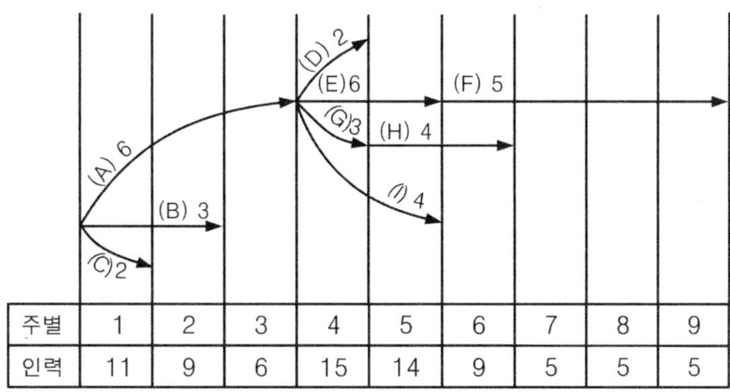

주별	1	2	3	4	5	6	7	8	9
인력	11	9	6	15	14	9	5	5	5

그림 8-22 ES에 의한 일정 및 인력 요구

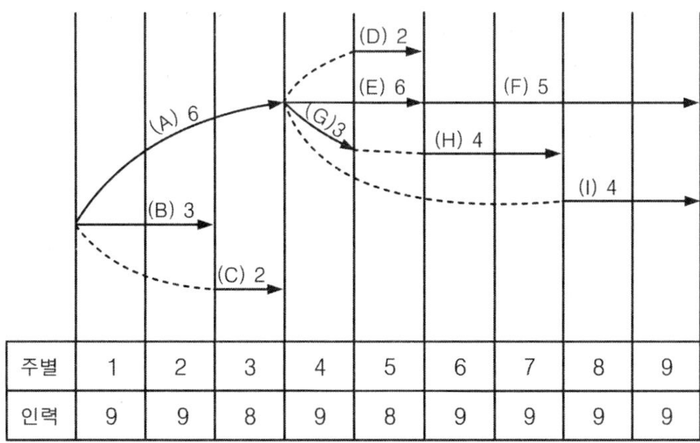

주별	1	2	3	4	5	6	7	8	9
인력	9	9	8	9	8	9	9	9	9

그림 8-23 조정된 일정 및 인력계획

CP상의 활동들은 일정을 당기거나 늦출 수 없으므로 여유시간을 갖는 활동들만이 평준화작업의 대상이 된다. 특히 자유여유시간(FF)은 활동의 조정폭을 제한하는 중요한 지표가 된다.

평준화를 위한 요령을 소개한다면 다음과 같다. 먼저 ES를 기준으로 그림 8-22와 같은 일정계획을 짠 다음, 'FF값이 가장 큰 활동부터 차례로 늦추어주는 것'이다. 이때 만일 계산능력이 충분하다면 뒤로 늦추는 조정을 세분하여 한 번에 한 활동만을 다루며, 단번에 LS까지 갈 것이 아니라 일정단위별로 움직여보면 더 좋을 것이다.

그림 8-23은 앞의 예를 가지고 조정해본 결과이다. 여기서 소요인력은 주별로 9, 9, 8, 9, 8, 9, 9, 9, 9가 된다. 그 총계, 즉 연인원은 변함없이 79이다. 일반적으로 총계가 같은 숫자들의 평준화문제에 있어서 보다 잘된 평준화는 그 제곱들의 합이 더 작다.

예컨대, 조정전 수치들의 제곱의 합, $11^2+9^2+6^2+15^2+14^2+9^2+5^2+5^2+5^2$은 조정후의 제곱 합, $9^2+9^2+8^2+9^2+8^2+9^2+9^2+9^2+9^2$보다 더 크다. 이 방법은 평준화의 정도를 가늠하는 좋은 기준이 되며 특히 복잡한 네트워크를 다룰 때, 앞서 소개한 요령을 적용하는 조정과정에서 유용한 평가기준이 된다.

앞에서는 활동들을 화살표로 표시하고 단계를 원형(circle) 기호로 표시했지만, 그림 8-24의 모양은 전혀 다르다. 여기서는 활동들이 박스에 표시되어 있으며 화살표는 단지 진행방향을 나타낼 뿐이다. 때로는 활동을 표시하기 위해 박스 대신 원형을 쓰기도 한다. 이런 형식을 AON(activity-on-nod)이라 한다. 그림 8-28도 AON 형식이다.

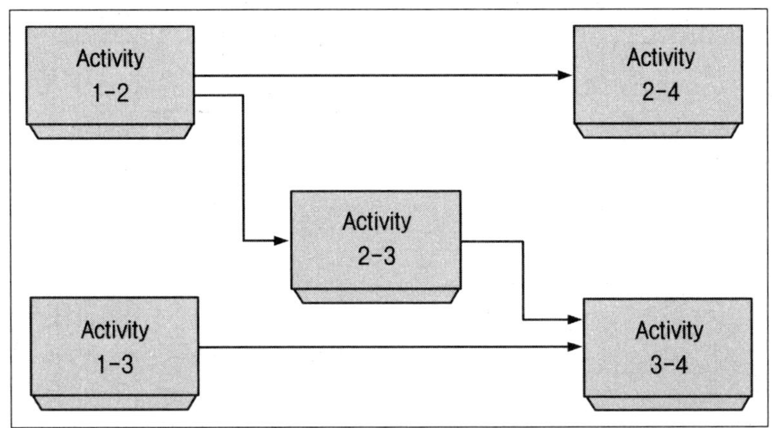

그림 8-24

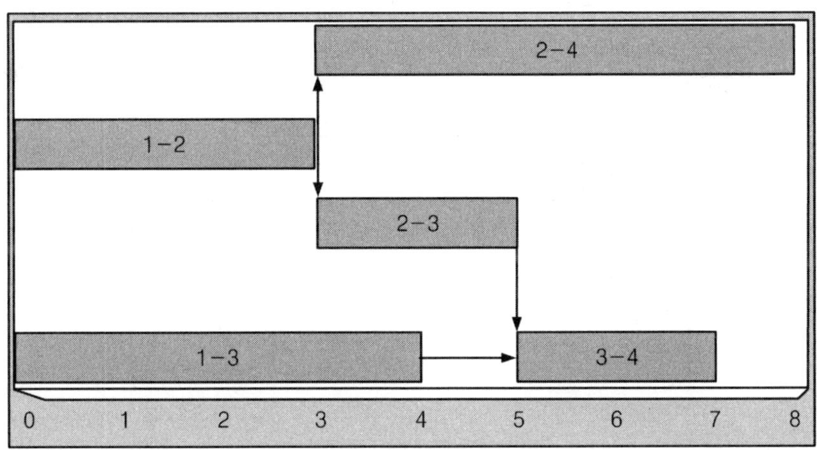

그림 8-25

그림 8-24는 그림 8-25와 같이 캘린더 일자에 맞춰 정리하기가 쉬우므로 편리하다. 이와 같은 AON 유형 중에서 특히 활동(박스) 간의 선후관계를 상세히 표시하기 위해 개발된 것이 PDM(Precedence Diagramming Method)인데 예를 들면 그림 8-26~27과 같다.

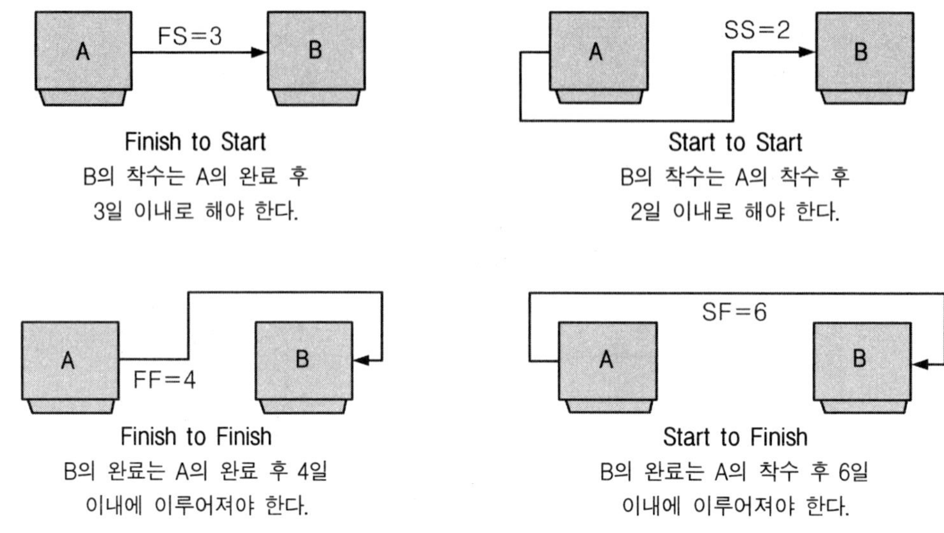

그림 8-26 PDM의 선후관계 표시(예)

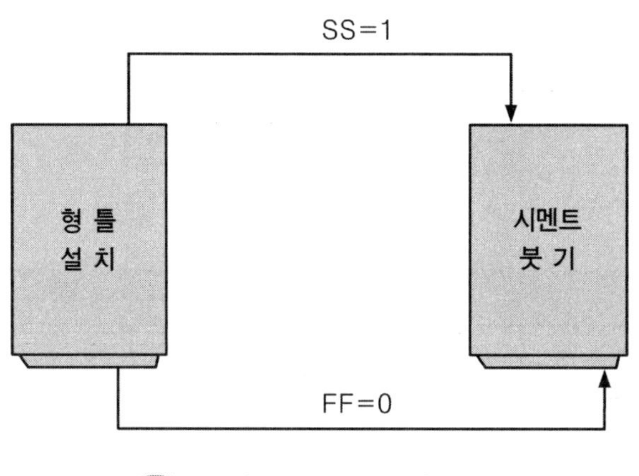

그림 8-27 선후관계(예)

시멘트 붓기는 형틀설치보다 1일 늦게 시작하나, 마치는 시간은 동일하다.

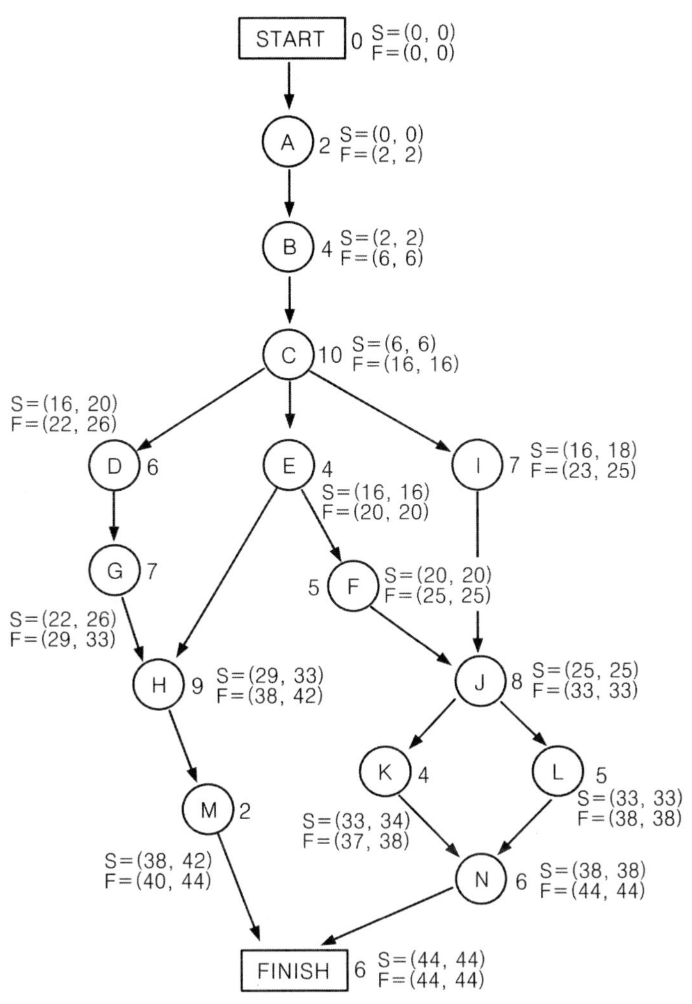

그림 8-28 건설공사의 네트워크: AON 형식

주) 기호 설명: S=(ES, LS), F=(EF, LF)

A. 굴착작업	B. 기초공사	C. 벽체공사	D. 지붕공사	E. 옥외 배관
F. 옥내 배관	G. 외벽공사	H. 외벽 페인팅	I. 전기공사	J. 창호공사
K. 마루 깔기	L. 내장 페인팅	M. 옥외 조경	N. 인테리어 작업	

제9장 정보기술과 가치혁신

우리가 '가치'라는 단어에 관심을 갖게 된 것은 그리 오래된 일이 아니다. 과거에는 모든 가치를 화폐단위로 표시할 수 있다고 생각했으며 '가치'라고 하면 주로 금전적 가치를 의미하였다. 1940년대에 마일스는 가치분석이란 새로운 방법을 소개하여 눈길을 끌었으나 자재구매와 제품설계 분야에만 적용되었다. 1990년대 후반, 인터넷이 실용화되고 e-비즈니스 영역이 급속히 확산되면서 다시 가치라는 말이 각광을 받게 되었다.

이와 같은 최근의 가치 개념은 엔터프라이즈 차원의 사업모델 및 비즈니스 프로세스 혁신과 떼어놓을 수 없는 중요한 위치를 차지하게 된다. 본 장에서는 가치분석(또는 가치공학)으로부터 시작하여 현대적 가치 개념, e-비즈니스, 신제품개발 프로세스, 정보 프로세스 등 주요 이슈를 IT의 발전추세와 연계하여 논하기로 한다.

9.1 가치분석, 가치공학

가치분석(VA, value analysis)은 1940년대, 마일스(L.D. Miles)에 의해 개발되었으며, 이를 미국 국방부가 가치공학(VE, value engineering)이란 명칭으로 도입함으로써 군과 산업계에 널리 보급되었다. 초기의 VA는 주로 자재구매 분야에서 적용되었고 그 후 VE라는 명칭과 함께 그 적용범위가 설계분야까지 확대되었다.

예화 1940년대, 마일스가 GE사 자재과장으로 있을 당시 GE 공장은 대량의 석면(asbestos)을 사용하고 있었다. 공장에서는 하루 빨리 석면을 구해달라고 자재과에 독촉을 하였다. 마일스는 석면 공급업체들을 독촉할 수밖에 없었다. 그러나 석면의 생산량이 절대적으로 적으니 어쩔 수 없는 일이었다. 업자들은

"어째서 그렇게 많은 석면을 필요로 하느냐"

고 물었다. 마일스는 아는 것이 없어서 대답해줄 수 없었다. 요청 부서에서 아무 설명도 없이 무조건 구매요청만 했기 때문이다. 얼마 후 내역을 알게 된 마일스가 업자들에게 대답했다.

"공장 내부를 청결하게 하고 또 화재를 방지하기 위해서 랍니다."

"그렇다면 불연지(타지 않는 종이)를 쓰면 되지 않겠습니까? 불연지라면 당장 물량 확보가 되고 가격도 석면의 5분의 1밖에 안 되는데요."

업자의 말을 듣고 마일스는 "옳거니!" 속으로 소리쳤다. "그렇다. 고객이 찾는 것은 사실 물건이 아니라 기능이다." 종이는 적당한 크기로 잘라 붙이기도 쉽고 깨끗하고 화재방지 기능도 훌륭하다고 한다. 석면이 지닌 기능만 충분히 다한다면 다른 물질이라고 해서 무슨 상관이 있겠는가? 이러한 아이디어가 후일 가치분석이라는 방법론으로 열매를 맺게 되었다.

마일스는 "가치분석이란 고객이 원하는 기능을 상세히 명확하게 정의하며, 비교과정을 통하여 각 기능에 대응되는 비용을 적절히 설정하며, 그 비용으로 각 기능의 수행에 필요한 지식, 창의성, 개선활동을 유발시켜주는 기법들의 체계"라고 정의하였다. 이 정의 속에 VA/VE의 독특한 사고방식이 잘 나타나 있다. 즉, 고객 지향적이고, 기능과 원가를 대비시켜 판단의 주요 기준으로 삼으며, 실천적인 지식, 창의성, 개선활동을 강조한다는 점이다.

가치분석 방법을 적용하기 위해서는, 대상 품목이 너무 많은 경우, 구입량이나 구입액이 큰 품목, 예상보다 지출이 큰 품목을 우선 선정하고, 품목별 용도와 기능을 식별해야 한다. 자재구매에 적용한다면 다음과 같은 질문 체크리스트가 도움이 될 것이다.

-이 품목을 사용함으로써 가치에 기여하는가?

-유용성에 비추어 볼 때 비용이 적절한가?

-용도에 적합하고 보다 가격이 유리한 대체품이 존재하는가?

-필요 이상의 용량(capacity)을 갖는 것인가?

-현재 재고품 중 쓸만한 유사품이 있는가?

-중량을 감소시킬 수 있는가?

-필요 이상의 허용오차(정밀도)를 갖는 것이 아닌가?

-불필요한 가공공정을 거친 것이 아닌가?

-포장비용을 줄일 수는 없는가?

-보다 싸게 공급하는 신뢰할 만한 다른 공급자는 없는가?

-우리보다 싸게 구입하고 있는 다른 구매자는 없는가?

요컨대, 용도(또는 기능)에 꼭 맞는 품목을 최소가격으로 구매하자는 것이다. 사용자 입장에서 성과가 있다고 판단되는 것에만 비용을 지불한다는 개념이다. 사용자가 추구하는 성과는 품목의 기능에 의해서 좌우되는 것이기 때문에 결국 돈을 주고 기능을 사는 것이라고 말할 수도 있다. 따라서 VA/VE에서는 다음과 같이 가치를 엄밀히 정의하고 분류한다.

$$\text{가치(value)} = \frac{\text{기능(function)}}{\text{비용(cost)}}$$

$$\begin{cases} \text{사용기능(use function)} \\ \text{미관기능(aesthetic function)} \end{cases}$$

$$\begin{cases} \text{주기능(primary basic function)} \\ \text{보조기능(secondary function)} \end{cases}$$

제품의 기능은 사용기능과 미관기능으로 분류하거나 주기능과 보조기능으로 분류한다. 유류, 기계, 시멘트, 못, 군수품은 미관기능이 거의 불필요하나 공예품, 장신구, 유흥 서비스의 경우는 사용기능에 비하여 미관기능이 거의 절대적이다. 주기능이란 그 제품에 대하여 1차적으로 요구하는 가장 기본적인 기능을 말하며 보조기능은 추가적으로 더 있으면 좋겠다고 생각하는 기능을 말한다.

움직이지 못하는 장난감의 주기능은 미관기능이라고 볼 수 있지만 배터리를 넣어 움직이는 장난감의 경우는 고장이 나지 않아야 하므로 사용기능을 주기능으로 보고 철저하게 내부장치를 설계할 필요가 있다. 대중식당의 물컵은 사용기능이 우선하겠지만 고급 레스토랑의 커피잔은 미관기능이 주된 기능이라고 볼 수 있다. 유리컵 대신 1회용 종이컵, 단추 대신 지퍼, 등 가치공학적 사례는 얼마든지 많다.

마일스는 사용가치, 귀중가치(esteem value), 교환가치, 시장가치로 분류한 바 있다. 사용가치는 사용기능과 원가의 관계이며, 귀중가치는 미관기능과 원가의 관계라고 해석할 수 있다. 흔히 엔지니어들은 제품의 기능과 원가에만 관심을 갖는 경향이 있다. 그러나 값싸고 기능이 좋아도 가치를 인정받지 못하는 경우가 있다. 언제, 어디서나 쉽게 교환할 수 있어야 하고(교환가치), 시장에서 수요를 이끌어내어 잘 팔려야(시장가치) 된다.

VA/VE는 창의성과 개선의지를 최고도로 발휘하게 하는 것이므로 절차와 조직에 있어서도 팀 운영, 부서간 협조 등 융통성이 요청된다. 마일스는, 제품 자체와 제품의 기능을 이해하기 위한 정보단계, 문제의 성격을 파악하고 가정, 목표, 추가적 정보를 정리하는 분석단계, 새로운 대안을 찾기 위해 참가적으로 아이디어를 모으는 창의성단계, 제안된 각종 아이디어를 평가하는 판단단계, 구체적인 행동계획을 수립하는 개발단계의 5단계로 설명한 바 있다.

가치분석 또는 가치공학은 사고방식의 전환을 촉구했고 특히 기업의 구매관리와 제품설계에 큰 영향을 주었다. 또한 전사적 참여와 창의적 노력을 고취하기도 하였다. 일본과 한국에서는 특히 1970~80년대에 품질운동의 일부로 VA/VE를 강조했으며 한국표준협회는 당시 『가치혁신』이란 월간지까지 발행한 바 있다. 그러나 VA/VE는 더 이상 관심을 끌지 못하였다. 그 이유를 정리해보면 다음과 같다.

① 기업(구매자, 설계자) 중심의 가치개념을 고객중심으로 전환하지 못했다.

② 프로세스 혁신과 가치 혁신을 연결하는 방법론(정보기술 등)이 미흡했다.

③ 가치를 기업의 사업기회나 전략적 요소로 인식하지 못했다.

9.2 e-비즈니스와 가치 창출

제품이나 서비스의 가치는 기업에 의해 평가되는 것이 아니라 고객에 의해 평가된다. 고객이 “가치가 있다.”고 판단하여 기꺼이 지불하지 않는다면 기업 측이 아무리 자화자찬을 해도 거래는 이루어지지 않을 것이다. 고객들은 기능(function) 이상의 것 즉 총체적인 이득을 가지고 판단하며 원가보다 지불액을 중요시한다. 따라서 가치를 정의하는 방법도 아래와 같이 달라질 수 있다.

$$\text{가치(value)} = \frac{\text{편익(Benefits)}}{\text{가격(Price)}}$$

사례 내용을 들어보지 않고 음악 CD를 살 때 우리는 갈등을 느낀다. 비록 아는 곡이 사고자 하는 CD에 들어있다고 해도 나머지 곡들에 대해서는 전혀 감을 잡을 수가 없다. 가격도 만만치 않은데 덜컥 사놓고 나중에 후회하게 되면 어쩌나... 그래서 어떤 CD 상점은 미리 들어보게 한다. 그러나 포장을 뜯어 들어보고 안 사기도 어렵다.

그런데 훨씬 좋은 방법이 나왔다. CD의 바코드를 이용하여 바로 스캔할 수 있는 방법이다. 뜯지 않고도 전체 곡을 상점에서 들어볼 수 있다. 이러한 프로세스 혁신으로 고객 가치가 향상되었고 CD 상점은 특별한 "능력"을 인정받게 된 것이다.

기업은 일반소비자 고객을 상대하는 경우도 있고(Business-to-Customer, B2C), 기업고객을 상대해야 할 경우(Business-to-Business, B2B)도 있다. 어떤 경우든 고객들은 공통적으로 총원가, 품질, 신속한 배달을 중요한 가치평가의 요소로 고려한다. 이에 추가하여, 일반소비자들은 편리성, 스타일(패션), 기술수준, 개인화 정도, 윤리적 이슈까지 고려하며, 반면에 기업 고객들은 유연성, 시간준수, 신뢰감 등을 더 따지는 경향이 있다.

여하튼 고객들이 이러한 속성들 중 어느 것을 더 중요시하는가 계속 조사하여 맞춰줄 수 있어야 한다. 고객들의 가치 평가에 대한 기업의 대응방법은 크게 두 가지로 나누어볼 수 있다.

첫째 방법은 가격을 조정하는 것이다. 생산자는 가격을 결정하고 고객은 가치를 결정한다. 이 두 종류의 결정이 서로 맞아 떨어져야 거래가 형성된다. 프라이스라인(www.priceline.com)의 경우는 소비자가 사고 싶은 물건의 가격을 제시한 다음 그 가격에 판매자들이 응하도록 프라이스라인 측이 중개를 한다.

가치는 잠재고객들이 의사결정을 하는 근거가 된다. 가격을 변경하면 가치도 달라진다. 따라서 고객별로 다른 가격을 적용하는 것도 가능하다(항공사, 호텔, 렌트카 등). 리스크에 대한 태도의 차이를 고려하여 금리를 달리 적용할 수도 있다(은행의 부동산 구입자금 할부제). 쇼핑몰은 개인정보를 얻는 대신 적절한 할인율이나 쿠폰을 제공한다.

둘째 방법은 프로세스를 변경하는 것이다. 사실은 앞의 첫째 방법을 쓸 때도 가격을 조정하기 위해서는 어느 정도 원가 절감이 필요하기 때문에 프로세스 변경이 요구될 수 있다. 프로세스 변경은 모든 경우에 가장 기본적인 대응책으로 인식되고 있다. 이 두 번째 방법은 원가 절감보다 편익증대(즉, 가치증대)를 지향하는 보다 적극적인 방법이다.

최근에는 인터넷에 의한 가치 발굴과 공급사슬을 이용하는 가치 혁신이 크게 각광을 받고 있다. 인터넷을 이용하면 다음과 같은 네 가지의 혁신을 성공적으로 추진할 수 있다.

(1) 기존 프로세스의 온라인화

과거의 오프라인 수작업에서는 제대로 다룰 수 없었던 'trapped value(묶여있는 가치)'를 풀어줌으로써 보다 능률적인 시장을 만드는 것이다. 프로세스를 바꾸지 않고 그대로 온라인 전환만 해도 이와 같은 효과가 바로 나타날 수 있다. 렌딩트리(lendingtree.com)는 할부구입자와 금융기관들을 48시간 내에 연결해준다. 서클랜딩(circlelending.com)은 친구, 가족, 회원간 person-to-person 금융으로 성공했으며, 비즈바이어(bizbuyer.com)는 중소기업간 B2B 거래 네트워크로 스타가 되었다.

(2) 프로세스 혁신 후 온라인화

기존 프로세스를 리엔지니어링 방법으로 혁신하여 'trapped value'를 해방시키고 보다 능률적인 가치 시스템을 만드는 것이다. 나이 60이 넘어서 인터넷을 배운 GE사 전회장 웰치(J. Welch)는 "사업방식을 파괴하라"(Destroy your business, DYB) 라는 구호를 내걸고 계열회사들의 분발을 촉구했다. 제조업이면서도 소비자들과 직접 온라인 대화를 하는 등 서비스 영역을 대폭 확장한 GE 프라스틱스의 전자상거래 책임자 포데스타(Gerry Podesta)는 "전화로 하는 것보다 가치증대가 없다면 인터넷으로 바꾸지 말라"는 규칙을 강조한다. 그들은 기존의 거래방식을 완전히 분해한 다음 고객 서비스를 개선할 수 있는 방법을 찾아 선별적으로 인터넷에 올려놓는다. 이 과업을 담당한 GE의 CF(cross-functional) 팀은 DYB와 함께 "고객의 성장을 돕자"는 뜻으로 GYB(grow your business)라는 구호도 내걸었다.

(3) 신가치 창출

전혀 새로운 가치를 구현하는 것이다. 예를 들면, 맞춤형 개인화(야후의 "My Yahoo" 등), 커뮤니티 형(myfamily.com, zeal.com), 신기술형 등이 모두 신가치창출 유형에 속한다. 신기술형으로는 다이얼패드의 인터넷 전화, 디지털 사진기술 분야의 '포토 CD+온라인저장/인화' 등을 들 수 있다.

(4) 혼합형 가치 창출

묶여있는 가치와 신가치를 혼합한 혼합형 가치(hybrid value)도 가능하다. 아마존(Amazon.com)은 기존의 도서구입 절차를 크게 바꾸지 않으면서도 단계를 축소하고 혼잡을 제거했으며 아울러 과거에는 생각조차 하기 어려웠던 도서추천, 체험소개, 원클릭 체크아웃 등의 신가치 요소를 창출하였다. 혼합형의 종류는 매우 복잡하나 다음과 같이 정리해볼 수 있다.

① 가격정보형

이용자들이 다수의 웹사이트를 참고하여 최저가격을 쉽게 검색하도록 서비스하는 유형이다(예: bizrate.com, mysimon.com). 해당 상품을 구입해본 다른 이용자들의 체험담도 이러한 서비스에 포함된다.

② 접근성 및 리치 확장

다수의 출판사와 서점들을 연결하여 글로벌 네트워크를 구성하고 소비자들이 찾는 모든 책, 절판서적, 희귀본, 중고품까지 쉽게 찾을 수 있도록 접근성에 치중하는 유형(예: abebooks.com) 또는 국제컨설팅 네트워크, 가상대학 캠퍼스 등 원거리 이용자에게 다가가는 리치(reach) 확장을 주무기로 하는 유형 등이다. 접근성의 획기적 향상이나 리치 확장은 새로운 가치를 창출하는 중요한 수단이 되었다.

사례 프라이스라인(Priceline.com)

프라이스라인은 1998년 4월에 개업한 후 대표적인 온라인 여행중개 업체로 자리잡았다. 여행에 필요한 항공 티켓, 렌트카, 호텔 룸 등을 판매하는 프라이스라인은 e베이와 마찬가지로 온라인 경매 방식을 채택하고 있다.

프라이스라인에서는 소비자들이 먼저 원하는 품목과 가격을 제시하도록 하며 제시된 건별로 판매자가 원하는 조건과 맞는 것을 골라 거래를 성사시킨다. 항공 티켓의 경우, 우선 프라이스라인은 항공사들로부터 비밀리에 티켓 할인가격을 제공

받는다. 항공사들은 다른 업체가 얼마의 할인가격을 제공했는지 알지 못한다. 그리고 프라이스라인은 소비자들이 원하는 티켓의 날짜, 가격, 출발지, 도착지, 신용카드 번호를 사이트에 올리도록 한다(이때 소비자들은 표를 구하기 전까지 어떤 항공사가 어떤 가격으로 표를 내놓았는지 알지 못한다.).

프라이스라인은 소비자가 올린 가격을 항공사들이 제시한 가격과 비교해 15분 내에 거래를 성사시킨다. 이 과정에서 프라이스라인은 항공사로부터 수수료를 받아 이익을 얻는다. 가격이 제품에 따라 달라지는 것이 아니라 구매자에 따라 달라지도록 하는 것이다. 프라이스라인은 백화점처럼 정해진 가격으로 물건을 팔지 않고, e베이처럼 판매자가 내놓은 가격을 기준으로 거래 시키지도 않는다.

이렇게 소비자 개인에 따라 가격이 달라지는 방식을 가격차별화라 한다. 판매자 가격이 아니라 소비자들이 제시한 가격을 중심으로 거래가 이뤄지므로 역경매(reverse auction)라 부르기도 한다. 프라이스라인의 가격 시스템은 미국특허청에 등록됐으며 그 후 여러 업체들에 도입되었다.

프라이스라인과 같은 인터넷 역경매는 인터넷 환경을 교묘히 활용한 혁신적 거래방식으로 인정받고 있다. 프라이스라인에서는 판매자와 구매자 모두가 가격이 어떻게 형성되는지 모르기 때문에 가격 경쟁이 일어나지 않는다. 소비자들이 가격만으로 구매를 시도하기 때문에 브랜드 간의 경쟁도 일어나지 않는다. 이러한 시장환경은 모두에게 이득이 될 수 있다. 프라이스라인 사이트에서, 항공사들은 팔리지 않은 남은 티켓을 팔아 손해를 면하고, 소비자는 싸게 나온 티켓을 최대 40%까지 저렴하게 구입하여 절약할 수 있다.

한편, 여러 문제를 야기하기도 한다. 일단 소비자가 제시한 날짜와 가격을 항공사 측에서 받아들이면, 그 소비자의 신용카드로 자동 지불된다. 결제된 비행기 표는 나중에 환불이나 교환이 불가능하다. 프라이스라인을 통해 예약되는 여행 상품에는 날짜만 명시될 뿐 시간, 등급(일등, 이등석)은 명시되지 않기 때문에 불편을 초래할 수 있다. 마일리지나 포인트를 적립할 수도 없으며, 상품이 제때 제공되지 않는 사고가 발생하기도 한다.

프라인스라인의 가격 시스템이 모두에게 이득이 될 것인지는 아직 확실하지 않다. 그러나 인터넷의 힘을 이용한 프라이스라인의 거래방식은 새로운 형태의 '일대일' 마케팅의 기회를 제공했다. 고객의 수요에 의해 움직이는 시장을 창출한 프라이스라인은 판매자와 소비자 모두에게 또 다른 선택의 기회를 준 것이다.

9.3 블루오션 전략과 가치의 재구성

‘블루오션 전략’이라는 책이 프랑스 INSEAD대학 교수들(Kim & Mauborgne)에 의해 출판되자 한국에서도 블루오션 전략이란 말이 대유행을 하게 되었다. 블루오션 전략의 특징은 흔히 표 9-1과 같이 레드오션 전략과 비교하여 설명된다. 그러나 이러한 설명은 불충분하다.

표 9-1 레드오션과 블루오션 전략의 상대적 특징

레드오션(Red Ocean) 전략	블루오션(Blue Ocean) 전략
현재의 시장공간 내에서 경쟁한다.	경쟁 없는 시장공간을 창출한다.
경쟁을 통해 성공한다.	경쟁 없이 성공한다.
이미 존재하는 수요를 더 많이 발굴한다.	신수요를 창출한다.
가치와 비용 간의 교환관계를 계산한다.	가치와 비용 간의 교환관계를 파괴한다.
차별화, 저원가 전략을 추구하기 위해 조직을 정렬시킨다.	전략을 선택하기 위해 조직을 정렬시킨다.

표 9-1은 두 가지 전략의 표면적 특징을 잘 보여주지만 “어떻게?”라는 질문에 대한 상세한 대답을 생략하고 있다. 사실 블루오션 전략이란 새로운 개념은 하버드 비즈니스리뷰(1999)에 게재된 논문에서 이미 수년전에 구체적으로 설명된 바 있다. 그 요점은 다음과 같은데, 블루오션 전략의 키워드는 “Across”(경계선을 넘는다는 뜻), 그리고 “가치혁신”이다. 여기에 조직적 정렬(alignment)까지 추가되면 가히 금상첨화라고 할 수 있다.

(1) 업종 경계선을 넘어 대체품까지 고려하는 가치곡선을 설계한다

미국의 홈 디포우(Home Depot)사는 주택수리업자 중심의 기존시장에서 자가수리를 돕는 컨설팅형 수리장비 소매업을 시도하여 대성공을 거두었다. 인튜이트(Intuit)사는 개인용 재무소프트웨어들 간의 경쟁시장에서 연필이라는 대체품을 함께 고려함으로써 ‘퀴큰(Quicken)’이란 신상품을 설계하여 대성공을 거두었다. 이 때 이용된 가치곡선의 형태는 그림 9-1과 같이 매우 파격적이었다.

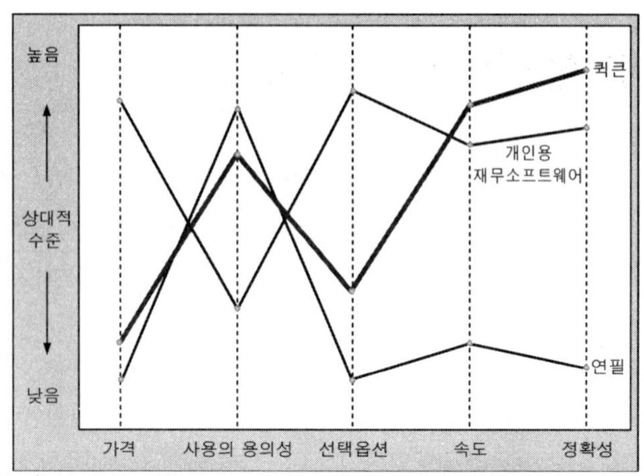

그림 9-1 신상품 퀵큰의 가치곡선

(2) 전략그룹 경계선을 넘어 차별화한다

레드오션 내에는 여러 가지 전략그룹들이 존재한다. 의류업체들을 보면 고가의 하이패션을 추구하는 전략그룹과 중저가의 노패션을 추구하는 전략그룹이 있다. 대개는 어느 한 그룹에 속하여 그룹 내에서 경쟁한다. 그러나 폴로 렐프로렌(Polo Ralph Lauren)은 사용하는 원단을 고가의 하이패션으로 하되 스타일은 노패션으로 하는 절충식을 시도한 바 있다. 기존의 전략그룹 경계선을 넘는 이러한 차별화 사례는 도요타 렉서스(Lexus)의 경우에서도 볼 수 있다.

(3) 구매자그룹 경계선을 넘어 가치 평가자를 재인식한다

기업은 자기에게 직접 돈을 지불하는 상대방에게 가장 신경을 쓰게 마련이다. 그래서 주로 도매상과 거래를 한다면 도매상의 가치기준을 가장 존중하게 된다. 그렇다고 해서 소매상이나 최종소비자의 가치기준을 무시하면 안 될 것이다. "누가 진정한 가치 평가자인가"를 생각해야 한다. 도매상, 소매상, 최종소비자 등 가능한 가치평가자를 고려함으로써 가치요소를 재조정해야 한다(예: Bloomberg, Philips Lighting).

사실 고객(customer)이란 말은 우리말로 '단골손님' 정도의 단순한 단어가 아니다. 고객은 "프로세스의 최종이용자"라는 것이 국제적 표준용어인 고객의 진정한 정의이다. "프로세스가 어떤 것이냐"에 따라 "누가 고객인가"에 대한 대답이 달라진다.

(4) 제품속성의 경계선을 넘어 제품을 혁신한다

경쟁품들의 주된 제품속성에서 벗어나 혁신을 시도하는 것이다. 바디숍들은 건강, 웰빙, 환경 등의 신개념을 도입함으로써 기존의 화장품 업체들과의 차별화에 성공하였다. 온라인 서적판매업에서도 비슷한 예를 찾아볼 수 있다.

사례 홈 디포우(Home Depot)

미국 애틀란타에 본부를 둔 홈 디포우는 주택관리용 공구, 재료, 장비 일체를 취급하는 대형 체인점이다. 품목은 약 5만종, 웬만한 주택 개축, 증축도 다 해결할 수 있다. 홈 디포우는 남편들이 집안일을 열심히 하지 않으면 안 되는 미국 사회의 현실을 사업기회로 잡았고 대성공을 거두었으며 인지도 제1의 전국적 체인이 되었다. 창업자의 아이디어는 매우 드라마틱하다.

어느 집이나 남편들은 항상 전전긍긍한다. 부인이 무슨 일을 부탁하든, 잔디 깎기, 벽 페인팅, 깨진 유리창 갈기 정도는 기본이고 심지어는 카페트, 보일러, 지붕 수리까지 능숙하게 해야 한다. 일단 사명을 받으면 홈 디포우로 달려와 작업방법부터 재료장비 선택까지 자문을 구한다.

그래서 홈 디포우가 존재할 필요가 있는 것이다. 홈 디포우의 직원들은 주택관리 기술의 도사들이다. 홈 디포우는 소매업이지만 마치 전쟁터처럼 돌아간다. 여기저기서 토론하고 계산하고 훈수하는 소리가 들린다. 창업자는 이런 분위기를 더욱 고무하기 위해 자재를 컨테이너에 담긴 그대로 쌓아놓고 지게차가 영업시간 중 통로를 지나다니는 것도 허용했다.

이렇게 복잡하고 활기 있었던 매장 분위기가 달라졌다. 1999년부터 매출이 급감하고 경쟁사 Lowe의 고객 서비스와 비교하여 뒤떨어진다는 소리가 들려왔다. 고객가치에 대한 정의를 바꿀 때가 된 것이다. 과거의 창고 같았던 분위기를 '고객친화적(customer-friendly)'으로 바꾸고 매장내의 모든 위험요소를 제거하기로 했다. 컨테이너가 제거되고 영업시간 중 재고정리나 운반을 금지하는 등 서비스 성과개선 프로그램을 2년간 지속했다. 특히 파트너십에 의한 서비스 영역 확장이 가장 두드러진 변화이다.

아빠들이 주택수리 임무로 분주한 동안 어린 자녀들도 무언가 하고 싶어 한다. 그래서 유명한 장난감 회사 ToyRus와 제휴하여 홈 디포우 브랜드가 부착된 주택관리 세트 장난감을 판매하기 시작했다. 다른 제휴사인 GE 캐피탈 파이낸셜은 홈 디포우 매장에 주택 증개축 자금을 융자해주는 즉석 융자코너를 설치했다. 보험회사 Allstate는 주택손상, 카페트 손상 등에 보험을 들도록 권유한다. 부동산개발업자들은 견본주택, 조경, 창틀, 페인팅, 분양광고 등 보다 본격적으로 전문 컨설팅을 해준다.

생산자가 보는 가치와 고객이 평가하는 가치는 다를 수 있다. 일반적으로 가치가 생산되는 시간·장소는 가치평가가 이루어지는 시간·장소와 일치되지 않는다. 특히 공급사슬(supply chain) 전체를 점검해야 한다. 공급사슬이란 "원료채취 단계부터 최종소비자까지 그 중간의 모든 재화와 정보의 흐름 및 전환 관련 활동들"로 구성된다.

공급사슬을 관리하는 전통적 방법은 "수직적 통합"인데 이것은 소유권에 의한 통제를 뜻한다. 그러나 최근의 추세를 보면, 자재, 기술진, 디자이너, 호스트 서비스 까지 범위가 확대되어 광범위하게 아웃소싱(outsourcing) 방식이 이용되고 있다. 예를 들면, 스타벅스 커피점은 커피재료, 쿠키, 포장지, 컵, 심지어는 음악까지 아웃소싱을 한다.

미국의 가전업계 빅4인 GE Appliances, Maytag, Whirlpool, Frigidaire는 인터넷이 나오기 전에는 시장점유율을 25%씩 나누어 갖고 유통구조에 승부를 걸고 있었다. 식스시그마 전문가인 디안젤로(Joe DeAngelo)가 GE Appliances의 e-비즈니스 담당 부사장으로 오자 유통구조에 DYB/GYB 혁신이 시작되었다. 홈 디포우 등 중간유통기관들은 POS(point-of-sale) 터미널을 설치하고 창고를 없앤다. 생산만 하던 제조업체가 소비자들의 주문을 직접 받아 가격과 배달일정을 조정하는 체제와 새 비즈니스 모델로 전환한 것이다.

소매업은 본래 제품을 판매만하면 되는 업종이었으나 최근에는 가격 이외의 전략변수에 초점을 둔다. 고객이 지각하는 가치의 개선, 계산대에서의 고객경험, 고객친화적 상점관리방식 등이 포함된다. 다수의 다양한 업체들과 파트너십을 구축하고, 관계 웹(Web of relationships)으로 경쟁에 나서는 것이다. 적절한 공급자를 구하기 어려운 전문품 또는 자사의 핵심역량 부분은 직접관리하고 나머지는 모두 아웃소싱을 하는 추세이다. 이러한 공급사슬과 파트너십의 중심적 과제는 역시 프로세스 혁신이다.

9.4 웹기반 제품개발 프로세스

1. 제품개발의 본질

제품은 ① 기초적 가치인 '핵심편익'(자동차의 경우는 수송), ② '기본 사양'(자동차의 경우는 타이어, 엔진, 라디오; 인터넷사업의 경우는 뉴스레터 등, 그리고 ③ 고객에게 기대 이상이 되는 부분으로서 추가적 차별화로 경쟁력을 증대시키는 '보강요소(augmented product)'의 3부분으로 구성된다. 제품을 개발한다는 것은 결국 이 3부분 중 어느 하나 또는 둘 이상의 조합을 새롭게 변경시키는 것이라고 볼 수 있다.

제품개발 프로세스는 일반적으로 그림 9-2와 같이 아이디어 탐색, 아이디어 선별, 제품설계, 공정설계, 시제품 제작, 공학적 실험, 시장 테스트, 제품설계 및 공정설계의 수정, 브랜드 구축, 양산체제 준비의 순서로 이어지는 긴 과정을 거치게 된다. 아이디어, 설계, 테스트, 이 세 가지는 제품개발 프로세스에서 빼놓을 수 없는 3요소이다.

시작 ➔ 아이디어 창출(Idea generation) ➔ 아이디어 선별(Idea screening) ➔ 예비적 제품설계 ➔ 예비적 공정설계 ➔ 시제품 개발(Prototype development) ➔ 테스트(Alpha, Beta) ➔ 설계 수정, 확정 ➔ 테스트 마케팅 ➔ 상품화 및 광고(Commercialization) ➔ 종료

그림 9-2 제품개발 프로세스(직열형)

제품개발 프로세스는 성격상 상반되는 활동들, 예컨대, ① 창의적인 아이디어 제기와 ② 기술적인 타당성 검증을 모두 다 잘해야 한다. 또한 ① 제품을 각 부분으로 세분하여 설계·제작하는 '분해'와 ② 각 부분을 다시 합쳐서 한 단위의 제품으로 테스트하는 '종합'을 하나의 프로세스 안에서 무리 없이 연결해야 한다. 이러한 2원적 노력의 결합을 보여주는 것이 바로 그림 9-3의 V 모델(또는 Vee 모델)이다.

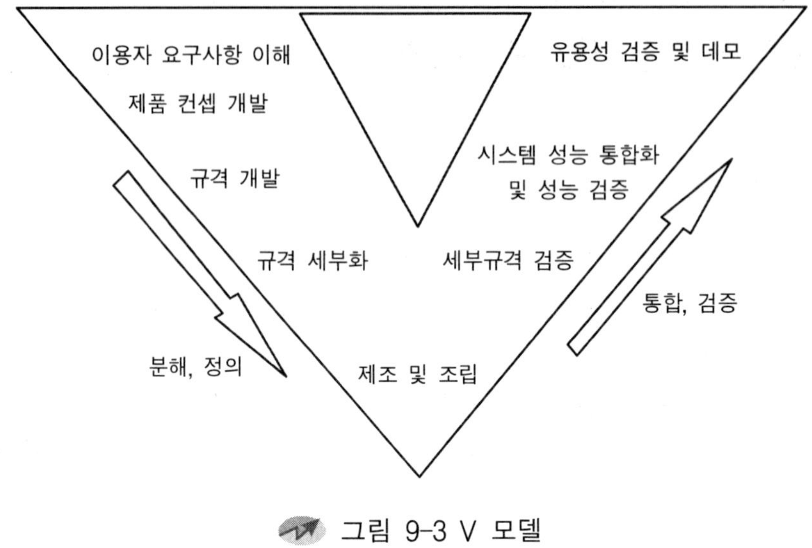

그림 9-3 V 모델

일반적으로 제품개발 프로세스는 수개월에서 수년까지 긴 기간이 필요하고 자금 수요도 매우 크다. 그러나 다음과 같은 신경향에 의해 제품개발 프로세스가 크게 단축되는 추세이다.

① 아이디어 탐색부터 설계 확정, 양산체제 준비까지 전체의 프로세스를 순차적으로 진행(그림 9-4) 하지 않고 병렬·점진적으로 진행(그림 9-5) 시킴으로써 기간을 단축하고 점진적 차이를 갖는 여러 가지 제품 모델을 거의 동시에 개발할 수 있다.

② GT 방식(3.4절 참조)을 적용하여 대부분의 품목에 대한 설계를 표준화함으로써 신제품 설계시 관련 데이터베이스를 쉽게 활용할 수 있다.

③ 고객과의 접촉이 필요한 모든 단계들, 즉 아이디어 탐색·선별, 시제품에 대한 시장 테스트, 맞춤식 설계·수정 등의 과정은 웹기반 기술로 전환하여 인터넷에서 신속히 추진할 수 있다.

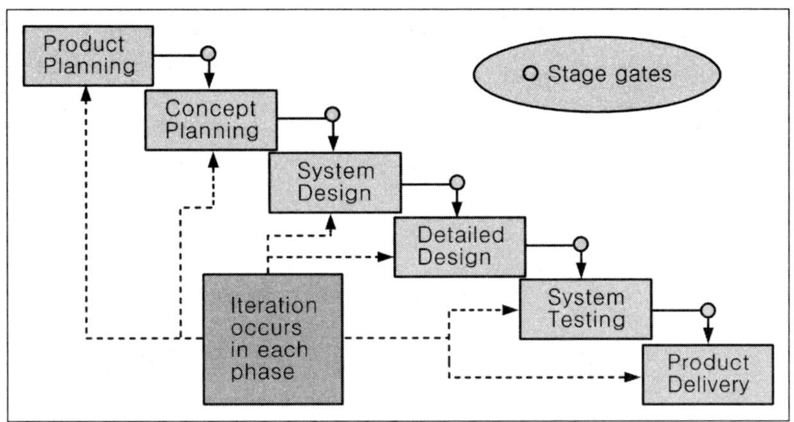

그림 9-4 순차적 진행 -폭포형 프로세스(Waterfall Process)

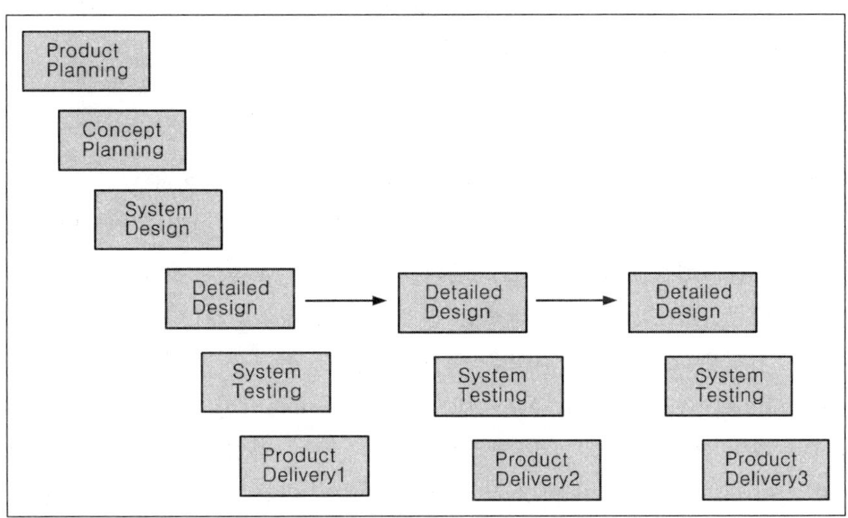

그림 9-5 병렬 · 점진적 진행(Incremental Process)

과거에는 아이디어의 상품화 성공률이 10 : 1 정도라고 알려져 있었다. 최근에는 정부 규제와 개발기간 및 비용의 급상승으로 큰 부담이 되고 있다. 예를 들면 SangStat 생체공학 제품은 개발기간이 무려 14년, 건당 8억 5천만 달러가 소요되었다고 한다. 그러나 하버드대학의 크리스텐센(C. Christensen) 교수는 "동일 고객, 유사 개량품인 경우의 성공률은 6%(16 : 1)이지만 신시장, 유사 개량품인 경우는 성공률이 33%(3 : 1)로 상승한다."고 주장한다.

혁신관리연구센터(Center for Research in Innovation Management, CENTRIM, http://centrim.bus.brighton.ac.uk)의 자료를 보면, 진정한 신제품에 해당하는 것은 10~30% 수준이고 대부분이 기존제품의 개선·확장이며, 제품개발 프로젝트의 실패 원인 중 소비자 니드 파악 실패(쥐덫) 및 단순모방(me too)이 절반 이상을 차지한다고 한다.

표 9-2 영국 CENTRIM의 신제품 분석

출시된 신제품들의 유형		신제품 프로젝트들의 실패 유형	
진정한 신제품	10%	소비자 니드 파악 실패(쥐덫)	28%
새로운 제품계열	20%	경쟁력 없는 "me too" 제품	24%
기존 제품의 개선	25%	기술 과시 목적	15%
기존 제품계열 확장	25%	한 발 앞서기	13%
제조원가 절감	10%	가격 파괴	13%
포지션 전환	10%	환경문제 야기	7%

사례 실패한 신제품을 쥐덫(mousetrap)이라고 부르는 이유

미국에서 쥐덫을 가장 많이 제조·판매하던 '울워스'라는 회사는 종래의 나무로 된 쥐덫을 플라스틱으로 바꾸어 출시했다. 이 신제품 쥐덫은 모양도 좋았고, 쥐도 잘 잡히며 아주 위생적이었다. 가격도 종래의 나무제품보다 약간 비싼 정도였다. 나무로 된 쥐덫은 잡힌 쥐와 쥐덫을 함께 버려 그 쥐덫을 다시 사용하지 않았다. 그러나 플라스틱 쥐덫은 과거 나무 쥐덫보다 약간 비싸지만 모양도 좋고 위생적이라 어쩐지 한번 쓰고 버리기가 아깝다는 생각이 들게 하였다. 이에 따라 소비자에게 잡힌 쥐만 버리고 쥐덫을 깨끗이 세척해야 하는 즐겁지 않은 일이 생기게 되었다. 그러자 고객들은 점점 이 귀찮은 일을 하지 않기 위해 종래의 나무쥐덫을 더 선호하게 되었다. 새롭고 질적으로 우수한 쥐덫은 팔리지 않게 되었다.

참고 위대한 제품의 조건, "$APPEALS"

$ 가격 --경쟁제품 보다 10~20% 비싸다.

A 가용성(Availability) --판매, 유통 체제가 강력하다.

P 포장(Packaging) --확실한 디자인, 스타일, 멋(미) 욕구 충족

P 성능(Performance) --가격 대비 성능 (최고일 필요는 없음)

E 사용편리(Ease of Use) --뛰어난 단순성 과시
A 보증(Assurance) --최고의 평판 (품질, 견고성, 서비스)
L 라이프사이클 코스트 --장기적으로 10% 저렴. 강력한 지원체제
S 표준규격 --사실상의 업계 표준 (예: "스타벅스 비슷한 커피 집")

출처: P. Marks, "Defining Great Products", *World Class Design to Manufacture*, 2(2), 1995, pp.17-22.

2. 인터넷에 의한 제품개발 과정의 혁신

인터넷의 최대 장점은 모든 상호작용 국면에서 개별 고객의 특징을 인지, 학습할 수 있다는 점이다. 인터넷의 상호작용성과 연결성은 제품개발 프로세스를 극적으로 변화시켰다. 예를 들면, 이용자 등록자료, 로그파일(log file), 클릭 스트림(click stream)을 추적함으로써 소비자들의 행동을 파악하고 이를 제품(특히 보강요소) 개발에 반영할 수 있다. 시장조사도 과거에는 내용이 획일적이어서 많은 시간과 비용을 필요로 했으나 요즘은 맞춤식으로 수일 내에 정리된다.

신제품 개발에 영향을 주는 요소는 고객 니즈(needs), 연구개발 팀, 생산능력, 경쟁 시장 등이다. 니즈와 전략은 기술혁신에 못지 않게 중요하다. 영국의 혁신관리 연구센터가 발표한 통계를 보면 신기술을 적용하지 않고서도 성공한 예가 70% 이상이며, 니즈를 도외시한 "쥐덫" 유형의 신제품이 많이 실패하고 있다.

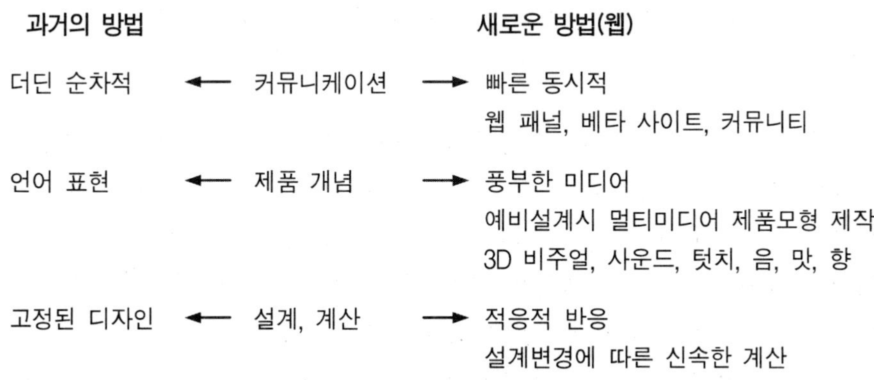

그림 9-6 웹 활용 제품개발과 기존 방법과의 비교

인터넷의 등장으로 고객 니즈를 조사하는 방식도 많이 달라졌다. 기술문헌 탐색, 브레인스토밍(협력회사, 광고회사, 고객, 직원), 품질기능전개법(QFD) 등은 수 십년의 역사를 갖는 고전적 도구가 되었고 최근에는 고객동반연구, 슬링샷세션(Sling-shot Session, Prosumer 토론), 웹 패널(3~4주 소요되던 시장조사를 3~4일내 완료), 커뮤니티(Community) 등의 새로운 도구들이 쏟아져 나왔다. 맥킨제이 연구에 의하면 인터넷 사용자의 1/3이 커뮤니티에 가입·활동 중이며 인터넷 거래의 2/3는 커뮤니티 가입자 거래라고 한다.

웹 패널의 사례로는 회원 50만 명의 NFO Interactive, 3백만 명의 Greenfield Online, 연간 1백만 명을 인터뷰하는 DMS(AOL의 자회사) 등이 유명하다. 고객 5만 명으로 구성된 AT&T 월드넷 등의 베타사이트들은 제품성능 피드백, 신제품 아이디어 수집(포커스 그룹), 고객 애로사항 지원, 브랜드 이미지 구축 등의 목적으로 널리 활용되며, 게시판, 채팅, 뉴스그룹, 포럼, 비디오 이메일, 폴(투표), 공동작업 스튜디오, 라이브 웹캐스트, 웹캄(카메라, PC 마이크) 등의 도구가 사용된다.

MIT대학의 제품개발 혁신센터에서는 'Web 기술+소프트웨어+인터페이스'의 웹기반 제품개발 프로세스 연구가 시도되었다. 여기서는 고객의 언어정보를 수집, 저장, 활용하는 소프트웨어를 제작하여 활용하고 있으며, 제품속성별 수준과 제품 프로필을 웹사이트에 제시하여 고객들의 선호를 조사하고 바로 속성별 중요도를 설계에 반영하는 웹기반 컨조인트 분석(WCA, Web Conjoint Analysis) 및 인터페이스에 대한 설계가 시도되었다. 그밖에 리드유저들로 패널을 구성하여 대량맞춤형 제품 설계에 이용하는 유저 디자인(User Design), 가격과 특성수준을 함께 웹에 제시하고 고객 선택에 따라 즉시 엔지니어링 계산과 원가계산을 할 수 있는 응용 프로그램이 포함되어 있다.

신기술은 경영전략과 적절히 결합되어야 한다. "경쟁자는 불편하게 만들고 고객은 편리하게 만드는 신기술을 택하라"는 격언이 있다. 음악산업의 경우, 신기술이 CD에서 웹 P2P(peer-to-peer) 파일 공유 기술로 전환됨에 따라 CD 제작자나 유통업자는 불편해졌으나, 고객들은 선곡-복사-저장-재생의 전과정을 별로 어려움 없이 익숙하게, 빠르게, 싸게 할 수 있게 되었다. "보다 작은 시장에 보다 가까이"라는 구호도 있다. 그래서 "뷰저"(=viewer+user), "프로슈머"(=producer+consumer, professional consumer) 같은 합성어까지 등장하게 되었다.

사례 인터넷을 제품개발의 지렛대(lever)로 활용한 사례

- 고객이 지정하는 정보상품: Time Warner, Individual.com, Lexis-Nexis
- 고객 서비스 프로그램
  Post-sales Support: (예) 의사가 진료 후에 환자집으로 전화하여 상담
  Customer Care: call center에서 customer care center로
- 로열티 프로그램: American Airlines, American Express
- 보완제품 제공: Handspring Visor PDA, one-stop financial services
- 업그레이드: SW-downloadable upgrades
- 제품체험 커뮤니티: Saturn Owners' Magazine, eDiet.com
- 추가적 기능성: Landsend.com, Tivo
- 주문방식 다양화: 1-800-Flowers.com, Stamps.com
- 대량맞춤형 생산: Motorola, Levi Strauss, Lendingtree.com
- 초점 있는 혁신: 출판계에서는 '책+멀티미디어+게임+로칼'의 복합적 신개념 상품들이 출시되고 있다. 프랑스의 e-schoolbook, 미국의 toy-teacher(www.leapfrog.com)는 공부하기 싫어하는 아동들이 게임이나 놀이처럼 즐겁게 읽기, 수학, 음악을 배우도록 유도한다.

참고 마케팅믹스(4P 또는 7P)의 온라인 전환

Product(제품)= 제품정보 DB, 맞춤식 주문, 설계·생산에 고객참여
Price(가격)= 가격정보 DB, 분할가격제, 가격협상, 다양한 지불방법
Promotion(촉진)= 온라인 광고/판촉, 맞춤식 촉진, 회사 PR
Place(유통)= 온라인 주문, 온라인 청구-지불, 매매장소의 다양화
Personnel(인사)= 모집, 상담, 교육훈련, 평가 등의 온라인화
Physical Assets(물적자산)= 장비, 인테리어, 유니폼, 향, 음악
Procedures(업무절차)= 자동화, 셀프서비스, 서비스의 온라인화

유통의 개인화=구매 장소 다양화

-쇼핑몰이나 상점의 안내소(kiosk)에서 구매
-맞춤식 출판물(책, 카드 등)을 인쇄소에서 직접 구매
-맞춤식 뉴스, 오락물, 출판물의 인터넷 온라인 구매
-다양한 인수방법: 우편, 택배, 상점 픽업 등, 소비자가 선택

가격의 개인화

① 소비자 변화: 충분한 제품정보, 가격정보를 입수, 가격을 비교 선택
② 개인화 제품 시장은 가격에 민감하지 않다.
-모든 품목, 개인별로 매순간 특별가격을 제안하는 판매방법(가격혁명)
유통속도가 빠른 소비재도 가능

촉진의 개인화

① 개인화 마케팅 커뮤니케이션은 매스컴보다 효과적
② 광고도 개인화 가능, 소비자의 구매・사용 경험과 학습을 포함
③ 촉진과정에서 소비자 니즈, 욕구, 새 아이디어를 수집할 수 있다.

제품의 개인화

① 특별주문: 자동차, 음식, 의류, 구두, 컴퓨터, 비타민, 샴푸, 로션, 뉴스, 소비자 선곡 CD, 개인 세트품(의상, 헤어스타일, 화장품, 액세서리)
② 셀프서비스, 선택・분할판매, 서비스는 개인화 요구가 더 크다.

9.5 멀티미디어 컨버전스와 인터리빙

1. 멀티미디어 컨버전스

멀티미디어 컨버전스(convergence)의 명확한 정의를 말하기는 어렵지만 컨버전스는 '융합'이나 '수렴'으로 번역되며, 업계의 전문가들은 흔히 다음과 같이 정의한다. 즉, "터미널이나 매체가 어떤 것이든 상관없이 오디오, 비디오, 텍스트, 이미지, 데이터 등 모든 형태의 컨텐츠를 수신할 수 있는 능력"(the possibility to receive any kind of content through any means of transmission on any kind of terminal)이라고 한다.

업계에서는 기술혁신에 따른 기술적 컨버전스를 강조하는 경향이 있으나 학자들은 서비스 컨버전스와 비즈니스 컨버전스(business convergence)까지 포함하여 세 가지의 상호연관성에 주목한다. 기술적 컨버전스의 주된 내용은 다음과 같다.

(1) 터미널(Access Terminals)

단일 장치로 통합화하는 것이다. 예컨대, PC와 TV 세트를 하나의 장치로 통합화하여 전에 볼 수 없었던 완전히 새로운 서비스를 즐기게 하는 것, 다기능 모바일 폰(예: 전화+카메라+뮤직플레이어+휴대용 PC)처럼 다양한 정보 소스들을 하나의 네트워크와 단일 터미널로 처리하는 것, 상이한 전송방식으로 들어오는 서비스(예: TV 프로그램)들을 PC에 의해 접속하는 것 등이다.

최근의 기술 발전은 보다 크고 평평한 스크린, 입체 영상(3D displays), 음질과 화질의 향상 등에 집중하여 전개되고 있다. HDTV, 3D TV 등이 이러한 발전방향을 주도하고 있는데, 물론 TV 제품의 품질 향상은 미래의 디지털 세계에서 매우 중요한 의미를 갖는다고 볼 수 있다. 그러나 이러한 TV 세트 관련 기술뿐만 아니라 서비스의 발전도 중요하므로 우리는 TV add-on devices, set-top-boxes (STBs) 쪽에도 관심을 가져야 한다.

(2) 전송 메커니즘(Distribution Mechanisms)

과거에는 아날로그 방송 네트워크가 주된 수단이었으나 Coaxial cable(CATV or HFC), Satellite(VSB-FDM, FM-FDM analog modulation), Broadband(x DSL) 등 다양한 네트워크들이 등장했고 이들은 다시 통합화의 길을 가고 있다.

참고 용어 해설

- DSL= digital subscriber line
- VDSL= very-high-bit-rate DSL
- ADSL= asymmetric DSL
- VSB-FDM= vestigial side band -frequency division multiplexing
  유럽의 아날로그 방송에서 사용해온 기술표준.
- HFC= hybrid fiber coaxial
  광섬유 케이블에 의해 양질의 양방향 고속 데이터 서비스를 하는 유선 TV기술
- LMDS, MMDS= local multichannel, microwave multipoint distribution system
  디지털 TV와 양방향 브로드밴드 데이터를 가정에 보낼 수 있는 고정식 무선 접속 기술. 무선 로컬 루프(wireless local loop)라고 부르기도 한다.

- FTTH/FFTB= fiber optics to the home/building
  로컬 광섬유 케이블로 가정과 빌딩까지 원거리 접속을 가능하게 하는 접속기술
- HDTV= high-definition television
  전송회선 수의 증가 또는 line-doubling 능력으로 화질을 고급화하는 기술. 전통적 TV에 비해 5배 이상의 픽셀(pixels, picture elements)을 제공하며 음질도 뛰어나다.
- WebTV
  1997년에 WebTV Networks사(현재 Microsoft 계열사)가 처음 개발했다. WebTV는 TV 세트로 인터넷 접속을 할 수 있는 제품을 말한다.
- PVR= personal video recorder
  테이프 없이 녹음할 수 있는 녹음기. TiVo사와 ReplayTV사가 각각 독자적으로 개발했으며 최초의 PVR은 1999년 3월에 미국 시장에 출시되었다.
- DTV STB= 디지털 TV용 set-top-box
  DTV STB 발전의 주류는 상호작용(대화식) TV 응용을 가능하게 하는 것. 그러나 다른 전자제품이나 컴퓨터 산업과 융합하는 등, 이용자 장치들과 통합화되는 경향도 있다. 또한 단일 터미널(3G STB), DTV 리시버, PVR, WebTV (with broadband access), MP3 player, 게임 콘솔, 홈 네트워킹 포털 등이 통합화되어 한 대의 PC처럼 간편하게 동작할 수 있는 방향으로 발전하고 있다. 평면 스크린 TV와 연결된 3G STB, PC들, TV 세트들이 하나의 장치로 융합되는 시대가 다가왔다.

비즈니스 컨버전스는 각각 독자적으로 운영되던 비즈니스들을 하나의 비즈니스로 통합함으로써 융합(fusion) 효과를 얻기 위한 것이다. 융합효과란 1+1=3의 효과를 의미한다.

컴퓨터, 커뮤니케이션, 컨텐츠, 가전제품산업(4C 산업)이 먼저 비즈니스 컨버전스의 돌풍에 휘말려 들어가고 있다. 컨버전스의 결과로 나타나는 신산업을 우리는 온라인 멀티미디어 비즈니스(online multimedia business)라고 부를 수 있다. 이 신산업은 아직 연륜이 짧으므로 산업의 경계선이 분명치 않고 상품, 주체, 경쟁자 등 시장의 기본요소들이 애매한 상태이다.

이러한 변화를 촉진하는 요인으로는 DTV, 네트워크 기술, 인터넷과 TV의 상호작용 수준 등을 들 수 있는데 아직은 기술적으로 어려운 점이 있다. 인터넷은

IP 프로토콜을 이용하고 개인화 서비스와 상호작용성이 뛰어나다. 반면에 TV는 IP 프로토콜을 쓰지 않으며 피드백이 불가능한 1방향의 네트워크이다. 그러나 브로드밴드 등의 접속기술 발전으로 TV도 인터넷의 장점을 갖출 수 있게 되었다.

온라인 디지털 멀티미디어 서비스의 핵심은 상호작용성이며 이를 대표하는 최근의 성과가 바로 iTV와 aTV이다. iTV는 프로그램 내의 링크 기능 등을 통해 이용자가 TV 프로그램과 상호작용을 할 수 있도록 서비스한다. 예를 들면,

-보험광고를 보다가 보험료를 문의하면 즉시 대답을 들을 수 있다.

-시청자도 TV 게임쇼에 직접 참여한다.

-요리 프로그램 시청 중에 필요하면 요리교재를 다운 받는다.

-야구경기 시청 중에 특정 선수의 과거 기록을 조회한다.

-음악 비디오를 시청하다가 두 세번의 클릭으로 그 음악 CD를 구입한다.

aTV(advanced TV)는 온라인 퍼스널 서비스, VOD(video on demand) 등을 제공한다. 퍼스널 TV란 PVR 기술에 의해 현실화된 TV 관련 서비스를 말한다. PVR 기술은 개인화된 프로그램 컨텐츠 관리를 가능하게 하므로 시청자들이 광고를 빼고 시청하는 것도 얼마든지 가능하다. 그 때문에 광고업자들은 큰 위협을 받을 것이다.

신산업의 고객들이 어떤 니드(needs)를 갖고 있으며 이에 대응할 서비스의 유형을 어떻게 분류할 것인가 하는 문제는 신기술에 대한 이해에 못지 않게 중요한 문제가 된다. 기업들은 다음과 같은 가치사슬(value chain)의 3요소를 검토해야 한다.

(1) 컨텐츠와 서비스의 제작

기업들의 1차적 역할은 필름, 토크쇼 등의 TV 컨텐츠를 제작하고 상호작용적 서비스를 구체적으로 개발하는 일이다. 배우, 예술가, 기자, 앵커맨, 장비 등의 투입요소를 관리하고 계획, 감독, 창작 등에 필요한 양식을 개발하고 각종 이벤트와 작품에 대한 저작권, 소유권을 관리해야 한다. 다시 말해서 디즈니, 워너브라더스, 유니버설 등 허리우드 메이저들이 하는 일과 유명 방송사들이 하는 일을 합친 그 이상의 복잡한 일을 해야 할 것이다.

(2) 컨텐츠와 서비스의 공급

제작된 컨텐츠와 서비스를 패키지로 또는 채널로 종합하여 최종 이용자들에게 공급하는 일이다. 이러한 공급을 담당하는 기업은 청중 또는 고객 집단과의 관계 관리에 숙련되어야 하고 프로그램의 상품화, 마케팅, 미디어 활용 능력을 갖출 수 있어야 한다.

(3) 네트워크 및 터미널 공급

각종 네트워크 기술을 동원하여 접속, 연결, 전송, 전환, 네트워크 관리 일체를 담당하는 기업이 필요하다. 터미널 공급은 주로 전자회사, 컴퓨터회사들의 하드웨어와 소프트웨어 능력에 의존할 것이다. 여기에도 많은 사업 유형이 있는데 구미의 대표적 기업들과 함께 열거하면 다음과 같다.

OS providers (Microsoft, Apple, etc.)

API providers (Canal+Technologies, Wink, Worldgate, Power TV, Microsoft)

Browsers' providers (Microsoft)

EPG providers (e.g. Gemstar-TV Guide)

Personal TV SW providers (TiVo, ReplayTv, Microsoft, NDS)

Navigation Interfaces (Navigators: Canal+, Nokia)

Conditional Access systems providers (NDS, Conax)

PC vendors (Apple, Compaq, Dell, IBM)

CPUs developers (Intel)

Network interface-cable and xDSL modems-vendors (US Robotics, Alcatel)

Information appliances vendors (Intel, Nokia, IBM, Acer, Sony)

TV-set vendors (Philips, Thomson, Hitachi, Sony, Sharp)

STBs vendors (Nokia, Philips, Fujitsu-Siemens, Pace, Sony, Motorola)

멀티미디어 컨버전스가 진전됨에 따라 새로운 연구과제들이 다양하게 등장하고 있는데 특히 프로세스 혁신이라는 관점에서 두 가지만 제시하면 다음과 같다.

(1) 경쟁 및 관계구축 요구의 증대

새로운 서비스와 컨텐츠가 폭발적으로 증가하는 반면에 소비자들의 예산은 비슷한 수준으로 제한되어 있을 것이다. 따라서 치열한 경쟁이 예상되는 한편 기업간 제휴 등 적극적 관계구축도 강하게 요구될 것이다. 경쟁과 파트너십의 개념적 갈등 속에서 기업들은 컨버전스 이후, 누구의 브랜드를 사용할 것인가? 어느 기업이 고객관계관리의 주체가 될 것인가? 가치사슬 내에서 가치 배분과 이익배분을 어떻게 할 것인가? 공동위협에 대한 대응을 어떻게 분담할 것인가? 등의 많은 전략적 문제에 봉착하게 될 것이다.

(2) 프로세스 혁신 기법의 활용

온라인 멀티미디어 비즈니스라는 새로운 영역에 대한 각 기업의 역할, 사업기회, 제휴방법, 수익모델을 전면적으로 재검토해야 한다. 고객 니드의 조사와 시장 세분화를 위해서는 iTV, aTV 이용자 데이터를 분석할 수 있는 데이터 마이닝 등의 도구가 필요할 것이고, 제휴방법의 변경, 개선 아이디어 탐색, 비즈니스 모델 수정 과정에서는 프로세스 매핑 등 프로세스 혁신기법을 적극 활용할 필요가 있을 것이다.

2. 프로세스 인터리빙

동물이든 식물이든 기계장치든 시스템은 그 자체가 하나의 독립적인 단위이다. 과거에 시스템 이론가들은 연구대상을 하나의 시스템으로 보고, 시스템과 외부환경 간의 관계는 매우 단순화하여 설명한다. 즉, 시스템은 최초 입력부분과 최종 산출부분을 통해서만 외부환경과 관계를 맺는다는 것이다.

시스템 이론가들이 집중적으로 연구해온 것은 시스템 내부 구성부분들 간의 상호관계였다. 이러한 시스템 이론에는 중대한 맹점이 있다. 상이한 둘 이상의 시스템들이 연결적으로 운영되어야 하는 경우가 최근에 많이 발생하고 있기 때문이다.

예를 들면 인공위성을 이용하는 GPS(global positioning system) 시스템, 호텔의 룸 예약 시스템, 항공사의 좌석예약 시스템, 자동차 렌트, 보험 시스템을 연결하여 여행사 패키지를 종합관리하는 경우를 생각할 수 있다.

각각 독립적인 다수의 시스템들이 상황 변화에 따라 데이터를 주고 받으며 적시에 계산치를 출력하고 상대방 시스템의 데이터 업데이트를 촉구하기도 한다. 이와 같은 시스템 간의 연결 문제에 대한 새로운 방법론을 인터리빙(interleaving, 끼워넣기)이라 한다.

인터리빙 상황에서의 상호작용은 과거의 이론처럼 각 시스템의 최초 입력부분과 최종 출력부분에서만 발생하는 것이 아니라 프로세스 중간부분에서도 발생한다. 따라서 프로세스 인터리빙이라는 관점에서 문제를 새롭게 볼 수 있어야 한다.

인터리빙 개념을 생각하지 못했던 시절에는 둘 이상의 기업이 공동으로 하나의 프로젝트를 추진하는 경우에도 기업간 협조체제는 매우 제한적일 수밖에 없었다. 기존 방식의 특징을 요약하면 다음과 같다.

① 각 활동이 분리되어 외부의 영향을 받지 않고 수행된다. 변경이나 상황 전환은 최초단계 또는 최종단계에서만 고려된다.

② 활동단위의 구성과 크기는 한번 정하면 변경하지 않는다. 활동단위는 주로 조직의 부서(직능단위) 업무영역에 따라 정의되므로 세밀하지 못하고, 부서편제가 상이한 다수 기업이 한 프로젝트에 관계될 때는 협조가 잘 되지 못한다.

③ 대부분의 활동이 선후 순서에 따라 직열적으로 진행되고 정보와 의사결정의 흐름이 일방통행적이다. 일의 진행방향과 반대되는 역방향 정보가 들어오면 이를 예외사항으로 처리한다.

④ 기업간 활동은 전적으로 '거래' 개념에 따라 이루어진다. 관련 기업들 전체의 관점에서 조정하거나 최적화 할 수가 없다.

사례 빌딩 건축 프로젝트

고객, 설계자, 시공자, 자재공급자 간의 인터넷 Web-based 프로세스 인터리빙 사례이다. 고객은 맞춤식 오피스 건설을 원하는 기업(즉, 기업고객)이다. 공간 설계, 내외부 조경, 건축기간 등, 요구사항이 좀 복잡하고 애매한 상황이다. 고객은 요구사항을 정리하는 과정에서 설계회사 및 시공회사와 긴밀하게 직접 접촉한다. 한편 설계회사와 시공회사도 서로 협의하며 자재공급업자와도 계속 상호작용을 한다.

- 요구조건 산출 · 확인과정에서의 인터리빙

  고객은 프로젝트 개념을 구성하고, 설계자를 선정하고, 개념 모델을 설명해주고, 요구조건에 대한 결과를 접수(피드백)하고 최종조건을 확인 및 승인한다.

• 설계단계에서의 인터리빙
설계회사는 고객접촉 하에 설계를 실시한다. 설계과정에서 시공자 및 자재공급자와 정보를 교환한다.

• 시공단계에서의 인터리빙
시공업체: 자재공급자 선정, 설계 검토/피드백/승인 획득, 자재 주문
자재공급업체: 요구조건 접수, 자재 카탈로그 발송, 협상, 배달

인터리빙 개념으로 협조방식을 바꾸면 위의 특징들이 대부분 달라져 새로운 협조 문화와 시스템을 구축하게 된다. 새 모델의 특징을 요약하면 다음과 같다.

• 통합 및 자율성: 기업간 조직여건은 다르나 전체 단일목표를 향하여 통합되며 현장의 자율성이 높아진다.

• 병렬적 진행: 전체 프로젝트의 의미와 구조에 따라 병렬로 진행한다.

• 조정점(coordination point) 증가: 기업(또는 시스템)의 경계선을 넘어서 세부활동 간에 데이터, 상태변수, 컨텍스트 이전 등 조정이 이루어진다.

• 정보의 가용성: 각 단계의 가용정보를 극대화한다. 사례에서 소개한 빌딩건축 프로젝트의 경우를 가지고 설명하면 다음과 같다.

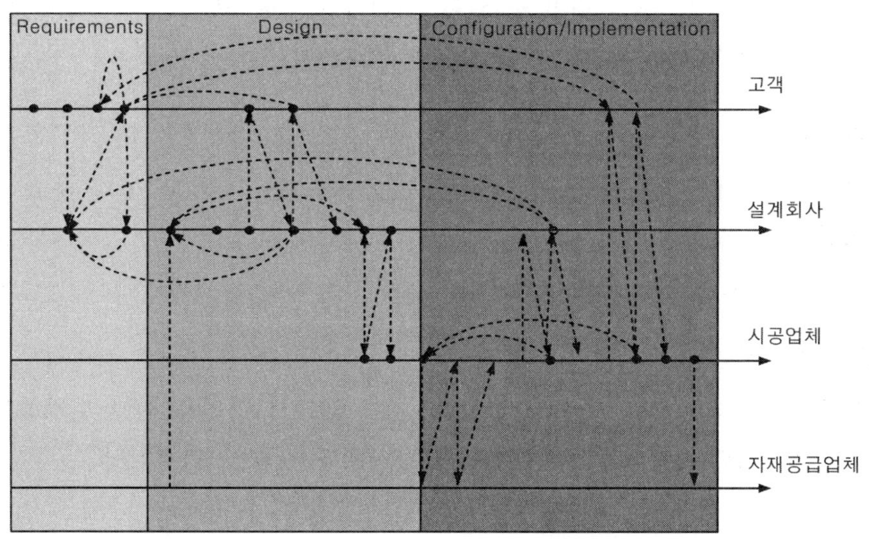

그림 9-7 건축 프로젝트에서의 시스템 간 인터리빙

고객은 처음부터 완전한 지식으로 건축에 대한 요구조건(requirements)을 명시할 수 없기 때문에 처음에는 개략적으로 설계자에게 요구하고 설계자는 최초 설계에서 이러한 개략적 요구를 감안하여 초안을 작성하고 다시 고객에게 피드백하여 수정할 수 있도록 하고 고객은 설계자와 접촉하면서 지식 수준을 높여 다시 요구조건을 제기하는 등의 피드백과정이 필요하다. 바로 이러한 조정과정이 프로세스 인터리빙의 핵심이 된다.

설계자와 시공업자, 재료공급업자 간에도 인터리빙은 필요하다. 설계자는 카탈로그, 재고량, 가격, 예산, 시공 관련사항 등, 실시간 변동정보를 필요로 한다. 상하수도, 냉난방, 환기, 조명 배선 문제 등, 관련자 간의 의견 불일치와 고집을 조기 진화할 수 있어야 한다.

이러한 조정을 위해 프로세스 내의 조정 포인트를 사전에 명시하고 글로벌 최적화 기준으로 결정할 수 있도록 전체 프로세스를 설계해야 할 것이다. 그림 9-7은 앞에서 설명한 빌딩 건축 프로젝트의 참여자(기업) 간 인터리빙 상황을 요약하여 보여준다. 이 그림과 같이 인터리빙 과정은 매우 복잡하나 최근의 정보기술 수준으로 보면 큰 문제가 되지 않는다.

수작업으로 조정하던 시대에는 무조건 조정점을 최소화하려는 경향이 있었으나, 인터리빙 개념을 적용하면, ① 프로세스 전체 그림과 소프트웨어에 의해 조정과정을 자동화하고, ② 불필요한 재작업 자체를 최소화하고, ③ 예기치 못한 변경에 집중하여 능률적으로 관리할 수 있다. 이러한 개념을 보다 논리적으로 표현한 것이 아래의 IEBP(Interleaved e-Business Process) 모델이다.

IEBP 모델

두 가지 프로세스 A, B의 소속 활동들의 상태변수를 각각 X_i, Y_j라 하고 각 변수의 k번째 변경을 X_{ik}, Y_{jk}라고 하자. IEBP 모델이란 다음과 같이 양방향으로 컨텍스트 전환(CT, context transfer)이 이루어지는 모델을 의미한다.

"만일 프로세스 A에서 X_{ik}값이 발생하면 이에 따라 프로세스 B에서도 즉시 Y_{jm}이 $Y_{j(m+1)}$로 변경된다. 마찬가지로 프로세스 B에서 어떤 변화가 발생하면 이에 따라 프로세스 A에서도 즉시 해당되는 상태변수 값이 변경된다."

컨텍스트 전환(CT)은 인터리빙에서 매우 중요한 요소이다. 과거에는 두 시스템이 접촉하는 접점(interface)에서만 정보교환이 발생한다고 보았으나 인터리빙 상황에서는 접점은 물론이고 프로세스 내부의 모든 조정점에서도 정보교환이 이루어지며 아울러 상태변경의 조정도 리얼타임으로 진행된다. 따라서 각 시스템은 이러한 조정을 수용할 수 있는 컨텍스트 전환 태세를 갖추고 있어야 한다.

예화 컨텍스트 전환(CT)

문화적 격차나 분위기 때문에 CT가 원활하게 수행되지 못할 수도 있다. 시스템 통합과 인터리빙에서는 흔히 이질적 컨텍스트(context) 간의 전환까지 요구된다. 마케팅에서는 CT를 교묘하게 이용하는 컨텍스추얼 마케팅을 오래 전부터 실시하고 있다.

- 아름다운 5월의 밤, 공원의 벤치에서 청춘남녀가 사랑을 속삭인다. 바로 로맨스 컨텍스트이다. 이 때 공원에 놀러 온 여행자가 황급히 다가와 "저... 죄송합니다. 화장실이 어딘지요?" 하고 물었다. 이웃돕기 컨텍스트로의 전환을 강요받은 셈이다. 화장실을 가르쳐준 다음 다시 완전한 로맨스 컨텍스트로 재전환할 수 있으면 성공적인 데이트가 될 것이다.
- 단골손님이 매장에 들어와 물건을 고르는 동안에 점원은 키오스크, 인터넷 연결 POS 터미널, 모바일 장치 등을 이용하여 손님의 구매전력과 선호를 조회하고 손님이 계산대에 도착하면 그 고객에 꼭 맞는 특별상품 예컨대, 1개 남은 특별할인 상품, 방금 도착한 희귀품 등을 적시에 추천해준다. 아내의 생일선물을 고르느라 고심하는 남편에게는 "당신의 아내가 원하는 선물목록이 여기 있습니다."하고 적시에 가르쳐준다.
- Johnson & Johnson사는 주식 브로커 사이트에 들어가서 주가가 폭락할 때에 맞춰 두통약을 권한다. 또 10대 여학생들의 온라인 채팅 룸에 들어가서 무료 피부분석, Clean & Clear 견본품 등을 권한다.
- 고속도로를 달리는 동안에 현재 연료재고를 고려하여 회원카드를 받는 주유소 중 내가 주유해야 할 최적지는 어디라는 것을 시스템이 알려준다. 여행 스케줄에 쫓겨 낯선 고속도로에서 밤 12시가 넘었다. 숙소 예약을 못했기 때문에 걱정하던 중 GPS-based GIS로 확인해보니 5km 전방에 모텔들이 있다. 시스템에서 숙박업소별로 또는 룸 종류별로 실시간 가격표를 제공한다. 희망하는 가격수준을 음성으로 입력하니 빈 방 목록표가 나오고 결국 모텔 2개소로 압축되었다. 계속 달리면서 자동협상 프로토콜로 방의 조건과 요금 등을 정했다. 신용카드 번호를 불러주니 예약번호, 룸 번호, 위치를 알려준다. 도착하여 주

차를 하고 건물 밖의 키 지급기에 예약번호를 입력하여 현관 키와 룸 키를 받았다. 룸에 들어가 시계를 보니 12시 반이었다.

프로세스 간의 통합화 수준은 CT의 수와 수준에 따라 "독립적"(CT가 하나도 없는 경우), "통합적"(CT가 하나의 접점에서만 이루어지는 경우), "인터리빙 수준"(다수의 양방향 CT가 구성활동들 간에 존재하고 상호 영향을 주며 동태적으로 조정되는 경우)으로 구분할 수 있다. 사실 지금까지 우리가 흔히 말해온 "통합"은 진정한 통합이 아닌 것이었다고 볼 수 있다.

조직의 경계선을 재정의하고, 공동작업 팀을 가동하고, 공동의 성과척도 중심으로 하여 수직적 수평적으로 다시 정렬하고, 조정점(coordination points)들을 참여기업들이 상호 인정하고, 컨텍스트 전환의 구체적 방법을 정하는 등의 조치가 필요하다. 그리고 다음과 같은 기술적 인프라에 대해서도 점검해볼 필요가 있다.

(1) 조직간 업무 프로우 관리

B2B 상황에서 필요한 P2P 및 프로세스 연합 운영체계, 업무프로우 관리, 상황조정 모듈이 HP Labs, 마이크로일렉트로닉스, 컴퓨터 테크놀러지사 등에 의해 이미 개발되었고, 전통적인 업무프로우 시스템에 가상조직, 서비스 압축, 협력지원, 계약관리를 추가하는 개발도 진행 중이다. 이러한 개발 노력이 빠른 시일 내에 결과를 얻으려면, 보다 탄력적 지능적인 조직간 비즈니스 프로세스, 누구든 변경요구를 하면 모든 관련 기관들이 실행가능한 최적 변경안을 도출할 수 있는 컴퓨팅 플랫폼, 그리고 표현, 언어, 소프트웨어의 통일이 수반되어야 한다.

(2) 웹 서비스

International Data Group은 웹서비스의 시장규모를 2004년 16억 달러, 2007년 340억 달러로 추정하고 있다. 웹서비스는 원거리에 분산된 사무소간 각종 응용 프로그램들의 공유·통합화를 촉진한다. XML, SOAP, WSDL, UDDI 등 웹서비스의 언어와 프로토콜 표준은 소프트웨어 간 통합, 상호작용, 추가적 코딩 없이 끼워넣기(즉, 인터리빙) 등의 과제에 적합한 것으로 평가되고 있다. 씨티은행의 CitiConnect는 타회사의 거래처리 응용 프로그램에 들어가 XML 기반 지불처리 서비스를 잘 해낸 바 있다. 그러나 전략적 e-비즈니스 파트너십, 신서비스 창출,

언어 및 플랫폼에 무관한 신시장 발굴을 가능케 하는 인터리빙 능력이 계속 과제로 남아 있다.

(3) 통합적 e-카탈로그 관리

기업간 프로세스를 지원할 수 있는 e-컨텐츠 및 e-카탈로그의 개발이 필요하다. e-카탈로그는 공급자중심에서 구매자중심으로, 재고·저장중심에서 컨셉기반 협업, 메타 카탈로그(맞춤 정보, 제품 활용방법, 지식경영 포함)로 전환되는 추세이다. e-카탈로그의 유형에는 고객정보와 미디어 프레젠테이션을 중심으로 하는 프론트엔드 디자인과 시스템 기능을 중심으로 하는 백엔드 디자인이 있다.

전자의 예로는 고객의 검색 불편을 해소해주는 IEPC(Internet-based e-Product Catalog), 제품 검색에서 개인화 검색을 가능하게 해주는 PEP(Participatory e-Product Catalog), 그리고 ICSS(Intelligent Catalog Search System) 등이 있으며, 후자는 검색엔진, 쇼핑 카트, 개인화, 인터페이스, 관리자 기능(제품관리, 커뮤니케이션 등), 다른 데이터베이스들과의 통합, 중개 등의 시스템적 기능이 탁월하다.

(4) 행동적 협업 대책

기업 내외의 협업 요구, 협업과정에서의 구성원 역할, 조직간 협조 수준 등은 일반적으로 차이가 크다. 따라서 활동의 종류에 따라 확정적 또는 확률적으로 조정할 수 있는 행동적 협업 대책이 필요하다. 예를 들면, 데이터베이스기반, 웹기반 또는 시간기반의 이벤트 동작화(event triggering), 집행조건·계약서·설계의 변경에 필요한 데이터 전송·협상(document change monitoring), 제약사항 별도관리(business constraint management), 관계자 선정, 과업 배분 등에 관한 대책이 마련되어야 한다.

9.6 정보 프로세스

1. 정보 프로세스의 구성

정보 프로세스는 비즈니스 프로세스의 일부분이다. 비즈니스 프로세스의 일반적 구성은, 장비·인력·절차에 의해 수행되는 조직업무의 운영 프로세스, 운영계획·통제를 총괄하는 경영관리 프로세스, 정보시스템의 일부로서 해당 프로세스를 지원하고 운영-경영관리-정보 3자를 연결해주는 정보 프로세스의 세 가지 프로세스로 분류할 수 있다. 예를 들어서, 고객이 해리포터 책을 인터넷으로 주문한 경우, Amazon.com은 다음과 같은 프로세스와 활동(번호 1~11)들로 대응하게 된다.

[경영관리 프로세스]
① 재고관리 방침, 선적 절차, 종업원 채용, 업무절차 등을 정한다.
② 판매목표(할당량) 설정, 운영지원을 위한 정보 프로세스 절차의 규정 등

[정보 프로세스]
③ 인터넷 상에서 고객의 주문을 접수한다.
④ 송장을 작성하여 신용카드사(은행)에 전송한다.
⑤ 신용카드사(은행)의 전자결제 확인서를 접수한다.
⑥ 주문이 접수되었다는 메시지를 e-mail로 고객에게 보낸다.
⑦ 서명, 수량, 위치 등이 기재된 서류(slip)를 첨부하여 창고에 배달 요청

[운영 프로세스]
⑧ 배달할 책을 찾아 slip을 첨부하여 포장한다.
⑨ 책이 선적되었음을 정보 시스템에 보고한다.

[정보 프로세스]
⑩ 책이 선적되었다는 메시지를 e-mail로 고객에게 보낸다.
⑪ 판매 할당량 대비 판매실적 보고서를 경영자에게 보낸다.

위의 예에서 11개 활동들의 의미를 종합해보면 다음과 같다.

- 정보 프로세스는 재고 및 고객 데이터의 유지와 문서(또는 전자신호) 제공을 통해 운영업무를 지원하며, 판매보고서 등을 통해 경영자에게 운영상황 모니터의 수단을 제공한다.

- 경영자는 운영 프로세스와 정보 프로세스를 설계하고 필요한 인력, 장비, 물적 요소, 방침을 총괄함으로써 운영 및 정보 프로세스가 잘 돌아가도록 구축한다.
- 경영자, 운영담당자, 외부기관, 고객 등이 정보 프로세스의 이용자가 된다.

위의 11개 활동들로 구성되는 비즈니스 프로세스 전체를 그림 9-8과 같이 그림으로 표현하는 방법은 간단하다. 11개 활동이 각각 어디에서 어디로 가는 것인지 확인하여 화살표로 그려 넣으면 된다. 이 사례의 경우는 고객과 신용카드사(은행), 두 가지 외부기관을 조직경계선 밖에 위치시키되 각각 박스(box)에 기입하고, 경계선 내부에는 운영 프로세스, 관리 프로세스, 정보 프로세스(또는 정보 시스템)의 3요소를 각각 원으로 표시하여 적절히 배열하고 그 사이를 화살표들로 연결하면 된다.

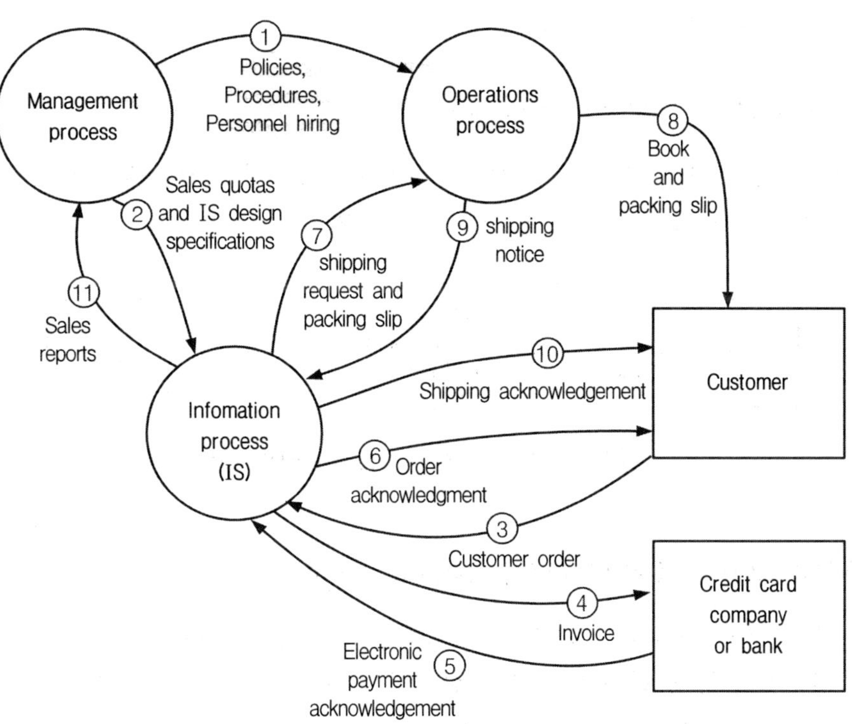

그림 9-8 온라인 도서주문 처리를 위한 비즈니스 프로세스
출처: Gelinas et al.(2004), p.13.

2. 데이터 프로우 다이어그램

정보 프로세스를 구성하는 최하위 단위는 데이터이므로 프로세스 내의 데이터 흐름을 그림으로 표현하는 방법에 대해 알아둘 필요가 있다. 4.3(프로세스 매핑)에서 소개한 프로우차트 개념을 다소 확장해보자. 데이터의 흐름은 눈으로 관찰하기 어려운 것이므로 논리적으로 파악해야 할 경우가 많다.

데이터 프로우 다이어그램(DFD, data flow diagram)에 쓰이는 기호는 프로우차트의 기호와 유사하고 비교적 간단하다. 즉, 데이터를 가공・변환시키는 조직내부 주체는 원(○)으로, 데이터의 시작점이나 종착점이 되는 조직외부 주체는 사각형(□)으로, 데이터 저장은 평행한 두 직선으로, 데이터의 이동은 곡선이나 직선의 화살표로 표시하면 된다.

DFD의 종류는 다음과 같다. 물리적 DFD와 논리적 DFD는 상호 보완적인 것이므로 함께 활용할 필요가 있다.

(1) 컨텍스트 다이어그램(context diagram)

세부사항을 생략한 매크로 수준의 그림인데, 주로 시스템의 내부와 외부 간의 데이터 프로우를 요약할 때 이용한다(그림 9-9 참조).12)

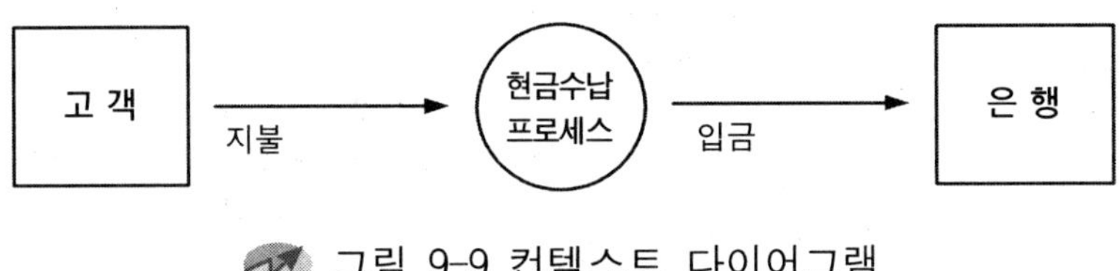

그림 9-9 컨텍스트 다이어그램

(2) 물리적 데이터 프로우 다이어그램(physical DFD)

'누가' '어디서' '어떻게' 데이터를 취급하는가 설명하기 위해, 판매원, 부서, 컴퓨터, 외부기관 등 물리적 주체를 포함하여 각 주체 간의 데이터 이동・변환 상황을 그린 도표이다(그림 9-10 참조).

---

12) 이하의 그림 9-9~9-13은 다음 문헌에서 인용하였음. Gelinas, Sutton, and Fedorowicz, *Bussiness Processes & Information Technology*, South-Western, Thomson Learning, 2004, pp.28-38.

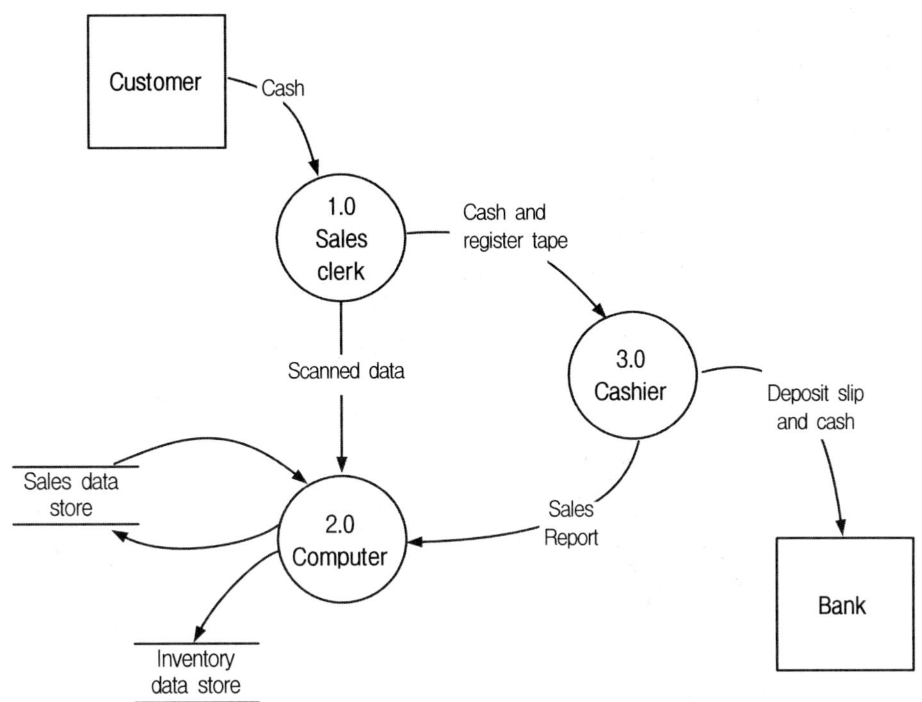

그림 9-10 물리적 데이터 프로우 다이어그램

(3) 논리적 데이터 프로우 다이어그램(logical DFD)

'누가' '어디서' '어떻게'에 대한 설명이 아니라, 각 프로세스가 기능적으로 '어떤 역할(과업)을 수행하는지' 설명해주는 도표이다. 물리적 DFD는 데이터의 변환방법이 무엇인가를 보여준다. 그림 9-10의 물리적 DFD 예를 보면, 고객의 지불방법(현금, 수표, 신용카드 등)과 지불-수납 활동의 주체들이 명시된다. 반면에, 논리적 DFD는 데이터의 변환방법이 아니라 절차 내부의 각 데이터의 본질적 성격을 말해준다.

앞의 그림과 똑같은 상황을 논리적 DFD로 다시 표현한 것이 그림 9-11이다. 여기서는, 고객이 지불을 하였는지, 그 기록이 판매 데이터에 입력되었는지, 은행계좌에 제대로 들어갔는지 등을 확인할 수 있다. 즉 지불-수납의 전과정이 어떤 논리적 절차에 의해 진행되는지를 보여주는 것이다.

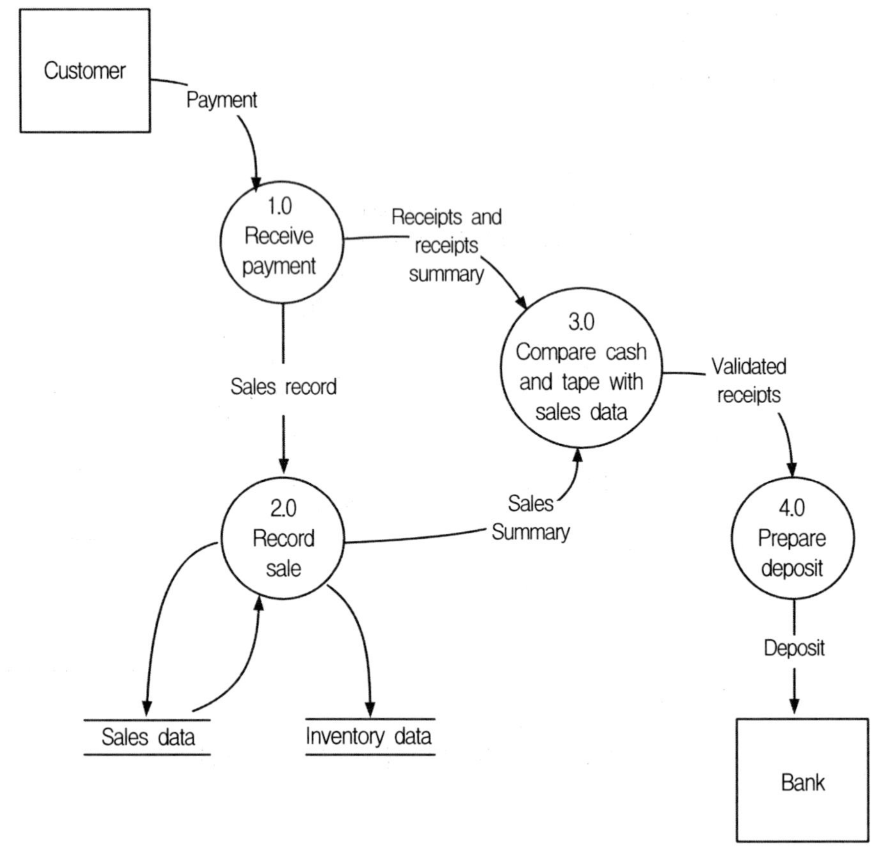

그림 9-11 논리적 데이터 프로우 다이어그램

3. 시스템 프로우차트

시스템 프로우차트(systems flow chart)는 시스템 내의 모든 요소를 망라하고 정보 프로세스와 운영 프로세스를 함께 표현한 도표이다. 이 차트의 형태는 매우 복잡하므로 편의상 간단한 사례를 통하여 이해하기로 한다. 그림 9-12의 (a)~(d)와 아래의 해설을 대조하면서 시스템 프로우차트의 특징을 정리해보기로 한다.

(a) 데이터 입력, 수정, 저장, 확인 등의 작업을 사무원과 컴퓨터가 함께 진행하는 과정인데, 제4장의 그림 4-8(b)와 같은 전개 프로우차트의 형식으로 표현되어 있다. 이 그림에 나타난 진행과정을 보면, 사무원은 온라인 상황에서 판매실적이 발생하는 즉시 키보드를 때려 데이터를 입력한다.

컴퓨터는 data store 1에 들어가 고객 코드 등을 확인하고 data store 2에 들어가 입력된 데이터를 편집·검증한다. 컴퓨터는 사무원이 오류를 수정할 수 있도록 작업결과를 모니터에 보여준다. 사무원은 화면에 뜬 입력 결과를 보고 수정하거나 확인키를 누른다. 컴퓨터는 사무원이 최종 확인한 내용을 data store 2에 저장하고 입력 완료를 사무원에게 알려준다.

(b) 여기서는 이용자와 컴퓨터가 행위의 주체로 등장한다. 이것도 전개 프로우차트 형식이다. 이용자가 문의한 내용에 대해 컴퓨터가 저장실에서 검색하여 열람하도록 해주는 전형적인 조회 프로세스이다.

(c) 고객 주소 변경 등, 업데이트로 마스터 데이터의 버전을 바꾸는 프로세스를 보여주는 프로우차트이다.

(d) 이용자가 입력할 문서를 주별, 월별 등 뱃치로 종합하고 뱃치 총계를 준비하여 키보드로 입력한 다음 컴퓨터가 이를 처리하는 후속 과정을 함께 그린 프로우차트이다.

시스템 프로우차트에는 수작업(키보드 작업 등), 문서, 디스크, 테이프, 입력과 출력, CRT 화면, 컴퓨터 프로세스, 수작업 프로세스, 오프라인 프로세스 등을 각각 나타내는 여러 가지 기호들이 쓰인다. 이러한 기호와 차트 작성에 익숙해지려면 직접 그려보고 남들이 작성한 차트를 자주 접해볼 필요가 있다.

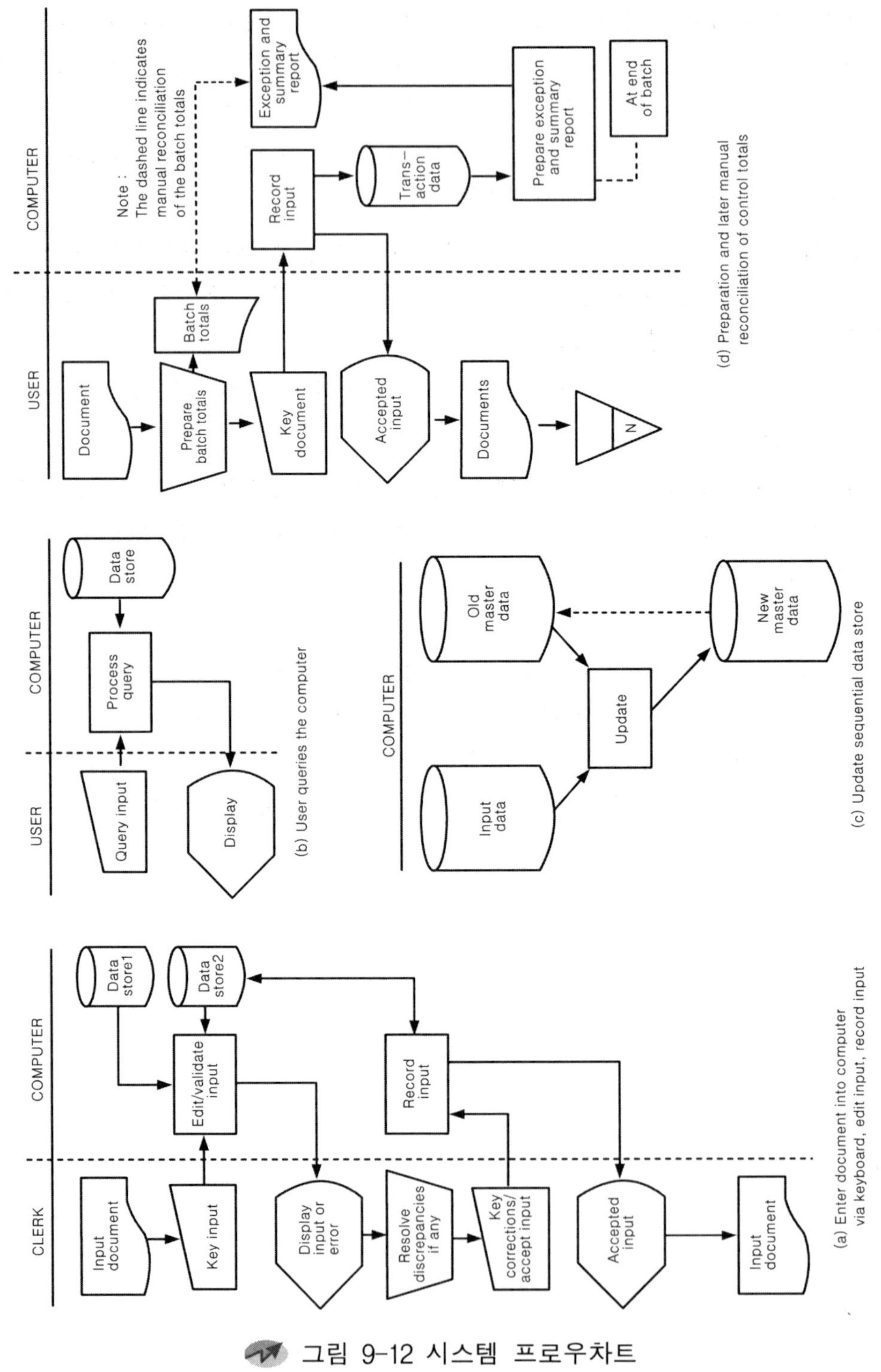

(a) Enter document into computer via keyboard, edit input, record input

(b) User queries the computer

(c) Update sequential data store

(d) Preparation and later manual reconciliation of control totals

그림 9-12 시스템 프로우차트

4. ERD(entity-relationship diagram)

ERD는 DFD로 표현할 수 없는 데이터베이스의 세부 내용 즉 데이터 모델을 표현하기 위해 사용된다(DFD의 주목적은 데이터베이스가 아니라 시스템 절차를 파악하기 위한 것이다.). ERD에 의해 표현되는 데이터의 논리적 모델은 두 가지 요소로 구성된다. 하나는 사각형으로 표시되는 "실체(entity)"이고 또 하나는 마름모꼴로 표시되는 "관계(relationship)"이다.

그림 9-13을 보면, 각 사각형 안에 표시된 '주문', '고객', '재고', '판매'는 실체들이고 이러한 사각형들 사이에 마름모꼴로 표시된 동사형(~로부터 접수한다, ~을 채운다, 등)은 관계를 나타낸다. 이러한 도표를 통해, 우리는 그림을 문장(예컨대, "주문이 고객으로부터 접수됨")으로 바꿔서 읽을 수 있고, 반대로 어떤 문장이 주어지면 이를 그림으로 표현할 수 있다.

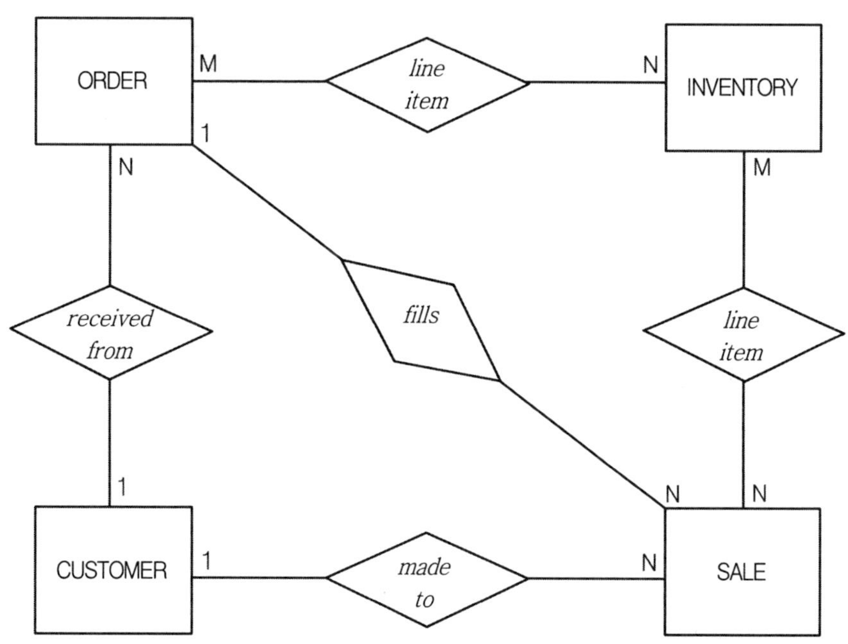

그림 9-13 Entity-Relationship(ER) 다이어그램

그림 9-13에 기입된 1, N, M 등의 기호는 건수나 발생회수를 의미한다. 예를 들면, 각 고객이 1건 이상의 주문을 할 수 있으므로 고객(실체) 옆에는 1을 기록하고

주문(실체) 열에는 N을 기입한 것이다. 이를 “one-to-N”(또는 1 : N)의 관계라고 한다. 한편, 하나의 재고항목이 다수의 주문과 결부될 수 있고 또한 하나의 주문이 다수의 재고항목을 포함할 수도 있으므로 이런 경우는 “many-to-many”(또는 M-to-N, M : N)의 관계라고 한다.

제9장 부록: 가치흐름 매핑 및 대표적 가치지표들

보잉, 노드롭, 록웰콜린스, 록히드마틴 등 항공우주산업의 대표적 기업들은 엔터프라이즈 차원의 혁신을 위해 EVSM(Enterprise Value Stream Mapping)이란 절차를 이용하고 있다. 전략, 조직, 프로세스, 고객가치 등을 체계적으로 통합화하는 것이 이 절차의 특징이다.

첫 단계는 비즈니스 라이프사이클(business lifecycle, BLC)의 정의로 시작하는데(BLC의 구성은 그림 참조), 다음과 같은 질문으로 시작하는 BLC의 정의에서 주로 공급자, 고객의 프로우 관련성, 프로세스의 통합화, 리더십 문제에 초점을 둔다.

-BLC의 내외를 구분하는 경계선은 무엇인가?

-BLC에 대한 기업측 및 고객측의 가치(value)는 어떻게 정의할 것인가?

-기업측이 기대하는 결과는 무엇인가?

-기업의 비전과 사명(vision and mission)은 무엇인가?

-주요 프로세스와 조직적 프로우에는 어떤 것들이 있는가?

-가치를 요구하는 이해관계자를 열거하고 특징을 기술한다.

다음 단계에서는 타 기업과의 서비스 분담 사항, 병행적 프로우 등 앞에서 정의하지 않은 추가적 프로우를 평가하며 인프라(IT, e-Business, 인적자원, 회계 등), 사회적 문화적 분석, 프로세스 맵에 영향을 줄 환경적, 정치적, 사회적 요소에 대한 평가를 실시한다.

출처: Balazs, A., D. James & A. Parris, "EVSM and Analysis: Process Flow and Step-by-Step Approach", Paper Presented at the Conference on Quality in the Space and Defense Industries, February 2002.

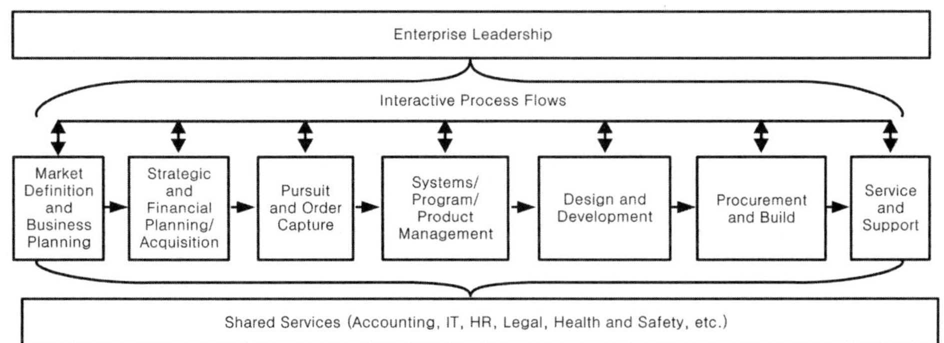

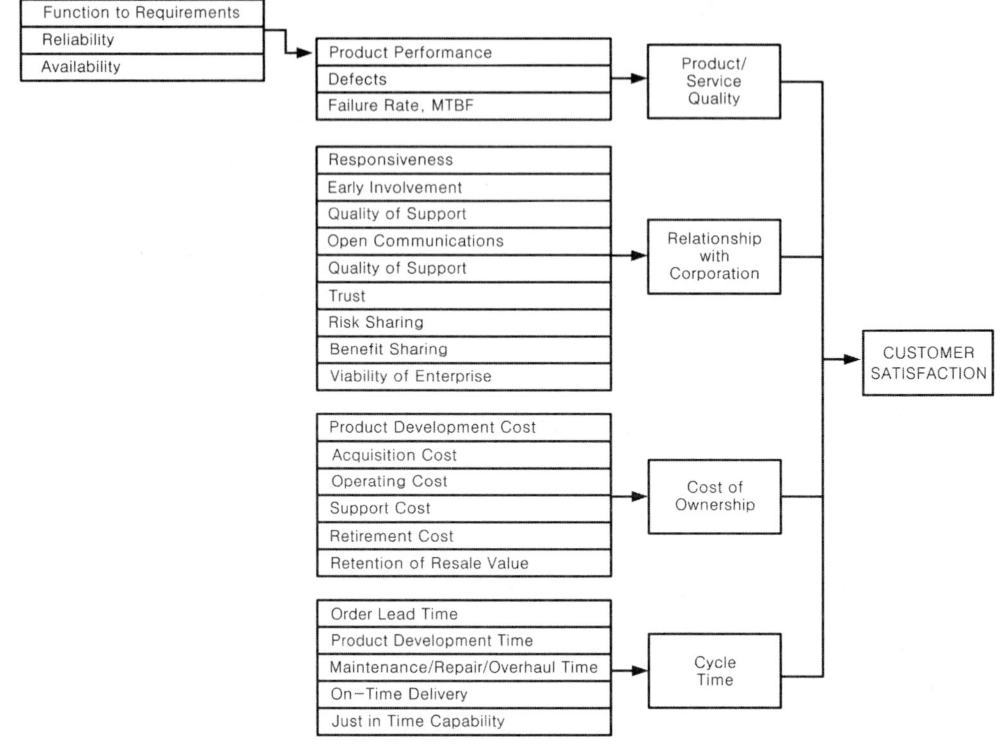

고객 가치 지표

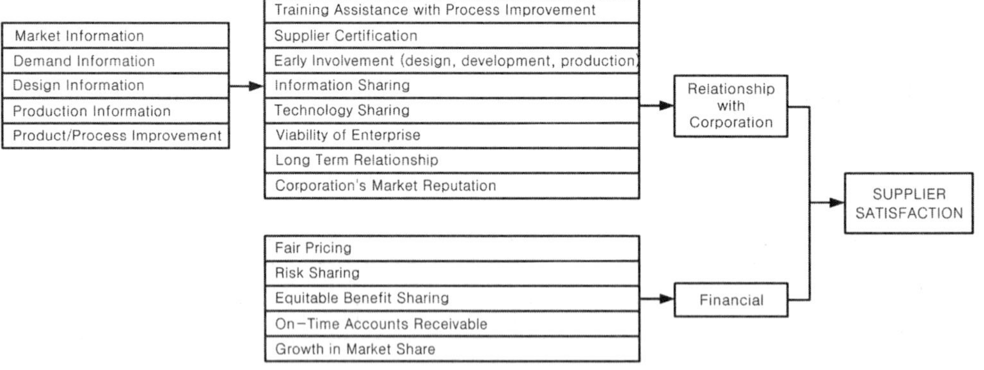

공급(협력)업체 가치 지표

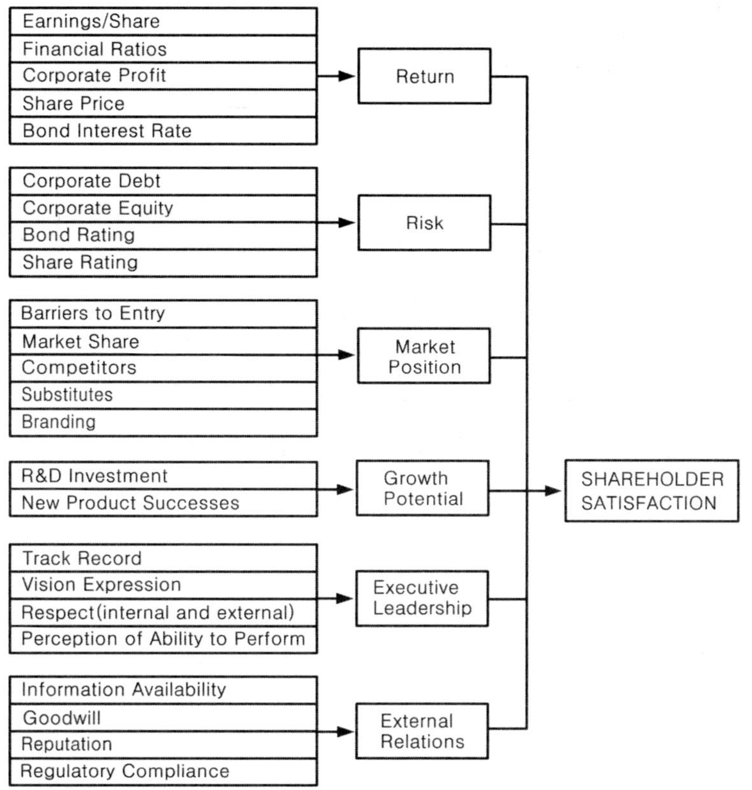

투자자 가치 지표

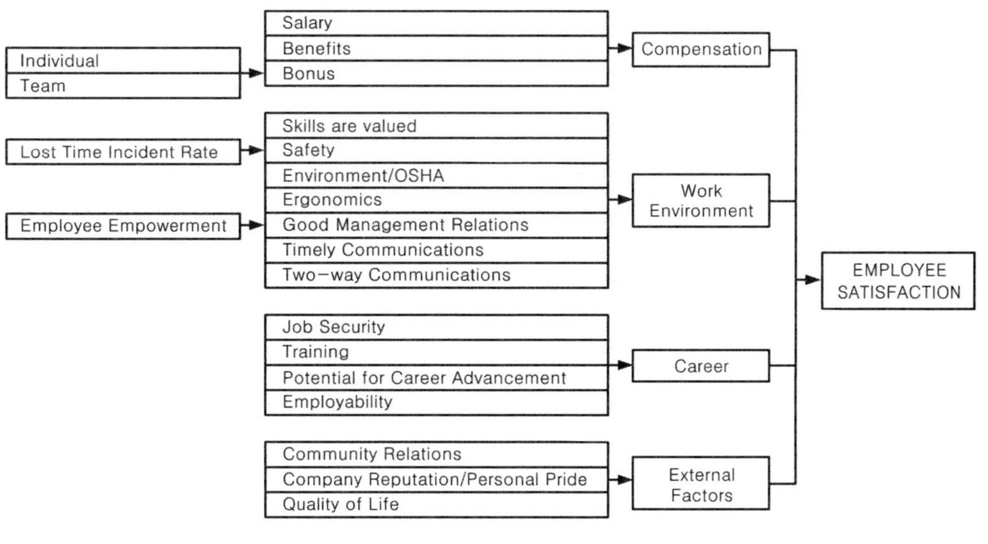

종업원 가치 지표

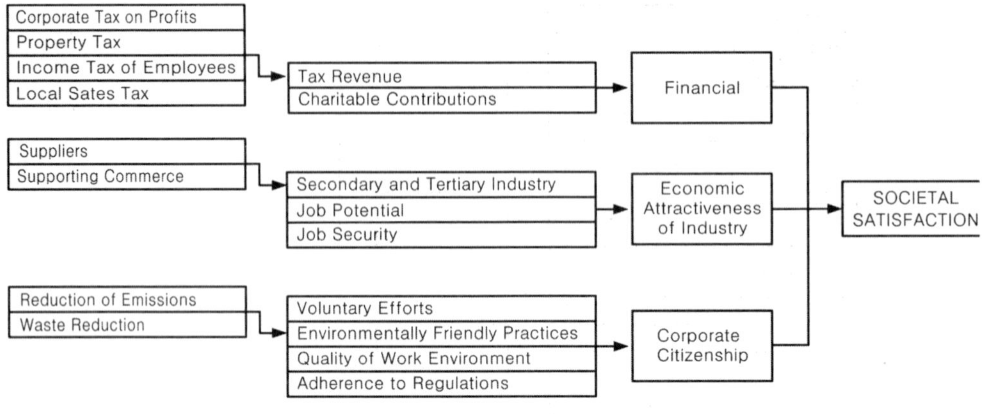
Corporate Tax on Profits
Property Tax
Income Tax of Employees
Local Sates Tax
Tax Revenue
Charitable Contributions
Financial
Suppliers
Supporting Commerce
Secondary and Tertiary Industry
Job Potential
Job Security
Economic Attractiveness of Industry
SOCIETAL SATISFACTION
Reduction of Emissions
Waste Reduction
Voluntary Efforts
Environmentally Friendly Practices
Quality of Work Environment
Adherence to Regulations
Corporate Citizenship

사회적 가치 지표

통합적 과제들

본서의 내용은 대부분 글로벌 표준의 형성과정에서 중요한 기초개념의 역할을 해온 혁신철학과 방법론들이다. 이제 끝으로 ISO 규격, 도요타 생산시스템, 제약이론, ERP에 대해 살펴보기로 하겠다. 이들은 어느 영역에 국한되는 특수한 전공이라기보다 경영혁신 전반과 관련되는 통합적 과제들이다.

10.1 ISO 9000

1. ISO 9000의 특징

ISO는 국제표준화기구의 공식명칭이다. ISO는 "equal, 동등하다, 똑같다."는 뜻의 희랍어 isos를 어원으로 하는 접두어 iso를 국제표준화기구의 명칭으로 사용한다. ISO는 스위스 제네바에 본부를 둔 민간기구이다. 현재 약 130개국 회원이 있는데 각국 표준협회가 참가하고 1국 1기관 원칙으로 구성한다.

ISO 규격은 시장요구에 따라 그리고 전문가들의 국제적 합의를 통해 개발된다. 약 3천개의 전문위원회(technical group)가 있고 3만 명의 전문 인력이 참가한다. 추가적으로, 많은 실험연구소와 독립적 감사기관인 제3자(third party)들이 있다. 제3자라고 부르는 데는 상당한 이유가 있다.

본래 규격이행의 감독은 ISO의 임무가 아니다. ISO 규격에 따르는 인증이나 평가업무는 기본적으로 생산자-수요자 간의 문제이다. 그러나 현실적으로는 독립적인 제3자가 인증이나 평가를 담당하게 된다. 국가별로 법제화된 부분은 해당국 정부가 개입할 수 있다.

비록 ISO 회원이 평가업무 등에 참여하는 경우도 있으나 ISO 자체는 이런 활동을 통제할 권한을 갖지 않는다. ISO가 하는 일은 규격 개발이다. ISO는 어떤 평가도 시상도 하지 않는다. "ISO 인증"이라는 말은 부정확한 표현이다. "ISO 9000 인증"이라고 말해야 정확한 표현에 가깝다고 할 수 있다. 인증서는 ISO와 독립적인 인증기관들이 발행한다.

ISO 9000 시리즈는 품질경영 시스템의 요구조건을 규정한 규격이다. ISO는 이를 정기적으로 개정하는데, 1994년 개정판에 이어 21세기를 향한 의욕적인 개정판을 2000년에 발표하였다. 이를 "ISO 9000: 2000"이라 부른다. 1994년 판에서는 "품질보증"이란 단어를 주로 사용했으나 2000년 개정판에서는 주로 "품질경영"을 사용하고 지속적 개선을 강조한다. 과거의 시리즈 규격중 9002, 9003은 없애고 9001 하나로 통일되었다.

ISO 9001은 어떤 종류의 조직에도 적용가능한 신축적인 시스템 모형이다. 또한 비즈니스 프로세스(business process) 개념을 도입했으므로 장차 은행, 학교, 병원 등에도 ISO 규격이 본격적으로 적용될 것이다.

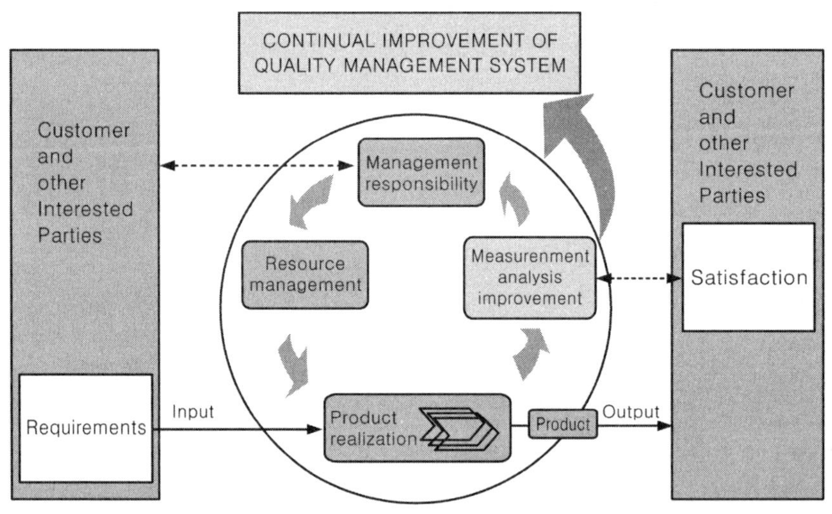

그림 10-1 ISO 9000의 구성 -프로세스 접근

ISO 9000 패밀리 중에서 ISO 9001(품질경영 시스템 요구사항)의 내용은 그림 10-1과 같으며 자세한 항목은 부록으로 소개한다. 그림의 가운데 부분은 네 가지의 핵심적 프로세스 즉, 경영자책임 프로세스→자원관리 프로세스→제품실현 프로세스→측정·분석·개선 프로세스가 계속 순환하여 품질경영 시스템의 계속적 발전을 지향한다는 의미이고, 그림 왼쪽에는 고객 및 이해집단의 요구사항이 입력되어 고객 및 이해집단의 만족을 낳게 된다는 뜻이다. 매우 간명하지만 ISO 9000의 철학과 방법적 특징을 잘 나타내는 상징적 그림이다.

이러한 신규격 ISO 9001: 2000이 세상에 나오자 전세계는 기존의 1994년판을 2000년판으로 전환하는 일에 적극성을 보여 불과 4년이 경과된 2003년 말 현재로 50만건을 돌파했다. 국가별로 인증건수가 많은 톱10 국가는 그림 10-2와 같다.

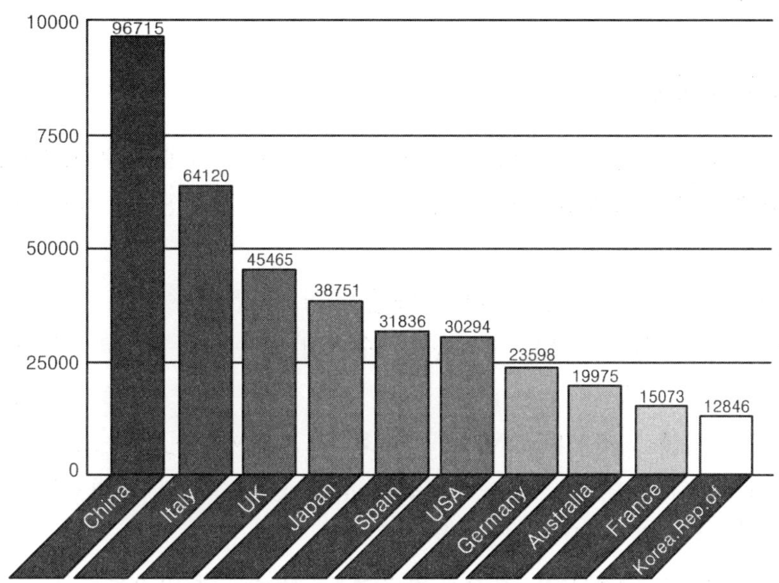

그림 10-2 ISO 9001 : 2000 인증 통계 (2003년말 기준, Top 10)

10.2 Just-in-Time 시스템

약 50년 전에 도요타 자동차회사에서 시작된 '도요타 생산시스템'은 여러 가지 별명을 갖고 있다. 가장 널리 알려진 별명은 'JIT(Just-In-Time)'이다. 그러나 다른 별명들에 대해서도 알아둘 필요가 있다. 일본인들은 대개 '도요타 시스템'이나 '오노(Ohno) 시스템'이라 부른다. 휴렛패카드는 'Stockless Production', 웨스팅하우스사는 'MIPS(Minimum Inventory Production System)', 하리데비슨사는 'MAN (Material As Needed)', IBM사는 'CFM(Continuous Flow Manufacturing)', 다른 유럽과 미국의 회사들은 'JIT', 'ZIPS(Zero Inventory Production System)', 'Lean' 'Kanban' 등의 명칭을 사용한다.

이 모두가 내용적으로는 같은 시스템이다. 그 중에서 '린'은 1980대 이후 JIT 방식이 전세계의 주목을 받고 이를 근간으로 하는 글로벌 표준이 형성되면서 붙여진 하나의 상징적 표현이다. 최근에는 '린 공급사슬(Lean Supply Chain)', '린/식스시그마(Lean/Six Sigma)' 등 다양한 명칭으로 확장되고 있다. JIT의 핵심은 무엇인가? 도대체 왜 이것을 글로벌 표준으로 받아들여야 하는가?

1. JIT의 탄생 배경

도요타 그룹의 창업자 도요타 사키치는 가난한 목수의 아들로 1926년, 59세의 늦은 나이에 도요타 방적회사를 설립했다. 그는 발명특허 84건, 실용신안특허 35건을 보유한 발명가였다.

그 중에서 방적기 자동정지장치가 가장 유명한 발명품이다. 당시의 방적기는 작업도중 실이 끊어져도 계속 작업을 할 수밖에 없는 자동화설비였는데 그는 이러한 자동화의 약점을 시정하여 실이 끊어지면 즉시 자동적으로 기계를 정지시킬 수 있는 장치를 고안했던 것이다. 자동화 즉 오토메이션도 중요하지만 자동정지도 중요하다 하여 후일 '오토노메이션(autonomation)'이란 재미있는 단어가 세상에 널리 알려지게 되었다.

부단히 혁신하고 불량품은 철저히 방지하고 오로지 소비자들로부터 인정받을 수 있는 제품만을 생산함으로써 국가발전에 공헌하자"는 도요타 사키치의 경영철학은 장남 도요타 기이치로에게로 이어져 자동차산업에서 그 결실을 맺게 된다. 1938년, 도요타 기이치로는 도요타 자동차 공장 준공식에서 "항상 저스트 인 타임 시스템으로 가자"고 제창했다고 한다. 그는 자동차산업으로 일본의 자부심을 전세계에 과시하겠다는 야심에 가득 차 있었다.

도요타 기이치로는 "매일 적어도 세 번 이상 기름 묻은 손을 씻지 않는 사람은 엔지니어라는 이름이 부끄러운 줄 알아야 한다."고 말할 정도로 최고의 기술인력을 생산현장에 총동원했다. 그러나 전쟁 중 극심한 자재난, 자금난, 그리고 전쟁 후의 경영위기와 치열한 노조파업 사태를 끝으로 그는 세상을 떠났고 회사는 파멸직전에 놓이게 되었다.

1950년, 채권단 측은 은행 담보를 용이하게 하려는 목적으로 제조회사와 판매

회사로 분리하라고 요구해왔다. 그것이 전화위복이 되어 JIT를 촉진하게 된다. 판매회사에서는 시장에서 팔릴 자동차만을 주문해왔고 제조회사는 주문 받은 물량만을 생산한다고 하는 원칙이 수립된 것이다. 팔리지도 않을 차를 생산하여 대리점에 억지로 떠맡기는 식의 운영이 불가능해진 것이다.

그러나 도요타에서 JIT 개념이 구체적으로 발전하게 된 가장 중요한 요인은 현장 근로자들이었다. 근로자들은 회사의 시련기를 거치면서 협조적 노사관계 관행을 정립하고 나아가 낭비제거운동을 대대적으로 전개하였다. 그들이 머리를 짜서 찾아낸 낭비요소들의 목록표를 보면 다음과 같다.

- 불량품으로 인한 낭비
- 재고의 낭비
- 대기의 낭비
- 운반의 낭비
- 동작의 낭비
- 가공의 낭비
- 초과달성의 낭비

눈에 보이지 않는 낭비요소들은 찾아내기 어렵고 해결하기는 더욱 어렵다. 그러나 현장감독자 오노 다이찌를 중심으로 근로자들이 그 일을 해냈으며 때마침 전국적으로 붐을 이루었던 품질운동과 에드워즈 데밍, 이시카와 가오루, 신고 시게오 등의 협력이 있었던 것이다.

사례 도요타시의 시내에는 7개 도요타공장이 있다. 또 다른 5개 공장은 시외에 자리 잡았고 반경 10km 이내에 250여 부품공장들이 포도송이처럼 올망졸망 박혀 있다. 공장 조립라인에는 특이한 전선줄이 가설되어 있다. 불량품을 발견하면 반드시 당겨야할 줄이다. 종업원이 줄을 당기면 곧바로 노란 경고등이 반짝이면서 경고음을 내고 전 라인은 가동이 중단된다. "불량품을 뒤로 넘기지 말라"는 원칙을 가장 철저히 준수하는 사람은 경영자가 아니라 현장 종업원들이다.

라인 안의 근로자들은 좁은 공간에서 뛰듯이 바쁘게 움직인다. 이들이 8시간 움직이는 거리를 측정한 결과, 8천-1만2천 걸음, 조립라인 속의 자동차 프레임이 7-8m 거리를 60초 안에 통과해 가기 때문에 꾸물거릴 수가 없다. 60초 안에 작업지시서를 훑어본 후부터 행동에 옮겨야할 동작은 9-10번. 볼트 너트를 조이고 전선을 연결하는 동작이 모두 초단위이다. 다카오카공장에서는 아침부터 저녁까지 60초에 1대를 통과시키는 속도를 유지하고 있다.

도요타의 경영방침은 산하 부품업체들에게도 그대로 주입되어 엄격한 품질관리가 실천되고 있으며 이들이 납품하는 부품들에 대해서는 일체 품질검사가 없다. 부품공장에서 달려온 부품 트럭은 통째로 도요타의 조립라인 옆에 정차한다. 도요타가의 경영철학을 현장에서 실천한 사람은 오노 다이찌였다. 학벌은 나고야의 5년제 중학 졸업, 콧수염이라는 별명으로 통했던 이 현장 사나이는 시끄러운 공장 안에서 찌렁찌렁 울리는 목소리로 "누가 이 따위 엉터리를 만들었어"라고 근로자들을 다그쳤다. 그가 14년간에 걸쳐 도요타공장에 정착시킨 생산방식이 책으로 정리되자 곧바로 초 베스트셀러가 되었다.

경영학자들은 처음에는 오노의 성공을 행운이라고 분석했다. 근면하고 온순한 근로자, 주문서를 받고 1시간 내에 부품을 보내는 부품업체들, 지방정부의 협조, 이런 것들이 도요타가의 신뢰 강조와 어울려 오노식 생산관리를 가능케 했다는 결론이었다.

그러나 행운론을 부정하고 도요타의 독특한 관리방식이 국제적인 것이 될 수 있다고 판정받은 곳은 미국이다. 도요타는 1985년에 미국 GM과 합작회사를 만들었는데 캘리포니아 프리몬트의 놀고 있는 GM 공장에 다카오카공장과 똑같은 기계설비 라인을 깔았던 것이다. 이 합작품은 당초 실패 가능성이 다분했다. 애초의 불량률은 30% 수준. 그러나 도요타는 미국 근로자들의 반발을 무마하며 "불량품을 뒷사람에게 넘기지 말라"는 도요타 철학을 그대로 적용했다. 이제는 지토카(자동화), 가이젠(개선), 헤이준카(평준화) 등의 도요타 용어가 미국어로 번역되지 않은채 공장 용어로 사용되고 있다.

출처: 조선일보(1991.3.5), "앞서가는 일본, 8시간 1만보, 불량품 출고 제로"

2. JIT의 본질

JIT 시스템은 역사가 깊고 그 동안 개별기업의 생산부서에서만 적용되던 것이 전사적으로 나아가 기업간 협력 시스템의 설계원리로 확장·적용되고 있기 때문에 그 구성내용도 매우 복잡하게 발전했다. 따라서 그 본질을 먼저 확인할 필요가 있다.

(1) JIT는 통합화된 시스템이다

서구식의 학문체계는 전문성이 강하다. 경영학은 생산관리, 재무관리, 인사관리, 마케팅, 회계학 등으로 대분류가 되고 생산관리는 재고, 품질, 일정, 설비 등의 각론으로 다시 세분되는 식이다. 이러한 학문적 분업은 연구의 효율을 높이고 고도의 이론 진보를 촉진하는 긍정적 측면을 갖는다. 예컨대, 서구식 재고관리이론에서는 품질문제, 공간문제, 설비의 능력문제, 예방보전문제를 별도의 문제영역으로 보고 재고 모델에 포함시키지 않는다. 그래서 고차적인 수학적 확률적 모델들을 많이 개발할 수 있었다. 그러나 실제는 다르다.

JIT 개념에 의하면, 재고보유비용(holding cost)에는 재고품 금액에 대한 이자(즉, 기회비용) 뿐만 아니라, 저장공간비용, 자재관리비, 자재운반비, 심지어는 계산하기 어려운 품질개선, 설비개선의 기회상실로 인한 손실까지 포함해야 한다. 일본인들은 전공분리 개념을 무시하고 실제상황에 필요한 것이라면 무엇이든지 통합화 했던 것이다. 재고보유비용을 이와 같이 크게 잡으면 아래의 공식에서 분모가 커지게 되므로 주문량이 작아지고 따라서 재고를 대폭 줄일 수 있다.

$$\text{경제적 주문량} = \sqrt{\frac{2D \times C_o}{C_h}}$$

D＝단위기간당 수요량
C_o＝1회당 주문비용(또는 setup cost)
C_h＝단위기간당 개당 재고보유비용

본래 기업경영이란 그리 명확한 경계선을 갖는 각론들로 분리되는 것이 아니라는 '통합적 시스템적 사고'를 여기서 배울 수 있다. 정보기술이 발전함에 따라 이러한 통합적 시스템의 중요성이 더욱 강조된다. 이를테면 ERP, SCM, CRM, 지식경영 시스템, 고객만족경영, 리스크관리 등은 기존의 전공개념으로는 접근하기 어려운 통합적 데이터베이스와 접점(interface)에 의한 성과관리적 사고를 요구한다. 그렇기 때문에 통합적 시스템인 JIT가 오늘날에도 여전히 글로벌 표준으로 존중되고 있다.

(2) JIT는 경영철학이다

JIT 시스템에서는 낭비제거, 품질최우선, 인간존중의 철학이 강조된다. '낭비제거'란 말은 사실 진부한 표현이다. 그런데 도요타자동차의 근로자들은 이 표현이 아주 새롭게 들리도록 재정의했다. 즉, "낭비란 쓰고 남는 것이 아니라, 가치를 부가하기 위해 꼭 필요한 최소량을 초과하는 모든 것"이라고 한다. 시간, 물자, 장비, 인력, 공간, 모든 것이 낭비 여부의 판단대상이 된다. 어떤 것이 낭비인지 아닌지 구별하기 위해서는 먼저 가치와 최소필요량을 정의할 수 있어야 한다.

'품질최우선(Quality First)'은 고객중심의 경영을 하겠다는 의지의 표어이고 이러한 표어 하에서 불량원인의 원천적 봉쇄, 문제의 노출과 공격적 해결에 총력을 기울이자는 것이다. 전체 라인의 작업을 중단시키면 공장으로서는 생산속도가 떨어지고 인력, 시간, 재료의 낭비가 발생할 수 있다. 그러나 그렇게 해서라도 불량품이 다음 공정으로 가는 것을 막아야 한다.

인간존중 철학은 막연한 휴머니즘을 말하는 것이 아니다. 종업원들의 의욕과 능력을 신뢰하고 참가적으로 운영한다는 뜻이다. 이는 낭비제거 철학과도 관계가 있다. 가령 100의 능력을 갖는 종업원이 직장여건 때문에 30의 능력만 발휘한다면 그것은 인간존중일 수 없으며 그처럼 큰 낭비는 없을 것이다. 종업원을 신뢰하기 때문에, 문제를 발견하면 말단 종업원도 전체 라인을 정지시키는 경보단추를 누를 수 있도록 허용한다. 라인이 정지되고 문제가 시정되는 동안에도 타부서 근무자들은 휴식하지 않고 주변을 정리하거나 장비를 조정하는 등 긴장을 풀지 않는다.

3. JIT 시스템의 구성요소

그림 10-3에 요약하여 제시한 바와 같이 JIT 시스템은 여러 가지의 독특한 개념과 방법들로 구성되어 있다. 이 그림에는 7개 영역이 표시되었고 그림의 가운데 부분에 기입된 것은 시스템 전체를 통합화하는 원리 즉 지속적 개선(일본어로 가이젠)이다. JIT는 단번에 완전한 형태로 설치되는 것이 아니라 꾸준하게 조금씩 개선하면서 구축되는 것임을 의미한다. 또한 개선을 하되, 팀 활동, 엔지니어들의 현장지원, 교육훈련에 의해 조직적으로 확대해야 하고, 근원적 원인을 파헤치는 노력(다섯번씩 Why라고 물음)과 성과관리에 집중해야 한다.

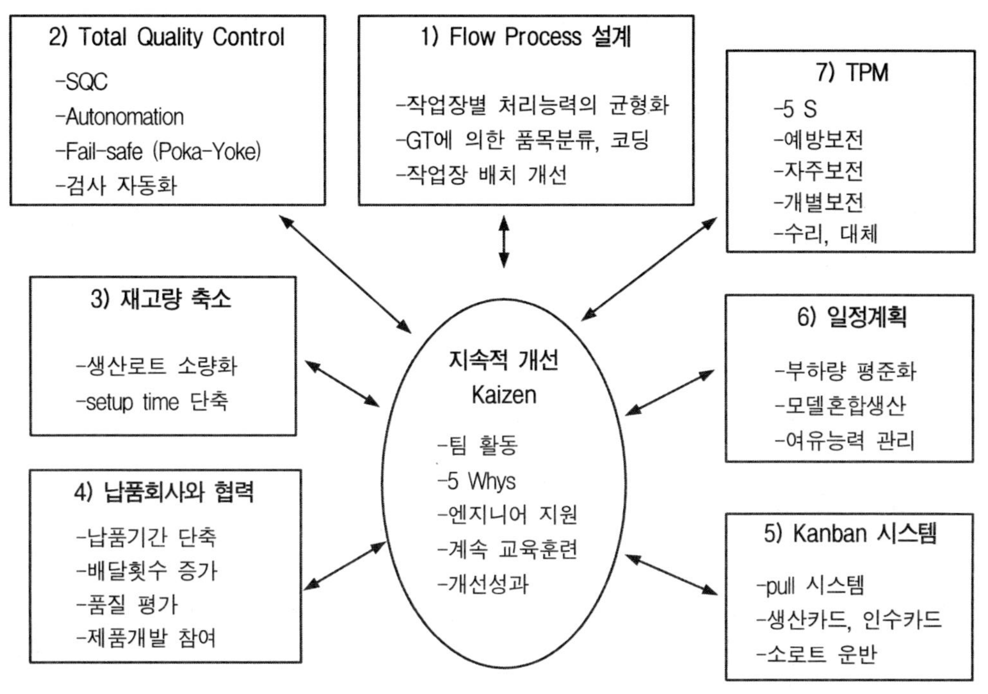

그림 10-3 JIT 시스템의 구성요소

(1) 프로우 프로세스 설계

프로세스 전체가 원활한 시냇물처럼 흐르도록 설계해야 한다. 정체나 보틀네크를 줄이려면 라인밸런싱(3.3항) 등의 방법이 필요할 것이다. 프로우를 단순화하기 위해 원료, 부품 등 작업물의 종류를 단순화 표준화하고, Group Technology 방법(3.4항)을 적용하여 셀 배치를 하든지 그와 유사한 형태의 간결한 배치가 되도록 한다. 도요타 공장은 자재운반을 최소화하기 위해 작업장 또는 작업자 간의 거리를 좁혀 인접되게 배치한다.

(2) TQC

불량품(defective)이나 결점(defect)은 그 자체가 낭비일 뿐만 아니라 과도한 예비재고량을 갖게 하는 원인이 되고 근로자들의 자부심, 적극성, 사기를 해치는 주범이 된다. 통계적 품질관리, 자동검사, 오토노메이션 등의 수단이 필요하다. 포카요케는 고장방지(fail-safe), 실수나 바보짓 방지(mistake-proofing, fool-proofing)

를 의미하는 일본어이다. 예를 들면, 자동차 안에 키를 꽂아놓은 채 도어를 잠그면 잠기지 않도록 장치하는 것, 서류에 컬러코드 표시, 혼잡한 운반통로 개선, 정밀작업장에 확대경 설치 등이다.

(3) 재고량 축소

일반적으로 공급 로트(lot)의 절반이 평균재고량이 되므로 재고를 줄이기 위해서는 로트 크기를 가급적 최소화해야 한다. 그런데 로트 크기를 줄이면 로트 수가 증가되고 따라서 작업준비시간(setup time)의 횟수가 많아진다. 이 문제는 신속한 작업준비체제를 구축함으로써 극복할 수 있다.

(4) 납품회사와 협력

JIT 시스템을 적용하면 납품회사와의 거래관계도 달라진다. 경쟁입찰로 최저가격 업체를 선정하는 관행은 JIT와 거리가 멀다. 품질이 확실해야 하고 공급로트를 소량화하여 자주 배달할 수 있어야 한다. 이를 'JIT-delivery'라 한다. 따라서 품목별로 가장 우수한 업체를 선정하고 장기적 관계를 맺는 것이 JIT의 중요한 특징이다. 납품하는 협력공장들은 모기업의 설계변경 등 중요한 정보를 미리 받아 참고할 수 있으며 품질개선을 위한 기술지원, 업무회의, 현장교육 등에 참가하기도 한다.

(5) 간판 시스템

오노 다이찌는 미국 여행 중 슈퍼마켓의 주문방식을 보고 아이디어를 얻어 '간판(영어로는 kanban)' 시스템을 만들었다고 한다. 그 때까지 자동차회사들은 수요를 예측하여 예측량만큼 생산하고 이를 대리점에 밀어내기(push) 식으로 내보냈다. 슈퍼마켓에서는 팔린 수량만큼만 주문을 한다. 주문이 없으면 생산하지 않는다. 이를 풀(pull) 전략이라고 부른다.

도요타자동차 공장에서 사용되고 있는 간판의 모양을 보면 그림 10-4와 같다. 이러한 카드에 품목, 수량, 저장장소, 이동할 장소 등이 간단히 기록된다. 이 카드는 다음 공정에서 작성되어 앞 공정 작업장에 전달된다. 다음 공정을 담당한 작업자가 일하라는 명령을 받으면(즉, 주문을 받으면) 그 주문량만큼의 작업물을 앞 공정에 가서 받아오게 되는데 이 때 카드를 앞 공정에 전달하는 것이다. 각 작업장에는 이러한 간판들이 눈에 잘 띄는 곳에 놓여 있어 감독자는 한 눈에 모든 작업진도를 파악할 수 있다.

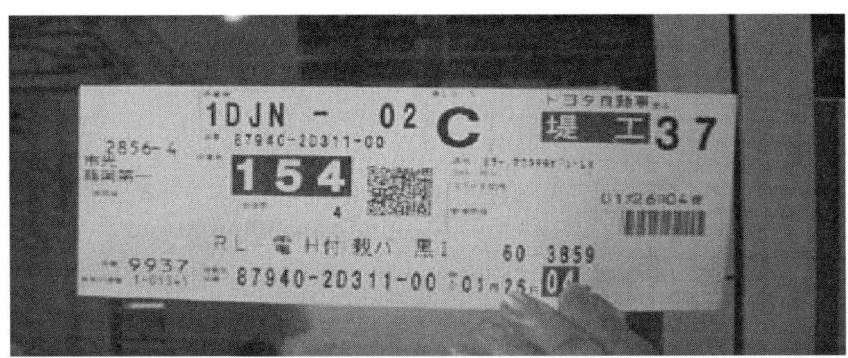

그림 10-4 간판 견본 사진

(6) 일정계획

사람들은 보통 일감이 많으면 속도를 빨리하고 일감이 적으면 천천히 한다. 그러나 JIT 시스템에서는 매일 매시간 작업량이 똑같도록 일정을 계획한다. 부하량 평준화는 초과달성의 낭비를 방지하고 공정의 원활한 흐름, 균형, 안정 유지에 도움이 된다. 모델혼합 개념을 적용하는 것도 JIT의 중요한 특징이다. 모델혼합 조립선(mixed-model assembly line)을 이용하면, 조립의 앞 공정인 가공작업 라인의 인력과 설비를 절약할 수 있고, 조립선 1개로 여러 모델을 처리하기 때문에 조립선 설비가 절약되며, 조립선 근무자들이 심리적 권태감 등을 해소할 수 있다고 한다.

(7) TPM

5S는 정리(せいり), 정돈(せいとん), 청소(せいそう), 청결(せいけつ), 습관화(しつけ)의 일본어가 모두 S로 시작되기 때문에 붙여진 명칭이다. 5S를 기초로 현장을 변화시킨 다음 본격적으로 추진하는 것이 TPM(total productive maintenance)이다.

전부터 있었던 설비관리의 주요수단인 고장 수리, 설비 대체, 예방정비는 물론 포함되고 여기에 개별보전, 자주보전, 개량보전, 교육훈련 등이 추가된다. 개별보전은 설비문제로 인한 각종 손실(고장손실, 준비작업손실, 공구손실, 시동초기손실, 공운전손실, 속도저하손실, 불량재작업손실)을 표적으로 하나씩 문제를 해결해나가는 개선활동이고, 자주보전은 설비별 목표와 보전원칙을 수립하여 청소, 점검, 원인규명, 표준화를 해나가는 자주적 소집단 활동이며, 개량보전은 설비자체의 성능개선 및 품질향상을 목표로 하는 보전 활동이다.

사례 JIT 실천 사례

알타마운트(Altamont Manufacturing & Design)는 피스톨 등 총기의 부품을 주문생산하는 중소기업이다. 1989년, 새 공장으로 이사하면서 자동화와 JIT 도입을 서둘렀다. 과거에는 설비배치나 자재관리가 엉성했었다. 구입자재를 일단 창고에 쌓아 두었다가 일감이 생길 때마다 꺼내어 공정에 투입했으며, 첫 공정 작업이 끝나면 바로 다음 공정으로 넘어가기도 하지만 때로는 재공품 선반에 놓여 하염없이 다음 공정을 기다리는 스타일이었다. 그러한 stop-and-go system은 옛날이야기이다. 지금은 연속흐름체제로 바뀌었다. 예컨대, 한 셀에서 20종의 피스톨 손잡이를 제작하는 등, cell 배치와 CNC로 제품 패밀리를 처리한다. 이러한 재배치과정에서 대기, 저장, 운반, 검사 등 무부가가치(non-value-added) 활동들이 제거되고 재고는 80% 이상 축소되었다.

재고 감소로 자금사정이 좋아졌으며, 불량품 발생에 민감하게 되었고 "다음 공정이 고객"이라는 품질 정신이 침투되었다. 불량품을 대체할 재고가 없기 때문에 과거처럼 재료를 쉽게 쓰레기통에 버리는 일이 없어졌다. 알타마운트는 중소기업이기 때문에 자재 공급업자를 설득하여 조금씩 적시공급토록 요구하기가 어려웠다. 그러나 어떤 자재는 알타마운트보다 작은 소기업에서 납품 받고 있었다. 이런 경우는 여지없이 소량 적시공급토록 요구한다. 어떤 자재는 대기업이 공급해주지만 표준품이어서 얼마든지 조금씩 적시공급을 받을 수 있었다.

소량발주로 수송비가 증가되었으나 그것은 재고비용에 비하면 별 것이 아니었다. 다만 원거리 공급자가 문제였다. 대기업이라면 공급업자를 근처로 옮겨 오라고 요구할 수 있겠지만 그렇게 할 수는 없었다. 알타마운트는 근처의 회사들과 공동구입을 하여 구입량을 증가시켰고 따라서 공급업자도 만족시키고 소량구매도 가능하게 되었다. 이러한 노력이 대외적으로 알려지자, 자진해서 근처 지역에 창고를 배치해주는 공급업체도 생겨나게 되었다.

과거 알타마운트의 평균 준비시간(setup time)은 4시간이었는데 Fadel CNC 88로 대체하여 10분으로 줄었다. 또한 CAD를 IBM PC에 연결하여 설계문제를 획기적으로 개선했고 Shoda라는 이름의 CAM으로 피스톨 손잡이의 제트(Z)축 커브를 능숙하게 제작하고 있다. 이러한 자동화 노력과 JIT 도입으로 국내외 판매량이 급성장했고 이제는 JIT 선도자라는 명성도 얻게 되었다. 구매자들이 제품모형이나 가격정보를 요청해오면 과거에는 4주 걸려서 응답해주었는데 1주 내로 처리되며 이러한 통신계약 건수가 2배 증가되었다.

과거에는 2,000개 이상만 수주했으나 요즘은 200개 이상이면 수주한다. 종업원들은 변화된 체제에 잘 적응하고 있다. 각자 1대 이상의 기계를 담당하며 정기점검, setup, 수리, 정리 등 다양한 내용의 과업을 맡아 직무 만족도가 높아졌고, 개선안을 제안하면 보상을 받게 되어 있다. 교육훈련 부담은 크다. 그러나 이는 생소한 자동화 설비 때문이며 JIT 때문은 아니다.

베리언(Varian Chromatography Systems)사는 주요 설비능력에 대해 생산착수전 점검을 하고 매핑(mapping) 방식으로 비부가가치 단계를 확인하는 노력을 기울였다. 일본의 현장관리 방식인 안돈(andon)을 채택하였다. 작업자들이 현장문제를 항상 기록하여 매주 CF(교차기능) 팀에서 문제를 해결하며 누구나 전체 공정을 잘 이해할 수 있도록 CF 훈련을 한다.

그 결과 품질 테스트 시간은 96시간에서 2시간으로, 결점은 34%, 검사원은 75% 감소되었으며, 생산성은 3년간 39%가 개선되었다. 공급업체 관리는 소수의 우수업체를 선정하여 장기적 관계를 맺는 방식으로 전환하였다. 가치관리 프로그램의 일부로 JIT 방식을 실천한다.

수입검사 제로, 구입품재고 제로, 매일 수급량 조절을 하며, 공급업자가 포장하지 않고 조립선에 직접 배달을 한다. 전통적 푸시(push) 시스템이 아니라 12개월 예측치와 마스터 스케줄을 공급업체에 통보하여 협조한다. 신규 품목에 대해서는 철저한 초기검사와 연속 3개 로트의 무결점 검증과정을 시행한다. 유자격 공급업체에 대해서는 분기별 평가보고서와 연간 평가서를 작성하고 결과를 피드백 해준다. 이와 같은 방법으로 달성된 성과는, 재고량 68% 감소, 외주품 결점 75% 감소, 공급업체수 78% 감소(2,000에서 440으로), 그리고 대부분 10~30년의 장기적 관계를 구축하게 되었다.

출처: Phillips, T.E. & Ledgerwood, J.R., "Running with the Pack: JIT & Automation for Small Manufacturers", *National Public Accountant*, June 1994, pp.26-28; GAO(General Accounting Office Report, "Best Practices: Commercial QA Practices Offer Improvements for DOD", 1996, http://www.fas.org/man/gao/ns96162.htm

10.3 제약 이론

제약이론(TOC, Theory of Constraints)은 골드라트(Eliyahu M. Goldratt) 1인의 노력에 의해 세상에 나왔고 제조업과 서비스업의 프로세스 혁신은 물론 공공분야나 개인의 일상생활까지 광범하게 응용되고 있다. TOC를 이해하기 위해서는 우선 OPT에 관하여 살펴볼 필요가 있다.

1. OPT

OPT(Optimized Production Technology)는 Goldratt가 개발한 소프트웨어의 특허 상표명인데 1980년대 초에 출현하여 공정관리 분야에서 호평을 받았다. 컴퓨터로 공정의 진행을 시뮬레이션 하면서 설비이용, 납기, 재공품 재고 등을 종합적으로 고려하되, 다음 두 가지를 강조한다.

- 모든 부서를 보틀네크와 비보틀네크(non-bottleneck)로 구분하고 보틀네크의 산출을 극대화할 수 있는 방책을 강구하면서 일정을 관리한다.
- 뱃치의 크기를 일정하게 고정하지 말고 융통성있게 조정한다.

예컨대, 1,000개짜리의 뱃치가 세 작업장을 통과하는데, 작업장별 처리속도가 작업장 1, 3은 개당 1분이고, 작업장 2는 개당 0.2분이라고 가상해보자. 이런 상황에서 전통적 방식이라면 뱃치를 항상 1,000개로 고정하나, OPT 방식에 의하면 예컨대, 이송뱃치를 100개, 공정뱃치를 300, 300, 200, 200개의 네 부분으로 나누어 처리함으로써 설비이용과 총소요시간(makespan) 면에서 유리한 결과를 얻을 수 있다. OPT의 기본정신은 'OPT의 십계명'이라고 하는 다음의 10원칙에 잘 나타나 있다.

① 비보틀네크 지점의 자원은 그 곳 관계자들의 노력만으로는 활용될 수 없다.

② 정상근무를 하고 있다고 해서 자원이 100% 활용되고 있다고 볼 수는 없다. 비보틀네크 지점은 당연히 여유능력을 갖는다.

③ 보틀네크에서의 1시간 득실은 전체 시스템의 1시간 득실과 똑같다.

④ 비보틀네크에서 시간을 절약하는 일은 긴요한 일이 못된다.

⑤ 이송뱃치와 공정뱃치를 항상 같게 할 필요가 없다.

⑥ 공정뱃치의 크기는 작업장에 따라서 달리 정할 수 있다.

⑦ 설비능력과 작업착수 순서는 필히 동시에 고려되어야 한다.

⑧ 자원 낭비 같은 숨겨진 문제는 추적 가능하며 예방 가능하다.

⑨ 설비능력과 공정의 완전균형이란 이론적으로 불가능한 것이다.

⑩ 각 부서의 최선이 곧 전체의 최선은 아니다.

OPT와 거의 같은 시기에 나온 샌드맨(William Sandman)의 Q-Control이라는 소프트웨어 역시 철학적 배경이 OPT와 유사하다. 여기서 Q는 'Queue' 즉, 기다리는 대기행렬을 나타낸다. 샌드맨은 600개 이상의 잡숍 공장들을 직접 관찰한 결과, 실제 작업시간보다 대기시간이 무려 10~30배나 되며 심한 경우, 대기시간이 수주에서 납품까지 총시간의 95%까지 달했다고 한다.

이는 자재조달, 착수대기, 공정 중 대기, 고장대기 등 시간낭비가 엄청나게 크다는 것을 뜻하며, 현금순환 사이클의 장기화로 기업이 격심한 자금압박을 받게 됨을 의미한다. 이와 같은 프로세스 비능률 문제를 해결하기 위해 OPT와 Q-Control이 고안되었다고 볼 수 있다. 그 실행절차의 특징을 요약하면 다음과 같다.

① 다음날 있을 공정상황을 매일 시뮬레이션 한다. 즉 시간별로, 각 설비의 사용가능 여부와 작업부하량을 대비 검토하여 바람직한 일정을 결정한다.

② 일정 결정의 융통성을 위하여 고객에게 가급적 "언제부터 언제까지"라는 방식으로 납품일자의 범위를 설정토록 요청한다.

③ 진주목걸이의 진주알처럼, 주문일감들이 공정라인을 꽉차게 연이어 흘러 지나가도록 계획한다.

OPT와 Q-Control의 장점은 과거의 공정관리를 혁신적으로 시스템화했다는 것인데 양자의 공통적 특징은, ① 잡숍의 체질을 개혁하여 프로우숍처럼 만들도록 하며, ② 각 부서의 일을 시간별로 정해주되 세밀한 통제로부터 초래될 부정적 영향을 방지해나가며, ③ 보틀네크에 대한 대책에 주력하고, ④ 현장능력과 업무량을 동시에 고려하며, ⑤ 원활한 작업흐름을 보장할 수 있도록 여유능력을 갖도록 하고, ⑥ 다양한 상황변화를 예견하고 모의분석하는 절차가 준비되어 있다는 등이다.

2. 제약이론의 기본 개념

OPT에서는 제조공정의 보틀네크에 초점을 둔다. 골드라트는 이 개념을 확장하여 제조공정 뿐만 아니라 물류, 서비스, 사무, 마케팅 등 모든 비즈니스 프로세스에 적용할 수 있도록 제약이론을 개발하였다. '제약(constraints)'은 본래 수학적 최적화이론에서 쓰는 용어로서 제약조건이나 제약식을 의미한다. 선형계획법 등 수학적 최적화이론에서는 이미 오래 전부터 제약조건의 의미를 구체적으로 설명하고 있다.

이를테면, 자원의 능력(수량)은 전체 목적의 달성수준을 결정한다. 그런데 제품믹스의 결정 등 조직이 어떤 행동을 선택하느냐에 따라 자원별 제한수준이 달라지고 각 자원의 공헌도(가치)가 달라지게 된다. 바로 이러한 원리를 골드라트는 다음과 같이 확장하였다.

제약이론에서는 사람, 기계, 원재료와 같은 유형적인 제약들, 그리고 정보기술, 정책, 시장상황 등 무형적인 제약이 있다고 본다. 타부서 업무에 지장을 주는 미약한 부서도 제약자원이 된다. 이러한 제약자원의 효과적 관리가 제약이론의 출발점이다. 즉, 조직이 발휘할 수 있는 최대능력은 조직 내의 제약자원에 의해 제한을 받으며 그 범위 내에서 결정된다는 것이다.

정책적 제약이 발생될 수도 있다. 처리능력은 여유가 있는데 시장의 제약으로 매출이 증가되지 않을 때도 있다. 골드라트는 이러한 정책, 제도, 시장 등의 제약조건을 미리 파악하고 대처하는 기법이 필요하다고 판단하여 사고 프로세스(Thinking Process, TP)라는 방법을 고안하였다. 사고 프로세스는 복잡한 상황 속에서 요인을 찾아내고 원인-결과의 관계 또는 수단-목적 관계를 체계적으로 정리하여 윈윈(Win-Win) 해답을 찾아나가는 과정이다.

과거에는 각 부문의 최적화가 곧 기업 전체의 최적화를 뜻한다고 인식하여 각 부문의 관리에 초점을 맞췄다. 그러나 부분 최적화와 전체 최적화는 전혀 다른 이야기이다. 제약이론의 철학을 요약하면 다음과 같다.

- 모든 시스템은 최소한 하나 이상의 제약을 갖는다.
  (Every system must have at least one constraint.)

• 제약이 존재한다는 것은 곧 개선의 기회가 존재한다는 의미이다.
(The existence of constraints represents opportunities for improvement.)

제약자원의 효과적 관리는 모든 프로세스 혁신의 출발점이 되는 중요한 의미를 갖는다. 조직의 역량을 증진시키기 위해서는 제약자원을 최대로 강화시킬 수 있는 체계화된 과정이 있어야 한다. 제약이론은 ① 5단계와 DBR에 의해 추진되는 지속적 개선과정, ② 사고 프로세스(TP)의 두 부분으로 구성된다.

3. 5단계와 DBR에 의한 지속적 개선

제약조건이 없는 시스템은 없다. 항상 어느 부분이든 제약이 발생하기 마련이며 그 제약자원을 해소하면 또 다른 제약자원이 발생될 수 있다. 그러므로 제약자원의 관리는 지속적으로 이루어져야 한다.

단계1: 제약자원 발견

단계2: 제약자원 활용

발견된 제약자원(부서, 개인, 장비 등)이 최고의 활동수준을 유지하고 있는지, 아니라면 어떤 내부적 외부적 원인이 있는지, 세심히 조사하고 대책을 수립한다. 대책에는 ① 완충재고를 두어 자재공급이 끊어지는 일이 없게 하고, ② 불량품이 제약지점에 투입되지 않도록 하고, ③ 가급적 제약자원의 능력이 잘 발휘될 수 있는 제품믹스를 선택한다. 제품믹스를 바꾼다는 것은 곧 판매계획까지 재조정해야 함을 의미한다.

단계3: 비제약자원을 제약자원에 종속시킴

제약자원을 돕는 위의 대책들에 대하여 모든 비제약자원이 협조해야 한다. 조직은 모든 부서가 제약자원의 동향에 주목할 수 있도록 정보를 전파하고(이를 drum 치기에 비유함), 비제약자원은 각종 대응책에 대해 즉시 반응할 수 있도록 대기해야 한다.

단계4: 제약자원의 능력개선을 위한 투자

현재의 제약자원 능력을 철저히 활용해도 여전히 능력이 부족하면, 조직 전체를 제약하지 않는 범위 내에서 추가적으로 기계설비의 구입, 인원 증가 등 그 능력을 최대한 향상시킨다.

단계5: 앞 단계의 반복

어느 한 제약자원의 능력이 향상되면 그 순간 다른 부서가 제약자원이 되고 최종적으로는 시장이 제약자원이 된다. 제약자원이 나타나는 각각의 상황에 따라 개선활동의 내용도 변화될 것이다. 따라서 제약자원의 변화에 주의하면서 다른 제약이 다시 발생하면 앞의 단계를 반복해야 한다. 하나의 제약자원이 해소되었다고 안심하면 안 된다.

DBR(Drum-Buffer-Rope)에 대한 이해를 돕기 위해 골드라트의 저서 『The Goal』(1990)에 등장하는 스카우트 소년단 하이킹 장면(그림 10-5)을 인용하기로 한다. 맨 앞에서 가는 선두소년은 원자재를 받아들여 가공하는 첫 단계, 다음 소년은 다음 공정을 의미한다. 공장의 생산활동을 하이킹에 비유하면 공정재고는 맨 앞 소년과 알렉스 사이의 거리와 같은 것이다.

선두소년과 가장 느린 소년(허비) 사이는 로프(rope)로 연결한다. 그러면 선두소년과 허비 사이는 로프 길이보다 더 멀어질 수 없고 허비 앞에는 빈 공간(buffer)이 생긴다. 허비 뒤에 있는 소년들은 속도를 조절하여 허비를 따라 간다. 결국 허비의 속도가 소년단원의 이동속도를 결정하기 때문에 허비는 드럼(drum)을 치며 이동속도의 기준을 뒤 따라 오는 인원에게 알려준다.

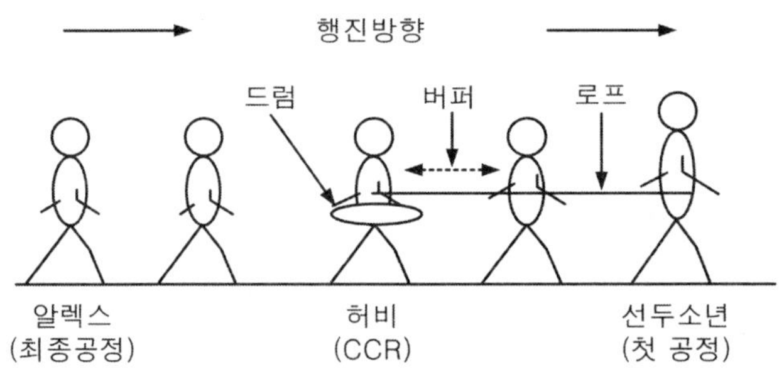

그림 10-5 DBR 예화

(1) 드럼(Drum)

어느 프로세스에나 제약자원(Capacity Constraint Resource, CCR)은 여러 곳에 있게 마련인데, 능력이 가장 작기 때문에 전체 프로세스의 속도를 좌우하는 CCR을 드럼이라 한다. 드럼에 대해서는 앞에서 설명한 '단계2의 대책'을 적용하고 필요하다면 '단계4의 투자'까지 해야 한다.

(2) 버퍼(Buffer)

혼자서 걸어가기도 힘 드는데 만일 허비 앞의 소년이 돌에 걸려 넘어졌다면 그 때문에 허비는 더 당황하고 더 느려질 것이다. 그래서 허비 바로 앞의 소년과 허비 사이에는 적당한 거리(로프 길이)가 필요하다. 재고이론에서는 이러한 여유의 기능을 디커플링이라 한다. 여기서 말하는 버퍼도 같은 뜻이다. 버퍼는 CCR 외에 최종 출고지점 앞에도 필요하다. 일반적으로 공정의 불확실성을 감안하여 경험적으로 정하는데, 대개 공정작업시간의 1~3배 이내로 정해두고 개선상태에 따라 조정한다.

(3) 로프(Rope)

버퍼에서 정해놓은 수준보다 재고가 더 증가하지 않으려면 원자재 투입속도를 통제해야 한다. 이는 첫 공정과 CCR을 로프로 연결함으로써 해결된다. 다시 말하면 첫 공정의 자재 투입속도를 CCR의 진행속도와 일치시키는 것이다.

비제약자원을 제약자원에 맞추어 가동하면 일시적으로 효율성이 떨어질 수 있으나, 전체적 효율성은 높아지는 것을 경험할 수 있다. DBR을 적용하면 프로우의 균형을 이루어 재고가 줄고 납기가 단축되기 때문에 새로운 설비투자 없이도 생산량을 극대화할 수 있다.

4. TOC의 응용

골드라트는 기업의 정책적 제약, 시장제약 등에 대한 해결책을 개발・실행하게 하는 논리적 사고방법으로 TP(Thinking Process)라는 것을 제시하였다. TP는 다음과 같은 세 가지 물음에 대한 해답을 찾는 연속적 과정이다.

① 무엇을 변화시킬 것인가? (What to change)
근본원인과 핵심과제를 찾는 것인데, CRT(Current Reality Tree)를 사용한다.

② 어떤 방향으로 변화시킬 것인가? (What to chage to)
핵심과제의 해결방법을 찾는 것인데, EC(Evaporating Cloud)를 사용한다.

③ 어떻게 변화시킬 것인가? (How to cause the change)

구체적 실행방법을 찾는 것인데, 해결책이 장차 바람직한 방향으로 상황을 변화시킬 수 있는 것인지 알아보고 실행과정의 예상장애를 파악하고 중간목표와 실행계획을 수립하기 위해 각종 도표와 기법을 사용한다.

TOC는 개별기업 차원에서 적용할 수도 있고 공급사슬(supply chain) 내의 여러 기업들이 협조하여 적용할 수도 있다. 개별기업의 경우는 그림 10-6과 같이 최초공급부터 고객까지의 모든 프로세스를 점검하여 제약지점 바로 앞, 그리고 최종출고지점에 재고를 두며 재고의 크기는 JIT 개념에 따라 최소화되도록 노력해야 한다.

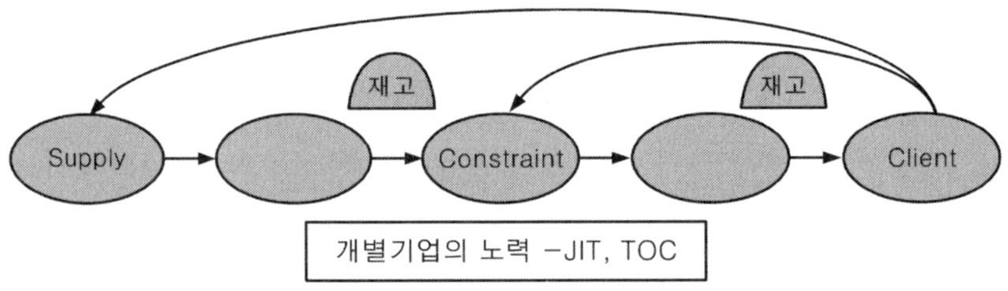

그림 10-6 개별기업 차원의 TOC 적용

만일 두 회사가 협조한다면 그림 10-7과 같이 더 큰 개선을 이룰 수 있다. 즉, 기업 1의 최초공급부터 기업2의 최종고객까지 전체 프로세스를 대상으로 검토하게 되고 두 기업을 통틀어서 가장 취약한 부분을 제약지점으로 간주한다. 이와 같은 통합적 관리로 재고는 더욱 축소되고 동시에 최종고객에 대한 배달시간도 훨씬 더 줄일 수 있다.

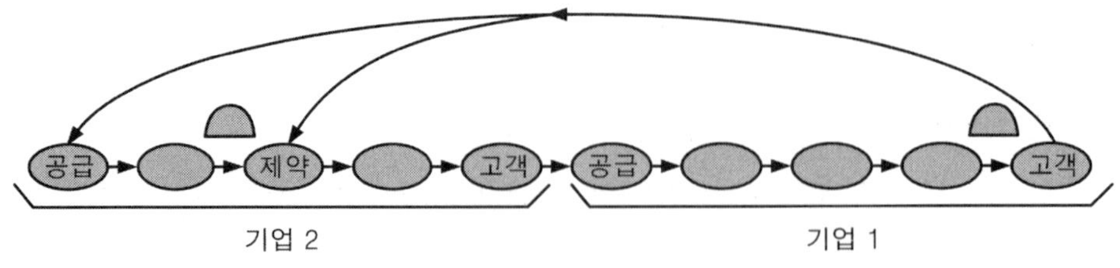

그림 10-7 두 기업의 공급사슬 협력과 TOC 적용

제약이론은 다음과 같은 경우에 더욱 효과가 있다.

① 제약자원의 생산능력이 전체 조직의 생산능력에 큰 지장을 준다.

② 작업이 다단계 프로세스를 통해 이루어지며 프로우가 원활하지 못하다.

③ 경영성과에 대한 프로세스의 기여도가 분명치 않다.

④ 원가계산에서 간접비 부분이 복잡하며 재고 금액 비중이 크다.

사례 TOC 도입 성과

포드의 전 차종에 들어가는 전자제품을 생산하는 포드자동차 전자부서에서는 모든 제조 리드타임을 단축하겠다는 결정을 내렸다. 이 부서의 생산 리드타임은 10.6일, 도요타는 5일이다. 포드는 도요타 생산방식(Just-In-Time)을 도입하여 2년에 걸쳐 8.5일로 단축시켰다. 이것으로 만족할 수 없어 도요타에 찾아가 자문을 구했으나 그들은 10년간 JIT를 적용하여 5일로 줄였다고 답변할 뿐이었다. 10년을 기다릴 수밖에 없었던 포드는 방법을 바꿔 TOC를 도입했고 1년 만에 리드타임을 2.2일로 단축시키게 되었다.

제조 리드타임 단축뿐만 아니라 직원들의 대처 능력과 학습속도가 300% 빨라지고 원자재 트래킹도 50% 개선되었다. 또한 개선사항의 거론후 처리까지 걸리는 시간이 150일에서 10일로 줄었고 주문에서 배달까지 걸리는 시간이 16일에서 5일, 다시 1일로 줄어들게 되었다.

일본의 절삭공구 제조업체 OSG의 아이치공장은 납기준수를 못해 거래처로부터 신용을 잃었다. 모든 개선책을 동원하고 직원들을 독려했지만 쉽지 않았다. 그러나 TOC 적용 3개월 만에 부품재고가 60만 개에서 20만 개로 줄어 순식간에 1억엔 이상 현금을 확보했다.

아이치공장의 제약조건은 굴삭공구로 구멍을 뚫는 공정이었다. 굴삭기계 11대가 최고 능력을 발휘할 수 있도록 기계 1대마다 작동스케줄을 최대한 정밀하게 새로 작성했다. 과거에는 모든 작업자가 동시에 점심을 하러 식당에 갔었으나 TOC기법을 적용, 3인 1조로 식사시간을 다르게 배치해 기계 3대 중 2대는 항상 작업을 할 수 있게 했다.

한국의 이랜드가 운영하는 피자몰에서는 좌석부족이 제약조건이었다. 이 문제를 해결한 결과 드루풋이 증가하여 30% 매출 증가를 달성했다.

사례 공급사슬을 강조하는 미국 국방부

1990년대 초부터 세계적으로 BPR(Business Process Reengineering) 붐이 일어나고 미국 국방부와 각 군에서도 최선관행의 발굴에 박차를 가하기 시작하였다. 전형적 사례는 미 해군, 상무부, 매릴랜드대학이 공동으로 설립한 탁월성센터(COE)의 BMP(Best Manufacturing Practices) 프로그램이다.

90년대 중반, 각 군은 10만 달러 이상의 모든 계약사업에 대한 기업평가 자료의 온라인 데이터베이스(www. cpars.navy.mil/metrics)를 구축하였다. 분기별로 1~2만 건의 계약사업에 대한 등급 통계가 발표되고 있다. 평가요소는 다음과 같다.

- 시스템사업의 평가요소
  a. 기술적 요소: 제품성능, 시스템공학, 소프트웨어, 물류지원, 보증, 기타성능, b. 일정, c. 원가관리, d. 경영(경영자, 도급관리, 프로그램 관리), e. 기타
- 비시스템사업(서비스, IT, 작전지원)의 평가요소
  a. 제품(서비스) 품질, b. 일정, c. 원가관리, d. 사업관계, e. 인력관리 기타

90년대의 미국 정부의 정책기조는 첫째, 모든 계약업체들이 '단일한 시스템'으로 계약 프로세스 통제를 받게 하고, 둘째, 국방부는 업체들이 최신 관행과 기법을 활용하여 품질경영 발전에 협조토록 자극한다는 것이었다. 이에 따라, ① 검사위주에서 프로세스 관리로 전환, ② 군용품의 요구개발-설계-제조 발전을 위한 시스템 구축, ③ 제3자 인증(ISO 9000, 볼드리지상) 활용, ④ 제품설계-제조-서비스를 통합하는 CF팀 및 시스템 활용, ⑤ 통계적 공정관리 적용 확대, 최종검사 축소, ⑥ 지속적 개선, ⑦ 라인 근무자의 능동적 참여, ⑧ 업체의 공급자협력체제 즉, 정기평가, 소수정예화, 정보공유, JIT, 신제품개발 참여 등을 강조하였다.

연방정부의 PPIRS(Past Performance Information Retrieval System)는 정부 납품업체들에 대한 정부차원의 광범한 데이터베이스 구축 프로그램이다. 이 데이터베이스에서는 업체평가를 위한 기준으로, 품질, 적시성, 원가관리, 비즈니스 관계(이용자 만족도, 도급관계관리, 통합 및 조정)의 4요소를 적용하고 있다.

특히 항공우주 방위산업 분야에서 추진되고 있는 공급사슬관리, 리스크 관리, 소프트웨어(CMM) 관리, 6시그마 등은 가히 눈부시다고 할 수 있다. 미국품질학회(ASQ)의 항공방위산업(ASDI)분과가 개최하는 컨퍼런스(CQSDI)의 발표자료를 보면, 국방력 재조정의 핵심과제는 무기체계 및 군수용품의 품질문제라고 한다. 따라서 펜타곤에서는 "적정가격, 적정품목, 적기획득" 등의 기업식 언어가 흔히 사용되

고 있다.

국방부 조달본부는 라이프 사이클 코스트, 현대화 및 출동태세 비용, 품질-비용 연계를 통한 비용개념의 재구성을 요구하는 한편, 모든 프로그램에 대해 ① 가치획득 개념(성능, 비용, 시간), ② 공급업체 관리에서 공급사슬관리로 발전, ③ 소프트웨어 품질의 획기적 개선을 강조하고 다음 세 가지를 도전과제로 제시한 바 있다.

도전1: 고객 초점

어느 브리핑에서나 고객 니즈, 고객 요구사항, 고객 결과라는 표현을 들을 수 있게 되었다. 최근에 가장 많이 성취된 영역이지만 보다 박차를 가해야 한다. 특히 고객 가용성(customer readiness)에 유념해야 한다.

도전2: 리스크 관리

지금까지는 공급자관리가 충분한 경우 과감하게 검사를 축소 생략하는 방향으로 발전해왔으나, 앞으로는 리스크 확률 평가와 잠재적 리스크 손실을 세밀하게 진단 관리하여 총체적 비용을 줄이는 방향으로 가야 한다. 기업을 감시하는 체제가 아니라 "리스크 관리" 비즈니스로 가야 한다. 고객의 리스크를 관리하는 능력을 개선해야 한다.

도전3: 공급사슬관리

프로세스 관리에 초점을 둔 공급자관리 모델은 이제 어느 정도 정착되었다. 최근에는 다수의 주력 공급업자들이 제3자 및 하청업체들과 연합체를 만들어 공동으로 공급품질을 보증하는 NADCAP, CASE 등의 성공사례가 나왔다. 조달본부는 이러한 기업간 비용절약적 제휴를 권장할 것이다.

이러한 과제와 함께 정부-산업간 협의체 운영, 신속개선 팀 프로젝트, 시스템 공동평가, 핵심 프로세스 식별, 리스크 평가, 데이터 분석 등을 강화해나간다는 것이다. AIA-SMC(항공산업-공급자협회)의 경우는 중층적 아웃소싱이 70% 이상 확대되었고 B2B 네트워크, 경매사이트 활용(Exostar.com, MyAircraft.com 등), 경영자 품질지도그룹 결성, 그리고 ERP→EDI/EC→QMS 인증→장기적 관계구축→그린, 린, 6시그마로 가는 업체간 제휴사업을 추진하는 중이다.

모토로라 통합시스템부는 CMM 5단계(프로세스 변경관리, 기술변경관리, 결점 예방) 진입을 선언하였고, 소프트웨어에 6시그마 개념을 적용하고 있다. Raytheon은 고객-도구-문화를 통합한 6시그마 프로그램을 추진 중이며, Boeing은 "품질과 안전은 미래의 자연스러운 파트너"라는 구호 아래 품질-안전 위원회(Quality & Safety Council)를 설치하고, DuPont STOP 프로그램 도입, 고위층 참가, 전원참가, 학습 공유, 측정가능 목표, 프로세스 액션 팀에 의한 프로세스 관리를 추진하고 있다.

출처: 이재관, 유한주, 이영순, “국방품질대상제도 도입에 관한 연구”, 국방품질관리소, 2003. 12월; Defense Retreat Reduction Agency, “CPARS & PPAIS”, July 2001, www.dtra.mil/; DOD, “A Guide to Collection and Use of Past Performance Information”, May 2003, http://www.acq.osd.mil/dpap/Docs/PPI_Guide_2003_final.pdf.

10.4 ERP

ERP(Enterprise Resources Planning)는 구매, 생산, 판매, 인사, 회계 등 기업 전 부문에 걸쳐 모든 경영자원을 하나의 체계로 통합, 계획, 관리하는 통합적 경영시스템이다. 이 용어를 처음으로 사용한 것은 정보기술 컨설팅회사인 가트너(Gartner) 그룹이라고 알려져 있다. 가트너그룹은 ERP를 “제조업무 시스템을 핵으로 재무, 회계, 판매, 물류시스템 등을 통합한 것으로 가상기업을 지향하는 시스템”이라고 정의했다.

ERP 시스템은 기업에 필요한 거의 모든 기능이 포함되어 있기 때문에 시스템 자체가 매우 복잡하다. 그러나 패키지 내에 선진 기업의 최선관행(best practices)들이 내포되어 있어, ERP 패키지를 적용함으로서 선진기업의 프로세스를 도입하는 효과도 얻을 수 있다.

ERP 패키지에서는 회계, 생산, 판매 모듈 등이 통합되어 모듈간 실시간으로 데이터 전송이 가능하여 경영자들에게 유용한 정보를 실시간으로 제공할 수 있다. 예를 들어, 제품이 팔리자마자 그 데이터는 실시간으로 원가기능에 전송되므로 경영자도 바로 실시간 분석을 할 수 있다. 요컨대, ERP 시스템은 단순한 전산화가 아니라, 현명하고 빠른 경영의사결정을 내릴 수 있도록 각종 경영정보를 실시간으로 지원하는 의사결정지원 시스템인 것이다.

ERP가 경영혁신 기법으로 새로운 바람을 불러일으키고 있는 이유는 ERP 패키지라고 불리는 혁명적인 소프트웨어가 개발되었기 때문이다. 과거에는 전산개발 요원들이 요구 부서의 업무를 분석하고 각종 개발도구를 이용하여 직접 자사의 업무 프로세스에 맞게 구축하는 주문식 개발 위주였다. 그러나 ERP의 소프트웨어 패키지들이 개발·보급되면서 각자의 다양한 실정에 맞추어 구입·적용하는 방식으로 변하였다.

그러나, ERP 시스템은 구입만 하면 당장 사용할 수 있는 것이 아니다. 시스템 도입 전에 상당한 사전준비를 하여야 하며, 구체적으로 극복해야 할 과제도 많다. 우선 도입 목적을 명확히 하고 전사적으로 교육을 실시하여 구성원 모두가 그 필요성과 실익에 대해 확신하도록 해야 한다.

ERP 시스템의 도입전략은 ① 기존 프로세스를 바꾸지 않고 그대로 도입하는 방법, ② BPR에 의해 기존 프로세스를 대폭 바꾼 다음 이에 맞춰서 ERP 패키지를 도입하는 방법, ③ 표준적인 ERP 패키지를 그대로 도입하는 방법, 세 가지 중에서 택할 수 있다. 이 세 가지는 각각 장단점이 있다.

거래 프로세스가 일정한 틀로 정착되어 있는 중소기업 등은 독자적으로 프로세스를 바꾸기 어렵다. 기존 프로세스를 바꾸지 않고 그냥 도입해도 효과가 있을까? 그래도 ERP를 도입하면 회계, 판매, 구매, 생산 등 제기능의 통합적 운영과 실시간 정보의 활용이 가능해지기 때문에 경영수준이 진일보하게 될 것이다. 물론 기존 프로세스를 바꾸지 않고 ERP를 도입하면 선진적 최선관행을 빠르게 사내에 확산시킬 수 없다는 문제가 있다.

그러나 선진적 최선관행이란 것이 항상 모든 기업에게 적합하고 옳은 것은 아니다. ERP의 본질은 최선관행을 복사(copy)하는 데에 있다기보다 통합화를 이루어내는 데에 있다. 사실 모든 기업에게 적용되는 표준적 최선관행이나 표준적인 핵심역량 프로세스라는 것은 존재하지 않는다. 그래서 지식경영 이론가들은 지식비대칭성(knowledge asymmetry)이란 말을 하고 있는 것이다.

제10장 부록 : ISO 9001의 주요 내용

◆ 1994년판 ISO 9001의 내용(20개 영역)

1. 경영자 책임(Management Responsibility)
2. 품질 시스템(Quality System)
3. 계약 검토(Contract Review)
4. 설계 통제(Design Control)
5. 문서 및 데이터 통제(Document and Data Control)
6. 구매(Purchasing)
7. 고객 공급품의 통제(Control of Customer-Supplied Product)
8. 제품 식별 및 추적가능성(Product Identification and Traceability)
9. 프로세스 통제(Process Control)
10. 검사 및 테스트(Inspection and Testing)
11. 검사・측정・테스트 장비 통제(Control of Inspection, Measuring & Test Equipment)
12. 검사 및 테스트의 상태(Inspection and Test Status)
13. 불일치품의 통제(Control of Non-conforming Product)
14. 시정 및 예방 조치(Corrective and Preventive Action)
15. 취급, 저장, 포장, 보존, 배달
    (Handling, Storage, Packaging, Preservation, and Delivery)
16. 품질기록의 통제(Control of Quality Records)
17. 내부 품질감사(Internal Quality Audits)
18. 훈련(Training)
19. 서비스(Servicing)
20. 통계적 수법(Statistical Techniques)

◆ ISO 9001 : 2000의 주요 내용

0. 서문 - 프로세스 접근방법
1. 적용 범위
2. 인용 규격
3. 용어 및 정의

4. 품질경영 시스템(Quality Management System)
 4.1 일반 요구사항
 4.2 문서화 요구사항(품질 매뉴얼, 문서관리, 기록관리)

5. 경영자 책임(Management Responsibility)
 5.1 경영자 직접관장(Management Commitment)
  최고경영자는 품질경영 시스템의 개발, 실행, 개선에 대한 아래 사항을 통해서, 자신이 직접 관장하고 있다는 증거를 제시해야 한다.
  (a) 고객 요구사항, 법규정 요구사항의 충족이 중요함을 항상 강조
  (b) 품질방침과 품질목표 설정
  (c) 경영자의 검토
  (d) 소요자원의 가용성 보장
 5.2 고객 초점(Customer Focus)
  최고경영자는 고객의 니드와 기대를 조사하고 요구사항으로 전환시키고 고객만족이 성취되도록 확인해야 한다.
 5.3 품질방침(Quality Policy)
  최고경영자는 품질방침이: (a) 조직목적에 비추어 적절하며, (b) 요구사항 충족과 지속적 개선을 포함하며, (c) 품질목표 설정・검토의 틀을 제공하며, (d) 조직내 관련자들에게 충분히 전달되고 이해되며, (e) 계속 적절한 방침이 되도록 검토해야 한다.
 5.4 기획
  품질목표(Quality Objectives), 품질경영 시스템 계획
 5.5 책임, 권한 및 의사소통(Responsibility, Authority and Communication)
  책임 및 권한, 품질경영업무 대리인, 내부 커뮤니케이션
 5.6 경영자 검토(Management Review)

6. 자원관리(Resource Management)
 6.1 자원의 확보(Provision of Resources)
 6.2 인적자원(Human Resources)
  6.2.2 교육훈련, 의식 및 자격
   조직은 (a) 품질에 영향을 주는 활동 담당자들의 요건을 정하고, (b) 요건을 만족시킬 수 있도록 훈련하고, (c) 훈련의 효과를 평가하

고, (d) 직원 각자 활동이 품질목표에 얼마나 기여하는지, 얼마나 중요한지를 늘 의식하도록 하며, (e) 교육, 훈련, 자격, 경험에 관한 적절한 기록을 유지해야 한다.

6.3 기반구조(Infrastructure)

건물, 업무장소, 유틸리티, 프로세스 장비, 지원 서비스

6.4 업무환경(Work Environment)

7. 제품 실현(Product Realization)

7.1 제품 실현 계획(Planning of Product Realization)

7.2 고객 관련 프로세스(Customer-related Processes)

7.2.1 요구사항의 파악

(a) 고객이 명시하는 제품/서비스 요구사항

(b) 고객이 명시하지 않았으나 의도된 또는 명시된 사용에 필요한 요구사항

(c) 제품/서비스에 관련된 의무사항(규제, 법적 요구사항 포함)

7.2.2 고객 요구사항의 검토

7.2.3 고객과의 커뮤니케이션

(a) 제품/서비스 정보

(b) 문의 및 계약 또는 주문처리(수정사항 포함)

(c) 고객 피드백(고객 불평 포함)

7.3 설계 및 개발(Design and Development)

설계 및 개발 계획, 입력, 출력, 설계 및 개발의 검토, 검증, 변경 통제

7.4 구매(Purchasing)

구매 프로세스, 구매정보, 구매 제품/서비스의 검증

7.5 생산 및 서비스의 제공(Production and Service Provision)

운영통제, 프로세스의 타당성 확인, 식별 및 추적성, 고객 재산, 제품 보존

7.6 모니터링・측정 장치 관리(Control of Monitoring and Measuring Devices)

8. 측정, 분석, 개선(Measurement, Analysis, and Improvement)

8.1 일반사항

8.2 모니터링 및 측정(Monitoring and Measurement)

8.2.1 고객만족

8.2.2 내부감사

8.2.3 프로세스의 모니터링 및 측정

8.2.4 제품의 모니터링 및 측정

8.3 부적합 제품의 관리(Control of Nonconformity)

8.4 데이터의 분석(Analysis of Data)

8.5 개선(Improvement)

8.5.1 지속적 개선

조직은 품질방침, 목표, 감사 결과, 데이터 분석, 시후시정 및 예방조치, 경영자 검토를 통해 품질경영 시스템의 효과를 지속적으로 개선해야 한다.

8.5.2 시정 조치

조직은 재발 방지를 위하여 부적합의 원인을 제거하는 시정조치 절차를 문서화해야 한다. 시정조치는 지적된 문제의 크기와 영향에 대해 적절해야 한다. 포함할 내용은 다음과 같다.

(a) 부적합 내용의 식별(고객 불평 포함)

(b) 부적합의 원인 규명

(c) 부적합이 재발하지 않도록 하는 보증행동의 필요성 평가

(d) 필요한 시정조치의 결정 및 실행

(e) 수행된 시정조치에 대한 검토

8.5.3 예방적 조치

조직은 잠재적 부적합들의 제원인을 제거할 예방조치의 절차를 문서화해야 한다. 예방조치는 해당 문제의 크기와 영향에 대응하여 적절해야 한다.

제11장 혁신의 관리

앞에서는 JIT, TOC, CRM 등의 최근 이슈를 중심으로 시스템 통합화 문제를 생각해보았다. 그러나 프로세스 혁신 과제에서 빼놓을 수 없는 중요한 요소가 또 있다. 그것은 인간과 조직의 문제이다. 본 장에서는 개인과 조직의 혁신행동, 변화관리, TRIZ 등 창의성 도구에 대해 살펴보기로 하겠다.

11.1 혁신적 행동의 특징

혁신적인 사람은 복장, 습관, 언행 등이 남 다르고 괴팍하다는 말을 듣는다. 그러나 괴팍한 사람이 모두 혁신적인 것은 아니다. 보다 중요한 문제는 "혁신적인 사람과 그렇지 못한 사람의 행동은 어떻게 다른가?"일 것이다. 이 질문에 대한 과학적인 대답을 찾아볼 필요가 있다. 쿠츠마스키(Kuczmarski, 1996)는 20개 문항으로 경영자의 혁신 마인드 수준을 경영자 스스로 채점해볼 수 있다고 주장한다(표 11-1). 그러나 이 20개항의 구성 타당성 및 척도 신뢰성에 대해서는 앞으로 충분한 실증적 연구가 필요할 것이다.

크레이슨과 스트리트(Kleysen & Street, 2001)는 개인의 혁신행동을 5영역 14개 항목으로 측정・평가하였다. 이 연구에서는 과거 문헌을 검토하여 총 34개 변수를 추출하고, 제조기업 2, 컨설팅회사 3, 운송업체 1, 공기업 1, 초등학교 1, 장비대여업 1, 총 9개 조직에서 선정한 종업원(또는 교직원) 225명의 설문응답 데이터를 구조방정식 모형으로 분석하여 14개 변수로 구성되는 모형을 제시하였다. 변수의 내역은 다음과 같다(모든 질문은 "당신의 현재업무에서, 얼마나 자주~하십니까?"라는 형식을 적용한다. 대답이 "Never"라면 1점, "Always"라면 6점을 주는 6점 척도이다).

표 11-1 쿠츠마스키의 혁신 마인드 진단 문항

1. 투자자, 종업원, 고객의 만족에 초점을 두고 혁신을 시도하는가?
2. 혁신 및 제품개발의 궁극적 목표를 기업가치(주가)에 두는가?
3. 기존제품의 소폭 개선이 신제품 출시에 못지않게 중요하다고 생각하는가?
4. "비용부담이 되더라도 혁신을 투자라고 생각하라"고 부하들에게 강조하는가?
5. 혁신과 신제품 전략이 전체 사업전략에 일치되도록 연결하여 추진하는가?
6. 종업원들의 경력에 도움이 되는 방향으로 혁신 프로그램을 추진하는가?
7. 제품개발 결과의 성패와 관계 없이 구성원들과 노고를 치하하는 자리를 갖는가?
8. 혁신을 고취하고 팀 내의 신뢰를 돈독히 하는 방향으로 의사소통을 하는가?
9. 혁신 참여 및 업적을 기준으로 보상함으로써 기업가정신을 고무시키는가?
10. 기업 성과 중 혁신성과를 구분하여 측정하고 사람들에게 알리는가?
11. 혁신의 관련 비용과 기대수익을 현실적으로 계산하여 추진하는가?
12. 모든 개발 역량을 동원하기 위해 참가자들에게 충분한 보상을 약속하는가?
13. 기존업무에 지장이 생겨도 최고의 인재를 발탁하여 제품개발에 투입하겠는가?
14. 문제점 발견, 해결 등 아이디어 개발 전에 우선 소비자연구부터 실시하는가?
15. "소비자 니즈와 그 해결에 집중하는 것이 좋은 혁신"이란 말에 동의하는가?
16. 경기가 불황이든 아니든 항상 혁신사업에 대한 투자와 자원배정을 계속하는가?
17. 장래의 신제품 출시 중에서 40~50%가 실패할 수 있다는 사실을 인정하는가?
18. 연구개발 전담직원들에게 상당한(최소 15%) 개인자유시간을 허용하는가?
19. 혁신에 필요한 기술영역과 접촉해야 할 원천(기술 플랫폼)이 어디 있는지 등을 구체화한 기술전략을 가지고 있는가?
20. 혁신에 대한 나의 적극성, 열정, can-do 정신, 지원에 대해 이러쿵 저러쿵 말하는 사람이 있다면 그런 말에 귀를 기울이는가?

[채점 방법] "그렇다(5점), 아니다(0점)"로 대답하여, 80점 이상이면 "탁월", 60점 이상이면 "우수(개선과정)", 60점 미만이면 "부정적"이라고 판정한다.

크레이슨-스트리트의 혁신행동 진단 문항

• 기회 탐색(Opportunity Exploration)

① 기회소스: 업무·조직·시장 등 비정규적 이슈들에 주의를 기울이는가

② 혁신기회: 프로세스·기술·제품·서비스·업무관계에서 개선기회를 찾는가

③ 기회인식: 업무·부서·조직·고객 면에서 혁신기회가 있다고 인식하는가

• 생성(Generativity)

④ 각 기회에 대응하는 아이디어와 해법의 생성
풀어야 할 문제에 대한 아이디어 또는 해법을 만들어내는가

⑤ 기회들에 대한 표현과 범주의 생성
문제를 잘 통찰할 수 있도록 문제를 폭 넓게 정의하는가

• 챔피언 역할(Championing)

⑥ 설득과 영향력 행사
새 아이디어와 해법의 중요성에 대하여 사람들을 설득하고자 노력하는가

⑦ 추진과 협상
구체적으로 실천될 수 있도록 아이디어를 밀어붙이는가

⑧ 도전 및 위험 부담
새 아이디어의 지원을 위하여 스스로 위험을 부담하는가

• 응용(Application)

⑨ 실행: 유익한 결과가 나올 수 있는 방향으로 변화를 추진하는가

⑩ 수정: 새 방법을 기존 프로세스, 기술, 제품, 서비스에 적용할 때
모든 버그(bug)를 색출·제거하는가

⑪ 정례화: 기존 프로세스, 기술, 제품, 서비스에 대한 개선 아이디어가 향후의 일상 업무에서 정상적으로 시행되도록 규정화 하는가

• 검토(Formative Investigation)

⑫ 실험: 새 아이디어와 해법에 대해서 실험을 해보는가

⑬ 니즈 검토

미개발 니즈(unmet needs)와 관련하여 아이디어와 해법을 검토해보는가

⑭ 장단점 검토
새 아이디어에 대한 장단점을 평가하는가

개인 발명가들은 혼자서 모든 혁신과제를 담당하기 때문에 조직적 상황을 충분히 고려하지 못하는 경향이 있다. 표 11-1에 소개한 쿠츠마스키의 20개항과 크레이슨-스트리트의 14개항은 순수한 개인적 입장이 아니라 조직 내의 상황을 전제로 하고 있으며 중간관리자급 이상의 경영층에게 적합하도록 편집되어 있다. 특히 크레이슨-스트리트의 항목구성은 매우 체계적이다. 그러나 구체적인 조사대상이나 문화권에 따라 항목구성이 어떻게 달라질 것인지 실증적으로 연구할 필요가 있다.

각 구성원의 혁신적 행동에 대한 조직의 반응을 생각해보자. 관료적인 조직은 대체로 부정적 반응을 보인다. 혁신이론 분야의 학자들이 가장 많이 언급하는 것은 공포 요인(fear factor)과 스크린 요인(screen factor)이다. 스크린은 자기 몸(입장)을 숨길 수 있는 변명, 핑계 등을 뜻한다.

(1) 공포 요인

① 실수하면 어쩌나 하는 걱정

② 웃음거리와 '왕따'에 대한 공포

③ 비동화(非同化, non-conformity) 기피 심리
* 조직 구성원 전체의 대표적 특징을 전제하고 그대로 따르려는 심리

(2) 스크린 요인

① 시간이 없다는 변명

② 조직구조나 조직문화를 탓하는 것

③ 자기 성격 탓(겸손, 수줍음, 반성적 이미지를 과시)

④ 공격적 비판전략

새 아이디어를 주장하기보다 비판하는 입장을 택하면, 토론하기 쉽고, 동조자

가 많아 마음이 편하고, 지성적 적극적 인물이라는 이미지까지 부각시킬 수 있다는 생각에서 비판전략을 택하는 경우가 많다.

그밖에도, 환경변화에 대한 해석 차이, 지금까지의 조직성과에 대한 만족과 애착 등 혁신을 저해하는 많은 요인들이 조직 내에 잠재해 있다. 이러한 복합적인 조직적 요인들에 대한 해결방법도 중요하나 쉽지 않은 일이므로 개인적으로 노력해야 할 부분에 초점을 두어 대책을 제시하는 경향도 있다. 그 대표적인 예는 다음과 같은 창의성개발 프로그램들이다.

- 우측 두뇌를 개발하라 (Unlock the right!)
- 수평적 사고와 풀 컬러 사고 (www.edwdebono.com)
- Innovation Network (www.thinksmart.com)
- TRIZ

11.2 변화관리

"우리는 동일한 강물에 두 번 들어갈 수 없다."는 말이 유행한다. 변화(change)는 이 시대의 특징을 잘 나타내는 키워드이다. 모든 것이 빨리 변한다. 혁신은 변화에 대한 반작용으로 나타나며 또한 혁신 자체가 변화의 원인이 되기도 한다. 변화를 "정상적인 것, 불가피한 것, 주도해야 하는 것"으로 인식할 필요가 있다. 사람들이 변화에 저항하는 이유는

① 최악의 시나리오나 루머로 인한 공포심,

② 기득권층의 통제력 약화 우려,

③ 신지식과 새로운 행동방법에 대한 학습량 부담,

④ 장래의 불확실성에 대한 개인적 기피성향,

⑤ 신체제하의 과도한 업무량 예상,

⑥ 이득과 손실의 계산

등 다양하다. 이와 같은 저항에 대해 경영자는 보다 주인의식을 고취하고 공감적

비전을 제시하면서 상부상조 정신과 자신감을 꾸준히 함양하도록 설득하고 노력해야 한다. 변화는 본질적으로 불확실한 것이지만 변화에 대한 도전은 확고한 원칙과 조건 하에 추진되어야 한다. 이에 대한 딜과 케네디(Deal & Kennedy, 1988)의 원칙을 소개하면 다음과 같다.

① 집단적 합의 여부는 변화수용에 큰 영향을 준다.
② 변화와 관련된 모든 문제에 대해서 쌍방 신뢰가 전제되어야 한다.
③ 변화는 일종의 숙련문제이고 훈련은 변화과정의 일부이다.
④ 변화에 필요한 충분한 시간을 허용해야 한다.
⑤ 사람들이 변화의 개념을 현실감각에 맞춰 수용토록 격려해야 한다.

내들러(Nadler, 1989)의 원칙은 변화관리를 위한 실천적인 가이드라인이다. 내들러는 변화의 종류를 ① 부분적 변화와 전면적 변화, ② 사후대응적 변화와 예견적 변화로 나누고, 예견적 변화 중에서 전면적인 변화를 가리켜 "리오리엔테이션(reorientation)"이라고 불렀다. 리오리엔테이션은 변화의 종류중 가장 변화폭이 크고 계획적이고 전략적인 변화이다.

내들러는 다른 변화보다 특히 리오리엔테이션 변화에 주목하고 이에 대비하기 위한 변화관리 원칙을 제시했다. 9개의 원칙들을 항별로 정리해보면 다음과 같다.

(1) 비전 원칙(vision principle)

요망되는 미래상태에 대한 명확한 비전을 만들고 비전에 관한 커뮤니케이션에 노력하는 것이 가장 중요한 첫 단계이다. 앞으로 어떻게 달라지고 그 변화가 각자에게 어떤 영향을 주게 될 것인지 사람들이 알아야 한다. 효과적인 리오리엔테이션을 위해서는 비전의 재개발이 필요하다. 비전 개발에서 고려할 사항은 다음과 같다.

① 왜 그러한 비전과 변화가 요청되는가에 대한 당위성 설명
② 이해관계자들 간의 토의
③ 핵심적 가치관과 신념을 토대로 하는 성과목표들
④ 비전 성취를 위한 조직구조 및 운영 스타일

(2) 에너지 원칙(energy principle)

조직에는 기존 질서와 가치관을 보존 유지하는 힘이 존재하여 변화에 대한 저항력으로 작용한다. 따라서 변화를 시도하기 위해서는 그 힘에 대응할 상당한 에너지가 필요하다. 리더의 설득력도 그러한 에너지의 일부이다. 만일 기존체제의 문제점이 분명하고 그 때문에 많은 사람이 고통을 받고 있다면, 변화에 필요한 에너지가 자발적으로 형성될 수도 있을 것이다.

물론 그 반대의 경우도 가능하다. 즉, 고통을 변화의 계기로 보지 않고 오히려 방어적으로 행동하는 것이다. 이런 경우는 대개 정서적 반발심 때문이다. 따라서 변화에 필요한 에너지를 창출하기 위해서는 변화의 불가피성을 강조함과 아울러 관용과 인내심도 요구된다.

(3) 중심 원칙(centrality principle)

핵심적이고 전략적인 과제를 우선 명확히 하고 이에 충실하도록 해야만 성공적 변화가 가능하다.

(4) 3주제 원칙(three-theme principle)

내들러는 특정기간중 추진할 주제의 수를 제한하여 3개 정도로 하라고 주장한다. 작은 변화도 사람들을 혼란에 빠지게 할 수 있다. 주제가 너무 다양하면 구성원들이 소화시킬 수 없고 혼란만 가중될 것이다. 중요한 것은 주제의 수가 아니라 소화시킬 수 있는 주제들에 대한 일관성 있는 노력이다.

(5) 매직 리더 원칙(magic leader principle)

가시적 행동적 리더십이 요청된다. 내들러는 매직 리더십이라는 특수한 명칭을 도입하고 다음과 같이 설명한다. 즉, 다음 3개 조건에 맞으면 매직 리더라 부른다. 이 3요소는 대규모적 변화에 성공한 리더들의 공통된 특징이다.

① 비전을 제시하는 리더,

② 높은 표준치 설정, 상벌의 관장, 혼신의 에너지를 과시함으로써 변화 에너지를 창출하는 리더,

③ 구성원의 능력 발휘와 동기부여가 가능하도록 업무프로세스, 자원, 구조를 설계하는 리더

(6) 지지기반 원칙(leadership is not enough principle)

리더 혼자의 힘으로 대규모 변화를 추진할 수는 없다. 처음에는 단순한 추종자(follower)였던 사람도 후에 동역자(helper)가 되고 궁극적으로 변화의 공동주체(co-owner of the change)가 됨으로써 지지기반을 확장해 주어야 한다. 이를 가능하게 하기 위해, ① 비전을 공유하는 강력한 추진 팀 개발, ② 조직 전반의 참여체제 구축 등의 방법이 필요하다.

(7) 계획-기회 믹스 원칙(planning and opportunism principle)

변화의 수순을 치밀하게 계획하는 것도 중요하고, 계획에 없는 어떤 기회가 생겼을 때 그 기회를 이용하는 것도 중요하다. 리오리엔테이션은 불확실성이 큰 변화과정이다. 따라서 계획과 기회 포착, 어느 한 쪽에만 치우치지 말고 양자를 잘 믹스(mix)할 줄 알아야 한다.

(8) 동시다발적 수단활용 원칙(many bullets principle)

변화를 추구하면서 동시적으로 계획체제, 정보시스템, 보상체제, 업적평가 및 표준, 예산, 자원할당 등 각종 수단을 변화의 지렛대(points of leverage)로 이용해야 한다. 변화가 이루어진 후에 이러한 것들을 개혁하겠다고 생각하는 것은 잘못이다. 다수단적 지렛대 활용은 변화를 촉진하고 지원하는 데에 긴요하다. 예컨대, 새로운 비전을 추구할 때에도 그저 비전만을 생각할 것이 아니라, 팀 빌딩, 교육훈련, 전략계획, 구조 조정을 동시에 추진하는 것이 바람직하다.

(9) 투자-회수 원칙(investment-and-returns principle)

고위급 경영자들의 시간은 항상 여유가 없는 중요한 자원인데, 변화를 추진하기 위해서는 회의, 교육훈련, 발표회 등에 고위급 경영자들이 참석하지 않으면 안된다. 일반적으로 변화를 추진하는 데에는 상당한 시간, 자금, 에너지가 소요된다. 따라서, 이를 인정하고, 투자함으로써 회수한다는 사고방식이 필요하다.

변화에 따라가고 적응하기보다 변화를 주도해야 한다. 이와 같은 변화주도적 계획을 전략계획이라 한다. 전략계획은 변화관리를 전제로 구성원에 대한 커뮤니케이션, 비전지향의 정렬, 행동계획으로 바로 이어진다는 점에서 종래의 장단기계획이니 발전계획이니 하는 것들과는 크게 다른 것이다. 변화의 방향에 대한 문화적 정치적 의미까지 파악해야 하고 리스크 측정, 프로세스 변화 요구의 파악 등 세밀한 엔지니어적 감각도 필요하다.

기업은 경쟁 속에서 시장을 관리하고 수익을 창출해야 하므로 보다 체계적 접근을 해야 한다. 뢰위, 윌리암슨, 우드(Loewe, Williamson, & Wood, 2001)의 연구는 보다 체계적이다. 이 연구에서는 의사결정 트리(decision tree)에 따라 변화관리의 스타일을 선택하는 것이 바람직하다고 주장한다. 스타일을 결정 짓는 요소는 ① 기존사업 개선이냐 신사업 창출이냐, ② 신사업 창출이라면 시장기회가 명확하고 단기적인가 불명확하고 장기적인가, ③ 필요한 신자산·역량을 어떻게 준비할 것인가 등이다. 이러한 요소를 판단하여 아래와 같은 다섯 가지 스타일 중에서 선택할 수 있다.

(1) 기존사업 개선

• 나선계단형(Spiral Staircase): 나선계단을 오르듯 조금씩 개선하는 스타일이다. 사업 내부에서 개선이나 혁신의 기회를 찾고자 노력한다. 무엇보다 기존사업의 핵심가치에 대한 깊은 이해가 수반되어야 한다. 흔히 전원참가나 자율성을 강조한다. 실험을 권장하고 학습에 몰입할 수 있는 분위기를 어떻게 만드느냐 하는 것이 항상 문제가 된다(예: Charles Schwab, British Airway, Allstate).

(2) 신사업 창출, 시장기회가 명확하고 단기적인 경우

• 용광로형(Furnace): 필요한 신자산·역량을 확보하기 위해 신속한 역량 전환과 개발을 요구한다. 내부 아이디어에 주력하며 재능, 아이디어, 자원을 혼합하여 기업가적 에너지를 불태운다. 자본조달은 내외 막론하고 총동원하며(벤처자본 모델), 보스 보다 흔히 동료 개념을 강조(팀워크로 평가, 선별) 하며 조직구조는 가변적이다(예: Enron은 통제보다 자유, 혁신 리스크의 보상을 내세운다.).

• 풍년농사형(Fertile Field): 필요한 신자산·역량을 확보하기 위해 기존자산 역량을 지렛대로 이용하며 전략적 자산 포트폴리오에 의해 경작-수확한다. 주로 전사원 아이디어 수집, 학습, 조직 외부 교류 권장, 분사(spin-off)를 활용하는 스타일이다(예: Emerson Electric, Royal Dutch/Shell, Lucent Technology).

(3) 신사업 창출, 시장기회가 불명확하고 장기적인 경우

• 팩맨형(PacMan): 유능한 혁신가 등 필요한 신자산 · 역량은 외부에서 획득한다. 창업 투자, 신시장 및 신역량 진출, 혁신적 대안 개발을 하는 한편 리스크 축소를 위해 외부와 제휴 또는 파트너십을 구축한다(예: Cisco, Microsoft).

• 탐험가형(Explorer): 신자산 · 역량을 내부에서 개발한다. 비정형적 거대 기회를 꾸준히 추구하되 가급적 저비용으로 설계한다. 지속적 누적적 학습을 강조한다(예: Corning은 광섬유 개발에 12년, Motorola는 셀폰 개발에 10년 소요).

11.3 TRIZ

TRIZ란 러시아어로 '발명적 문제해결을 위한 이론'의 키워드인 Теория(쩨오리아=이론), Решения(레셰니아=해결), Изобретательских(이조브레따쩰스키흐=발명), Задач(자다취=문제)의 머리글자를 조합한 말이며 영어로 읽으면 TRIZ가 된다. 1946년, 알트슐러(G. S. Altshuller) 박사에 의해 창시된 TRIZ 이론은 소련붕괴 후 세계로 알려지면서 서방세계의 문제해결이론과 접목하여 더욱 발전하고 있다(출처: TRIZ Institute, www.triz-journal.com).

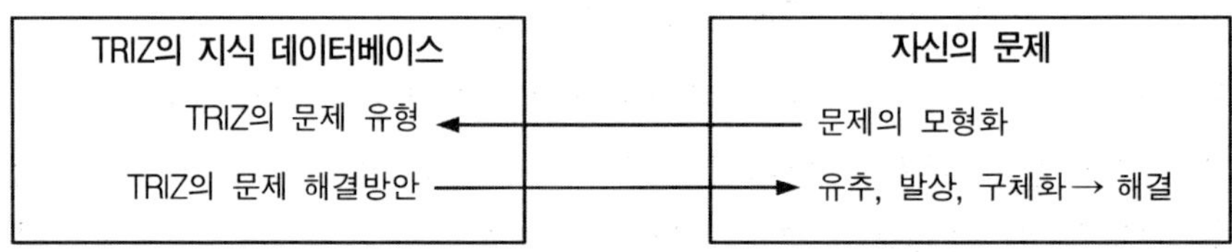

그림 11-1 TRIZ 데이터베이스의 이용

1. TRIZ의 특징

트리즈에서의 아이디어 창출방식은 독특하다. 즉, 모든 과거의 발명과 혁신사례를 종합, 체계화하여 데이터베이스를 구축한 다음 어떤 분야에서 새로운 아이디어가 필요하다고 할 때 이 데이터베이스를 이용하여 가장 유사한 아이디어를

찾도록 하는 것이다. 이 세상에 전혀 새로운 아이디어란 없다는 것이 트리즈의 철학이다. 예를 들면, 기계공학분야의 볼베아링 개선 과제를 해결할 때 농장의 호두까기 기술이 응용될 수 있다.

TRIZ의 특징은 이러한 응용과정에서 문제의 정형화 및 분류 방법을 더욱 구조화하여 비공학적 문제까지 응용 폭을 넓힌 소프트웨어를 사용한다는 점이다. 한국아이템개발에서는 트리즈를 이용하여 기존의 변기에 비해 물 사용량이 1/4에 불과한 초절수형 양변기를 개발했다. TRIZ의 기본전제는 다음과 같다.

전제1: 이 세상 어디선가 누군가가 이미 그 유사한 문제를 해결한 적이 있다. (그러니까 당신은 혼자 머리를 쥐어짤 필요가 없다.)

전제2: 창의성이란 누군가에 의해 이미 세상에 존재하고 있는 해답을 검색하여 찾아낸 다음 자기 문제에 맞도록 적용하는 것을 뜻한다.

전제3: 기술적 진보와 창의적 혁신의 패턴은 전공이나 업종의 경계선을 넘어 반복 재현된다. 따라서 개인이나 그룹의 '직관적 창의성'에만 의존하지 말고 '문제와 해답의 패턴'을 찾는 논리와 데이터로 접근해야 한다.

알트슐러는 패턴 연구를 위해 특허 40만 건의 특징을 조사했다고 한다. TRIZ의 문제해결 과정은 모순(contradiction), 이상(ideality), 기능, 자원, 즉 4요소의 반복으로 구성된다. 문제해결자는 해결과정에서 흔히 기술적 물리적 모순에 부딪치지만 이상적인 최종결과(ideal final result, IFR)을 위해 노력하는 한편, 기능에 초점을 두는 구체적 사고와 자원(특히 데이터베이스)의 활용으로 결국 해결에 이를 수 있다.

기술적으로 한 가지가 좋아질 때 다른 것이 더 나빠진다든지, 물리적으로 어떤 속성을 향상시키면 다른 속성이 더 많은 제한을 받게 되는 것이 모순의 일반적 특징이다. 예를 들면, 제품의 강도를 높이기 위해 철판을 사용하면 중량이 무거워질 것이고, 서비스를 고객맞춤식으로 바꾸면 서비스 시간이 길어질 것이고, 커피가 덜 뜨거우면 맛이 없지만 너무 뜨거우면 입술을 데기 쉽고, 자동차에 장착한 에어백이 충격 시 너무 늦게 펴지면 효과가 없고 너무 빨리 펴져도 승객에게 해로울 수가 있다. 에어백은 신속히 그리고 천천히 펴져야 한다. 이런 모순은 우리 주변에 헤아릴 수 없이 많다.

따라서 TRIZ 기법에서는 '발명의 보편적 원칙(principle) 40가지'를 만들어 모순의 종류에 따라 선택하도록 권하고 있다. 본서는 공학서적이 아니기 때문에 40 원칙을 기술혁신에 응용한 사례는 생략하고 경영과 생활에 응용한 예를 몇 가지만 골라서 설명하기로 한다.

2. TRIZ의 40 원칙

원칙1: 세분화 (Segmentation)

전체를 다루기보다 세분하여 다룬다. 고객층 세분화, 컨테이너에 담아서 화물선적, 프랜차이즈 점포, 셀(cell) 제조, 프로젝트 구성활동의 세분화(work break-down structure) 등 세분화 사례는 많다. 심지어는 글쓰기도 세분화 원칙에 따르는 것이 유익할 수 있다. 긴 내용의 글을 인터넷 게시판에 올리고 싶다면 여러 토막으로 나누어 여러 번 올리는 것이 현명하다. 화면 2폭 길이를 넘지 않는 것이 좋다. 긴 글을 인터넷에 올리면 아무도 읽어주지 않을 것이다.

원칙2: 생략하기 (Taking out)

체중, 낭비, 재고 등 줄일 수 있는 것은 줄이고 생략하자는 원칙이다. "위원이 1명도 없는 위원회가 최선의 위원회(The optimum committee has no members)"라는 말이 있다. 실제 공헌이 없는 장식품같은 위원회는 없애야 한다. "문제와 사람을 분리하라(Separate the people from the problem)"는 격언도 있다. 바둑의 반상무인(盤上無人)이란 격언도 같은 뜻이다. 운동선수는 공만 보고 뛰어야 한다.

원칙3: 로컬 특성화 (Local quality)

각 부분을 가장 적절한 수준으로 조정해야 한다. 국제적 패스트푸드점인데 접시는 그 지역에서 생산된 접시라든지, 업무상대지역의 표준시간에 맞춰 근무시간을 조정한다든지, 사무실 집기, 복장, 근무위치, 의자 방향을 조정하는 것도 로컬 특성화의 좋은 예이다.

원칙4: 비대칭(Asymmetry)

획일적인 모습의 '대칭'을 비 획일적인 모습의 '비대칭'으로 바꾸고, 이미 비대칭이라면 그 비대칭 수준을 바꾸라는 것이다. 예산을 편성할 때 모든 부서의 예산을 일정한 비율(%)로 증가시키는 것은 '대칭'이다. 모든 고객에게 똑같은 혜택을 부여하는 마케팅은 바람직하지 않다. 상급자와 하급자 간의 커뮤니케이션은 어느 정도 비대칭인지 살펴볼 필요가 있다. 혼다자동차의 제품설계 원칙에 4M (man maximum, machine minimum)이란 것이 있다. 서울 시청 앞 광장과 남산 공원은 자동차 위주의 교통체계였는데 최근에 보행자를 배려하는 쪽으로 조정되었다. 비대칭의 정도를 수정하는 것도 큰 혁신이다.

원칙5: 합쳐라(Merging)

합쳤을 때 발휘되는 효과와 시너지를 생각할 필요가 있다. 인터넷 카페는 카페 이상의 다양한 기능을 갖는다. 품질경영에는 조이너의 삼각형(Joiner's Triangle)이란 것이 알려져 있는데 "열정과 과학과 팀워크, 3요소를 합치라"는 뜻이다. 일본에는 "젊은 엔지니어의 아이디어와 고참 엔지니어의 경험을 합치라"는 격언이 있다.

원칙6: 다용도(Universality)

원스톱 쇼핑 또는 소매점에서 은행서비스, 부동산중개, 보험업무를 취급하는 등 하나의 시설에서 여러 가지 서비스를 하는 것을 볼 수 있다. 1인 1기능의 근로자가 1인 다기능 숙련공으로 변신하는 것도 비슷한 예이다. 업무가 복잡하지 않다면 작은 위원회의 의장은 총무나 서기를 겸임할 수 있다.

원칙7: 끼워넣기(Nested Doll)

라스베가스 스타일의 카지노 호텔에서는 넓은 게임장을 1층 중앙에 끼워넣어 식당, 프론트, 매점, 룸, 화장실 이용자들이 반드시 게임장을 통과하게 한다. 도서관, 상점 등의 입구에 카운터 도어를 끼워넣어 출입자 수를 자동으로 파악하는 것, 엔지니어 등 내부 근무자들을 외부 이벤트행사나 고객들 앞에 세우는 것도 끼워넣기의 일종이다.

원칙8: 중력상쇄(Anti-Weight)

부력을 갖는 것을 집어넣어 아래로 처지는 성향을 완화시키는 원칙이다. 판매가 저조한 품목을 인기상품과 연계 판매하는 상점, 정당의 정책노선과는 아무 관계도 없는 대중적 이슈에 편승하여 인기를 만회하려는 정치인, 합병 상대방의 부력(마케팅, 자본, 전문인력 등)을 이용하기 위해 합병을 추진하는 기업 등 유사한 사례가 많다. 여성문화, 노인 인구, 환경보호 등 메가트렌드를 제품 마케팅에 연계하는 것은 고차적인 중력상쇄 전략이다.

원칙9: 항체 준비(Preliminary Anti-Action)

강한 스트레스를 막기 위해 다른 스트레스를 도입하는 것, 해로운 효과를 통제하기 위한 대항행동 등을 말한다. 예를 들면, 해고결정 전에 회사측이 보상대책,

재배치 방안, 해고 해당자들과의 대화 프로그램 등을 준비하는 것이다. 영화회사가 필름의 마지막 장면을 A, B, C안으로 제작하여 각각을 시사회에서 평가한 다음 최종안을 선택하는 것도 유사한 사례이다.

원칙10: 사전공작(Preliminary Action)

회의 준비를 위해 안건과 자료를 미리 통보하는 것, 프로젝트의 까다로운 부분을 택하여 조기착수 또는 리허설, 관계자들과 사전대화, 엔지니어가 직접 출장하여 복잡한 전자제품의 배달과 설치를 책임지는 등이 사전공작의 예들이다.

> "나무를 8시간 벌목해야 한다면 나는 도끼를 가는 일에 6시간을 쓰겠다."
> -아브라함 링컨

기타 원칙(11~40번, 발췌)

반대로 해보라(The Other Way Round)

냉각 대신에 가열, 불황기에 투자, 유행 따라 하지 않는 등 반대로 해보라는 것이다. 쇼핑은 본래 고객이 업소에 찾아가는 것인데 홈쇼핑, 홈뱅킹은 반대로 업소가 고객의 안방으로 찾아가는 것이다. 고객 불평이 도착하면 초기 출동은 보통 미숙련 직원이 담당하고 문제가 해결되지 않으면 유능한 기술진이 출동한다. 이런 일반적 관행을 바꿔 초기접촉에서 유능한 기술진을 내보내는 회사도 있다.

> "성공처럼 실패하기 쉬운 것은 없다. 우리는 노년이 되면서 놀이를 그만둔다. 그러나 사실은 놀이를 그만두기 때문에 늙는 것이다. 정상에 도달했을 때가 바로 등반을 시작해야 할 때인 것을"(Nothing fails like success. We don't stop playing because we grow old; We grow old because we stop playing. When you reach the top, that's when the climb begins.)
> -마이클 케인

뛰어넘기(Skipping)

어려운 일일수록 고속 돌파하라. 고통스러운 과정은 신속하게 통과하라. 실패가 불가피하다면 빨리 실패하고 빨리 배우는 편이 낫다.

> "성공하고 싶다면 실패율을 두 배로 늘려라."
> -IBM 창업자, J. 왓슨

레모네이드로 바꿔라(Turn Lemons into Lemonade)

* 유해요소에 대한 정보를 수집하여 제거방안을 도출한다.
* 긍정적 효과를 얻기 위해 해로운 요소를 이용한다.
  이이제이(以夷制夷): 약한 유해요소를 이용하여 큰 유해요소를 제거한다.
* 해로운 요소를 증폭시켜 유해작용을 축소시킨다.
* 문제에 대한 공격의 한 방법으로 자신에 대한 공격부터 바꿔보라.
* 불평하는 고객을 loyal customer로 바꾸기
* 경쟁상황을 강조함으로써 변화 거부감 없애기
* 문제의 인물을 다른 곳에 배치하기
* 매출액을 증가시키기 위해 로스리더(loss-leader) 품목을 이용한다.
* 오염배출이 우려되는 공장은 하류에 위치시킨다.

셀프 서비스(Self-service)

* 재활용 용기를 회수함으로써 '그린 이미지' 효과까지 얻는다.
* 공장 폐기물이 전력 생산에 쓰이게 한다.
* 브랜드 선순환
  우수 졸업생 → 학교평판 상승 → 우수생 입학 → 우수 졸업생 → …
* 인터넷 쿠키는 이용자 서비스가 되는 동시에 이용자 데이터를 끌어오는 역할도 한다.
* Ford UK사는 각 도시에 대형주차장을 매입하여 포드차는 무료주차할 수 있도록 함으로써 고객들은 자동차를 구입하는 동시에 각 도시의 주차장까지 구입하는 효과를 얻었다.

밀러(Miller, 1994)는 GM, IBM, P&G, Xerox 등 성공적인 경영성과를 얻은 36개 회사의 20년간 자료를 분석하여 "성공한 기업들은 과거 관행에 집착한다."는 가설이 성립함을 입증하였다. 즉, 저성과 기업에 비하여 성공적인 기업들은

① 과거의 프로세스에 집착하며,

② 극단적인 위험 선호적 개발사업을 시도하며,

③ 정보수집 활동은 현저하게 위축되며,

④ 환경 적합도(fit)가 불량해진다

라는 연구결과가 나왔다.

프록터 앤 갬블은 1963년에 일회용 기저귀를 출시한 이후 지금까지 잠잠하다. 맥도널드는 신속한 서비스, 드라이브인, 아기방, 조식세트, 맥너게트 등으로 혁신적 선두주자 역할을 했으나 1990년대 이후는 이렇다할 혁신을 보여주지 못하고 있다. 3M은 1979년 포스트잇으로 홈런을 날렸으나 그 후에는 눈길을 끌만한 것이 없다.

사례 노벨(Alfred B. Nobel, 1833-1896)은 어느 날 니트로글리세린으로 실험을 하던 중 실수로 손가락을 베었다. 그는 당시에 액체 반창고로 널리 쓰이던 콜로디온 용액을 상처 부위에 바르고 실험을 계속하였는데, 니트로글리세린이 콜로디온 용액에 묻으면서 갑자기 모양이 변하는 것을 보게 되었다. 여기서 힌트를 얻은 노벨은 니트로글리세린과 콜로디온을 섞고 가열해서 투명한 젤리 상태의 물질을 얻었는데, 이것이 바로 다이너마이트보다 3배 이상의 위력을 가진 폭파 젤라틴이다.

고무 역시 실수에서 비롯된 발명품이다. 고무나무 수액인 천연고무는 오래 전부터 알려져 있었지만, 냄새가 많이 나고 날이 더우면 녹아버리는 성질 때문에 실생활에 이용하기에는 불편함이 많았다. 천연고무의 결점을 없애고 지금처럼 여러 방면에 쓸 수 있는 고무의 제조방법이 알려진 것은 굳이어(Charles Goodyear, 1800-1860)라는 미국인이 일생을 걸고 고무 연구에 매달린 덕분이다.

거듭되는 실패와 가난 속에서도 그는 '고무에 미친 인간'이라 불릴 정도로 외곬으로 고무 연구에만 몰두하였는데, 하루는 고무에 황을 섞어서 실험을 해보다가 실수로 고무 덩어리를 난로 위에 떨어뜨리고 말았다. 그러나 놀랍게도 고무는 녹지 않고 약간 그슬리기만 했는데, 여기서 힌트를 얻은 굳이어는 고무에 황을 섞어서 적당한 온도와 시간으로 가열하면 고무의 성능을 크게 높일 수 있다는 사실을 알게 되었다. 계속된 연구 끝에 그는 '가황법'이라는 고무 가공방법을 알아내어 고무 공업 발전의 기초가 되었다.

그러나 이러한 사례들을 그저 단순한 우연이나 행운의 산물로만 볼 수는 없을 것이다. 작은 실수를 그냥 지나쳐 버리지 않고 눈 여겨 본 예리한 통찰력과, 그런 기회를 얻을 수 있게 되기까지의 부단한 노력과 끈기도 성공의 원동력이 되었을 것이다. 오늘도 실험실에서 밤을 지새우는 우리의 연구자들도 혹 실패와 실수가 생기더라도 한 번 더 생각하고 눈 여겨 보는 것은 어떨까?

출처: 최성우, "실수가 가져다준 위대한 발명, 발견들", Kisti의 과학향기 제353호, 2005. 10. 12일자 일부 전재; http://www.kisti.re.kr/)

성공한 혁신가, 혁신기업들은 몸을 웅크린다. 그러나 실패와 실수를 두려워하기 시작하면 혁신 분위기는 사라진다. 파이저 제약은 심장자극제를 연구하던 중 뜻밖에 비아그라를 발명했다. 너트라스위트는 위궤양 치료제를 연구하던 중 인공감미료를 발명했다. 캐논은 잉크통에 뜨거운 철판을 넣은 실수로 버블제트 프린터를 발명했다.

참고문헌

제1장 혁신의 역사

다니엘 렌 저, 양창삼 역, 현대경영학사: 경영사상의 발전, 대영사, 1987.

이재관, 사이버 공동체의 성공요인, 아산재단연구총서, 집문당, 2002.

폰 미제스 저, 김진현 역, 자본주의정신과 반자본주의 심리, 한국경제연구원, 1984.

Abernathy, W.J. & K. Wayne, "Limits of the Learning Curve", *Harvard Business Review*, September-October 1974.

Adair, J., *The Challenge of Innovation*, Talbot Adair Press, 1990.

Boyett, Joseph & Boyett Jimmie, *The Guru Guide : the Best Ideas of the Top Management Thinkers, S. Covey, P. Drucker, W. Bennis, and Others*, John Wiley & Sons, Inc., 1998.

Bressler, S.E. & Grantham, C.E., *Communities of Commerce*, McGraw-Hill, 2000.

Chandler, A.D., "The Enduring Logic of Industrial Success", *Harvard Business Review*, March-April 1990.

Devins, D., Johnson, S., Gold, J. & Holden, R. "Management Develoment and Learning in Micro Businesses: A 'Missing Link' in Research and Policy", Research Summary RS012/02, Policy Research Institute, Leed Metropolitan University, 2002.

Drucker, P.F., *Innovation and Entrepreneurship*, Heinemann, 1986.

Ghemawat, P., "Building Strategy on the Experience Curve", *Harvard Business Review*, March-April 1985.

Lawrence, E., S. Newton, B. Corbitt, R. Braithwaite & C. Parker, *Technology of Internet Business*, John Wiley & Sons, 2002.

McWhinney, W., *Paths of Change: Strategic Choices for Organizations and Society*, LA: Sage Publications, 1992.

Wright, T.P., "Factors Affecting the Cost of Airplanes", *Journal of Aeronautical Sciences*, 1936.

제2장 고전적 혁신방법: 공정관리

川島正治, 作業研究と 作業管理, 일본능률협회, 1982.

Ackoff, R.L., *Progress in Operations Research,* John Wiley & Sons, 1961.

Duncan, A.J., *Quality Control and Industrial Statistics*, Richard D. Irwin, 1974.

Hayes, R.H. and S. G. Wheelwright, "Link Manufacturing Process and Product Life Cycle", *Harvard Business Review*, January-February 1979.

Latzko, W.J. & D.M. Saunders, *Four Days with Dr. Deming*, Addison-Wesley, 1995.

Schroeder, R.G., *Operations Management*, McGraw-Hill, 2000.

Stevenson, W.J., *Operations Management*, McGraw-Hill, 2005.

Weiss, H.J. & M.E. Gershon, *Production and Operations Management*, Allyn & Bacon, 1989.

제3장 공간 및 시설 배치

Bressler, S.E. & Grantham, C.E., *Communities of Commerce*, McGraw-Hill, 2000.

Duffy, F., *Architectural Knowledge*, London: Routledge, 1998.

Groover, M.P., *Automation, Production Systems, and Computer Integrated Manufacturing*, Prentice-Hall, 1987.

Kaplan, S. & Kaplan R., *Cognition and Environment*, New York, NY: Praeger Publishers, 1982.

Kaplan, R., Kaplan, S., Ryan, R.L., *With People in Mind*, Washington, DC: Island Press, 1998.

Rosen, D.E. & Purinton, E., "Website Design: Viewing the Web as a Cognitive Landscape", *Journal of Business Research*, 57, 2004, pp.787-794.

Muther, R., *Systematic Layout Planning*, Industrial Education Institute, Boston, 1961.

Schroeder, R.G., *Operations Management*, McGraw-Hill, 2000.

제4장 혁신 방법론의 발전

기업정보화지원센터, 업무 프로세스 표준화를 위한 모델링 지침 연구, 2003. 6월, www.itr.re.kr/자료실.

Anupindi, R., S. Chopra, S.D. Deshmukh, J.A. Mieghem & E. Zemel., *Managing Business Process Flows*, Prentice-Hall, 2006.

Bal, J., "Process Analysis Tools for Process Improvement", *TQM Magazine*, Vol.10 No.5, 1998, pp.342-354.

Cheung, Y. & Bal, J., "Process Analysis Techniques and Tools for Business Improvements", *Business Process Management Journal*, 4(4), 1998, pp.274-290.

Davenport, T.H., *Process Innovation : Reengineering Work Through IT*, Harvard Business School Press, 1993.

Hall, G., J. Rosenthal & J. Wade, "How to Make Reengineering Really Work", *Harvard Business Review*, November-December 1993.

Hammer, M. and J. Champy, *Reengineering the Corporation: A Manifesto for Business Revolution*, Harper Collins, 1993.

Keen, P., *Every Manager's Guide to Business Process*, Keen Innovations, 1999, http://www.peterkeen.com.

Malone, T.W. et al., "Tools for Inventing Organizations: Toward a Handbook of Organizational Processes", *Management Science*, 45(3), March 1999, pp.425-443.

Mitra, A., *Fundamentals of Quality Control and Improvement*, Macmillan, 1993.

제5장 혁신을 위한 품질 도구

김연성, 박영택, 서영호, 유왕진, 유한주, 이동규 공저, 서비스 경영, 법문사, 2002.

박노윤 역, 피터스·워터먼 2세 저, 초우량기업의 조건, 삼성출판사, 1988.

이재관·홍영임 편저, 식스시그마 전략과 도구, 품질경영시스템연구소, 1999.

Besterfield, D.H. et al., *Total Quality Management*, Prentice-Hall, 1995.

Bolt, A. & Mazur, G.H., "Jurassic QFD : Integrating Service and Product QFD", The 11th Symposium on QFD, Novi, Michigan, June 1999.

CQM Journal, http://www.cqm.org.

Hauser, J.R. & D. Clausing, "The House of Quality", *Harvard Business Review*, May-June 1988; (번역판) 서강하버드 비즈니스, 1988. 11-12월호, pp.167-180.

Latzko, W.J. & D.M. Saunders, *Four Days with Dr. Deming*, Addison-Wesley, 1995.

Mitra, A., *Fundamentals of Quality Control and Improvement*, Macmillan, 1993.

Rampersad, H.K., *Total Quality Management: An Executive Guide to Continuous Improvement*, Springer-Verlag, 2001.

Mazur, G.H., "QFD for Service Industries: From Voice of Customer to Task Deployment", The 5th Symposium on QFD, Novi, Michigan, June 1993.

Saaty, T.L., *The Analytic Hierarchy Process*, McGraw-Hill, 1980.

제6장 프로세스 프로우 -일정, 능력, 재고-

Anupindi, R., S. Chopra, S.D. Deshmukh, J.A. Van Mieghem & E. Zemel, *Managing Business Process Flows*, Prentice-Hall, 2006.

Finch, B.J., *OperationsNow.com: Processes, Value, and Profitability*, McGraw-Hill, 2003.

Hillier, F.S. & G.J. Lieberman, *Introduction to Operations Research*, 7th ed., McGraw-Hill, 2001.

Ross, S.M., *Introduction to Probability Models*, Academic Press, NY, 1972.

제7장 서비스 프로세스

Anupindi, R., S. Chopra, S.D. Deshmukh, J.A. Van Mieghem & E. Zemel, *Managing Business Process Flows*, Prentice-Hall, 2006.

Brown, S.A., *Customer Relationship Management*, John Wiley & Sons, 2000.

Finch, B.J., *OperationsNow.com: Processes, Value, and Profitability*, McGraw-Hill, 2003.

Fischer, "The Solution is CRM", *Target Marketing*, 24(7), July 2001, pp.66-68.

Lee, R.A., *The Customer Relationship Management Guide V1.0, CRM Steps III & IV: Process Reengineering & Technology*, HYM Press, St. Paul, MN, 2000.

Mohammed, R.A., Fisher, R.J., Jaworski, B.J. & Paddison, G.J., *Internet Marketing*, McGraw-Hill, 2004.

Morphy, E., "Forrester Ranks Marketing Automation Applications", CRMDAILY.com, July 18, 2001.

Oliver, R.L., *Satisfaction: A Behavioral Perspective on the Consumer*, McGraw-Hill/Irwin, 1997.

Parasuraman, A., Zeithaml, V.A. & Berry, L.L., "A Conceptual Model of Service Quality and Its Implications for Future Research", *Journal of Marketing*, 49,

Fall 1985, pp.41-50.

Parasuraman, A., Zeithaml, V.A. & Berry, L.L., "SERVQUAL : A Multiple-item Scale for Measuring Customer Perceptions of Service Quality", *Journal of Retailing*, 64(1), Spring 1988, pp.12-37.

Thompson, "Five Insights for CRM Success", *Target Marketing*, July 2001, p.64.

Tiwana, A., *The Essential Guide to Knowledge Management : E-Business & CRM Applications*, Prentice Hall, 2001.

Yu, L., "Successful Customer Relationship Management", *Sloan Management Review*, 42(4), MIT, Summer 2001, pp.18-19

제8장 네트워크 문제와 프로젝트 관리

Anupindi, R., S. Chopra, S.D. Deshmukh, J.A. Van Mieghem & E. Zemel, *Managing Business Process Flows*, Prentice-Hall, 2006.

Finch, B.J., *OperationsNow.com: Processes, Value, and Profitability*, McGraw-Hill, 2003.

Hillier, F.S. & G.J. Lieberman, *Introduction to Operations Research*, 7th ed., McGraw-Hill, 2001.

Hu, T.C., *Integer Programming and Network Flows*, Addison-Wesley, 1969.

제9장 정보기술과 가치혁신

Dahan, E. & J.R. Hauser, "The Virtual Customer: Communication, Conceptualization and Computation", MIT Center for Innovation in Product Development, December 2000.

Dennis, A., *Networking in the Internet Age*, John Wiley & Sons, 2002.

Gelinas, U.J., Sutton, S.G. & Fedorowicz, J., *Business Processes and Information Technology*, South-Western, Thomson Learning, 2004.

Kim, W.C. & Mauborgne, R., "Creating New Market Space", *Harvard Business Review*, January-February 1999, pp.83-93.

Miles, L.D., "Value Analysis", in *Handbook of Modern Manufacturing Management*, edited by Maynard, McGraw-Hill, 1970, pp.7-90~91.

Mohammed, R.A., Fisher, R.J., Jaworski, B.J. & Paddison, G.J., *Internet Marketing*, McGraw-Hill, 2004.

Rangone, A.&A. Turconi, "The Television (r)evolution Within the Multimedia Convergence", *Management Decision*, 41(1), 2003, pp.48-71.

Segev, A., A. Patankar and J.L. Zhao, "E-Business Process Interleaving: Managerial and Technological Implications", Center for IT and Marketplace Transformation, UC Berkeley, 2003.

제10장 통합적 과제들

Goldratt, E.M., *Theory of Constraints*, Cronton-on-Hudson, NY: North River Press, 1990.

Goldratt, E.M., *The Goal*, 2nd Ed., Cronton-on-Hudson, NY: North River Press, 1992.

Schniederjans, M.J., *Topics in Just-In-Time Management*, Allyn & Bacon, 1993.

Stevenson, W.J., *Operations Management*, McGraw-Hill, 2005.

Tricker, R., ISO *9000: 2000 for Small Businesses*, Butterworth-Heinemann, 2001.

제11장 혁신의 관리

Deal, T.E. and Kennedy, A.A., *Corporate Culture*, Penguin Books, London, 1988.

Kleysen & Street, "Toward a Multi-dimensional Measure of Individual Innovative Behavior", *Journal of Intellectual Capital*, 2(3), 2001, pp.284-296.

Kuczmarski, T., *Innovation: Leadership Strategies for the Competitive Edge*, NTC Publishing, American Marketing Association, 1996.

Loewe, Williamson, & Wood, "Five Styles of Strategy Innovation and How to Use Them", *European Management Journal*, 19(2), 2001, pp.115-125.

Miller, D., "What Happens After Success: The Perils of Excellence", *Journal of Management Studies* 31(3), 1994, pp.325-358.

Nadler, D.A., "Organizational Frame Bending: Principles of Managing Reorientation", *Academy of Management Executive*, 3(3), 1989, pp.194-204.

Vermeulen, W., "Cultural Change : Crucial for the Implementation TQM", *Training for Quality*, 5(1), 1997, pp.40-45.

ㄱ

ㄴ

ㄷ

ㄹ

ㅁ

ㅎ

1 2 3

프로세스 혁신
신생산관리

지 은 이 | 이재관 저

펴 낸 이 | 김형근

펴 낸 곳 | 도서출판 기한재

주 소 | 경기도 파주시 교하읍 문발리 535-11 (파주출판문화정보산업단지)

전 화 | 031)955-0900~2

팩 스 | 031)955-0100

등 록 | 1990년 3월 15일 제2-968호

발 행 | 2008년 3월 5일 1판 3쇄

정 가 | 15,000원

무단 복제 및 무단 전재를 금합니다.

Published by Kihanjae co.

ISBN 978-89-7018-420-3

http://www.kihanjae.com

E-mail : kihanjae@hanmail.net